Michael v. Wuntsch

Wohin treibt die kapitalistische Gesellschaft?

Eine Lebensform in der Krise

Michael v. Wuntsch

Wohin treibt die kapitalistische Gesellschaft?

Eine Lebensform in der Krise

UVK Verlag · München

Michael v. Wuntsch ist Wirtschafts- und Sozialwissenschaftler. Als Professor für Betriebswirtschaft lehrte er in Berlin und sporadisch in Peking.

Bibliografische Information der Deutschen Bibliothek
Die Deutsche Bibliothek verzeichnet diese Publikation in der Deutschen Nationalbibliografie; detaillierte bibliografische Daten sind im Internet über <http://dnb.ddb.de> abrufbar.

ISBN 978-3-86764-898-1 (Print)
ISBN 978-3-7398-440-8 (ePUB)
ISBN 978-3-7398-468-2 (ePDF)

Einbandgestaltung: Atelier Reichert, Stuttgart
Cover-Illustration: © iStockphoto, nakornkhai
Printed in Germany

UVK Verlag
Nymphenburger Strasse 48 · 80335 München
Tel. 089/452174-65
www.uvk.de

Narr Francke Attempto Verlag GmbH & Co. KG
Dischingerweg 5 · 72070 Tübingen
Tel. 07071/9797-0
www.narr.de

Vorwort

Es hat sich herumgesprochen, dass die Globalisierung der Wirtschaft zwiespältige Ergebnisse hervorbringt. Noch um die Jahrtausendwende schwärmten die wirtschaftlichen und politischen Davos-Eliten von den neuen Chancen, die mit dem Niederreißen von Zollschranken und der Deregulierung des Kapitalverkehrs verknüpft seien. Auf diesen Zug sprangen auch sozialdemokratische Politiker wie Bill Clinton, Tony Blair und Gerhard Schröder begeistert auf. Auf der Tagesordnung stand nicht die Anpassung des Wettbewerbs an die historisch gewachsenen Standards in den betroffenen Ländern, sondern umgekehrt ihre bedingungslose Öffnung und Unterordnung unter die Bedürfnisse des globalen Kapitals. Die Begründung dieser Art der Anpassung war mit der alten, von David Ricardo begründeten Theorie des komparativen Vorteils schnell gefunden. Indem sich jedes Land spezialisiere und das anbiete, was es am besten könne, profitiere die ganze Weltwirtschaft. Ricardo war vor mehr als zweihundert Jahren als Vordenker des Freihandels hervorgetreten, indem er die merkantilistische Politik des Protektionismus kritisierte. Die Abschaffung der Zölle und der Import von Gütern sind bis heute ein strittiges Thema geblieben. Die Erfahrung zeigt, dass der materielle Wohlstand zwar allgemein wächst, aber Gewinner und Verlierer der Globalisierung erzeugt werden. Auf dem Weltmarkt lassen sich vor allem zwei verschiedene Prozesse nachweisen, die unterschiedliche Formen des Welthandels repräsentieren:

Erstens verfügen die industriell hochentwickelten Länder über Hochtechnologie, Know-how und ein Reservoir an qualifizierten Arbeitskräften, die ihnen Wettbewerbsvorteile verschaffen. Dies trifft die Arbeitskräfte in unterschiedlicher Weise. Gegenüber Ländern mit billigem Arbeitsangebot geraten gering ausgebildete Arbeitskräfte in den reichen Ländern unter Druck. Und in den armen Ländern bildet sich eine neue Schicht an Profiteuren. Die Arbeits- und Lebensverhältnisse polarisieren sich innerhalb der Länder und zwischen ihnen. Die Verschiebung der internationalen Arbeitsteilung tritt am deutlichsten im Verhältnis zwischen China und den USA hervor. Obwohl China in den Markt für hochtechnologische Produkte drängt, ist das Land weiterhin vor allem die „Werkbank der Welt".

Zweitens dominieren die entwickelten Industrieländer den Welthandel, indem die Investitions- und Güterströme schwerpunktmäßig innerhalb ihres eigenen Territoriums kreisen. Der Automarkt ist dafür das beste Beispiel. Die großen Marken werden wechselseitig in Ländern wie USA,

Japan, Frankreich, Großbritannien und Deutschland angeboten, in denen jeweils auch ihre Konkurrenten agieren. Einerseits sind die Firmengiganten auf wachsende Märkte angewiesen, denn die Verteilung ihrer Kosten bewirkt einen Sog zur Massenproduktion und zum Massenabsatz, der die Dimension der heimischen Märkte weit überschreitet. Andererseits befriedigt die Warenvielfalt die Bedürfnisse der Wohlstandskunden.

Der Harvard-Ökonom Dani Rodrik hat die Lücke auf Seiten der Verlierer des globalen Wettbewerbs näher betrachtet.[1] Während in den 1950er und 1960er Jahren die Reduzierung von Zöllen noch zur allgemeinen Wohlstandssteigerung beigetragen habe, verlaufe die Entwicklung der Einkommen am Ende zwanzigsten Jahrhunderts widersprüchlich. Er verweist auf die Regionen in den USA, die vom Nafta-Handel[2] besonders betroffen sind. Die eher schlecht ausgebildeten „blue-collar workers" erlitten in der Zeit zwischen 1990 und 2000 gegenüber nicht vom Nafta-Handel betroffenen Gebieten relative Einkommensverluste. Und da der Staat in den USA die sozialen Verluste nicht kompensiere, sei die Skepsis gegenüber dem Freihandel bei den amerikanischen Arbeitern gewachsen. Rodrik macht den globalen Wettbewerb für die Verwerfungen verantwortlich, denn die Weltfirmen nutzen die geringen Steuer-, Arbeits-, Sicherheits- und Umweltstandards im Ausland aus. Die Hyperglobalisierung schaffe eine Spielwiese für multinationale Konzerne und enge die nationale demokratische Kontrolle ein. Er hinterfragt nicht nur die Anpassung der Regeln für Zölle, Investitionen, Patente und Copyrights im Interesse der Industrieländer, sondern auch die Liberalisierung der Finanzmärkte.

Der globale Markt ist das Terrain des Geldkapitals. Marx hatte das Kapital bereits als eigentümliche Ware bezeichnet, die in der Lage ist, Wunder zu vollbringen. In der Form des Geldkapitals offenbare sich seine Funktion, beständig neuen Wert auszuspucken. Die Ausgestaltung der Wirtschaft als kontinuierliche Schöpfungstat erweist sich als Verwirklichung einer Handlungs- und Denkweise, die Züge alchemistischen Strebens trägt. Die Anreicherung der materiellen Welt erscheint als naturgegebener Auftrag zur Verwandlung der Dinge in höherwertige Substanzen und Zustände, vergleichbar der Suche nach dem Stein des Weisen.

---

[1] Die Ausführungen beziehen sich auf den Essay von Rodrik „The Great Globalization Lie" (2018).

[2] Nafta ist das Kürzel für „North American Free-Trade Area" und bezeichnet das umstrittene Handelsabkommen zwischen Kanada, Mexiko und den USA. Im Oktober 2018 ist zwischen den beteiligten Staaten vereinbart worden, dass Nafta durch das „United States, Mexico, Canada Agreement (USMCA)" ersetzt wird. Gestärkt werden der digitale Handel, der Schutz von Rechten sowie die Schiedsgerichte. Die Kfz-Importe in die USA bleiben weitgehend zollfrei.

Diese Erkenntnis ist nicht neu. Die Illusion der Schöpfung aus dem Nichts hat schon Goethe aufgegriffen und in sein Faust-Drama integriert. Als Minister in Weimar besaß er genügend ökonomischen Sachverstand, um das immer weiter treibende, faustische Element der neuen Zeit mit den Mitteln der Poesie zu erfassen. Die Erfahrungen früher Finanzkrisen haben das Geistesleben beflügelt. Die sich seit dem 13. Jahrhundert zunächst in Oberitalien und Portugal ausbreitende kapitalistische Handelsweise hat nicht nur die feudalen Herrschaftsverhältnisse hinweggefegt, sondern sie hat von Anfang an auch ihr ideologisches Selbstbildnis erzeugt. Die frühen Darstellungen der klassischen Ökonomen und ihrer Epigonen über die ursprünglichen Tauschgesellschaften, die Aneignung von Eigentum durch Arbeit und die Reichtumserzeugung haben ein narratives Gedankenmuster gemalt, das bis heute nachwirkt. Das gilt insbesondere für das Bildnis Adam Smiths, wonach die unsichtbare Hand den Egoismus der handelnden Individuen in das harmonische Ganze transformiert.

In der Zwischenzeit hat sich der Finanzüberbau weiter ausgefächert. Gegenüber der Zeit von Marx, in der das industrielle Kapital die Geschicke bestimmt hatte, haben Finanzinstitutionen die Oberhand erlangt. Sie entscheiden heute maßgeblich über die Verteilung von Investitionen und die Aufgliederung von Arbeit auf die verschiedenen Regionen der Welt. Die Funktion des Geldes, Kapital zu generieren, hat einen neuen Höhepunkt erreicht. Die automatische Reichtumserzeugung scheint sich im doppelten Sinne zu verwirklichen. Zum einen haben transnationale Firmengiganten ein global verzweigtes Produktions- und Handelssystem etabliert, das nach den Regeln des Shareholder-Kapitalismus organisiert ist. Zum anderen hat sich die Illusion verbreitet, als lasse sich die Reproduktion des Kapitals auf die Investition von Geldmitteln am Beginn und die Vereinnahmung des vermehrten Rückflusses am Ende des Prozesses verdichten. Finanzinvestoren vermeiden gerne die lästige Zwischenphase der Produktion von Gütern und Diensten, insoweit sich Investitionen im Finanzüberbau als vorteilhafter erweisen. Robo-Advisor und Algorithmen steuern heute einen Großteil der weltweiten Investitionen. Mit Hilfe der digitalen Technologien scheint sich der Traum vom Wert generierenden Automaten zu verwirklichen. Die Rastlosigkeit erscheint als tief verwurzeltes Charakteristikum der Finanzmärkte. Auch nach der letzten großen Finanzkrise 2007/08 hat sich die Lage nicht beruhigt.

Die Staaten sind insoweit eingebunden in die Reproduktion des Kapitals, als sie deren Rahmenbedingungen determinieren. Je mobiler der Faktor Kapital geworden ist, desto mehr ist die Qualität des rechtlichen und kulturellen Gefüges im internationalen Vergleich in den Vordergrund gerückt. Der institutionelle Rahmen gibt die Spielregeln des wirtschaftlichen Handelns vor. Dies betrifft nicht nur die Rahmengesetze sowie die

Arbeits-, Sozial- und Umweltstandards, sondern auch die historisch gewachsene Lebenskultur in einem Staat. Im Laufe der Wirtschaftsgeschichte sind zwischen den Staaten Differenzen entstanden, die von der Politischen Ökonomie erfasst worden sind. Die Variationsbreite der realen marktwirtschaftlichen Modelle ist von Peter Hall und David Soskice im Rahmen ihres Ansatzes zu den „Varieties of Capitalism" beschrieben worden. Sie haben die Aufmerksamkeit auf einen wichtigen Aspekt des Markthandelns gerichtet. Was wir als Kapitalismus bezeichnen, basiert im internationalen Vergleich auf grundlegenden Gemeinsamkeiten, erfährt in den Ländern aber auch verschiedene Ausprägungen. Der Schwerpunkt der Analyse von Hall und Soskice liegt im Gegenüber des angloamerikanischen „klassisch liberalen" und des „koordinierten" Marktmodells, das eher in Kontinentaleuropa und in einigen ostasiatischen Ländern zu finden ist. Auch wenn die institutionellen und kulturellen Besonderheiten weiter eingegrenzt werden können, weist der Ansatz auf Gestaltungsräume für die Politik. Wenn das Wirtschaftsleben eine Variation an möglichen Spielregeln offenbart, ist ein zentraler Ansatzpunkt für Veränderungen gegeben. Inwieweit sich dem politischen Handeln in der Demokratie Spielräume eröffnen, wird allerdings kontrovers beurteilt. So geht Wolfgang Streeck davon aus, dass der Sharholder-Value-Kapitalismus auf dem Weg sei, die noch bestehenden Unterschiede zwischen den Ländern einzuebnen.

Die demokratisch verfassten Gesellschaften befinden sich in der Defensive. Das Problem ist, dass den globalen Aktivitäten der transnationalen Konzerne Nationalstaaten gegenüberstehen, deren demokratische Kontrolle auf das eigene Staatsterritorium begrenzt ist. Die Spielregeln der Marktwirtschaft sind zwar gestaltbar, aber die mangelnde Reichweite des nationalen Regierungshandelns kommt den Weltfirmen entgegen. Dazu kommt, dass auch die Abstimmungsprozesse der internationalen Politik schwierig verlaufen. Die Entwicklung verläuft weg von multilateralen Institutionen hin zu offenen Formen der internationalen Kooperation auf höchster Regierungsebene. Und Gipfelkonferenzen im G20-Format besitzen keine quasi-supranationale Autorität. Es verwundert daher nicht, dass aus den unterschiedlichen Standards im Ländervergleich komparative Vorteile für Investitionen abgeleitet werden. In diesem Sinne setzen Staaten ihre Institutionen bewusst als Mittel im Wettbewerb um Standorte ein. Sie verhalten sich wie Konkurrenten. Der Trend hin zur Senkung von Steuersätzen und zum Angebot von Subventionen ist seit Jahren Merkmal der Wirtschaftspolitik. Insbesondere transnationale Unternehmen ziehen daraus Vorteile. Steuern sind in der Rangordnung der Standortfaktoren gestiegen. Die Konkurrenz der Steuerstandorte ist zum Problem geworden. Steueroasen bedrohen die Stabilität der Märkte und der Staaten. In vielen Studien wird der gewaltige Transfer von Gewinnen in verschiedene Steuerparadiese bestätigt. Nach Gabriel Zucman sind 40% der von multinationalen Firmen erzielten Gewinne im Jahr 2015 in solchen Offshore-Zentren gelandet. Spitzenwerte erreichen US-Konzerne. Die Niedrigsteuergebiete liegen nicht nur in exotischen Gebieten der Welt, sondern mitten im Einflussbereich der Europäischen Union und der Vereinigten Staaten von Amerika. Die Wirtschaftspolitik der Industriestaaten selbst ist höchst widersprüchlich.

Was liegt all dem zugrunde? Und inwiefern können wir den Entwicklungsverlauf beeinflussen? Max Weber hat das Erwerbsstreben im Sinne der zweckrational orientierten Handlungsmaxime dem Typus des rationalen Wirtschaftsmenschen zugeordnet. Der „homo oeconomicus" repräsentiert das Leitbild des rationalen Handelns in den kapitalistischen Gesellschaften. Seine Rationalität ist in verschiedener Hinsicht begrenzt. In den Wirtschafts- und Sozialwissenschaften ist seit langem auf eine merkwürdige Ambivalenz des gesellschaftlichen Handelns aufmerksam gemacht worden. Zwar handeln die Subjekte zielorientiert und eigennützig, doch stellen sich die intendierten Prozesse ihnen gegenüber als fremde Macht dar, die ihren Handlungsraum einengt und bedroht. Dem optimistischen Blick von Smith stehen die Sichtweisen von Weber und Marx gegenüber. Während Weber erkannte, dass die fortschreitende Rationalisierung aller Lebensbereiche mit der unaufhaltsamen Bürokratisierung und Effizienzsteigerung einhergeht, sieht Marx die Vorherrschaft der Warenbewegungen gegenüber den intendierten Handlungen der Subjekte. Indem sie sich als Charaktermasken gegenübertreten, werden sie von Dingen kontrolliert. Marx hat diese verdrehte Konstellation im Rahmen seiner Analyse der ökonomischen Bewegungsgesetze des Kapitalismus herausgestellt. Er skizziert die Akteure als Kollektivsubjekte, die linear die Gesetze der kapitalistischen Verwertung vollziehen. Allerdings erweist sich die reale Geschichte nicht als eindimensionaler Pfad. Sie ist vielmehr durch Konfliktlinien und Brüche gekennzeichnet, die auch alternative Verläufe beinhaltet. Polanyi hat die Wirtschafts- und Sozialgeschichte als ineinander verschachtelten Prozess von Bewegung und Gegenbewegung beschrieben. Diese Perspektive des Handelns unterliegt der folgenden Darstellung.

Die Subjekte sind keine blutleeren Wesen, die unbewusst einer übergeordneten geschichtlichen Logik folgen. In diesem Punkt zeigt sich eine Kluft im Marxschen Werk. Denn im Gegensatz zu seiner Kapitalanalyse hebt er in seinen historisch-politischen Schriften den aktiven Anteil der Subjekte an der Menschheitsgeschichte hervor. Sie sind in der Lage, die Entwicklungsrichtung zu beeinflussen und historische Weichen zu stellen, indem sie ihren politischen und moralischen Absichten gemäß handeln. Die Akteure verfolgen ihre Interessen im Kontext von normativen Einstellungen, die moralisch-kulturelle Werte und Stimmungen zum

Ausdruck bringen (Honneth 2014: 360).[3] In der fragmentierten Gesellschaft von heute gilt dies mehr denn je. In dieser Perspektive weist die Gesellschaftskritik über die Aufdeckung von Funktionsstörungen der Wirtschaft weit hinaus. Sie muss sich auf die Lebensweise im Kapitalismus als Ganzes beziehen. Dies betrifft nicht nur die Verteilung des Reichtums und die Gestaltung der Arbeitswelt, sondern auch die Naturzerstörung sowie die sich ausweitende Kommerzialisierung und Versachlichung aller Lebensbereiche. Eine ethisch inspirierte Kritik begreift die Einbindung der Lebensweise in den reproduktiven Zirkel als Abkehr vom Freiheitsversprechen der bürgerlichen Gesellschaft. Die Erkenntnis der begrenzten Rationalität des Kapitals sowie die normativ ausgerichtete Interessenabwägung der Subjekte bilden zusammen den Kontext zum Verständnis sozialer Entwicklungen.

In dieser Perspektive ergeben sich viele Fragen. Was steckt hinter dem Zyklus der ewigen Auf- und Abschwünge der Börsen? Wie kann der Finanzkapitalismus gezähmt und die Macht der transnationalen Konzerne begrenzt werden? Wie sind die Spielregeln des Wirtschaftens auszugestalten, so dass ein fairer Welthandel ermöglicht wird? Was kann getan werden, um Steueroasen zu bekämpfen? Welche Rolle kommt dem Staat bei der Gestaltung der Wirtschaft zu? Welche Rolle spielt die Sozialpolitik im europäischen Einigungsprozess? Und wie kann eine Transformation zur Nachhaltigkeit in Gang gesetzt werden, die zur Dekarbonisierung der Wirtschaft beiträgt. Im Buch wird versucht, zentrale Problemfelder und Antworten einzugrenzen. Die Vorschläge sind getragen von zwei Überzeugungen:

Erstens lässt sich Gesellschaftskritik nur innerhalb demokratischer Strukturen sinnvoll umsetzen. Denn die Demokratie basiert – im Gegensatz zu autoritären Formen der Herrschaft – auf der wechselseitigen Anerkennung der Subjekte als Rechtspersonen. Daraus erwächst die „formelle Freiheit" der Marktakteure, die sich bislang als einzige geschichtliche Verwirklichungsform von Freiheit erweist. Zudem ist die Demokratie vom Anspruch her offen für verschiedene Wirtschaftsmodelle. Sie ist die einzige Herrschaftsform, in der bestehende Unvollkommenheiten als Auftrag zu Veränderungen und als permanentes Ringen um den besten Weg begriffen werden können. Allerdings ist die Freiheit der nivellierenden Kraft des Marktes und Kommerzes ausgesetzt, die zu standardisierten Formen des Verhaltens innerhalb und außerhalb der Konsumsphäre drängen. Der Philosoph Žižek verweist daher auf „die Illusionen, auf denen die kapitalistische Wirtschaft ebenso wie ihre falschen Übertretungen beru-

---

[3] Der Direktor des Instituts für Sozialforschung, Axel Honneth, tritt für „eine soziologisierte Kapitalismusanalyse ein, die … auch die Dimension des sozialen Kampfes wieder in den Blick rückt" (2014: 363).

hen“ (2016: 35).[4] Die Demokratie schützt nicht automatisch vor der destruktiven Herrschaft alter und neuer Machthaber.

Zweitens ist das Zwei-Welten-Denken der Wirtschaftsethik zu überwinden, nach der die Rahmenordnung des Marktes als ethisch-politisches Neutrum angesehen wird. Der Ethik wird dann nur noch die Rolle des Korrektivs zum Gewinnprinzip zugesprochen. Demgegenüber wird an der Vision der „Lebensdienlichkeit“ der Wertschöpfung als konstitutive ethische Aufgabe der Wirtschaftsordnung festgehalten. Diese Formel hat der Wirtschaftsethiker Peter Ulrich geprägt.[5] Die Sichtweise bezieht nicht nur den ganzen Lebenszyklus der Produkte von den Rohstoffen, über den Transport, die Herstellungs- und Verwendungsweise, bis zum Recycling und der Entsorgung des Abfalls ein. Es geht darüber hinaus um die Qualität der Wertschöpfung selbst und damit um die Beantwortung grundlegender Fragen: Welche Werte sollen im Unternehmen geschaffen werden? Für wen und in welcher Weise sind sie zu schaffen? Was folgt aus der Charakterisierung der Konzerne als „quasi-öffentliche“ Gebilde? Wie ist die Wertschöpfung gerecht zu verteilen? Wer soll die sozialen und ökologischen Kosten der Wertschöpfung tragen? Und was muss getan werden, um die Erderwärmung zu begrenzen?

Der Text gliedert sich in fünf Kapitel:

Im 1. Kapitel werden im Zusammenhang mit einer kurzen Zustandsbeschreibung der Wirtschaft und Gesellschaft die zentralen wirtschaftspolitischen Konfliktfelder und Debatten der vergangenen Jahre eingegrenzt.

Danach werden im 2. Kapitel die Eckpunkte des finanzdominierten Kapitalismus aufgezeigt. Die Betrachtung knüpft an grundlegende Denktraditionen und Argumentationsmuster an, die in der ökonomischen Zunft bis heute vorherrschend sind und als äußerst strittig gelten. Es geht darum, das Motiv des Geldkapitals zu entschleiern und die Begrenztheit der Marktrationalität zu umreissen.

Das 3. Kapitel taucht ein in die Welt der global agierenden Konzerne. Ihnen steht im Grunde keine globale Demokratie gegenüber, die ihre Macht einhegen könnte. Die Wirrnisse der Steuergestaltungen und die defensive Reaktion der Staaten auf die Gewinnverlagerungen in Steueroasen werden erläutert und Gegenmaßnahmen diskutiert.

---

[4] Žižek, der sich auf Lacan und Hegel bezieht, erwartet nicht viel von der Wahldemokratie: „Freie Wahlen ... dienen als Kontrolle der Parteibewegungen ... Ein positiver Schritt zu einer neuen Ordnung liegt außerhalb ihrer Möglichkeiten“ (2016: 1357).

[5] „Am Anfang steht nicht ein strategisches Kalkül, sondern die lebensdienliche Frage: ‚Wofür setzen wir uns ein‘?“ (Ulrich 2001: 432).

Im Anschluss an die Skizze der zentralen Konfliktlinien in Wirtschaft und Gesellschaft wird im 4. Kapitel nach der Rolle des Staates in der Marktgesellschaft gefragt. Thematisiert werden die Mystifizierungen des Geldkapitals, der Trend zur Fragmentierung der Gesellschaft und die Schranken der europäischen Regulierungsmacht. Am Beispiel der jüngeren Technikgeschichte wird schließlich gezeigt, dass der amerikanische Staat über seine Forschungspolitik die Innovationen der großen IT-Firmen im Silicon Valley maßgeblich geprägt hat.

Das 5. Kapitel beschäftigt sich mit den Leitlinien einer anderen Wirtschaftspolitik. Die Ausführungen beginnen mit wirtschaftsethischen Aspekten der Kritik am Kapitalismus als Lebensform und enden mit Vorschlägen zur Umorientierung der Wirtschaft. Die vorgeschlagenen Maßnahmen beziehen sich auf drei Kritikebenen:

- den unfairen Welthandel,
- die Macht des Finanzkapitals und
- den Kampf gegen den Klimawandel.

Ich bin meinen Kollegen und früheren Schreibpartnern, Bernadette Andreosso-O'Callaghan von der University of Limerick/Ireland und Xiaojun Wei von der Grant MacEwan University in Edmonton/Canada, dankbar für ihre Ergänzungen im Rahmen der beiden Nachworte. Viele der in diesem Buch vorgetragenen Ideen sind in gemeinsamen Forschungsarbeiten und Veröffentlichungen zu den Strategien multinationaler Konzerne in der globalen Wirtschaft entstanden. Bernadette stellt die Apple-Steuergeschichte aus irischer Sicht dar. Xiaojun hebt die Besonderheit des chinesischen Modells der Marktwirtschaft hervor und verweist auf die Debatte zu den „varieties of capitalism".

Inhaltsverzeichnis

1. Kapitel: „Das Spiel geht weiter“

Bewegungsmuster des Kapitals und Fausts Wette

Wir gewöhnen uns an den Gedanken, dass Wirtschaftskrisen von Zeit zu Zeit hereinbrechen und Geschicke durcheinanderwirbeln. Das scheint irgendwie dem Lauf der Dinge eigen zu sein. Einerseits bedrohen externe Einflüsse wie Naturkatastrophen und Kriege das moderne Wirtschaftsleben, indem sie das Getriebe des Marktes blockieren und den Austausch behindern. Andererseits sind die Auf- und Abschwünge Ausdruck der sich überlappenden und durchkreuzenden Handlungen der vielen Marktakteure. Die beteiligten Spieler verfolgen im Idealfall ihre jeweiligen Ziele im Rahmen vorgegebener Spielregeln. Das schließt deren Überschreitung im praktischen Handeln sowie die stete Suche nach Freiräumen zum eigenen Vorteil nicht aus. Seit Jahrhunderten hat sich in den städtischen Zentren eine kaufmännische Kultur herausgebildet, die zur Rationalisierung der Lebenssphären beigetragen hat. Der Wirtschaftshistoriker Jacques Le Goff erkennt im Übergang vom Mittelalter zur Neuzeit das Auftauchen mächtiger Kaufleute, „... die Untertanen in einem Königreich des Geldes (waren), das nur solche Gesetze kannte, die ihre Interessen begünstigte“ (1993: 121). Die neuen Wirtschaftsakteure beförderten nicht nur die Entwicklung von Bildung und Wissenschaft, sondern kristallisierten sich zunehmend als Machtinstanzen auf Märkten und gegenüber Kirche und Staat heraus. Die zweckrationale Orientierung wird schon früh begleitet von Übertreibungen und Zusammenbrüchen. Bereits die Tulpenmanie im Jahr 1636/37 verweist auf die merkwürdige Verkehrung der Nützlichkeit von Gütern, bei der das Ding in der Funktion des Spekulationsobjekts die Oberhand gewinnt. Für eine einzelne hochwertige Tulpe sollen damals mehr als acht fette Schweine, zwölf fette Schafe, vier fette Ochsen, mehrere Fässer Wein und Bier, Käse sowie Getreide und weitere Güter geboten worden sein. Die Preisblase auf Auktionen in den Niederlanden für noch in der Erde ruhende Tulpenzwiebel platzte, als Händler das Risiko als zu hoch erachteten und ihre Investitionen auf reale Werte umorientierten. Es erschien zu unsicher, ob sich die Zwiebel als prächtige Tulpe entfalten oder im Mäusemagen zersetzen würde. Jahrzehnte später heizte der Kolonialhandel die Phantasien der Investoren an. Auf Geheiß des Schotten John Law wurden in Frankreich des 18. Jahrhunderts nicht nur Banknoten der „Banque Royale“ zur Rettung der Staatsfinanzen, sondern auch Aktien der 1717 gegründeten „Mississippi-Kompanie“ in Umlauf gebracht. Die französischen Besitzungen am Mississippi und in Kanada repräsentierten das Versprechen auf goldene Zeiten und dauerhafte Erträge. Da jedoch der Überseehandel vom Anwachsen der Inflation übertroffen wurde, purzelte der Preis der Wertpapiere bald ins bodenlose. Bereits 1720 leitete das Ende des Spekulationsfiebers eine Wirtschaftskrise in Frankreich ein.

Die Ausweitung der Handelswege und Warenströme der Neuzeit haben schon früh eine Weltwirtschaft hervorgebracht. Der Reiz fremder Gewürze, Edelmetalle und anderer Luxusgüter integrierte zunächst lokale Handelsplätze in Eurasien und begründete Schritt für Schritt eine internationale Wirtschaftsverflechtung, die durch die neuen Netzwerke der Kolonialwirtschaft und die Öffnung der Märkte im Geist des Freihandels forciert wurde. Der Aktionsraum der Marktwirtschaft hat sich seitdem im Weltmaßstab beständig ausgeweitet. Die Handlungsoptionen der Akteure haben sich vervielfältigt. In dieser Perspektive sind wirtschaftliche Krisen Ergebnis einer komplexen Struktur von Investitionsentscheidungen und Kapitalbewegungen. Wir leben in einer Zeit, in der Finanzinstitutionen die dominante Rolle im Wirtschaftsverkehr übernommen haben. Auf Basis der neuen Informationssysteme hat sich die Umlaufgeschwindigkeit des Kapitals derart beschleunigt, dass sich Begrenzungen von Raum und Zeit nahezu aufgelöst haben. Es ist eine wahrhaft globale Wirtschaft entstanden. Während weltwirtschaftliche Strukturen im Westen bereits seit dem 16. Jahrhundert bekannt sind, bildet sich seit dem Ende des 20. Jahrhunderts eine Wirtschaft heraus, die organisatorisch und technologisch immer mehr in der Lage ist, als Einheit unmittelbar global zu funktionieren. Die geographisch weit verzweigten Kapital-, Produktions- und Absatzmärkte sind heute in einem Ausmaß integriert, wie dies geschichtlich nie zuvor der Fall war.

Die Finanzmärkte haben von den neuen Rahmenbedingungen am meisten profitiert. Die IT-Industrie ist zum idealen Partner einer Branche geworden, welche die räumlich und zeitlich unbegrenzte Verwertung zu verwirklichen verspricht. Die der neuen Technologie eigene Netzwerklogik scheint exponentiell wachsende Transaktionen bei nur linear steigenden Kosten zu ermöglichen. Die immaterielle Meta-Welt der Finanzmärkte lebt technisch betrachtet primär vom Austausch digitalisierter Informationen im elektronischen Netzwerk. Beim Versuch, die kognitiven Prozesse zu optimieren, kommt das neue Geschäftsfeld „Big Data" den Interessen der kurzfristig orientierten Anleger an den Finanzmärkten in idealer Weise entgegen. Kurzsichtigkeit ist im Grunde die moderne Krankheit der von Hektik geprägten Welt der Börsen, in der die Schnelligkeit der Informationsverarbeitung die menschliche Reaktionsphase immer mehr verkürzt und schließlich überflüssig macht.

Gefüttert mit mathematisch austarierten Modellen zur Verwirklichung des Traums unbegrenzter Verwertung sind intelligente Maschinen in der Lage, gigantische Investitionssummen innerhalb von Nanosekunden weltweit zu streuen. Der Anteil ist erstaunlich. Mehr als zwei Drittel des gesamten Handelsvolumens an den amerikanischen Börsen lassen sich auf den Hochfrequenzhandel zurückführen. Hedgefonds-Manager David Harding[6] überlässt die Vorhersage von Börsenkursen seinen superschnellen Computern. Er schwärmt von statistischen Modellen und Algorithmen, mit deren Hilfe riesige Mengen an Daten ausgewertet und Wahrscheinlichkeiten von Ereignissen berechnet werden können. Für Supercomputer ist es heute kein Problem, mehrere Billiarden Rechenoperationen pro Sekunde zu bewältigen. Wenn alle kaufen wollen, gilt es vorne dabei zu sein, bevor der Kurs steigt. Umgekehrt kommt es auf den schnellen Verkauf an, bevor die Masse der Anleger Kurse einbrechen lässt. So hat sich die alte Erkenntnis des im Geiste des Calvinismus erzogenen Benjamin Franklins „Time is Money“ als ethische Maxime der Lebensführung (Weber) wahrhaftig durchgesetzt. Es ist ein künstlicher Kosmos entstanden, der mittels komplexer Algorithmen und miteinander verkoppelter riesiger Computerzentren in der Lage ist, sich im Sinne dieser Leitformel selbst zu steuern.

Während Befürworter den Effekt der Bereitstellung von Liquidität betonen, weisen Kritiker darauf hin, dass neunzig Prozent der eingehenden Aufträge real gar nicht ausgeführt, also wieder storniert werden. Und da sich die Zeitphase für die Informationsbeschaffung extrem verkürzt und sich der Anreiz zur fundierten Eingrenzung des inneren Werts der Aktien aufhebt, wird die Börse immer mehr zur Lotterie. Der Hochfrequenzhandel ist selbst ein Trendsetter und wirkt krisenverschärfend. Darauf verweisen die als „Flash Crashs“ bekannt gewordenen Kursabstürze[7]. Am 6. Mai 2010 brach der Index „Dow-Jones-Industrial-Average“

---

6 Vgl. Interview mit David Harding in der FAZ vom 31. Mai 2015

7 Auf die kritischen Aspekte des Hochfrequenzhandels und die Gefahr von „Flash-Crashs“ verweisen auch Praktiker. Im Jahr 2013 ist das Hochfrequenzhandelsgesetz in Deutschland in Kraft getreten, das die Akteure zu einem „ausgewogenen Verhältnis“ von Aufträgen und tatsächlich ausgeführten Transaktionen verpflichtet. Das Grundproblem der Intransparenz ist damit keineswegs gelöst. Durch massenhafte Scheinaufträge kann Liquidität vorgetäuscht („Spoofing“) oder der Kurs in eine beabsichtigte Richtung bewegt werden („Layering“). So ist Brad Katsuyama, dem Gründer der neuen „Investor´s Exchange (IEX), aufgefallen, dass Hochfrequenzhändler Zeitdifferenzen ausnutzen, um Börsenpreise zu manipulieren. Demgegenüber will die IEX den Handel fairer machen und den Hochfrequenzhandel dadurch bekämpfen, dass über einen Bremsmechanismus die Transaktionen um 350 Mikrosekunden verzögert und Zeitvorsprünge eleminiert werden. Katsuyama wirft den traditionellen Börsen vor, Hochfrequenzhändlern gegen Geld zu erlauben, zusätzlich eigene Supercomputer einzusetzen. Die Nasdaq und die Nyse haben vergeblich versucht, die Zulassung der IEX zu verhindern (vgl. FAZ v. 19.08.2016).

innerhalb weniger Minuten ohne ersichtlichen Grund um fast 1000 Punkte bzw. 9 % ein, was nach Einschätzung der U.S.-Börsenaufsicht SEC durch einen automatisch in Gang gesetzten Massenverkauf[8] von Terminkontrakten einer großen Fondsgesellschaft verursacht worden sein soll. Die Finanzwelt kennt weitere Fälle wild gewordener Computer. Mit der Veröffentlichung seines Buchs „Flash Boys“ im Jahr 2014 hat Michael Lewis einen medienwirksamen Beitrag geleistet, die Merkwürdigkeiten des Blitzhandels zu beschreiben.

Die automatisierte Geldanlage ist in der Finanzwelt ein Top-Thema geworden. Der noch junge Fintech-Markt könnte zur Bedrohung für die traditionelle Bankenwelt werden. Das digitale Geschäftsfeld umfasst neben der Kontoführung und dem Geldtransfer auch die Geldanlage, die Beschaffung von Krediten und das Angebot von Versicherungen. In den neuen Markt sollen im Jahr 2015 weltweit bereits fünfundzwanzig Milliarden Euro investiert worden sein, vor allem im Silicon Valley und in New York. BlackRock, der größte Vermögensverwalter der Welt mit Sitz in New York, setzt Anlageroboter[9] sogar als Standardangebot für Privatanleger ein. Dies soll auf Anleger zugeschnitten werden, die unter der für individuelle Beratung liegenden Vermögensschwelle liegen. Auch deutsche Banken springen auf diesen Zug auf und verstärken die Kooperation mit Fintech-Unternehmen.

In der Öffentlichkeit wird vor allem der Effekt der Beschleunigung und der Vereinfachung von automatisierten Bankgeschäften hervorgehoben. Ob die Entscheidungsfindung mittels vorprogrammierter Hebel der Technik auch Möglichkeiten zur Marktbeeinflussung bieten, scheint die smarte neue Welt nicht weiter zu belasten. Das gilt entsprechend hinsichtlich der Geringschätzung wichtiger Kommunikationsstandards wie Offenheit und Klarheit im Börsenhandel. Denn die Preisfindung an den Börsen verliert an Transparenz. Darauf deutet der hohe Anteil von gehandelten Aktien an nicht regulierten Börsen hin. Dieser Sektor wird als „Dark Trade“ bezeichnet. Nach Auskunft des Londoner Verbands der Chartered Financial Analysts (CFA) soll der Anteil am verschleierten Aktienhandel in Europa durchschnittlich bei vierzig Prozent, bei den großen Standardwerten wie dem Dax sogar bei fünfzig Prozent liegen.

---

[8] „Indeed, even in the absence of extraordinary market events, limit order books can quickly empty and prices can crash simply due to the speed and numbers of orders flowing into the market and due to the ability to instantly cancel orders“ (CFTC/SEC Advisory Board 2010: 2).

[9] Robo-Advisor wählen automatisch Anlageentscheidungen aus, die den abgefragten Kundenprofilen entsprechen. Gegenüber traditionellen Vermögensverwaltern sind die Gebühren niedriger und die Auswahl orientiert eher auf die kostengünstigen Indexfonds.

Diese im Hintergrund tätigen Märkte müssen so gut wie keine Transparenzerfordernisse erfüllen.

Wird die automatisierte Geldanlage erst einmal zur Regel, verliert die menschliche Entscheidung an Bedeutung. Das klingt wie die Prophezeiung vom Kapital als sich auf beständig höherer Stufenleiter verwirklichendem Mechanismus? Es sieht so aus, dass der „besondere Charakter des Kapitals erst im Finanzkapital allgemein wird“ (Vogl 2011: 178). Gelten für das Kapital zunächst die Bestimmungen der Warenproduktion, wonach sich der Gebrauchswert in der Einheit von Produktion und Marktzirkulation verwirklichen muss (Ware ⟶ Geld ⟶ Ware und schließlich Geld ⟶ Ware ⟶ ΔGeld), scheint die kapitalistische Verwertung nun höheren Sphären entgegen zu streben. Die Devise heißt, die Vermehrung des Geldes direkt, also ohne die vermittelnde Phase der Produktion von Gebrauchswerten, zu bewirken (Geld ⟶ Δ Geld). Obwohl der Finanzüberbau vor über 120 Jahren im Vergleich zu heute nur rudimentär ausgeprägt war, ist dieser Begriff des Kapitals von Marx bereits auf den Punkt gebracht worden. Er beschreibt das Kapital als eigentümliche Ware[10], die in der Lage ist, als Wert generierende Automatik aufzutreten und Wunder zu vollbringen. Indem Kapital als mit eigenem Leben begabte Gestalt erscheine, die das Marktgeschehen dominiere und kontrolliere, verwirkliche sich der Fetischcharakter der Warenwelt und des Geldes (Marx 1962: 87). Diese Eigenschaft des Geldes, als Kapital zu fungieren, hat sich mittlerweile auf einer viel höheren Entwicklungsstufe entfaltet. Als gelte es, die Befriedigung realer, lebensnotwendiger Bedürfnisse über den Markt zu toppen und zu den höheren Weihen der Wertgenerierung ohne lästige Zwischenphasen zu gelangen. Die Software lenkt nach kühlem Kalkül die Kapitalanlagen in die Welt der Aktien, Futures, Swaps und anderen derivativen Finanzprodukte, wenn dort die höhere Verwertung bei akzeptablem Risiko realisiert werden kann. Die Verwirklichung des Kapitals ist nicht notwendig auf die Erzeugung lebensnotwendiger Produkte angewiesen.

Ist das die Erfüllung des Verwertungswunsches quasi in Echtzeit? Diese Prophezeiung wohnt dem Ideal der Verwertung bereits in früheren Zeiten der kapitalistischen Wirtschaftsentwicklung inne. Goethe hatte als Minister in Weimar diesen Geist schon früh erkannt und in seinem Faust-Drama als neuzeitliche Alchemie gedeutet. Die Hexenküche der Alchemie verspricht nicht nur die Wiedererlangung der jugendlichen

---

[10] Marx spricht im 3. Band seines Buchs „Das Kapital“ von der „Ware Kapital“, die einen Gebrauchswert und einen Wert hat: „... der Gebrauchswert des geliehenen Kapitals (erscheint) als seine Wert setzende und vermehrende Tätigkeit“ (Marx 1969: 363 f.). Er spricht an anderer Stelle vom „fiktiven Kapital“, das durch Kapitalisierung des angelegten Geldes gebildet wird (484).

Kräfte, sondern nun auch die Erzeugung künstlichen Goldes, die Goethe in die Nähe der Notengeldschöpfung am Kaiserhof stellt. Im Pakt mit dem Teufel verwirklicht sich die Vision der Verwandlung einer wertlosen künstlichen in eine wertvolle Substanz. Die natürlichen Begrenzungen der Produktion und der Zeit scheinen sich aufzulösen. Damit hat sich auch die Überzeugung verbreitet, als könnten die negativen Folgen der technischen Entwicklung mit den Mitteln der Technik überwunden und Wachstum ins Unendliche verstetigt werden. Der „Stein des Weisen der Wirtschaft" ist mit dem Geldkapital geschaffen worden und mit ihm die Idee, dass alle Ressourcen der Erde in Geld verwandelt und mit künftigem Gewinn verkauft werden können (Binswanger 2009: 116).

„Das Übermaß der Schätze, das, erstarrt,
In deinen Landen tief im Boden harrt,
Liegt ungenutzt. Der weiteste Gedanke
Ist solchen Reichtums kümmerlichste Schranke;
Die Phantasie, in ihrem höchsten Flug,
Sie strengt sich an und tut sich nie genug.
Doch fassen Geister, würdig, tief zu schauen,
Zum grenzenlosen grenzenlos Vertrauen.
(Faust zum Kaiser / Goethe, Faust – Zweiter Teil, Zeile 6111–6118)

Im zweiten Teil des Faust-Dramas tritt neben dem Faktor der menschlichen Leistung die Magie als alchemistischer Kerngehalt der modernen Wirtschaft in Erscheinung. Mittels der Kraft der Imagination werden Banknoten aus dem Nichts geschaffen. Sie sind allein durch die noch nicht gehobenen Bodenschätze gedeckt und durch das Siegel des Herrschaftsverhältnisses legitimiert. Vorbild dieser magischen Schöpfung in der historischen Wirklichkeit ist die Gründung der Bank von England im Jahr 1694[11]. Doch die Kreation von Papiergeld ist erst der Anfang. Faust strebt nach einem reichtumsmehrenden wirtschaftlichen Mechanismus, in dem das Notengeld mit dem Ziel der Hebung der Bodenschätze investiert und das tote, fixe Kapital wiederum in flüssiges Geldkapital verwandelt wird.

Im Augenblick der Schaffung eines sich beständig ausweitenden Wertschöpfungskreislaufs stößt Faust überwältigt die Worte aus *„verweile*

---

[11] Die Vereinigung einer großen Zahl von Gläubigern der City of London gewährte dem klammen britischen Königshaus eine Anleihe, wofür sie als Gegenleistung das königliche Privileg zur Ausgabe von Banknoten erhielten. Der so begründeten Bank von England wurde außerdem erlaubt eigene Bankgeschäfte zu betreiben. Das damalige Stammkapital in Höhe von 1,2 Mill. Pfund entsprach der Höhe der königlichen Anleihe, die mit 8% verzinst wurde. Darlehen an die Regierung standen unter dem Vorbehalt der Zustimmung durch das Parlament.

doch! Du bist so schön“ (Goethe, Zeile 11582). Das Erlebnis dieses „höchsten Augenblicks“ bedeutet allerdings zugleich, dass Faust die Wette mit Mephistopheles verliert. Wirtschaftliches Handeln ordnet sich in dieser Perspektive der Suche nach dem künstlichen Gold unter. Und wer sich dieser künstlichen Welt verschreibt, droht von der Sucht ergriffen zu werden.

Goethe ist durchaus bewusst, dass der Schein der abgelösten Verwertung trügt. Geld verwandelt sich nicht unmittelbar in Geldkapital. Das fiktive Kapital bedarf der realen Produktion und Zirkulation von Waren, um neue Überschüsse zu generieren und den Kreislauf in Gang zu halten[12]. Auch Keynes hat diesen Aspekt in seiner Kreislaufformel des Kapitals[13] aufgezeigt, um darauf hinzuweisen, dass die Generierung von Einkommen nur über die Verwandlung des Geldvorschusses in Produktivkapital zustande kommt, wobei die erwarteten Rückflüsse keineswegs als sicher gelten können. Das sich mittlerweile über globale Netzwerke hinweg erstreckende Getriebe der Generierung von Wert, in dem künftige Gewinne über eine Zeittransformation als gegenwärtige Ansprüche ausgewiesen werden, ist Gegenstand der Ausführungen in diesem Buch.

Der letzte wirtschaftliche Absturz erscheint rückblickend nur als Neubeginn einer munteren Rally von Kapitaleinsätzen und Pleiten. Da bleibt in der Öffentlichkeit wenig Zeit für Aufarbeitungen und Justierungen. Neuer Einsatz ist angesagt. Fusionen und weltweite Kooperationen kennzeichnen wieder das schillernde Spiel der Märkte. Krisenerfahrungen sind schnell verdrängt. Erinnern wir uns für einen Moment. Die große Rezession der Jahre 2007/2008 ist noch nicht allzu lange her. Die Krise äußerte sich zunächst auf dem U.S.-Immobilienmarkt, wo eine Spekulationsblase platzte und Hauspreise abstürzen ließ. Die Kreditschulden vieler amerikanischer Haushalte waren plötzlich nicht mehr durch den Wert ihrer Immobilien abgesichert. Dies stürzte nicht nur Millionen von amerikanischen Hausbesitzern ins Unglück, sondern führte im Weiteren zu Verlusten bei amerikanischen und europäischen Finanzinstituten und schließlich zum Kollaps des U.S.-Bankgiganten Lehmann Brothers im Jahr 2008. Die Realwirtschaft, über Kredite und Finanzanlagen mit den Banken verknüpft, wurde darauf ebenso in Mitleidenschaft gezogen.

Was zunächst als Finanzkrise begonnen hatte, drohte wegen der Vernetzung der Großbanken untereinander die Weltwirtschaft in einen Ab-

---

[12] Goethe spricht im vierten und fünften Kapitel des zweiten Teils des Faust Dramas den Gedanken aus, dass der Kreislauf des Kapitals die Transformation in Realkapital durchlaufen muss (Binswanger 2009: 33).

[13] Bei Keynes nimmt die Formel die Form von M – X – X´ - M´ an, wobei M den Geldvorschuss, X das Produktivkapital, X´ die erzeugten Waren und M´ den in Geld verwandelten Warenverkauf repräsentieren (Keynes 1936).

wärtsstrudel zu reißen. Hierbei spielten komplexe Finanzprodukte (Asset Backed Securities) eine unrühmliche Rolle. Anders als im klassischen Modell der Banken vorgesehen, wurden vor der Finanzkrise die an Bankkunden vergebenen Kredite nicht mehr primär über die Einlagen privater Haushalte, sondern immer stärker über die Verbriefung von Krediten refinanziert. Unter den Finanzinstitutionen kursierte ein lebhafter Markt für Wertpapiere, die durch Verbriefungen[14] aber nur scheinbar abgesichert waren. Kredite wurden nach verschiedenen Güteklassen zusammengefasst, in handelbare Wertpapiere verwandelt und von den Banken in alle Welt verstreut. Es handelte sich um eine wundersame Verlängerung der fiktiven Wertpapierkette, die den tatsächlichen Wertgehalt dieser Wertpapiere immer mehr vernebelte. Ratingagenturen verdienten an diesem Geschäft prächtig und statteten die neuen Wertpapiere bedenkenlos mit der Bestnote „triple A“ aus. So wurden diese Papiere im globalen Maßstab massenhaft zwischen den Finanzinstituten gekauft und weiterverkauft. Zum Käuferkreis gehörten Zentralbanken verschiedener Länder, amerikanische Pensionsfonds, deutsche Landesbanken und andere Investitionsfonds.

Die „Finanzinnovation“ schien mit dem Mittel der Verbriefung in der Lage, vorhandene Kreditrisiken auf die Masse der Akteure umverteilen und auf diesem Pfad einfach in Dunst auflösen zu können. So zumindest der Traum vieler Banker. Doch mit dem Einsatz von Strategien zur Absicherung von Finanzgeschäften – auch Hedging genannt – werden Risiken mit Risiken versichert und das Gefährdungspotential verbreitet sich im globalen Maßstab. Das Kartenhaus fiel in der letzten großen Krise in sich zusammen, als Kreditschuldner ihren Zahlungsverpflichtungen nicht mehr nachkommen konnten und sich die neu geschnürten Wertpapiere als nicht werthaltig erwiesen. In dieser Situation wurde das Risiko als zu groß erachtet, Großbanken in die Pleite zu schicken. Statt kriselnde Institute für ihre Fehlkalkulationen haften zu lassen, entschlossen sich die Regierungen in den USA und Europa, Banken mit frischem Kapital zu retten. Dies trieb im Endeffekt die Verschuldung in diesen Staaten weiter nach oben. Allein in Deutschland kostete die Bankenrettung seit 2008 den Steuerzahler gemäß den Berechnungen der Deutschen Bundesbank 236 Mrd. Euro. Und die Verluste auf den globalen Finanzmärkten wurden vom IWF im Jahr 2009 auf vier Billionen US Dollar geschätzt.

---

[14] Unter Verbriefung ist die Einbringung von Krediten oder Rechten in eine Urkunde zu verstehen, die als Wertpapier wiederum eigenständig handelbar ist. Das Geschäft ist nach der Jahrtausendwende explodiert. Verbindlichkeiten wurden in großer Zahl mit dem Ziel gebündelt und verbrieft, um sie weiter zu veräußern. Diese Wertpapiere sind zwar durch Vermögenswerte besichert (Asset Backed Securities), doch ihre tatsächliche Werthaltigkeit durch die Bündelung oft verwässert. Hypothekenbasierte Wertpapiere spielten während der Finanzkrise eine große Rolle. Vgl. auch die Fußnoten 69 und 70.

Wie sich die Wirtschaft weiter entwickeln wird, kann naturgemäß niemand genau vorhersagen. Es lassen sich aber Risikobereiche eingrenzen. Die Rahmendaten des wirtschaftlichen Handelns auf den Märkten sind insbesondere seit den 1990er Jahren unübersichtlich und heikel. Parallel zur wachsenden finanziellen Verflechtung der Staaten und Unternehmen sind über Ländergrenzen hinweg gewaltige Ungleichgewichte entstanden, die in der Gegenüberstellung von Güter- und Dienstleistungsströmen sowie im Kapitalverkehr der Staaten zum Ausdruck kommen. Dahinter verbergen sich Überschüsse und Defizite in den Leistungsbilanzen sowie korrespondierende Kapitalexporte und -importe der einzelnen Länder. So wird z.B. das Leistungsbilanzdefizit der USA[15], das sich auf ein riesiges Handelsbilanzdefizit mit der Welt zurückführen lässt, finanziert durch Nettokapitalzuflüsse aus anderen Staaten, die in ihren Leistungsbilanzen Überschüsse aufweisen. Allein die USA haben 44% des weltweiten Gesamtdefizits zu verantworten. Die wirtschaftliche Führungsmacht des Westens lebt von Kapitalzuflüssen[16] aus dem Rest der Welt. Ohne diesen Kapitalsog könnte das globale Zusammenspiel von Gütertransfers und Kapitalbewegungen nicht funktionieren.

Im Rahmen des seit 1973 bestehenden Systems flexibler Wechselkurse[17] und dem Wegfall von Beschränkungen des Kapitalexports bestehen beste Bedingungen für die Entfaltung der Finanzmärkte im globalen Maßstab. Deregulierungen tragen seitdem zur Explosion der Geldbasis und der Kreditgeschäfte bei. Der globale Kapitalkreislauf erstreckt sich im wesentlich auf ein engmaschiges Netz von Handelsknoten in den Industrie- und Schwellenländern. Die USA und China, aber auch Länder wie Japan, Südkorea, Deutschland und einige erdölexportierende Länder spielen dabei eine bedeutende Rolle. Um die wechselseitige Abhängigkeit zwischen China und den Vereinigten Staaten hervorzuheben, ist von Wirtschaftsexperten der Begriff „Chimerica“ geprägt worden. China hat Dol-

---

[15] Vgl. die Daten des Internationalen Währungsfonds (IMF 2015: 7). Als die Finanzkrise im Jahr 2008 ausbrach, bestanden die größten Leistungsbilanzdefizite in den USA, Spanien, Italien, Griechenland und Frankreich.

[16] Die Zuflüsse setzen sich im Wesentlichen zusammen aus (a) Wertpapierkäufen und langfristigen Unternehmensbeteiligungen von Ausländern in den U.S.A., (b) aus Auslandskrediten an U.S.-Kreditnehmer sowie (c) aus der Anlage von Währungsreserven ausländischer Notenbanken in U.S.-Schatzanweisungen.

[17] Das 1944 im amerikanischen Bretton Woods beschlossene System fester Wechselkurse ist im Jahr 1973 zusammengebrochen. Im Bretton-Woods-System fungierte der US-Dollar als Ankerwährung. Die USA verpflichteten sich, die Dollarreserven jedes Staats in Gold zu tauschen. Mit dem Anwachsen der US-Defizite im Gefolge des Vietnam Kriegs verlor der Dollar seine starke Stellung, was Interventionen einiger Zentralbanken und die Infragestellung des Systems fester Wechselkurse provozierte.

larreserven im großen Umfang aufgehäuft, die eine zentrale Rolle bei der Finanzierung von U.S.-Treasury Bonds spielen. Die amerikanische Notenbank weist Staatsanleihen im Umfang von mehr als 6 Billionen Dollar aus, die sich in ausländischen Händen befinden. China ist der größte Gläubiger der USA mit Treasuries im Wert von 1,1 Billionen Dollar.

Leistungsbilanzdefizite und -überschüsse einzelner Länder sind zwar kein neues Phänomen, sie haben aber seit den 1990er Jahren stark zugenommen. Wie durch einen Magneten angezogen, bindet der Kapitalkreislauf die Defizit- und Überschussländer, Schuldner und Gläubiger, zu einem Bündel zusammen. Sie sind aufeinander angewiesen, aber die Verbindungslinien sind keineswegs stabil. Noch steht dem riesigen amerikanischen Schuldenberg eine Wirtschaft mit leistungsstarken Weltunternehmen gegenüber, so dass keine Anzeichen für eine Zahlungsunfähigkeit der USA erkennbar sind. Doch bergen die Ungleichgewichte im Welthandel ein erhebliches Risiko[18]. Bislang sind die Überschussländer zu Finanztransfers in die USA bereit. Dies gilt solange, wie die Vereinigten Staaten von Anlegern als sicherer Hafen angesehen werden. Aber das komplexe Getriebe der globalen Finanz- und Güterströme kann bereits durch kleine Störungen blockiert werden. Die Folgen wären weltweit zu spüren.

Im Gestrüpp der Finanzströme vervielfältigt sich die Anzahl der Unsicherheitsmomente weiter. Wie die expansive Geldpolitik in den USA, Großbritannien, Japan und der Euro-Zone zu beurteilen ist, wird kontrovers diskutiert. Vor dem Hintergrund schwacher Inflationserwartungen konzentrierten sich die Zentralbanken im letzten Jahrzehnt auf das Ziel, eine deflationäre Spirale nach unten abzuwenden und die Wirtschaft auf Kurs zu halten. Das von den Banken verteilte billige Geld stärkte aber die realwirtschaftlichen Investitionen nur zum Teil. Es trug auch zur Preisexplosion von scheinbar risikolosen Vermögenswerten wie Immobilien und Aktien bei. Investitionen im Bereich der Finanz- und Immobilienmärkte werden im Horizont vieler Kapitalanleger als die vorteilhafteren Anlagen eingeschätzt. Seit der letzten großen Finanzkrise 2007/2008 sind die Aktienkurse besonders in den USA, aber auch in anderen Ländern, nach oben getrieben worden. Die Bank für Internationalen Zahlungsaus-

---

[18] Ein Weg zur Beseitigung dieser Ungleichgewichte besteht langfristig im Abbau von Überschüssen durch Stärkung der Binnennachfrage und in der Reduzierung von Defiziten durch Erhöhung der Sparquote. Kurzfristig ist die steuerliche Privilegierung der Kreditfinanzierung sowie das zu geringe Eigenkapital von Banken zu hinterfragen. Deutschland wird nicht nur von der U.S.-Zentralbank vorgeworfen, den Handelsbilanzüberschuss durch eine zu strikte Sparpolitik und damit zu geringe Importe zu begünstigen. Zudem werde der deutsche Export währungspolitisch durch den Euro begünstigt.

gleich (BIZ) hat seitdem mehrfach vor der Entstehung einer neuen Spekulationsblase gewarnt.

Für Investoren ist der Immobilienmarkt von großer Bedeutung. Es handelt sich um einen Spezialmarkt, der sich durch eine geringe Fähigkeit auszeichnet, sich an Marktveränderungen anzupassen. In der Regel überwiegt die Konkurrenz auf Seiten der Nachfrage nach Immobilien und sorgt so für eine relativ stabile Entwicklung der Preise. Die Immobilie gilt zudem als wichtiger Vermögenswert im Rahmen von Kreditgeschäften. Denn die Finanzierung von Realkrediten wird durch Grundpfandrechte gesichert. Solange die Immobilienpreise steigen, vergeben Banken problemlos Kredite an Investoren und Konsumenten. Dies beeinflusst wiederum den Verlauf der Konjunktur in Ländern mit einem hohem Anteil an Grundstückseigentum[19]. Bei steigenden Immobilienpreisen wächst der Umfang der Konsumentenkredite, im umgekehrten Fall trübt sich die Konsumlaune ein. Immobilienpreise in den USA, Großbritannien, Frankreich und Deutschland steigen seit der letzten Finanzkrise kontinuierlich an.[20] Das gilt insbesondere für die Ballungsräume.

Zusätzlich befindet sich der verzweigte Finanzüberbau im Fokus der Anleger. Finanzderivate haben sich in der letzten Krise als schillernde Anlageprodukte mit Sprengkraft erwiesen. Sie zeichnen sich durch ein erhebliches Risikopotenzial aus. Das scheint ihre Ausbreitung nicht zu behindern. Die Nominalwerte der Derivate-Bestände sind weltweit weitergewachsen. Zwar wurden von den G 20-Ländern einige regulierende Maßnahmen mit dem Zweck der Begrenzung dieser Märkte beschlossen, doch greifen sie bislang nicht wirklich. Stattdessen sieht es so aus, dass Finanzanlagen von den stärker regulierten Banken zu den Investmentfonds verlagert werden. Dabei treten zunehmend kreditvergebende Fonds in Erscheinung. In Deutschland ist die Kreditvergabe zwar ohne Banklizenz verboten, doch können hier ausländische Fonds mit entsprechender Erlaubnis problemlos aushelfen. Auf diesem Weg vervielfältigen Hedgefonds ihr Anlagepotential. Im wachsenden Mittelzufluss bei Hedgefonds und Kreditfonds lässt sich eine erhöhte Risikobereitschaft bei den Investoren erkennen. Zu den Derivaten zählen unter anderem Zerti-

---

[19] 2014 betrug die Quote der Wohnungs- und Hauseigentümer in den USA 64%, während sie 2004 noch bei mehr als 69% lag. In Europa sind es vor allem Länder wie Spanien, Italien, Irland und Großbritannien, in denen der Anteil der von Eigentümern selbstgenutzten Wohnungen weit über dem europäischen Durchschnitt von 60% liegt. Das Statistische Bundesamt weist für Deutschland einen unterdurchschnittlichen Anteil von 42% aus.

[20] In Deutschland sind die Immobilienpreise zwischen 2010 und 2015 um fünfunddreißig Prozent gestiegen. In Spanien und Italien sind sie zwischen 2008 und 2014 gefallen (Theobald 2015).

fikate, Optionsscheine und Termingeschäfte, die an einen zugrundeliegenden Basiswert wie zum Beispiel einen Aktienindex geknüpft sind. Das Feld ist riesig und für Außenstehende völlig unübersichtlich. Weltweit sollen mehr als 1,3 Millionen verbriefte Produkte existieren. Die großen Fondsgesellschaften üben einen wachsenden Einfluss im Weltfinanzsystem aus.

Einerseits handelt es sich um Verwalter riesiger Vermögen, deren Kunden überdurchschnittliche Renditen erwarten. Allein die zehn größten Fondsgesellschaften verwalten fast zwanzig Prozent der weltweiten Vermögensanlagen. Das ist das Geschäft für die Superreichen dieser Welt. Die Liste der Giganten wird von der Fondsgesellschaft BlackRock angeführt. Die Gesellschaft ist über die Jahre kontinuierlich gewachsen. Das Kundenvermögen von BlackRock in Höhe von 4,8 Billionen Dollar übertraf das Bruttoinlandsprodukt Deutschlands im Jahr 2015 bereits um nahezu ein Drittel. Es folgen weitere Vermögensverwalter wie die amerikanische Vanguard mit etwa 3 Billionen Dollar. Erst dann folgen vermögensverwaltende Banken wie die UBS mit Sitz in Zürich und die in New York ansässige Morgan Stanley mit jeweils mehr als 2 Billionen Dollar. Viele Fonds sind formal auf den Cayman Islands oder in anderen Steueroasen registriert, während zentrale Verwaltungsaufgaben wie die Portfolio-Bewertung und die Depotbankverwahrung an anderer Stelle ausgeführt werden. Als Standort für dieses als „Back Office“ bezeichnete Geschäftsfeld tritt neben London auch das zur Eurozone zählende Irland in Erscheinung. Im Finanzviertel in Dublin sollen mehr als vierzig Prozent der weltweit existierenden Hedgefonds verwaltet werden. Für die Fondsmanager und die Anleger sind die günstige Besteuerung und das angelsächsische Rechtssystem von großem Interesse.

Andererseits verwandeln sich die vermögensverwaltenden Fondsgesellschaften immer mehr in Schattenbanken, die nur wenig reguliert sind. Darunter befinden sich unter anderem Broker-Firmen und Hedgefonds, die alle Anlageformen nutzen und vor riskanten Investments nicht zurückschrecken. Schattenbanken handeln selbst wie Banken und vergeben auch Kredite, unterliegen aber nicht den gleichen Vorschriften wie Banken. Ihr Anteil an der Kreditvergabe ist bereits beachtlich. Nach Schätzungen des IWF ging bereits 2015 in der Eurozone ein Viertel der Kreditvergabe an Unternehmen auf Schattenbanken zurück. In den USA war es sogar die Hälfte. In 2014 sollen sie weltweit 75 Billionen Dollar verwaltet haben, während es im Jahr 2002 „nur“ 26 Billionen Dollar waren. Das entspricht einer Quote von 120 Prozent des weltweiten Bruttoinlandsprodukts. Die großen Fondsgesellschaften nutzen den Mangel an Regulierungen auf der Jagd nach maximaler Rendite zu ihrem Vorteil aus. Demgegenüber müssen reguläre Banken die Kreditvergabe wegen der strikteren Vorgaben für das Halten von Eigenkapital begrenzen. Nach

Meinung des IWF ist der Schattenbankensektor in den USA bereits größer als der regulierte Bankensektor. Er stellt ein Systemrisiko für die Stabilität des Finanzsystems dar. Die Lage in China ist vergleichbar. Auch in der Eurozone tragen Schattenbanken dazu bei, dass ein erheblicher Umfang der Finanzgeschäfte intransparent bleibt. Von der Ratingagentur Standard & Poor‘s ist ihr Anteil an allen Vermögenswerten in der Finanzwirtschaft der Eurozone in letzter Zeit auf dreißig Prozent geschätzt worden. Der internationale Finanzstabilitätsrat hält die Aktivitäten der Fonds-Giganten bislang nicht für gefährlich. Dies wirft die Frage auf, ob die Akteure des Finanzüberbaus überhaupt willens und in der Lage sind, ihr eigenes Geschäftsfeld zu kontrollieren?

Die Aufblähung des Finanzsektors wird begleitet von weltweit wachsenden Schulden und Vermögen. Die wirtschaftliche Situation ist alles andere als gesund. Einerseits ist das Niveau der Staatsverschuldung im Gefolge der Finanzkrise und der anschließenden Rettung der Banken noch oben gedrückt worden. Andererseits ist der Schuldenberg der Staaten, Unternehmen und privaten Haushalte zusammengenommen von 87 Billionen Dollar im Jahr 2000 auf 199 Billionen Dollar im zweiten Quartal 2014 angeschwollen. Die Welt trägt einen Schuldenkoloss, dem nahezu das Dreifache der globalen Wirtschaftsleistung entspricht. Ein Ende der Schuldenspirale ist nicht abzusehen. Seit der letzten großen Krise explodierte die Verschuldung der Staaten insbesondere in Spanien, Irland, Großbritannien und den USA. Auch in China ist ein steiler Anstieg zu verzeichnen, wobei dort die Hälfte aller Kredite von unregulierten Schattenbanken vergeben worden sind. Bedenklich ist, dass die Mittel dort zum Großteil in die Finanzierung unrentabler Staatsunternehmen und in den Immobiliensektor geflossen sind. Auch wenn die spiegelbildliche Gegenüberstellung von Gläubigern und Schuldnern im Ganzen auf ein Nullsummenspiel hinausläuft, ergeben sich aus der strukturellen Ungleichverteilung von Schulden und Forderungen unter den Staaten sowie den privaten Haushalten große Differenzen hinsichtlich der Verteilung der Einkommen. Der Allianz-Chefvolkswirt Michael Heise[21] hat darauf hingewiesen, dass das globale Netto-Geldvermögen der Privathaushalte (nach Abzug der Schulden) 2015 erstmals über 100 Billionen Euro gelegen hat. Es übersteigt damit den Wert aller Staatsschulden und aller börsengelisteten Unternehmen der Welt. Dieses Vermögen ist extrem ungleich verteilt.[22]

---

[21] Vgl. das Interview mit Michael Heise in der FAZ Verlagsspezial / Wealth Management v. 10.11.2015.

[22] Der in den USA lehrende Gabriel Zucman hat mit zwei weiteren Forschern die Steuerflucht und Ungleichheit analysiert: „the top 0.01% of the wealth distribution ... evades 25%–30% of its taxes“ (Alstadsaetter 2017). Im 5. Kapitel

Auf strukturelle Probleme der Verschuldung anderer Art verweist unter anderem der Chefökonom der Bank für Internationalen Zahlungsausgleich (BIZ), Hyun Song Shin. So zirkulierten unter europäischen Banken vor der Finanzkrise im großen Umfang kurzfristige Wertpapiere in Gestalt verbriefter Kreditpakete, deren Verkauf wiederum als Refinanzierungsquelle für den Kauf höher verzinslicher langfristiger amerikanischer Wertpapiere wie Hypothekenanleihen diente. Shin und seine Mitarbeiter sprechen vor dem Hintergrund der Aufblähung des Markts für kurzfristige Wertpapiere von einer Bankenschwemme (banking glut), mit der ein erhebliches Liquiditätsrisiko einhergeht. Demnach muss das klassische Lehrbuchmodell, wonach sich Banken primär über die Einlagen der privaten Haushalte refinanzieren, als überholt bezeichnet werden. In der Krise hat sich erwiesen, dass die Verbriefung von Krediten und ihre Transformation in handelbare Wertpapiere zur relevanteren Quelle von Schulden und neuem Kreditgeld geworden sind. Dieses Instrument wird im Finanzsektor munter genutzt. Das stärkere Wachstum dieser instabilen Bankverschuldung im Verhältnis zu den Einlagen wird von den Autoren der BIZ als Krisenindikator[23] bezeichnet. Denn der Wert dieser gehandelten Kreditpakete unterliegt selbst Schwankungen, die Finanzierungen gefährden können.

Die Rolle und Fähigkeit der Banken, die Realwirtschaft mit Finanzmitteln zu versorgen, muss in Frage gestellt werden. Eine dienende Funktion der Banken ist immer weniger zu erkennen. Vor dem Hintergrund der Aufarbeitung der Krise hat sogar der ehemalige Staatssekretär im US-Finanzministerium und jetzige Chef der Federal Reserve Bank of Minneapolis (Kashkari 2016) seine Schlüsse gezogen und die Zähmung der großen Banken nahegelegt. Neben der Zerschlagung in kleinere Einheiten regt er als Alternative die Anhebung der Eigenkapitalquote von Banken auf mindestens fünfundzwanzig Prozent an[24]. Diese Forderung er-

---

dieses Buches wird auf die Vermögensentwicklung näher eingegangen.

[23] Hyon Song Shin schlägt zur Krisenerkennung vor, jeweils die absolute Höhe der grenzüberschreitenden Forderungen und Verbindlichkeiten gegenüber zu stellen, da der Saldo aus Kapitalimport und -export auch kurz vor einer Krise null betragen kann. Vgl. Avdjiev, McCauley, Shin (2015: 11).

[24] Dies geht in die Richtung von Anat Admati und Martin Hellwig (2013), die eine Eigenkapitalquote von 30% vorschlagen. Es gibt außerdem Hinweise darauf, dass sich das klassische Einlagen- und Kreditgeschäft der Banken nicht ohne Abstriche mit dem Investment Banking, darunter der teure Anleihe- und Devisenhandel, verknüpfen lässt. Die Bankenabwicklungs-Richtlinie der EU ist Anfang 2015 in allen Mitgliedstaaten in Kraft getreten. Hier wird geregelt, welche Vermögenswerte der Banken haften sollen. Dass dafür nur 8% der Bilanzsumme dauerhaft vorgehalten werden müssen, ist von Frankreich, Italien, Spanien und Portugal hinterfragt worden. Das geringe Eigenkapital ist

scheint sinnvoll. Banken müssen endlich in die Lage versetzt werden, im ausreichenden Maße Haftungskapital in ihren Büchern auszuweisen. Denn Steuerzahler dürfen nicht erneut für die Verluste aus Fehlinvestitionen haften. Auch deutsche Banken mit ihren Beteiligungen an irischen Banken spielten vor der Finanzkrise eine unrühmliche Rolle. Die leichtfertige Vergabe von Krediten, die in unrentable Immobilien- und andere Schrottprojekte in Amerika und Südeuropa geflossen sind, war ein krisenverursachendes Element. Dies führte im Herbst 2010 dazu, dass die Steuerzahler in Irland für die Forderungen deutscher Banken an irische Banken aufkommen mussten. Die europäische Zentralbank hatte damals Notkredite an irische Banken nur für den Fall der Umsetzung dieser politisch fragwürdigen Maßnahme freigegeben.

Die Nachwirkungen der Krise sind ambivalent. Die Unternehmen, welche die Krise überlebt haben, stellen die strategischen Weichen erneut auf volle Fahrt, um sich im Wettbewerb auf höherer Stufe zu behaupten. Verlierer und Geschädigte sind entweder raus aus dem Geschäft oder müssen erhebliche Wertverluste in ihren Bilanzen verkraften. Multinationale Unternehmen sind aufgrund ihrer Marktmacht und der Konzentration von Know-how, Patenten und Lizenzen am besten in der Lage sich dem Wettbewerb zu stellen. Sie verteilen Standorte so über den ganzen Globus, dass Leistungen jeweils mit den geringsten Kosten erbracht und Gewinne in die steuerlich günstigsten Länder gelenkt werden können. Auf diesem Weg versuchen die Unternehmen Risiken zu minimieren und dem Schicksal von Unternehmen wie Nokia, Blackberry, Hewlett-Packard, Kodak, Brockhaus und Quelle zu entgehen.

Auf der einen Seite schränkt die Schuldenlast vieler Unternehmen die Investitionskraft ein. Auf der anderen Seite erweist sich das Wirtschaftsleben als quicklebendig, wenn die Oszillationen der marktdominierenden Akteure ins Blickfeld geraten. Wer auf dem Markt überleben oder gar wachsen will, muss konsequent seine strategischen Ziele verfolgen. Die täglichen Meldungen auf den Finanz- und Kapitalmärkten lassen ein komplexes Geflecht von Handlungen und Kurvenbewegungen erkennen. Die großen Marken bestimmen das Geschehen.

Aus den Beobachtungen lassen sich drei typische Bewegungsmuster herauslesen, die für die weiteren Ausführungen in diesem Buch bedeutsam sind.

- *Erstens* spiegelt sich die wirtschaftliche Dynamik von jeher in den täglichen Kursausschlägen der Finanzmärkte. Die amerikanischen Wirtschaftsforscher Carmen Reinhardt und Kenneth Rogoff haben in

---

nach wie vor das Kernproblem der deutschen und anderer europäischer Banken.

ihrer Studie „This time is different" (2009) die beständigen Auf- und Abschwünge der Wirtschaftsentwicklung aufgezeigt. Krisen sind ein ganz normaler Bestandteil der Abläufe im Kapitalismus. Sie lassen sich nicht vorhersagen. Es gibt keine Stabilität. Und es deutet sogar einiges darauf hin, dass die Ausschläge auf den Märkten mit der Zeit größer werden. Der Anteil der von Krisen betroffenen Staaten innerhalb der letzten hundert Jahre ist höher als jemals zuvor. Die letzte große Krise erreichte Asien, Europa und Nordamerika nahezu im gleichen Ausmaß. Die Globalisierung verknüpft Unternehmen weltweit miteinander, sodass Ungleichgewichte sich weiter und schneller ausbreiten.

Auch die Unternehmenslandschaft ist im Umbruch. Disruptive Innovationen bedrohen traditionelle Industriezweige. Die Erwartungen der Anleger sind nun auf die Technologieunternehmen gerichtet. Nicht mehr die großen Erdöl- und Industriegesellschaften stehen im Mittelpunkt, sondern amerikanische Technologiekonzerne. Die fünf wertvollsten Unternehmen der Welt sind Apple, Amazon, der Google-Mutterkonzern Alphabet und Microsoft. Allein der Marktwert von Apple ist Mitte 2018 genauso groß wie die zwölf größten Dax-Werte zusammengenommen. An den Börsen wird die Zukunft gehandelt. Doch die Verarbeitung von Informationen und ihre Transformation in Erwartungshaltungen der Akteure sind komplexe soziale Mechanismen, die Ineffizienzen herausfordern. Preis- und Vermögensblasen sind Teil des normalen Wirtschaftslebens geworden. Dass sich Teile des Marktwerts von heute auf morgen in Luft auflösen, ist zur normalen Erscheinung geworden. So hatte Apple am Ende des zweiten Quartals 2015 zwar einen Gewinn von 11 Mrd. Dollar verkündet, doch sackte der Kurs trotzdem um 35 Mrd. Dollar ab. Das beständige Flimmern[25] an den Börsen verweist auf den Stressfaktor, der mit der Jagd nach Kapital verbunden ist.

- *Zweitens* hat sich die Zahl transnationaler Unternehmensgruppen stetig vergrößert. Dazu haben auch die Fusions- und Übernahmewellen beigetragen. Die Handels- und Entwicklungskonferenz der Vereinten Nationen (UNCTAD) verfolgt seit Jahrzehnten die Entwicklung der Multis. Deren Zahl ist über die Jahre nach oben geklettert.[26] Zu den mehr als achtzigtausend transnationalen Konzernen soll ein Ge-

[25] Die erwarteten Kursschwankungen amerikanischer Aktien werden über den Verlauf der Optionspreise an der Terminbörse in Chicago gemessen und deren Schwankungsbreite in einem Index erfasst (Volatilitätsindex Vix). Er bildet den Erregungszustand der Finanzmärkte ab.

[26] Allein im Verlauf der UNCTAD-Untersuchungen zwischen 1960 und 2008 erhöhte sich die Zahl der transnationalen Konzerne von ungefähr 10tausend auf 82tausend.

flecht von rund 800tausend weltweit verstreuten Tochtergesellschaften zählen, die jeweils von Konzernzentralen gesteuert werden. Das Netzwerk ist noch größer, wenn man bedenkt, dass wirtschaftliche Kontrolle auch über Minderheitsbeteiligungen ausgeübt wird. Der Anteil des Handels innerhalb von Konzernstrukturen (Intrakonzernhandel) am gesamten Welthandel wird heute bereits auf achtzig Prozent geschätzt. Es kann daher nicht überraschen, dass die Multis das weltweite Marktgeschehen bestimmen.

Das wirtschaftliche Potential dieser Weltfirmen ist im Verhältnis zur Wirtschaftskraft einzelner Länder gewaltig. So hat Apple 2017 einen Gewinn nach Steuern von mehr als 48 Mrd. Dollar erwirtschaftet und damit das Bruttoinlandsprodukt eines ganzen Jahres von Honduras überrundet. Das ist der Spitzenplatz in der weltweiten Rangfolge der gewinnstärksten Unternehmen 2017. Der Google-Mutterkonzern Alphabet liegt mit einem Gewinn von fast 13 Mrd. Dollar auf Rang 14. Der Einfluss der Multis tritt noch deutlicher hervor, wenn statt der Gewinne die Umsätze betrachtet werden. Umsatzweltmeister 2017 ist Wal-Mart mit über 500 Mrd. Dollar. Das ist nicht weit entfernt vom Bruttoinlandsprodukt (BIP) Polens. Der Umsatz von Apple ist ungefähr halb so groß und erreicht fast das Leistungsniveau von Ägypten mit einem BIP von 237 Mrd. Dollar. Tschechien und Rumänien liegen jeweils leicht darunter. In der Rangfolge weit abgeschlagen befinden sich die Länder Afrikas, bis auf Nigeria, Südafrika und Ägypten. Wie riesig der Abstand zwischen dem Leistungsniveau eines Entwicklungslandes zu dem von Apple ist, zeigt sich, wenn beispielhaft das BIP von Senegal gegenübergestellt wird. Mit etwas mehr als 16 Mrd. Dollar erwirtschaftete das Land rund 7% des Umsatzes von Apple.

- *Drittens* lassen diese Größenverhältnisse erahnen, dass daraus ein Machtpotenzial und Gestaltungsspielraum erwächst, der die Wirksamkeit staatlicher Entscheidungen einengt. Bis in die Zeit der frühen 1950er Jahre konnten die Volkswirtschaften noch als relativ geschlossene Systeme bezeichnet werden. Der grenzüberschreitende Warenverkehr war durch Zölle und hohe Transportkosten eingeengt und die Kapitaltransfers über die Grenzen hinweg waren meist durch diverse Regularien beschränkt. Die Rechts- und Steuersysteme der Länder beeinflussten die wirtschaftlichen Abläufe im Rahmen der Ländergrenzen, ohne dabei mit den rechtlichen Rahmensetzungen anderer Länder in Konflikt zu geraten. Diese Zeiten sind vorbei. Im Zuge der Reduzierung von Handels- und Kapitalverkehrsschranken wirken sich politisch-rechtliche Entscheidungen in einem Land nun im viel größeren Maße als früher auf das Verhalten der Unternehmen und auf die Gesetzgebung in anderen Ländern aus. Regularien in den Bereichen des Umweltrechts und des Steuerrechts sind dafür gute Beispiele. Länder mit günstigen Umweltstandards oder niedrigen Steuersätzen können

Kapitalbewegungen bewirken, die andere Länder zu Gegenmaßnahmen veranlassen. Dies wird als Spillover-Effekt bezeichnet und setzt die Staaten unter Handlungsdruck. Die Politik in den Ländern hinkt hier meist hinterher, da die weltweit agierenden Unternehmen in der Lage sind, auf die günstigsten Standorte auszuweichen und so die institutionellen Vorgaben in Ländern zu unterlaufen.

- Die Steuerlast der Multis im Durchschnitt liegt zwanzig bis dreißig Prozent unter der Belastung ähnlicher, rein national agierender Unternehmen[27]. Die Verlagerung der Gewinne aus den Hochsteuerländern in Steueroasen ist ins Rampenlicht der öffentlichen Diskussion gerückt. Das Internationale Konsortium für Investigative Journalisten (ICIJ) hat mit der Veröffentlichung der Panama- und Paradise-Papers wertvolle Arbeit geleistet. Im Herbst 2013 haben auch die G20-Staaten den Aktionsplan der OECD gegen die Steuervermeidung „Base Erosion and Profit Shifting (BEPS)“ unterstützt. Die OECD ist aufgefordert worden, den Aktionsplan weiter zu verfolgen. Der gestaltende Staat wird mehr denn je benötigt. Besitzen die Staaten die Kraft, ein faires Weltwirtschaftssystem zu etablieren?

„Varieties of Capitalism“ – Rheinischer Kapitalismus in der Defensive

Handelt es sich um die Reproduktion der immer wieder gleichen Prozesse? Einerseits schreitet die kapitalistisch orientierte Marktwirtschaft von Bubble zu Bubble voran und verläuft wellenartig in erstaunlicher Kontinuität. Nach dem großen Crash des realen Sozialismus ist eine gesamtgesellschaftliche Alternative, weniger denn je erkennbar. Wirtschaftliches Handeln gleicht sich offenbar weltweit immer mehr an. Dazu kommt ein weiterer Faktor. Der ökologische Kontext des Wirtschaftens unterliegt selbst Veränderungen. Die mit dem Wachstum einhergehenden Schadstoff-Emissionen sowie die Ausbeutung von Naturressourcen wirken sich im globalen Maßstab aus. Der Klimawandel gefährdet die künftige Reproduktion der Lebensbedingungen weltweit.[28]

Andererseits offenbaren sich in den wirtschaftlichen Abläufen vielfältige Muster, sobald länderübergreifende Entwicklungen und Zeitspannen verglichen werden. Dieser Aspekt der Divergenz verweist auf den Einfluss unterschiedlicher institutioneller Bedingungen und Kulturen in den Ländern, die wirtschaftliches Handeln in verschiedener Weise prägen und diverse Entwicklungspfade eröffnen. Die Herausarbeitung beider

---

[27] Vgl. das Gespräch mit Clemens Fuest, dem damaligen Präsidenten des Zentrums für Europäische Wirtschaftsforschung, in der FAZ v. 13.11.2014.

[28] Der Klimawandel erfordert eine Reaktion im Sinne der Transformation zur Nachhaltigkeit. Vgl. dazu Kapitel 5.

Entwicklungsverläufe (Konvergenz und Divergenz) ist relevant für die Diskussion alternativer Gestaltungen des Wirtschaftens.

Die Kapitaleigner üben den wesentlichen Einfluss im Unternehmen aus. Die Stakeholder-Perspektive, die neben den Aktionären auch die Konsumenten, Lieferanten, Mitarbeiter und den Staat als Einflussgruppen im Betrieb hervorhebt, stellt keine Alternative zu dieser Logik dar. Die Stakeholder lenken den Blick lediglich auf das komplexe Beziehungsgeflecht und die gesamtwirtschaftliche Funktion eines Unternehmens. Denn Wirtschaftsbetriebe agieren nicht im luftleeren Raum. Sie sind eingebettet in ein Gefüge aus wirtschaftlichen Wettbewerbsbedingungen und politisch-rechtlichen Vorgaben in Form von Gesetzen, Verordnungen und Rechtsentscheidungen. Je nachdem, wie eng oder weit das Spielfeld und die Regeln für Investoren abgesteckt sind, verfolgen die wirtschaftlichen Akteure ihre Ziele in gebändigter oder ungezügelter Weise.

Dieses Gefüge repräsentiert den institutionellen Rahmen einer Gesellschaft, der das wirtschaftliche Handeln beeinflusst und in bestimmte Richtungen lenkt. Er wird durch nationale Normen und internationale Vereinbarungen wie beispielsweise den Vertrag über die Europäische Union und diverse Handelsverträge geprägt. Zu diesen Normen und Vereinbarungen zählen auch die Wirtschafts- und Steuergesetze sowie das Umweltrecht. Steuergesetze werden zur wirtschafts- und sozialpolitischen Lenkung eingesetzt. Das war schon immer so. Sie determinieren nicht nur den Geldtransfer vom Steuerbürger zum Staat, der zur Finanzierung des Militärs, der Infrastruktur und des Sozialstaats abgefordert wird. Sie wirken sich auch direkt aus auf die Entscheidungen der Investoren, indem vor allem steuerbegünstigte Investitionsziele angepeilt werden. Aufgabe der Politik ist es, diesen Rahmen zu gestalten.

Die Akteure treffen vor dem Hintergrund dieser Rahmenbedingungen tagtäglich Entscheidungen, die ihren Nutzen steigern sollen. Innerhalb des Rahmens ergeben sich Handlungsalternativen, welche die Realisierung verschiedener Optionen erlauben. Hier kommt den Konsumenten durchaus eine Bedeutung zu, da ihre Kaufentscheidungen zu Verdrängungen aus dem Markt führen können. So wurde Nike von Menschenrechtsorganisationen kurz nach dem Millennium vorgehalten, miserable Arbeitsbedingungen akzeptiert zu haben. Um Umsatzeinbußen zu verhindern, musste die Firma reagieren und sich in der Öffentlichkeit als sozial verantwortlich handelndes Unternehmen präsentieren. Produkte, die Resultat menschenunwürdiger Produktionsbedingungen wie Kinder- oder Sklavenarbeit sind, lassen sich eliminieren, wenn dies auf den Märkten massenhaft zum Ausdruck gebracht wird. Diese konsumorientierte Protestoption wird aber an den grundlegenden wirtschaftlichen Leitzielen nichts ändern, solange die institutionellen Rahmenbedingungen unverändert bleiben. Sie grenzen die Spielregeln des wirtschaftlichen

Handelns ein. Welche Faktoren wirken sich auf die Ausgestaltung der Regeln aus? Und besteht hier überhaupt ein Spielraum?

Es lassen sich durchaus Unterschiede erkennen. Die institutionellen Bedingungen unterscheiden sich von Land zu Land, wobei die spezifische Art der Ausgestaltung von Institutionen Ausdruck einer jeweils besonderen Kultur und Geschichte ist. Im Sinne von Habermas „(besteht) der institutionelle Rahmen einer Gesellschaft aus Normen, die sprachlich vermittelte Interaktionen leiten" (Habermas 1969: 63).[29] Vor dem Hintergrund gewachsener geschichtlicher Entwicklungspfade haben sich in den Ländern unterschiedliche institutionelle Ausprägungen und Leitlinien des Handelns gebildet, die im Bereich der politischen Ökonomie erfasst und gegenüber gestellt werden. So lassen sich in den Zentren des globalen Wirtschaftsgeschehens verschiedene marktwirtschaftliche Systeme voneinander unterscheiden. In Nordamerika und Großbritannien wird in diesem Zusammenhang offener als in Deutschland vom „Kapitalismus" gesprochen, um die realen wirtschaftlichen Abläufe auf den Punkt zu bringen. Was wir als Kapitalismus bezeichnen, basiert im internationalen Vergleich auf grundlegenden Gemeinsamkeiten, erfährt in den Ländern aber auch verschiedene Prägungen. Beide Aspekte sollen hier herausgestellt werden, um Gestaltungsräume für die Politik aufzuzeigen.

Institutionelle Differenzen sind im Rahmen vergleichender Studien von Peter Hall und David Soskice (2001) dargestellt worden. Ihr Ansatz ist unter dem Begriff „Varieties of Capitalism" bekannt geworden. Die beiden Autoren haben verschiedene Modelle des Kapitalismus gegenübergestellt. Sie beschreiben die USA und Großbritannien als Länder mit „klassisch liberaler" Marktorientierung und konfrontieren dieses Modell mit den in Deutschland, Japan und Südkorea vorherrschenden Verhältnissen, die sich eher durch ein „koordiniertes marktwirtschaftliches" Leitbild auszeichnen. Dieser Länderblock wird von ihnen noch weiter untergliedert[30].

---

[29] Habermas geht von der Differenz zwischen zweckrationalem und kommunikativem Handeln aus. Das kommunikative Handeln bzw. die Interaktion richtet sich nach „geltenden Normen, die reziproke Verhaltensweisen definieren ..." (1969: 62). Sie werden durch Sanktionen bekräftigt. Der französische Soziologe Emmanuel Todd vertritt die These, dass sich die europäischen Länder kulturell vor allem nach der Art der traditionell vorherrschenden Familienstrukturen voneinander unterscheiden (Todd 2018).

[30] Hall und Soskice (2003: 34) haben das koordinierte marktwirtschaftliche Modell weiter untergliedert in die „industrie-basierte Koordination" (Nord-Europa) und die „gruppen-basierte Koordination" in Japan und Süd-Korea. Obwohl japanische Unternehmen ihre Abhängigkeit von Bankdarlehen gelockert haben, lässt sich ein neues Beziehungsgeflecht zwischen den

Die klassisch liberalen Werte der individuellen Freiheit, des Selbstbesitzes und der Vertragsfreiheit sind im Wirtschaftsleben Nordamerikas am stärksten ausgeprägt. Sie markieren zentrale Eckpunkte des Denkens und gipfeln im Primat des individuellen Glücks. Die Maxime lautet: Im Streben nach dem persönlichen Lebensglück gehört jeder Mensch sich selbst. „Über sein Leben hat niemand ein Recht als nur er allein“ (Locke). In diesem Sinne ist er nicht nur für sein Tun selbst verantwortlich, sondern auch ganz allein seines Glückes Schmied. Der Glaube an die Realisierbarkeit des Traums, durch eigene Arbeit wirtschaftlichen Erfolg erlangen zu können, ist eine zentrale Triebkraft des Handelns. Alexis de Tocqueville, der scharfsinnige politische Analytiker des 19. Jahrhunderts, hat in seinem Buch „Über die Demokratie in Amerika“ (1835–1840) Individualismus, Eigeninitiative und Eigennutz als Kernmerkmale der amerikanischen Demokratie[31] beschrieben und auch auf die Gefahren des eigennützigen Handelns hingewiesen. Interventionen des Staates in das Getriebe des Marktes sind mit diesem klassischen Verständnis von Freiheit und Selbstbestimmung in der Regel nicht vereinbar.[32] Denn der Wettbewerb ist der Motor des wirtschaftlichen „Fortschritts“ und im Sinne von Adam Smith transformiert „die unsichtbare Hand“ das eigennützige Streben vieler in den Nutzen für alle. Allerdings hat der zugleich stark ausgeprägte Pragmatismus des angelsächsischen Denkens die amerikanische Wirtschaftspolitik im Laufe der Geschichte nicht daran gehindert, das Instrument der keynesianischen Intervention zur Stärkung der gesamtwirtschaftlichen Nachfrage immer wieder zu nutzen. Das galt nicht nur in der Phase des „Big Deal“ nach der Weltwirtschaftskrise 1929, sondern auch während der expansiven U.S.-Geldpolitik der vergangenen

---

Hauptbanken und den Unternehmen beobachten. Dies gilt insbesondere für kleine und mittlere Unternehmen. So halten die Banken nach wie vor im starken Maße Industrieanteile. Anteilsverkäufe werden vorher in der Regel mit den betreffenden Unternehmen abgestimmt.

31 Alexis de Tocqueville traute dem wohlverstandenen Eigennutz keine wesentliche Integrationskraft zu. Zusammengehörigkeit unter den Bürgern werde nicht im ausreichenden Maße durch den aufgeklärten Egoismus erzeugt. Insofern sah er die Religion gefordert. In diesem Punkt besteht ein Bezug zur These von Max Weber, der die Kapitalbindung im entstehenden Kapitalismus durch den asketischen Sparzwang der Puritaner und anderer protestantischer Religionsgemeinschaften verursacht sah. Die „innerweltliche protestantische Askese ... sprengt die Fesseln des Erwerbsstrebens“ (Weber 2000: 144 f.).

32 Die 1992 verstorbene Harvard-Politologin Judith Shklar (2017) hat den Liberalismus amerikanischer Prägung zurückgeführt auf den Primat der individuellen Rechtsdurchsetzung, der mit einer überschwenglichen Staatskritik und einer Skepsis gegenüber der „rule of law“ einhergeht. Der Liberalismus entspringt dem Denken der Siedler im amerikanischen Befreiungskampf gegen die britische Kolonialmacht.

Jahre. Der Militäretat lässt sich ebenso als gewaltiges Konjunktur- und Forschungsprogramm für amerikanische Großunternehmen interpretieren.

Die Betonung von Eigeninitiative und Eigennutz schlägt sich nieder in der rechtlichen Ausgestaltung der Unternehmensorganisation. Sie ist streng monistisch ausgerichtet. Die Leitung der Kapitalgesellschaften ist allein im Board of Directors konzentriert. Es existiert nur diese eine Führungsebene, in der nur die Interessen der Unternehmenseigner zum Ausdruck kommen. Dies unterscheidet sich vom dualen Führungssystem in den großen deutschen Kapitalgesellschaften.

Nach dem Ansatz der „Varieties of Capitalism" bestehen relevante Differenzen zwischen der in Deutschland und Japan existierenden Marktwirtschaft und dem in Nordamerika und Großbritannien praktizierten Modell. Außerhalb des angelsächsischen Kulturkreises spielt der Markt als Koordinationsmechanismus eine weit geringere Rolle. Transaktionen werden eher innerhalb bestehender Hierarchien und Netzwerke ausgehandelt. Und die Kapitalmärkte sind bei der Finanzierung von Unternehmen und der Vorsorge der Bürger weniger präsent als in Großbritannien und den USA. Hall und Soskice haben sowohl den deutschen als auch den japanischen Kapitalismus als spezifische Systeme von Anreizen und Regeln beschrieben, die auf langlebige politische und kulturelle Wurzeln in den jeweiligen Ländern verweisen. Das gilt zum Beispiel für das vor und nach dem Zweiten Weltkrieg traditionell verankerte Keiretsu-System in Japan. Mit dem Begriff "Keiretsu" wird die enge Kooperation innerhalb einer ganzen Familie von Firmen hervorgehoben, die auch hauseigene Banken einschließt. Der Fimenverbund wird über wechselseitige Beteiligungen und Doppelfunktionen von Managern quer über einzelne Firmen und mitunter auch Branchen zusammengehalten. Dies System bedingt zugleich ein starkes Zusammengehörigkeitsgefühl, das auf Seiten der Mitarbeiter durch die Ausbildung firmen- oder gruppenspezifischer Qualifikationen und durch lebenslange Beschäftigung im Firmenverbund gestützt wird. Als Beispiele lassen sich Konglomerate wie Mitsubishi, Toyota, Honda und Hitachi benennen. Die Steuerung der Unternehmen über die Direktorenversammlung verweist auf eine monistische Führungsstruktur.

In Kontinentaleuropa, insbesondere in Deutschland, hat sich in der Nachkriegszeit eine bis dahin einzigartige Situation ergeben, in der sich Marktwirtschaft, Demokratie und Sozialstaat entfalten konnten[33]. Getra-

---

[33] Dieser Prozess kann als „passive Revolution" im Sinne von Gramsci (1991) bezeichnet werden. Damit ist gemeint, dass er nicht Ergebnis einer bewusst verfolgten Politik ist.

gen durch eine starke Entwicklung der Produktivität[34] entwickelte sich ein sozialstaatlicher Konsens, der von einem unterstützenden Interventionsstaat moderiert wurde. Wolfgang Streeck (2005) bezeichnete diesen sozialen Konsens als “Korporatismus”, dessen wirtschaftliche Kosten in der Nachkriegsphase durch die Praktizierung der Sozialpartnerschaft zwischen Vertretern der Gewerkschaften und der Unternehmensführung ausgeglichen wurden. Dies wirkte sich auf Regelungen im Bereich von Tarifverträgen, der Mitbestimmung und Betriebsverfassung sowie auf die Ausgestaltung der Arbeits- und Sozialgesetzgebung aus. Diese Phase, die im wachsenden Maße von sozialstaatlichen Interventionen begleitet war, wurde als “Rheinischer Kapitalismus” bezeichnet. Das Beispiel “Volkswagen” weist auf die besondere Unternehmenskultur hin, in der Vertreter der Eigentümer, der Gewerkschaften und des Staates bis heute im Rahmen des dualen Leitungssystems sozialpartnerschaftlich verbunden sind.

Die Leitbilder unterlagen in den Ländern aber auch einem Wandel. Gerade die weniger liberal-orientierten marktwirtschaftlichen Länder haben sich in den letzten dreißig Jahren an globale Trends anpassen müssen. So ist eine Hinwendung zum Shareholder-Kapitalismus festzustellen. Das Interesse der Aktionäre ist in den Mittelpunkt gerückt. Das kapitalmarktorientierte Leitbild, dass mit der Erwartung beständiger Wertsteigerungen des Vermögens verknüpft ist, hat einen Druck zur Umstrukturierung der Unternehmenslandschaft erzeugt. Gemäß der neuen Management-Philosophie sollen sich die Unternehmen auf ihr Kerngeschäft konzentrieren und die Betriebsorganisation weitestgehend den Erfordernissen des Marktes und der Verwertung unterordnen. Während der statussichernde Sozialstaat lange zur Absicherung des Strukturwandels beigetragen hatte, wurden staatliche Kompensationsleistungen im Laufe der 1990er Jahre immer mehr hinterfragt und soziale Risiken privatisiert.

Die Auflösung der alten „Deutschland-AG“ ist ein vielfach beschriebenes Kapitel. Die Orientierung am Shareholder Value war bis dahin in Deutschland und anderen kontinentaleuropäischen Ländern nur schwach ausgeprägt. Noch in den 1980er Jahren waren die Unternehmen mit ihrer „Hausbank“ eng verknüpft, die als kreditgewährendes Institut zugleich am zu finanzierenden Unternehmen beteiligt war. Das in der Zwischenzeit international verbreitete und lukrative Geschäft des In-

[34] Massenproduktion, Fließbandarbeit, eine stark arbeitsteilige Betriebs- und Arbeitsorganisation sowie der beginnende Einsatz numerisch gesteuerter Werkzeugmaschinen ermöglichten den wirtschaftlichen Aufstieg. Dieses Betriebsmodell ist in der Literatur mit Bezug auf die Produktionsweise in den amerikanischen Fordwerken als „Fordismus“ bezeichnet worden.

vestment Bankings verlangte aber eine größere Distanz gegenüber den Anteilseignern. Je mehr die Banken in die Rolle der Unternehmensberatung im Hinblick auf Fusionen und Akquisitionen schlüpften, desto mehr war die Unabhängigkeit von eigenen Investitionen geboten. Die Querbeteiligungen zwischen Industrie- und Banksektor behinderten die Umsetzung der neuen Linie. Ende der 1990er Jahre wurden die Industriebeteiligungen daher von den Banken weitgehend abgestoßen. Im Resultat dieser Umstrukturierung hat sich im Umfeld der börsennotierten Unternehmen eine größere Abhängigkeit von Anlagefonds und Equity Investoren entwickelt. Sie müssen seitdem kapitalmarktgerecht agieren.

Die starke marktwirtschaftliche Prägung in den USA und Großbritannien hängt zusammen mit der traditionell großen Bedeutung der privaten Altersabsicherung sowie dem daraus folgenden Einfluss von Pensions- und Investmentfonds. Aber die Mühlen mahlen auch in anderen Regionen unentwegt. Die Finanzmärkte sind auf dem Weg, die noch bestehenden Unterschiede zwischen den Ländern einzuebnen. Die Entwicklung könnte aber auch auf einen Systemwettbewerb anderer Art hinauslaufen. Während bislang marktwirtschaftliche Demokratien miteinander konkurrieren, gewinnt die autoritäre Variante des Kapitalismus Schritt für Schritt an Einfluss. Der Staatskapitalismus wird in China und in abgeschwächter Form in Russland, Vietnam und anderen kleinen Ländern in Südost-Asien praktiziert. Es bleibt eine offene Frage, inwieweit sich die kapitalistische Marktwirtschaft von zentralen westlichen Werten wie individuelle Freiheit, Rechtsstaatlichkeit und Meinungsfreiheit auf Dauer lösen kann.[35]

Vor dem Hintergrund der vergleichenden Perspektive der „Varieties of Capitalism" ergeben sich interessante Fragestellungen. Unternehmen unterliegen einem starken Veränderungsdruck, der sich auch auf die nationalen Institutionen auswirkt. Denn die Unternehmen können ihr freies Spiel des Wettbewerbs nur auf einem Spielfeld entfalten, das durch staatlich garantierte Spielregeln abgesichert ist. Einerseits werden in den verschiedenen Ländern institutionelle Rahmenbedingungen gesetzt, die den jeweiligen historischen und kulturellen Gegebenheiten entsprechen. Dies eröffnet die Möglichkeit, dass sich Länder komparative Vorteile aufgrund ihrer institutionellen Infrastruktur verschaffen. Andererseits können sich Länder kaum der Konkurrenz um die günstigsten

---

[35] Der Präsident des ifo-Instituts, Wolfgang Fuest, begreift die Konkurrenz zum Staatskapitalismus als Herausforderung für die Europäische Union. Es werde sich als Kernaufgabe erweisen, die Attraktivität eines Wirtschaftsmodells herauszustellen, das demokratische Grundrechte wie Gewaltenteilung, den Schutz von Individualrechten und soziale Marktwirtschaft miteinander kombiniert (vgl. FAZ v. 27.07.2018).

Standortbedingungen entziehen. Die Standortwahl im globalen Rahmen bewirkt wiederum die Hinterfragung nationaler Besonderheiten, die im Wettbewerb als Nachteile angesehen werden. Der Konflikt erstreckt sich auf nahezu alle Politikfelder. Das könnte langfristig auf eine Vereinheitlichung des wirtschaftlichen Handelns in den Ländern hinauslaufen. Wohin geht also die Reise?

Wirtschaftspolitische Konfliktfelder und Denkmuster

Die Veränderung der institutionellen Bedingungen hängt von der Hegemonie von Denkweisen ab, die das politische Handeln in den Ländern im Zeitablauf bestimmen. Ähnlich dem Muster von Versuch und Irrtum in der Wissenschaftsgeschichte haben sich in der ökonomischen Theorie Denkmuster und Handlungskonzepte voneinander abgelöst und verändert. Theorien stehen sich in jeder Phase nicht nur konträr gegenüber. Es lassen sich auch jeweils vorherrschende Erklärungsansätze beobachten, die in einem bestimmten Zeitabschnitt das Denken und die Politik zu einem Mainstream filtern und verengen. Gemeint sind hier nicht Denkschemata, die per Dekret in autoritären Gesellschaften eingetrichtert werden. Es handelt sich vielmehr um Muster und Bilder, die sich im mehr oder weniger freien Wettbewerb der öffentlichen Meinungsbildung durchsetzen. Handfeste Interessen mächtiger Konzerne und Wirtschaftsverbände, die in der Lage sind professionelle politische Lobbyarbeit zu finanzieren, spielen dabei eine bedeutende Rolle. Insofern sind die Fachdiskussionen der Wirtschaftstheoretiker eingebettet in einen sozialen Kontext, in dem politische, wirtschaftliche, kulturelle und biologische Faktoren wechselseitig aufeinander einwirken. Der Einfluss unterschiedlicher Leitbilder, Denkschulen sowie der dazugehörenden „Think-Tanks“ kann daher nicht überraschen.

Im Laufe der 1980er Jahre haben sich die wirtschaftspolitischen Sichtweisen wesentlich verändert. Die Kapitalinteressen der Unternehmen rückten in den Mittelpunkt und der Einfluss des Staates wurde einengt. Die Privatisierung öffentlicher Unternehmen und die kontinuierliche Senkung der Unternehmensbesteuerung sind Ausdruck dieser Entwicklung. Die Hinwendung zum entfesselten Kapitalismus läuft auf die Einschränkung der Macht der Politik hinaus. Eine neue Machtkonstellation zeichnet sich seitdem ab: „The political state has become the corporate state“ (Hertz 2001: 11). Kapitalmarktorientierte Unternehmen und der Markt von Eigentumsrechten einerseits sowie die Finanzindustrie mit ihrem ausschweifenden Angebot an Finanzprodukten andererseits beeinflussen im wachsenden Maße Marktprozesse und politische Entscheidungen weltweit.

Während Regierungen Ende des Zweiten Weltkriegs noch um die Frage der Zähmung des Marktes durch den Staat stritten und sich die Ideen von John Maynard Keynes zur Intervention des Staates in der Wirtschaft mit dem Ziel der Stabilisierung der gesamtgesellschaftlichen Nachfrage und der Aufrechterhaltung von Beschäftigung verbreiteten, wurden im Laufe der späten 1970er Jahre und deutlicher in den 1980er Jahren konträre Denkansätze populär. Keynes hatte vor dem Hintergrund der wirtschaftlichen Depression nach dem Ersten Weltkrieg die Selbstregulierungskräfte des Marktes hinterfragt und die Rolle des Staates bei der Beseitigung von Ungleichgewichten auf dem Markt hervorgehoben. Haushaltsdefizite sollten nach der Krise über steigende Steuereinnahmen wieder beseitigt werden. Das Gedankengebäude von Keynes, das mit einer kritischen Aufarbeitung der Weltwirtschaftskrise einherging, beinhaltete im Kern eine Kritik am neoklassischen Gleichgewichtsdenken[36] und am ungezügelten Markt.

Diese Theorie wurde nach dem Zweiten Weltkrieg in vielen Ländern von sozialdemokratisch orientierten Regierungen aufgegriffen. Regierungen orientierten sich in Großbritannien bereits seit Ende der 1940er Jahre und in den USA seit den 1960er Jahren an keynesianischen Wirtschaftskonzepten. Auch andere Länder beschritten den Weg hin zum Ausbau des Sozialstaats und zur aktiven Wirtschaftspolitik des Staates. In Deutschland lebten keynesianische Wirtschaftsprogramme in der Phase der Großen Koalition (1966–1969)[37] und der folgenden sozial-liberalen Regierung auf und trugen zur Belebung des Wirtschaftswachstums nach der ersten Nachkriegsrezession bei.

Als im Gefolge der Ölkrise 1973 und der verschärften Konkurrenz auf den Weltmärkten die Inflation und die Arbeitslosigkeit in verschiedenen Ländern gleichermaßen anstiegen und die Krisenbewältigung die Verschuldung der Staaten ankurbelte, wendeten sich Regierungen im Laufe

---

[36] Keynes kritisiert in seinem 1936 veröffentlichten Hauptwerk „Allgemeine Theorie der Beschäftigung, des Zinses und des Geldes“ das Theorem von Say, wonach der gesamte Nachfragepreis der Produktion dem gesamten Angebotspreis aller Produktionsmengen gleicht. Dies kann als das neoklassische Credo bezeichnet werden. Keynes hinterfragt die Gleichgewichtsannahme: „Die wirksame Nachfrage, verbunden mit Vollbeschäftigung, ist ein Sonderfall, der nur verwirklicht wird, wenn der Hang zum Verbrauch und die Veranlassung zur Investition in einem besonderen Verhältnis zueinander stehen“ (Keynes 1974: 24). Auch Joseph Schumpeter kritisierte das statische Gleichgewichtsmodell.

[37] Unter dem sozialdemokratischen Wirtschaftsminister Karl Schiller wurde 1967 in der Phase der Großen Koalition aus CDU und SPD das Stabilitäts- und Wachstumsgesetz eingeführt. Gemäß dem Leitziel des „Magischen Vierecks“ wurde mit den Mitteln der Globalsteuerung versucht, die gesamtgesellschaftliche Nachfrage mit der Entwicklung des Angebots in Einklang zu bringen. Die Große Koalition war eine Reaktion auf die erste Rezession der Bundesrepublik nach 1945.

der 1970er Jahre schrittweise von wirtschaftspolitischen Konzepten ab, die auf dem intervenierenden Einsatz öffentlicher Mittel basierten. Die Theorie und die wirtschaftspolitischen Instrumente von John Maynard Keynes gerieten in die Defensive. Die Wahl von Margaret Thatcher (1979) und von Ronald Reagan (1980) markierte einen Politikwechsel, der mit einem Bruch ehemals vorherrschender wirtschaftstheoretischer Denkmuster einherging. Das neue Leitbild bestand nun im freien Markt, der sich weitgehend unabhängig von staatlichem Handeln entfalten sollte. In diesem Sinne galt es die Marktakteure aus den Zwängen des Staates zu befreien. Unternehmen und Innovationen sollten für ihr Risiko belohnt werden, indem Steuersätze für Individuen und Betriebe gesenkt sowie Beschränkungen des Kapitalverkehrs beseitigt wurden. So wurde das Personal der Bank of England radikal abgespeckt und noch bestehende Kontrollen im Kreditwesen, in den Bereichen Telekommunikation, Transport, Werbung, Rundfunk und Fernsehen eliminiert. Gewerkschaften wurden zurückgedrängt und öffentliches Eigentum zum Verkauf angeboten. Das Ziel bestand darin, den Kapitalismus als alternativloses und progressives Modell des Wirtschaftens zu verbreiten und die Marktkräfte zu entfesseln. Maggie Thatcher, der die russische Nachrichtenagentur TASS einst das Etikett „Eiserne Lady“ anheftete, wurde zur Ikone des Liberalismus. Ihr Spruch, der ihren Denkhorizont markierte, machte die Runde: „Es gibt keine Gesellschaft. Es gibt nur Individuen und Familien“. In gewisser Weise spiegelt sich in dieser Aussage auch ihr eigener Lebensweg. Sie wurde in kleinbürgerlichen Verhältnissen mit streng methodistischer Religionsausrichtung erzogen. In ihrer Familie wurden offenbar bereits die viktorianischen Tugenden vorgelebt, die ihr politisches Programm bestimmten.

Auch in den USA offenbarte sich mit Reagan eine neue Hegemonie von Denkweisen und Stimmungen, die keynesianische „Altlasten“ radikal zu entsorgen beabsichtigte. Die lange Phase der Verstrickung nationaler Regierungen in den Prozess wirtschaftlicher Entscheidungen, die früh mit Roosevelts Politik des New Deal zwischen 1934–1938 begonnen hatte, hat in abgeschwächter Form immerhin bis 1980 Spuren hinterlassen. Der New Deal entstand vor dem Hintergrund der Erfahrungen der Weltwirtschaftskrise 1929 und wirkte als Konsens zwischen Demokraten und Republikanern lange fort (New Deal Consensus). Die Infragestellung der nachfrageorientierten Wirtschaftspolitik hatte sich im Laufe der 1970er Jahre unter Jimmy Carter bereits angekündigt. Diese Phase des Staatsinterventionismus, der Regulierungen und der Ausweitung des Sozialstaats sollte nun endgültig beendet werden.

Thatcher und Reagan glaubten fest an die alte Formel des angelsächsischen klassischen Liberalismus, dass der Markt in effizienter und gerechter Weise nur als weitgehend autonomer Organismus funktionieren könne. Der Wettbewerb sei als Ringen um die besten Ideen und Lösungen möglichst ungehindert, also ohne staatliche Regulierungen, zu organisieren. In diesem Sinne bestehe die Aufgabe der Wirtschaftspolitik wesentlich darin, günstige Investitionsbedingungen in Form niedriger Steuern bereitzustellen. Dies werde entsprechend das Wachstum, die Gewinne und die Beschäftigung ankurbeln und schließlich die Steuereinnahmen erhöhen (trickle-down theory). Privatisierungen seien effektive Mittel zur Effizienzsteigerung und die Begrenzung staatlicher Hilfen für die Armen ein Anreiz zur Arbeitssuche auf dem Arbeitsmarkt.

Steuern sind gemäß dieser Denkweise nur als Beschränkungen der aktiven Marktakteure anzusehen, welche die Mittel für Investitionen unproduktiv verzehren. Dies geht einher mit der Geringschätzung von Mitteln zur Finanzierung öffentlicher Aufgaben, worunter weniger die Sicherstellung der gesellschaftlichen Infrastruktur als der Erhalt eines aufgeblähten Staatsapparates und unnötiger Sozialleistungen verstanden wird. So wurde unter Reagan der Spitzensteuersatz bei der Einkommensteuer in den USA von 70% auf 28% gesenkt.

Das Leitbild des ungezügelten Marktes wurde auch von bedeutenden internationalen Organisationen wie dem Internationalen Währungsfonds (IMF) und der Weltbank aufgegriffen und rund um die Welt verbreitet. Unter dem Etikett „Washington Consensus“ wurden Wirtschaftsprogramme in Ländern Latein-Amerikas und Ostasiens, in Indien und in Afrika umgesetzt, die strikt auf Privatisierungen, Deregulierung und Stärkung des freien Marktes orientierten. Dies entsprach der monetaristisch ausgerichteten Denkschule von Wirtschaftstheoretikern, die sich an der University of Chicago gesammelt hatten und nun als Berater auch autoritärer Regierungen in Chile, Argentinien, Mexiko und Brasilien in Erscheinung traten. Parallel öffneten die asiatischen Tiger-Staaten in Singapur, Hong Kong, Taiwan und Südkorea ihre Märkte, um für internationales Kapital attraktiver zu werden. Einerseits wurde dies durch den Zusammenbruch des sozialistischen Handelsblocks bestärkt und andererseits durch die Einführung internationaler Handelsabkommen wie dem GATT und später der WTO befördert. Die Abkommen zogen weitere Schritte hin zur Liberalisierung der Handelsbeziehungen nach sich.

Nach der sozialdemokratisch geprägten Phase der antizyklischen Globalsteuerung im Sinne von Keynes hatte sich Anfang der 1990er Jahre die Idee des freien, weitgehend deregulierten Marktes als dominante Denkweise durchgesetzt. Der neue Geist, der nun die Politik bestimmte, ist nicht vom Himmel gefallen. Die neuen Denkmuster sind vielmehr über viele Jahre im Rahmen wirtschafts- und sozialwissenschaftlicher Debatten zum Verhältnis von Markt und Staat zusammengefügt und verbreitet worden. In der Phase der Katastrophen der beiden Weltkriege und der großen Niederlage des liberalen Kapitalismus während der ersten Hälfte des zwanzigsten Jahrhunderts hatte sich die Ideologie des starken, teilweise auch totalitären Staats verbreitet, die das wirtschaftspolitische Handeln in verschiedenen Ländern dominiert hatte. Diese Ideologie stieß naturgemäß bei Marktliberalen auf Abwehr und provozierte eine neue liberale Gegenbewegung. Sie definierte sich nun als neoliberal[38] und fand ihren organisatorischen Ausdruck in der 1947 gegründeten Mont Pèlerin Society. An der Gründung der Denkschmiede hatte Friedrich August von Hayek großen Anteil. Diese Organisation kann als internationales Netzwerk bedeutender neoklassischer und monetaristischer Wirtschafts- und Sozialwissenschaftler bezeichnet werden, dem es im Laufe der 1970er Jahre gelang, die Fachdiskussion und die öffentliche Meinung zu prägen und in eine neue Richtung zu lenken.

Die Diskussionen waren stark von den Ideen Hayeks geprägt. Er appellierte in seiner 1949 veröffentlichten Schrift „Die Intellektuellen und der Sozialismus" an die Macht der Ideen, um den „Kollektivismus"[39] und den Staatsinterventionismus aus den Köpfen der Eliten zu verbannen. Die Ansichten von Keynes stellten in der Auseinandersetzung einen wichtigen Bezugspunkt dar. Waren dessen Theorien und wirtschaftspolitische Konzepte zunächst als populäre Alternativen verbreitet, um eine marktwirtschaftliche Gesundung einzuleiten, erwies sich Keynes bald als der eigentliche Gegenpol der Neoliberalen.

Auf der einen Seite beteiligten sich an den Debatten neben Hayek lupenreine Marktideologen wie Ludwig Mises, die beiden wichtigsten Vertreter der austroamerikanischen Schule der Nationalökonomie und der Philosoph Karl Popper. Viele ihrer frühen Arbeiten entstanden bereits in der Zeit zwischen den beiden Weltkriegen. Mises ging 1940 in die USA und lehrte von 1945 bis 1969 an der New York University. Hayek lehrte ab 1931 an der London School of Economics, ab 1950 an der University of Chicago und ab 1962 in Freiburg. Während der Zeit in London galt er als Kritiker von John Maynard Keynes. Dazu gesellte sich der damals noch junge Milton Friedman, der ab 1946 an der University of Chicago[40] be-

---

[38] Der Begriff „neoliberal" soll bereits 1938 auf einer Pariser Konferenz verwendet worden sein, zu der Walter Lippmann die damalige Elite liberaler Wirtschaftstheoretiker eingeladen hatte.

[39] Unter „Kollektivismus" verstanden von Hayek und Mises zunächst sowohl Kommunismus, Sozialismus, Marxismus als auch Nationalsozialismus. Später wurden hierunter auch Sozialdemokratie und Keynesianismus gefasst.

[40] Die Chicago University entwickelte sich nach dem Krieg zu einer der einflussreichsten ökonomischen Lehr- und Forschungsinstitutionen, an der zahlreiche Nobelpreisträger beschäftigt waren. Viele von ihnen waren zugleich Mitglieder der Mont Pélerin-Society.

schäftigt war und die „Chicago School“ mitbegründete. Im Laufe der 1960er und 1970er Jahre hat er maßgebend an der Ausarbeitung des „Monetarismus“ mitgewirkt. Für die Monetaristen kommt es frei nach der Devise „money matters“ entscheidend auf das Geld an. Eine zu starke Ausdehnung der Geldmenge führe langfristig zur Inflation, umgekehrt entstehe durch die Reduktion der Geldmenge Deflation. In einer an sich stabilen Marktwirtschaft seien kurzfristige Eingriffe des Staates abzulehnen. Mit dieser Sichtweise stand auch Friedman im Gegensatz zu Keynes und dessen Interpretation der Weltwirtschaftskrise.

Auf der anderen Seite waren auch Vertreter des deutschen Ordoliberalismus Teil des Netzwerks, die eine besondere Haltung zum Staat einnahmen. Insbesondere Walter Eucken und Wilhelm Röpke setzten sich für einen starken Staat ein, der aber nicht wirtschaftspolitisch intervenieren solle. Der Staat sei lediglich für die Sicherstellung einer Wettbewerbsordnung bedeutsam. Denn diese Ordnung garantiere erst das freie Spiel der Marktakteure[41]. Die Rahmenordnung des Markthandelns ergebe sich nicht von selbst, sondern müsse vermittelt über politische Entscheidungen gesetzt werden. So seien Kartell- und Wettbewerbsgesetze zur Bekämpfung von Monopolbildungen sowie die Stärkung der Vertragsfreiheit und des Haftungsprinzips wichtig, um den freien Wettbewerb zu garantieren und offene Märkte langfristig am Leben zu halten. Auch eine existenzsichernde Einkommenspolitik wurde als relevant erachtet, die grundsätzlich im Rahmen des optimalen Wettbewerbs auf den Arbeitsmärkten durchzusetzen sei. Dies sollte sich später als westdeutsche Variante des Neoliberalismus im Sinne der Wirtschaftspolitik von Ludwig Erhard erweisen. Dafür wurde der Begriff „Soziale Marktwirtschaft“ geprägt[42]. Das ambivalente Verhältnis der Ordoliberalen zum Staat trug jedoch unter den Mont-Péleristen bereits den Keim des Aufeinanderprallens unversöhnlicher Ansichten in sich.

Hayek, Mises und Friedman verteidigten den angelsächsischen, klassischen Liberalismus, die im Markt selbst die ethische Grundlage für den

---

[41] Auch der Ordoliberalismus orientierte sich am Gleichgewichtsmodell der neoklassischen Theorie. Er repräsentierte die Ideologie der als „Wirtschaftswunder“ titulierten Marktwirtschaft der 1950er Jahre und wurde als dritter Weg zwischen Laissez faire-Liberalismus und autoritärem Staatsdirigismus (in Gestalt von Nationalsozialismus und Realsozialismus) bezeichnet. Es galt, sowohl die staatliche und private Machtkonzentration als auch dirigistische Staatseingriffe zu vermeiden. In diesem Konzept ist hinsichtlich der Einkommenspolitik allenfalls die Korrektur nicht-existenzsichernder Löhne durch ordnungspolitische Maßnahmen denkbar.

[42] Der Begriff geht zurück auf das 1947 veröffentlichte Buch von Alfred Müller-Armack „Wirtschaftslenkung und Marktwirtschaft“.

gerechten und effizienten Tausch zu erkennen glaubten. Demgegenüber argumentierten ihre Rivalen Röpke und Alexander Rüstow in der deutschen Tradition des konservativen Liberalismus und betonten die notwendige, politisch vermittelte, Ergänzung der Werte und Normen der Gesellschaft für das Funktionieren des Marktes. Dieser Ordoliberalismus wurde vom Kreis um Hayek abwertend als Ordo-Interventionismus bezeichnet und scharf kritisiert. So kam es schließlich 1960 zum Eklat in der exklusiven Denkfabrik des akademischen Liberalismus, der zum Austritt von Röpke, Rüstow und anderen Ordoliberalen aus der Mont Pélerin-Society führte. Die Idee des Marktes, der selbstregulierend, also ohne staatliche Setzung von Spielregeln funktioniert, hat sich seitdem in dem international vernetzten Think-Tank durchgesetzt. Im deutschsprachigen Raum hat sich der liberale Kreis ab 1998 ergänzend in der Friedrich August von Hayek-Gesellschaft versammelt. Auch dort kam es im Jahr 2015 zur Spaltung der Gesellschaft, nachdem die ehemalige Vorsitzende Karen Horn und andere Mitglieder eine Abgrenzung von der rechten Flanke gefordert hatten. Die Gruppe um Horn trat aus der Gesellschaft aus und warnte vor einer Unterwanderung durch Reaktionäre.

Die Konflikte in den liberalen Denkfabriken verweisen auf die enge Verzahnung von Wirtschaft und Politik in den vorgebrachten Beiträgen. Das führt uns zum eigentlichen Kern der Argumentation. Das neoliberale Denken ist durch eine eigenartige Ambivalenz gekennzeichnet. Einerseits wird der Markt als natürliche Ordnung gesehen, die sich unter den Handelnden spontan herausbildet. Andererseits werden die Regeln, auf denen diese Ordnung beruht, als „Ergebnis überlegten Planens" (Hayek 2003: 48) bestimmt. In der Konsequenz verwirklicht sich das Ideal des sich selbst regulierenden Marktes also nicht nur naturwüchsig. Vielmehr ist der Verwirklichung des Ideals vom ungezügelten Markt die geplante Einflussnahme auf den öffentlichen Meinungsbildungsprozess und die Festlegung von Regeln vorausgesetzt. In der Logik des neoliberalen Credos bedeutet dies, dass die Umsetzung und Verbreitung des Ideals in der Praxis gerade nicht dem Zufall überlassen werden darf. Es verwundert daher nicht, dass in dieser Gedankenwelt die Orientierung am „Laisser-faire Prinzip" abgelehnt wird. Stattdessen wird die Beeinflussung der Entscheidungsträger in Wirtschaft und Politik zur vorherrschenden Aufgabe[43]. An der effektiven Kommunikation ihrer Sichtweise haben dabei Friedman und die andere Vertreter der Chicago-School of Economics großen Anteil[44].

---

[43] Claus Thomasberger bezeichnet das neoliberale Credo als „Ideologie neben anderen, die den Mantel der Wissenschaft missbraucht, um der eigenen Fiktion Autorität zu verleihen" (2012: 67).

[44] Friedman hat erfolgreich die empirische Bedeutung der „Phillips-Kur-

Friedman stritt heftig für seinen monetaristischen Ansatz und setzte sich lange vor dem Zusammenbruchs von Bretton Woods[45] auf Konferenzen und in Gesprächen mit Regierungsvertretern für ein System flexibler Wechselkurse und für den Abbau von Kapitalverkehrskontrollen ein. Er und seine Mitstreiter in der Mont Pélerin Society haben in dieser Hinsicht nicht dem Vorbildcharakter des Marktes vertraut. Stattdessen trugen sie durch die gezielte Verbreitung ihrer Ideen im öffentlichen Raum entscheidend zur Legitimierung des Systems liberalisierter Kapitalmärkte und einer unabhängigen Geldpolitik bei.

Das neoliberale Weltbild ist zwar weiterhin im öffentlichen Meinungsbild vorherrschend, erscheint aber mittlerweile als sehr brüchig. Zwar hatte der amerikanische Politikwissenschaftler Francis Fukujama im Jahr 1992 vor dem Hintergrund der frischen Erfahrung des Falls der Berliner Mauer und der Ausbreitung der westlichen Lebenssphäre noch euphorisch das Ende der Geschichte kommen sehen, doch verweisen immer neue Krisen und neu aufbrechende alte Widersprüche auf die Begrenztheit des finanzdominierten kapitalistischen Marktmodells. Dies zeigt sich nicht nur in der abnehmenden Fähigkeit und Bereitschaft der demokratisch legitimierten politischen Entscheidungsträger, die Geschicke der Börsen sowie der multinationalen Konzerne einzudämmen und dem Gemeinwohl unterzuordnen. Sondern die schwache Rolle der Politik führt auch dazu, dass sich Vermögensunterschiede in den westlichen Gesellschaften immer krasser ausbilden und das gesellschaftliche Gefüge von innen aufweichen.

Die kühle Logik des Kapitals dringt tief in die verschiedenen Lebens- und Arbeitsbereiche der modernen Gesellschaften ein. Zum einen bewirkt die IT-Industrie mittels des Einsatzes von Robotern und künstlicher Intelligenz in der Produktion und im Dienstleistungssektor einen kapitalorien-

---

ve" hinterfragt, indem er formulierte, dass langfristig gesehen eine hohe Inflation mit hoher Arbeitslosigkeit einhergehen könne. Diese Situation der Stagflation hat sich in den 1970er Jahren tatsächlich ereignet (Thomasberger 2012: 164). Dabei ging Friedman von der monetaristischen These der Neutralität des Geldes aus. Die Geldpolitik könne nur die Inflation, aber nicht den Grad der Beschäftigung beeinflussen. In der ursprünglichen Variante der Phillips-Kurve wurde ein stabiler (negativer) Zusammenhang von Lohnsteigerungen und Arbeitslosenquote unterstellt. Die These basierte auf empirischen Daten des Zeitraums 1861–1957. Bereits Paul Samuelson und Robert Solow modifizierten die Phillips-Kurve, indem sie auf den Effekt steigender Löhne und steigender Inflation verwiesen (Lohn-Preis-Spirale).

[45] In Bretton Woods wurde 1944 die neue Nachkriegsordnung mit festen Wechselkursbandbreiten und dem Dollar als Leitwährung beschlossen. An der Konferenz waren 44 Staaten vertreten. Das Bretton-Woods-System hielt bis 1973.

tierten Technologieschub, der nicht nur auf dem Weg ist, die Arbeitswelt umzukrempeln, sondern auch die private Lebensführung den digitalen Träumen und Standards der smarten neuen Welt zu unterwerfen. Zum anderen hat sich der globale Markt vor allem zur Spielwiese für Konzerne und Investmentfonds entwickelt, die ihre Investitionspläne und internationalen Standortentscheidungen streng am Grundsatz der maximalen Rendite bei möglichst geringem Risiko ausrichten. Es handelt sich um die Ausfächerung des eigennützigen Investor-Typs, der im Bild des „homo oeconomicus“ vielfach skizziert worden ist. Das zweckrational auf die Verwertung ausgelegte Handeln und die sich beharrlich ausbreitende Standardisierung der Entscheidungs- und Verwaltungsabläufe engen die wirtschaftlichen Handlungsmöglichkeiten tendenziell ein.

Unter diesem Aspekt stellt sich die Frage nach alternativen Entwicklungspfaden erneut. Die im Rahmen von sozialwissenschaftlichen Querschnittsanalysen beobachtete Vielfalt der Gesellschaften des demokratischen Kapitalismus könnte sich im historischen Zeitablauf als vorübergehendes, verflüchtigendes Phänomen erweisen. Die Gegenüberstellung von marktwirtschaftlichen Modellen, die von den Vertretern des Varieties-of-Capitalism-Ansatzes beschrieben worden sind, ist daher von Sozialwissenschaftlern auch hinterfragt worden. So geht Wolfgang Streeck davon aus, dass sich trotz aller noch vorhandenen Unterschiede die Kapitalismus-Modelle immer mehr annähern und sich in der globalen Wirtschaft die Wechselbeziehungen zwischen den Ländern verstärken. Sein Blick bezieht sich dabei weniger auf die deutlich erkennbaren kulturellen Differenzen und Besonderheiten, die in den Ländern auf lange und beharrliche Traditionslinien verweisen. Er betrachtet die zentralen wirtschaftlichen Bewegungen, die sich ausgehend vom kapitalistischen Kernland, den USA, über den Globus erstrecken und die Geschicke der kapitalistischen Demokratien seit den 1970er Jahren modifizieren. Dies betrifft die Abkehr vom einheitlichen System fester, aber anpassungsfähiger Wechselkurse (Bretton Woods-System) im Jahr 1973 sowie die Deregulierung der Finanzmärkte[46], die Verstärkung von Haushaltsdefiziten im Gefolge von Steuerumgehungen und Steuersenkungen, das Wachstum

---

[46] Die geld- und währungspolitische Liberalisierung begann bereits 1970, also vor der Abkehr vom Bretton-Woods-System, als die USA und Kanada sowie Deutschland und die Schweiz die Aufsicht über den staatlichen Devisenhandel aufgaben. Im weiteren Verlauf führten weitere Deregulierungen zur Stärkung des Finanzsektors. In Großbritannien wurden im Jahr 1986 viele Zulassungsbeschränkungen für Börsengeschäfte aufgehoben, womit sich London einen Namen als führenden Finanzplatz verschaffte. In den USA wurde 1990 der Glass-Steagall-Act abgeschafft, der in den 1930er Jahren eingeführt und den Banken untersagt hatte, Bank- und Wertpapiergeschäfte gleichzeitig zu betreiben.

der damit einhergehenden staatlichen Schuldenfinanzierung, die Privatisierung von Staatsaufgaben sowie die Finanz- und Fiskalkrise von 2008 (Streeck 2013: 13). In dieser Perspektive scheint sich ein innerer Mechanismus der Anpassung und Angleichung der Geschicke in den westlichen Gesellschaften auszubreiten.

Dies ist im Laufe der Wirtschaftsgeschichte von verschiedenen Autoren herausgearbeitet worden. Betrachten wir zunächst die aktive, bewusste Seite des Handelns. Bereits im 17. und 18. Jahrhundert zeichnet sich die Durchsetzung des Projekts der „unbeschränkten Expansion rationaler Herrschaft“ (Whitebook 2009: 22) ab, die mit der noch jungen, aber sich entfesselnden kapitalistischen Ökonomie einhergeht. Im Rückgriff auf die moderne quantifizierende Wissenschaft setzte sich im Bereich der abendländischen Moderne eine Form der Rationalisierung durch, die Materie, menschliche Natur und Denkweisen Schritt für Schritt den neuen Zielen der Steigerung von Effizienz, Produktivität und letztlich der Verwertung unterworfen hat. Die Geburt dieses modernen Wirtschaftsmenschen hat historisch vorangehende, religiös orientierte Handlungsmodelle des Mittelalters abgelöst, die das Handeln der Menschen noch als göttliche Stiftung und nicht als von Menschen autonom gestaltet aufgefasst hatten.

Die Motive des Handelns wurden in der sich entwickelnden kapitalistischen Wirtschaft stärker auf die Bedürfnisse der handelnden Personen selbst bezogen, was zu einer veränderten Sicht von Verhaltensweisen und Wertorientierungen führte. Als zentrales Motiv des Wirtschaftens wurde nun das eigennützige und vernunftbegabte Handeln gesellschaftlich anerkannt. Das Erwerbsstreben im Sinne der zweckrational orientierten Handlungsmaxime, gewinnbringende Investitionsziele unter den Bedingungen knapper Ressourcen und unter Unsicherheit zu kalkulieren und umzusetzen, kennzeichnet in dieser Perspektive den Handlungstypus des rationalen Wirtschaftsmenschen. Dieser „homo oeconomicus“ repräsentiert seitdem das Leitbild des rationalen Handelns unter unsicheren Bedingungen in den westlichen Gesellschaften. Diese Form der Rationalität stößt naturgemäß an Grenzen. Denn die vielen Unsicherheitsmomente des Handelns lassen sich nicht allein mittels der individuellen Rationalität oder Vernunft des einzelnen Investors bewältigen. So sind in den Industrieländern in mehr oder weniger starkem Maße überindividuelle Sicherungssysteme installiert worden, um die Risiken für die Allgemeinheit zu begrenzen. Die Begrenztheit der auf dem Eigennutz basierenden Rationalität zeigt sich auch klar, wenn die Auswirkungen der individuellen Handlungen auf die natürlichen Grundlagen des Lebens betrachtet werden. Es deutet einiges darauf hin, dass die bislang noch sichtbare Variationsbreite in den verschiedenen Ländern hinsichtlich der Entfaltung des unbegrenzten Eigennutzes, des Gewinnstrebens und der individuellen Risikoeingrenzung zugunsten des US-amerikanischen Modells eingeengt wird (Plumpe 2002: 29).

Im Zusammenwirken der vielen zweckrationalen Handlungen entstehen soziale Beziehungen und Prozesse, die einer merkwürdigen Transformation unterliegen. Auf diese Ambivalenz ist in der wirtschafts- und sozialwissenschaftlichen Literatur in verschiedenen Beiträgen hingewiesen worden. Die Marktakteure handeln gemäß ihrer eigenen Zielsetzungen eigennützig und effizienzorientiert, erfahren aber die Ansammlung der Individuen und die Institutionen der Gesellschaft als fremde Macht, die ihren Handlungsraum durchkreuzt und begrenzt. Adam Smith hat diese Ambivalenz aufgegriffen und positiv gewendet. Zwar verfolge jeder seine eigenen Zwecke, doch bewirke der Markt als ordnende und regulierende Instanz die Transformation des Eigennutzes der Akteure in das Allgemeinwohl der Gesellschaft. In der Tradition des Gleichgewichtsansatzes der klassischen Ökonomie wird betont, dass sich in der Marktwirtschaft ein Ausgleich der Interessen zum Nutzen aller ergebe.

Adam Smith benutzte die berühmt gewordene Metapher der „unsichtbaren Hand" 1776 in seiner Schrift „Der Wohlstand der Nationen", um diesen Zusammenhang zu erläutern. In dieser Sicht wird das eigennützige Handeln unter knappen Ressourcen und unter Unsicherheit in den Köpfen der Akteure mit einem unerschütterlichen Fortschrittsglauben verknüpft, der bis heute das Denken der neoliberalen Politik bestimmt.

Diese Sichtweise Adam Smiths ist mit der Lehre des Deismus in Verbindung gebracht worden. Sie basiert auf einem absoluten Vertrauen in eine göttliche Ordnung, die von einer gütigen Instanz gelenkt wird und welche die Menschen mit einem riesigen Potenzial an Glücksgütern und Chancen ausgestattet hat. Um diese Funktion der kosmischen Ordnung zu beschreiben, ist das Bild des Uhrmachers bemüht worden. Er ist der Schöpfer eines Uhrwerks, deren Bestandteile präzise ineinandergreifen und ein ausgewogenes Ganzes bewirken. In dieser Ordnung obliegt es dem einzelnen Menschen, sich primär um sein Aufgabenfeld zu bemühen und das eigene Potenzial auszuschöpfen.

Max Weber, der deutsche Soziologe, Nationalökonom und Rechtsgelehrte, hat die unbeschränkte Expansion rationaler Herrschaft in einem anderen Licht gesehen. Zwar geht er methodisch von den Intentionen bzw. vom beabsichtigten Sinn der handelnden Subjekte aus, doch ergeben sich im Gesamtkontext der Handelnden nicht-intendierte Folgen. Er erkannte, dass die fortschreitende Rationalisierung[47] aller Lebensbereiche mit der

[47] Weber spricht u.a. von der „formalen Rationalität" des modernen Wirtschaftens. „Formal ‚rational' soll ein Wirtschaften je nach dem Maß heißen, in welchem die jeder rationalen Wirtschaft wesentliche ‚Vorsorge' sich in

Verwissenschaftlichung, der beständigen Effizienzsteigerung sowie mit der unaufhaltsamen Bürokratisierung der betrieblichen und öffentlichen Organisationsabläufe einhergeht. Weber begreift dies als universal historischen Prozess, der alle modernen Gesellschaften ergreift. In seiner Formel vom „stahlharten Gehäuse“ klingt letztlich ein kritisches und pessimistisches Element des zweckrationalen Handelns an, das auf die wachsende und unumkehrbare Ohnmacht des Individuums gegenüber den bürokratischen Apparaten und der rechenhaft-kalkulierenden Erwerbswirtschaft hinausläuft[48].

Dieser Gedanke findet sich an verschiedenen Stellen in seinem umfangreichen Werk, so auch am Ende seiner berühmten Schrift „Die protestantische Ethik und der Geist des Kapitalismus“, die erstmals im Jahr 1904/05 verfasst wurde (Weber 2000: 153). Weber hatte die im angloamerikanischen Puritanismus verankerten asketischen Grundlagen der unbegrenzten Kapitalakkumulation analysiert und auf diesem Weg auch nebenbei auf die psychologischen Wurzeln des entstehenden Kapitalismus wie Triebverdrängung und Affektkontrolle[49] hingewiesen.

Max Weber hat sich nie direkt mit den Schriften von Marx auseinandergesetzt, doch wird sein Werk als Gegenposition zur Marxschen Geschichtsphilosophie und Gesellschaftstheorie verstanden. Interessanterweise arbeiten sich beide am Problem der schleichenden Machtlosigkeit der Marktakteure ab. Dabei gehen sie methodisch völlig unterschiedlich vor. Während Weber vom religionsgeschichtlichen Kontext ausgeht und die geistigen Voraussetzungen des Kapitalismus untersucht, hebt Marx die ökonomischen Bewegungsgesetze des Kapitalismus und ihren widersprüchlichen Charakter hervor. Marx setzt sich bereits in seinen Frühschriften mit dem Phänomen der Verselbständigung der gesellschaftlichen Verhältnisse auseinander. Dabei betont auch er zunächst, dass die Menschen ihre Geschichte selbst machen und in diesem Sinne die Subjekte ihres gesellschaftlichen Lebensprozesses sind. Doch münden ihre wechselseitigen, über den Markt vermittelten Aktivitäten unbeabsichtigt

---

zahlenmäßigen, ‚rechenhaften‘, Überlegungen ... ausdrückt ...“ (Weber 1976: 45).

[48] „... aus dem Mantel ließ das Verhängnis ein stahlhartes Gehäuse werden. Indem die Askese die Welt umzubauen und in der Welt sich auszuwirken unternahm, gewannen die äußeren Güter dieser Welt zunehmende und schließlich unentrinnbare Macht über den Menschen, wie niemals zuvor in der Geschichte. Heute ist ihr Geist ... aus diesem Gehäuse entwichen. Der siegreiche Kapitalismus jedenfalls bedarf, seit er auf mechanischer Grundlage ruht, dieser Stütze nicht mehr“ (Weber 2000: 153 f.).

[49] Auf Parallelen zwischen Weber, Freud und Nietzsche ist in der Sekundärliteratur aufmerksam gemacht worden (vgl. Weber 2000: XI).

in der Verselbständigung der gesellschaftlichen Verhältnisse gegenüber den handelnden Individuen. Dieser Aspekt der den Individuen als entfremdete Welt gegenübertretenden Eigenlogik des Marktes wird insbesondere im Marxschen Spätwerk hervorgehoben. Er entwirft in diesem Zusammenhang das Bild vom Fetischcharakter der Ware.

Das Geheimnis der Warenwelt besteht für ihn darin, dass die selbst erstellten Produkte der Individuen sich in ein außer ihnen existierendes gesellschaftliches Verhältnis von Gegenständen verwandeln. Ihre eigene gesellschaftliche Tat nimmt die Form einer Bewegung von Sachen an, „unter deren Kontrolle sie stehen, statt sie zu kontrollieren" (Marx 1962: 89). Die Menschen treten sich auf dieser Basis als Charaktermasken gegenüber.

Die Frage nach den sich hinter dem Rücken der Beteiligten durchsetzenden wirtschaftlichen Bewegungen, die den Weltmarkt durchdringen und die Geschicke der Länder beeinflussen, erhält vor dem Hintergrund der Argumentation der Klassiker ein zusätzliches Gewicht. Die weitere Verdinglichung der gesellschaftlichen Verhältnisse könnte durchaus ein Ausmaß erreichen, das zur Einebnung vorhandener Besonderheiten in den Ländern führt. Die ambivalente Natur des über den Markt vermittelten Handelns verweist aber nicht nur auf die ohnmächtige, unbeabsichtigte Seite der sozialen Beziehungen. Das Marktgeschehen bestimmt sich im Kern ausgehend von der Vielzahl wechselseitiger und sich überlappender Handlungen von Individuen, die ihre Absichten jeweils bewusst verfolgen. Auf der Stufe der Verknüpfung von Markt und grenzenloser Kapitalakkumulation nehmen sie an einem Spiel teil, bei dem es darauf ankommt mittels geschickter Spielzüge Vorteile gegenüber Konkurrenten zu erzielen. Der Spielablauf wird durch verschiedene Faktoren beeinflusst, insofern er Teil eines sozialen Prozesses ist. Politische, kulturelle, wirtschaftliche und auch biologisch-physikalische Momente der sozialen Umwelt wirken wechselseitig aufeinander ein. Die Beurteilung des wirtschaftlichen Geschehens als autonomen Prozess, der unabhängig von den anderen Umwelteinflüssen im Sinne eines Naturgesetzes[50] abläuft, gehört

[50] Insbesondere seit Mitte des 19. Jahrhunderts haben sich die Wirtschafts- und Sozialwissenschaften die Physik als Vorbild genommen, die als exakte Wissenschaft angesehen wurde. Dennoch konnte die Ökonomie nur als „schmutzige Physik" Anerkennung finden, da ihre Gesetze zwar als eherne Zwangsgesetze galten, aber nur über selbstbestimmte Handlungen der Menschen durchsetzbar erschienen. Der bereits von Kant erkannte Konflikt zwischen den freien Willensentscheidungen Einzelner und den naturgesetzlichen Folgen im Durchschnitt aller Entscheidungen ist im Laufe der Wissenschaftsgeschichte immer wieder aufgegriffen worden (Schlaudt 2016: 8).

zu den großen wissenschaftstheoretischen Fehleinschätzungen der klassischen und neoklassischen Ökonomie.

Investitionsentscheidungen müssen in einem sozialen Umfeld wachsender Komplexität und Unsicherheit getroffen werden. Zwar ist das menschliche Dasein grundlegend durch Risiken und Unsicherheiten[51] gekennzeichnet. Durch sie werden aber auch Kräfte in der Wissenschaft freigesetzt, wobei die Eroberung der Welt listenreich ist. Die Wissensbestände wachsen rasant an, doch gleichzeitig entdecken wir immer mehr, was wir noch nicht wissen. Rationales Handeln wird in diesem Sinne immer durch das Moment des Zufalls beeinflusst. Die Anerkennung von Risiken und Unsicherheiten im Rahmen der grundlegenden Vorgehensweise von Versuch und Irrtum kann aber ein Weg sein, die unbeabsichtigten Folgen des Handelns besser zu verstehen. Und misslungene Maßnahmen und Projekte können dazu beitragen, institutionelle Bedingungen des Handelns zu hinterfragen und zu verändern.

Die Ermittlung von Wahrscheinlichkeiten hinsichtlich des Eintritts von Ereignissen wird in der globalen Wirtschaft schwieriger. Geopolitisch weit auseinanderliegende Geschehnisse beeinflussen sich über verschlungene Pfade. Ehemals gegebene Referenzpunkte der Orientierung verschwinden oder werden bedeutungslos. Planvolles Handeln lebt aber von dem Versprechen, Gegenwart und Zukunft miteinander verschmelzen zu können. Im nächsten Kapitel über die wertorientierte Unternehmensführung wird Schritt für Schritt aufgezeigt, wie der moderne Kapitalismus daraufsetzt, bei der Kapitalisierung der Vermögenswerte die Zukunft verrechnen zu können.

Unter dem Aspekt der Durchsetzung des Primats der Politik besteht die Aufgabe darin, die Spielregeln in wechselseitigen Verhandlungsprozessen zwischen den Marktteilnehmern auszutarieren und schließlich in einem allgemeinen Gesetzgebungsverfahren festzulegen. Handlungstheoretisch ist dabei zu betonen, dass die Individuen in dieser Auseinandersetzung nicht als Kollektivsubjekte agieren, die einseitig und linear die Gesetze der kapitalistischen Verwertung vollziehen. Die handelnden Akteure verfolgen zwar ihre eigenen wirtschaftlichen Interessen, aber diese Interessen werden im Kontext von normativen Einstellungen formuliert, die moralisch-kulturelle Werte und Stimmungen reflektieren

---

[51] Während in der Ökonomie „Risiken" mittels der statistischen Ermittlung von Wahrscheinlichkeiten auf Basis von Erfahrungswerten quantifizierbar und damit kalkulierbar erscheinen, gilt dies nicht mehr für „Unsicherheiten". Es verbleiben viele Zusammenhänge, die sich im Rahmen der Wahrscheinlichkeitsrechnung nicht berechnen und prognostizieren lassen (Knight 1921). Trotz aller Versuche der Mathematisierung können die Modelle der Wirtschaft immer nur scheinbar präzise sein.

(Honneth 2014: 354 f.). Vor dem Hintergrund der vorherrschenden Faktizität der Kapitalverhältnisse ist das eindimensionale Marktverhalten im Sinne der Marxschen „Charaktermaske“ durchaus funktional, doch agieren die vereinzelten Subjekte vor allem im Rahmen zersplitterter Interessensgruppen, die ihre differenzierten normativen Einstellungen zum Ausdruck bringen[52]. Geschichtliche Ereignisse sind von daher keine bloßen Durchgangsstadien einer linearen Entwicklung des Kapitalismus. Die Geschichte verweist vielmehr auf diverse Brüche und Konfliktlinien, die im Zusammenhang mit dem Aufleuchten alternativer Entwicklungspfade zu sehen sind. Polanyi hat in seiner Schrift „Die große Transformation“ darauf hingewiesen, dass auf jeder Stufe des Kapitalismus „Gegenbewegungen“ existierten, die andere Möglichkeiten der Entwicklung andeuteten. Eine ethisch-moralisch inspirierte Kritik bezieht sich auf die Lebensform des Kapitalismus im Ganzen. Sie betrachtet die Unsicherheiten und funktionalen Mängel als Unterlaufen des modernen Versprechens auf Freiheit und Selbstbestimmung.

Zurzeit sieht es für viele so aus, dass der Traum, durch eigene Arbeit ein selbstbestimmtes Leben führen zu können, im grauen Nebel verblasst. Die soziale Mobilität verlangsamt sich. Während sich die Zahl der Wachstumsgewinner auf wenige spektakuläre Fälle konzentriert, eröffnen sich für die meisten keineswegs unbegrenzte Möglichkeiten. Die Abschottung der obersten Einkommensschichten geht mit der Explosion der Immobilienpreise in den Metropolen einher. Diese Entwicklung hat durchaus Sprengkraft und könnte das Vertrauen in die demokratischen Institutionen untergraben. Die offene und gezielte Ausgestaltung der institutionellen Bedingungen ist ein wesentlicher Schritt demokratischer Gesellschaften, um Auswüchse marktwirtschaftlichen Handelns einzugrenzen. Die Menschen machen ihre Geschichte selbst und es kommt darauf an die sozialen Geschicke im Rahmen demokratischer Spielregeln zu kontrollieren.

Die wirtschaftlichen Bewegungen sind nicht als Ergebnis von Naturgesetzen[53] zu interpretieren sondern als Ausdruck sozialer Prozesse, die veränderbar sind. Dies gilt im nationalen Rahmen, aber auch über die

[52] Ich komme auf diesen Punkt im 4. Kapitel zurück.

[53] Agnes Heller hat aufgezeigt, dass auch Marx in seinem Spätwerk die ökonomischen Gesetze als Naturgesetze auffasst, die hinter dem Rücken der Menschen ablaufen. Diese Seite seines Denkens sieht sie in seiner Anknüpfung an Hegel begründet. Der Kommunismus sei in der Perspektive von Marx die innere, notwendige Konsequenz der Überwindung des Kapitalismus. Die andere Seite seiner Theorie betont im Anschluss an die Philosophie von Fichte die aktive Rolle der Subjekte, welche die Gesellschaft in Einklang mit ihren Bedürfnissen bringen wollen (Heller 1980: 85 ff.).

Grenzen hinweg. In dieser Hinsicht hat die Gegenüberstellung der verschiedenen Kulturen und Institutionen in den Ländern immer noch einen großen Stellenwert. Dies spricht für die weitergehende Ausdifferenzierung des vergleichenden Ansatzes zu den unterschiedlichen Marktmodellen. Denn auf diesem Weg lassen sich alternative Gestaltungen der wirtschaftlichen Spielregeln eingrenzen.

Adam Smith, der geniale schottische Denker des 18. Jahrhunderts und Analytiker des sozialen Handelns, hat die innere Verknüpfung des Austauschs über den Markt mit der Anerkennung bestimmter moralischer Leitlinien der Kommunikation durchaus gesehen. Seine gelegentlich vereinfachend wahrgenommene Metapher von der „inneren Hand“, die das Aufeinandertreffen der verschiedenen Interessen harmonisch zum Nutzen für alle auflöst, steht im Kontext mit moralphilosophischen Überlegungen, die in seinem Erstlingswerk „Theorie der ethischen Gefühle“ umrissen worden sind. So sind bei ihm Grundmuster des kommunikativen Handelns erkennbar, insoweit er im Hinblick auf den Austausch die Bedeutung von gegenseitigem Respekt, Anerkennung und auch die Fähigkeit zur Wahrnehmung der Interessen der Anderen (Empathie) skizziert[54]. Er übersieht dabei nicht, dass die Koordination über den Markt durch die Transformation der eigennützigen Motive in Egoismus und Gier gefährdet wird. Und im Rahmen seiner ökonomischen Analyse warnt er vor der Entstehung von Monopolen und Kartellen, da die Marktakteure strategisch durchaus das Ziel verfolgen, ihren Markt zu erweitern und den Wettbewerb zu unterdrücken. In diesem Sinne stellen gesetzliche Rahmenbedingungen ein ergänzendes Element seines Denkansatzes dar. Auch wenn es zu weit ginge, das von Smith erwähnte nicht-marktbedingte, soziale Regulativ der Gesetzgebung als umverteilenden Sozialstaat zu interpretieren, lässt sich seiner Gedankenwelt doch der politische Auftrag entnehmen, die Sozial- und Umweltverträglichkeit individuellen Handelns sicherzustellen.

[54] Im vierten Abschnitt des 4. Kapitels gehe ich auf Kernaussagen in Smiths „Theorie der ethischen Gefühle“ näher ein.

2. Kapitel: Das Motiv des Geldkapitals und Schranken der Marktrationalität

Spuren des ökonomischen Denkens (Neoklassik, Keynes und Marx)

Es macht Sinn, noch vor der Erläuterung des Wertsteigerungsziels und der Ineffizienzen der Finanzmärkte auf die in der Wirtschaftstheorie heiß umkämpften Grundthesen zur Funktion des Marktes und des Geldes zu skizzieren. Leider wird die Vielfalt der existierenden Theorien an den Hochschulen und in der Öffentlichkeit nur am Rande vermittelt. Nicht nur Studenten der „Post-Crash Economics Society“ an der Universität Manchester haben den Trend zur Methoden-Monokultur und Dominanz mathematischer Modelle in der Volkswirtschaftslehre beklagt. Kritik ist Anfang 2017 sogar beim Jahrestreffen der American Economic Association an der Bedeutung abstrakter Modelle in der Ökonomie geübt worden. Dave Colander hat sich nicht gescheut Modelle als Fetisch der Ökonomen zu bezeichnen. Er fordert eine Kehrtwende in der Arbeitsweise für die eigene Zunft. Sein Vorschlag geht in die Richtung, mit Hilfe offener und eher informeller Verfahren, die er als Heuristiken bezeichnet, Antworten auf praktisch relevante Fragen zu finden[55]. Die kritischen Einwände sind inhaltlich nicht deckungsgleich, doch sie treffen sich im Punkt der Unzufriedenheit über den hohen Abstraktionsgrad und die Realitätsferne vieler Modelle. Dazu kommt, dass sich die Neoklassik zur Mainstream-Ökonomie entwickelt hat und diese Vereinseitigung tut dem Nachdenken über die wirtschaftlichen Abläufe nicht gut. Es lohnt sich, verschiedene Schulen und ihre jeweiligen Annahmen gegenüberzustellen und ihre jeweiligen Vorzüge und Schwachstellen zu prüfen[56]. Denn sie hinterlassen Spuren im Alltagsgeschäft. Ausgehend vom Kontext der Einheit des Handelns ist davon auszugehen, dass auch die Praxis des Managements von jeweils vorherrschenden wirtschaftlichen Denktradi-

---

[55] Colander sieht die Anwendung von Heuristiken im Ingenieurwesen verwirklicht. „The goal of science is to discover the truth, ... the goal of engineering, and of economics policy analysis, is not to find the truth; it is to find workable solutions to problems (Colander 2017). Aus meiner Sicht ist nicht die Modellbildung an sich das Problem, sondern die zu starke Abweichung vieler Modelle von der Wirklichkeit. Daraus ergibt sich ein steter Korrekturbedarf.

[56] Neben der Neoklassik lassen sich vor allem die Paradigmen von Keynes, Marx sowie die mit der Institutionenökonomik im Zusammenhang stehenden Ansätze hervorheben. John T. Harvey gibt in seinem Buch „Contending Perspectives in Economics“ (2016) einen Überblick über die unterschiedlichen Ansätze und zeigt jeweils Schwächen und Stärken auf.

tionen beeinflusst wird. Die Darstellung in diesem Kapitel folgt daher folgendem Leitfaden.

- Im ersten Schritt wird der Begriff des Geldkapitals skizziert, um die Logik der Wertorientierung im Wirtschaftsleben verständlich zu machen. Diese Skizze erfolgt im Lichte der großen volkswirtschaftlichen Paradigmen und Modellannahmen. Das Märchen vom rationalen Handeln auf effizienten Märkten bildet den Knotenpunkt der Debatten. Sie führt uns auch vor Augen, dass dem verdrehten Schein des Geldkapitals eine magische Komponente der Reichtumserzeugung innewohnt.
- Im zweiten Schritt frage ich nach den systembedingten Leitzielen auf Unternehmensebene. Die Orientierung auf die Maximierung des Werts wird im Zusammenhang mit der dominanten Stellung der Finanzmärkte und dem gewachsenen Einfluss internationaler und institutioneller Unternehmenseigentümer interpretiert. Dieses Leitziel sowie das Instrumentarium der Wertermittlung sind mit Begrenzungen verknüpft, die es in kritischer Perspektive zu überwinden gilt.

Das Kapital ist aus der Sicht des Reproduktionsprozesses der sich selbst verwertende Wert und in diesem Sinne eine weiterentwickelte Wertkategorie. Das Tor zur Wertdiskussion ist damit weit aufgestoßen. Die im Preis realisierte Ware ist in der Konsequenz das realisierte Kapital, das dem Verwertungsprozess auf neuer Stufenleiter wiederum vorausgesetzt ist. Die theoretische Herleitung des Werts ist ein weites Feld. Mit dem Thema haben sich verschiedene Denkströmungen befasst. Aus ökonomischer Sicht geht es um die Frage, in welchem Verhältnis knappe Güter auf dem Markt ausgetauscht werden und wie monetäre Größen den Produktionsprozess beeinflussen. Es ist klar, dass die Werteigenschaft der Produkte nicht aus den physischen Eigenschaften hergeleitet werden kann. In der Lebenswirklichkeit knapper Ressourcen müssen Wirtschaftsgüter in der Lage sein, subjektive Bedürfnisse mittels der Stiftung von Nutzen zu befriedigen. Die Güter besitzen daher neben ihren besonderen Gebrauchswert-Eigenschaften auch Tauschwerte, die im Moment des Austauschs vermittelt über Geld zum Ausdruck kommen.

Anders als in der neoklassischen Theorie dargestellt, liegt das Geld nicht bloß wie ein monetärer „Schleier“ über den Transaktionen der Güter. Diese häufig verwendete Metapher drückt die Vernachlässigung des Geldes in der Ökonomie aus. Davon setzte sich auch Georg Simmel ab, der in seiner Schrift „Philosophie des Geldes“ (Simmel 1900) die Geldwirtschaft gerade nicht als reinen Gütertausch beschrieb. Er erkannte, dass das Geld als Selbstzweck auf die Gesellschaft und das Individuum einwirkt und sie modifiziert. Die Rolle des Geldes und des Kredits für die

Steuerung der Reproduktion wird in der ökonomischen Diskussion erst durch Keynes gebührend gewürdigt.

Als allgemeines Äquivalent ist Geld ein universales Medium, das dem sozialen Bezug der Marktakteure eine besondere symbolische Bedeutung verleiht und die wirtschaftlichen Handlungen bestimmt. In gewisser Weise drückt sich in der Mehrdeutigkeit des Wortgebrauchs „Wert“ (Tauschwerte und ethische Werte) der kulturelle Kontext von sozial anerkannten Deutungen und Wertschätzungen aus. Dieser Aspekt des Tausches und des Geldes kommt der ethnologischen Sicht des Werts nahe. So weist der amerikanische Ethnologe David Graeber in seiner kulturvergleichenden Analyse darauf hin, dass Wert die Art und Weise reflektiert, wie Menschen die Bedeutung ihrer eigenen Handlungen für die anderen darstellen. Soziale Beziehungen und Hierarchien erhalten Wert, wenn sie von anderen anerkannt werden. In diesem Sinne sei Wert die Macht, soziale Beziehungen zu schaffen (Graeber 2012: 83). Dabei ist es nebensächlich, ob der Tausch über Glasperlen, Muscheln, Vieh, Münzen oder Papiergeld vermittelt wird. Die Besonderheiten von sozialen Beziehungen spiegeln sich in dem Verhältnis wider, wie die Subjekte den Gegenständen und sich selbst gegenübertreten. In der modernen Waren- und Geldwirtschaft versachlicht sich der soziale Austausch insofern, als er den Charakter einer Bewegung von Waren annimmt, die anonymen Marktgesetzen unterliegen. In der Logik des Warenfetischismus üben Waren auf diejenigen Macht aus, die sie begehren. „Das Objekt des Begehrens wird zum illusionären Spiegel der manipulierten Intentionen des Begehrenden“ (165). Für Graeber ist dies Ausdruck einer besonderen geschichtlichen Situation. Demgegenüber weist er darauf hin, dass in Schenkökonomien die mit der Gabe verknüpfte Persönlichkeit des Gebers[57] im Vordergrund standen. Das Aufeinandertreffen von Individuen, die jeweils für sich mit minimalem Aufwand einen maximalen Nutzen erzielen wollen, stellt jedenfalls aus ethnologischer Sicht eine spezielle Form der sozialen Organisation des Lebens dar.

---

[57] Graeber referiert Aussagen des berühmten französischen Ethnologen Marcel Mauss, der sich näher mit Schenkökonomien auseinandergesetzt hat. Objekte, die als Gaben fungieren, nehmen hier meist menschliche Eigenschaften an. Masken, Schüsseln, Häuser, Kanus und andere Gaben werden so behandelt, als hätten sie eine Persönlichkeit mit Vorlieben und Abneigungen. Die Geschenke verweisen so auch auf die Persönlichkeit des Schenkenden. Dies verlaufe im Gegensatz zu Tauschwirtschaften. Schenkökonomien stehen in dieser Perspektive keineswegs auf einer moralisch höheren Stufenleiter, da auch dort Herrschaft und Gewalt existierte. Bourdieu wiederum interpretiert den eigennützigen Austausch als Merkmal jeder Form von Ökonomie. Wo kein Markt existiere, nehme die Gegenleistung die Form des symbolischen Kapitals – Ehre, Prestige – an (Graeber 2012: 57–67).

In der ökonomischen Diskussion ist vor allem der Frage des optimalen Ausgleichs der Einzelinteressen auf dem Markt weiter nachgegangen worden. Das von Adam Smith umrissene harmonische Bild der „unsichtbaren Hand“ ist im Fortgang der Auseinandersetzung zu einer Theorie des allgemeinen Gleichgewichts fortentwickelt worden. Neoklassische Wirtschaftstheoretiker wie Léon Walras, Karl Menger und William St. Jevons vollzogen in den siebziger Jahren des 19. Jahrhunderts auf ihrem Weg der mikroökonomischen Modellkonstruktion einen radikalen Bruch mit der bis dahin vorherrschenden klassischen Werttheorie, der sich Denker wie Adam Smith, David Ricardo und Karl Marx zuordnen lassen. Sie hatten versucht, die Bewegung der Warenpreise aus den zugrundeliegenden Werten abzuleiten, die wiederum als in den Waren vergegenständlichte Arbeitsmengen interpretiert wurden. Insofern die Preise zugleich auf objektive Faktoren wie die gesellschaftlich notwendigen Produktionskosten zurückgeführt wurden, wird die klassische Sicht auch als „objektive Werttheorie“ bezeichnet.

Die Wende des ökonomischen Denkens wirkt bis heute maßgeblich nach. Gegenüber den Klassikern verfolgten ihre Vordenker einen völlig neuen Ansatz bei der Erklärung der Preisbewegung. Die neoklassische Modellwelt geht von zweckrational orientierten Individuen aus, die auf dem Markt versuchen, ihre Lage durch den Austausch untereinander zu optimieren. Dabei stehen unendliche Bedürfnisse begrenzten Ressourcen gegenüber. Dem Nachfrageverhalten gemäß den Nutzenorientierungen der Marktakteure kommt bei der Erklärung der Preise die zentrale Rolle zu. Im mikroökonomischen Grundmodell steht eine Tauschwirtschaft ohne Produktion im Mittelpunkt, bei der die Bewegung des Austauschs und der Preise allein aus den Präferenzen der Individuen abgeleitet werden. Dieser Paradigmenwechsel des ökonomischen Denkens hat bis heute tiefe Spuren hinterlassen. Denn Heerscharen von Ökonomiestudenten werden am Beginn ihres Studiums mit der imaginären Inselwelt konfrontiert, als gelte es den harmonischen Kern der Marktwirtschaft immer wieder zu beschwören. Deren Bewohner sind von vornherein mit verschiedenen Produkten ausgestattet, die sie entsprechend ihrer jeweiligen Bedürfnisse tauschen. Doch die modelltypische, reine Tauschgesellschaft hat in der Geschichte nie existiert.

Es war der französische Ökonom Walras, der in einer 1874 erfolgten Veröffentlichung ein mathematisches Modell eines freien Marktes konstruierte, das die Bewegung der Preise in ein allgemeines Gleichgewicht überführt. In seiner Gedankenabstraktion wird die Marktwirtschaft auf eine Tauschwirtschaft reduziert, in der die Zeit keinen Einfluss auf die Tauschprozesse ausübt. Denn das Angebot muss sich nicht erst im Prozess der Konkurrenz um den günstigsten Preis an die Nachfrage nach Gütern anpassen, da für jedes angebotene Produkt stets eine Nachfrage existiert. Auch die Mittel der tauschenden Subjekte oder Haushalte sind ausgeglichen, da sich ihre Einnahmen immer mit ihren Ausgaben decken. In dieser Abstraktion haben Ungleichgewichte keinen Raum[58]. Das Modell geht von einem Einheitsgut z.B. Weizen aus und ermittelt die Preise der jeweiligen Güter relativ zueinander. Das bedeutet, dass die Preise durch das jeweilige Verhältnis der Tauschwerte zu diesem Einheitsgut bestimmt werden. Im Ergebnis entsteht ein System relativer Preise, wobei sich jeder Tauschvorgang als Gleichung folgender Art beschreiben lässt: X Mengen Weizen = Y Mengen Butter.

Gemäß dieser Sichtweise sind die jeweiligen Präferenzen der Tauschpartner entscheidend für die Entstehung der relativen Preise. Zur Formalisierung des Tauschvorgangs hat Walras, zeitgleich mit den Ökonomen Jevons und Menger, den Begriff des Grenznutzens konstruiert. Dabei wird zwischen dem Grenznutzen und dem Gesamtnutzen unterschieden. Der Grenznutzen bezeichnet den Nutzenzuwachs eines Haushalts, der durch den Verbrauch einer zusätzlichen Einheit eines Gutes entsteht. Diese marginale Betrachtung ermöglichte die Auflösung des alten „Wertparadoxons“. So hat Wasser im Unterschied zu Diamanten einen großen Nutzen, obwohl im Verhältnis zum Diamanten der Preis des Wassers gering ist. Da aber in der Modellversion Wasser reichlich verfügbar ist, hat es zwar einen großen Gesamtnutzen, aber einen nur geringen Grenznutzen.

Dass der Wert nicht objektiv, sondern ausgehend vom subjektiven Nutzen der Individuen bestimmt wird, hat die Ökonomie auf einen völlig neuen Pfad geführt. Das Modell ist im weiteren Verlauf durch die Berücksichtigung von Produktionskosten erweitert worden. Im Rahmen der neoklassischen Modellbildung kommt Walras durchaus das Verdienst zu, die grundlegenden Entscheidungen beim Tausch und die formale Möglichkeit eines Gleichgewichts zwischen Angebot und Nachfrage in mathematischer Form skizziert zu haben. Da allerdings eine abstrakte Tauschwirtschaft ohne Geld abgebildet wird, ist die neoklassische Abstraktion nur schwer mit der Realität in Einklang zu bringen[59].

---

[58] Der abstrakte Markt ist auf einen neutralen und vollständig informierten Auktionator angewiesen. Er ruft die Preise für die jeweiligen Güter auf und stimmt die angebotenen und nachgefragten Gütermengen solange ab, bis sich ein Gleichgewichtspreis ergibt. In diesem Punkt stehen sich Nachfrage und Angebot ausgeglichen gegenüber. Der Auktionator ist in diesem Modell das Hilfsmittel, um den Tausch zwischen zwei Personen in einen allgemein gesellschaftlichen zwischen allen Tauschpartnern zu transformieren.

[59] Zum einen kann es im Modell von Walras aufgrund der gesetzten Annahmen verschiedene optimale Lösungen geben. Zum anderen sind die im Modell unterstellten Bedingungen in der Realität nicht annähernd erfüllt (Heine 1999:

Der Markt unterscheidet sich vom einfachen Tausch wesentlich darin, dass die Tauschprozesse durch das Geld vermittelt werden. Dies hängt damit zusammen, dass ein Tauschgleichgewicht zwischen den Ausgaben und Einnahmen pro Haushalt in der Realität keineswegs garantiert werden kann. Die Marktakteure sind keine Selbstversorger. Käufe und Verkäufe werden in der modernen Marktwirtschaft wesentlich durch die Interaktion von konsumierenden Haushalten und produzierenden Unternehmen vermittelt. Aber das Geld leistet nicht nur erleichternde Vermittlungsdienste. Dem ganzen Vorgang der Finanzierung von Investitionen liegt ein zeitlicher Prozess der Reproduktion zu Grunde, in dem jeder Geldvorschuss über verschiedene Perioden hinweg in einen Verkaufserlös und darüber hinaus möglichst in einen Einnahmeüberschuss transformiert werden muss. Diese zeitliche Lücke zwischen Input und Output ist stets mit Unsicherheiten verbunden[60], die einen Gleichgewichtszustand allenfalls als Zufallspfad ermöglichen.

Geld legt sich nicht bloß wie ein Schleier über den Reproduktionsprozess, sondern entfaltet eine eigene Dynamik. Demgegenüber wird in der neoklassischen Denktradition bis heute am Dogma der Neutralität des Geldes festgehalten. Streng genommen kann dies nur für die reale Sphäre der relativen Preise gelten, die im Gleichgewichtsmodell von Walras dargestellt worden ist. Geld ist im reinen Tauschmodell überflüssig. Dem ist nichts hinzuzufügen. Aber die Funktion des Geldes in der Marktwirtschaft bedarf einer theoretischen Begründung. Dieser Versuch erfolgte parallel im Rahmen eines eigenständigen Ansatzes. Es ist die neoklassische Quantitätstheorie, welche die Auswirkung der monetären Sphäre auf das Preisniveau erfasst. Die ursprüngliche Version stammt von Irving Fisher und führt zur Anfang des zwanzigsten Jahrhunderts vorgetragenen Kernaussage, dass das Preisniveau langfristig allein durch die vorhandene Geldmenge bestimmt wird. Anders formuliert bedeutet diese

---

176). In der Modellbetrachtung wird die „pareto-optimale" Allokation von Gütern angestrebt. Dieser Zustand ist nach dem Ökonomen Vilfredo Pareto dann erreicht, wenn keine Möglichkeit mehr besteht, das Nutzenniveau einer Person auf dem Markt zu verbessern, ohne das einer anderen Person zu verschlechtern.

[60] Das Gleichgewichtsmodell ist im Laufe der Geschichte weiterentwickelt worden. Arrow und Debreu haben mit ihrem Begriff der Zukunftsgüter versucht, das Moment der Zeit einzubeziehen. Da der Austausch von Gegenwarts- und Zukunftsgütern in ihrem Ansatz aber immer nur in der Jetzt-Zeit vollzogen wird, bleibt es bei einem statischen Modell. Die Preise stehen hier stets im Gleichgewicht. Ein alternativer Ansatz hätte die Zahlungsfunktion des Geldes von vornherein zu berücksichtigen. Die Tauschgleichung wäre dann durch eine Zahlungsgleichung als Budgetrestriktion zu ersetzen (Binswanger 2013: 19–70).

Aussage, dass sich die Geldmenge nicht auf das reale Wirtschaftsleben auswirkt. Im Denken der Neoklassik werden die Preisrelationen, die Produktion und die Beschäftigung durch das Geld nicht beeinflusst. Die neoklassische Abstraktion zerfällt in zwei Bestandteile, die nebeneinander verlaufen. Die Erklärung der Realpreise und die Bestimmung des Preisniveaus sind nicht miteinander verknüpft. Keynes bezeichnete das Nebeneinander als „Dichotomie“ zwischen der Realtheorie und der Quantitätstheorie.[61]

Die Quantitätstheorie ist unter anderem von Friedman und weiteren Monetaristen in den fünfziger und sechziger Jahren des letzten Jahrhunderts ausgefeilt worden, wobei die Diskussion bereits durch die Konfrontation mit dem Ansatz von Keynes geprägt war. Friedman griff die von Keynes ins Spiel gebrachte Liquiditätsprämie[62] auf und versuchte, die Geldnachfrage mit dem Gleichgewichtsmodell von Walras zu verbinden. Auch in seiner Version der Quantitätstheorie bleibt die Dichotomie zwischen den realen Tauschbeziehungen und der monetären Sphäre erhalten[63]. Die reale Geldnachfrage hängt bei ihm allein von realen Faktoren (Präferenzen der Akteure, dem Vermögen, der Ertragsrate etc.) ab. In der Konsequenz betrachtet Friedman die Geldmenge als autonom von der Zentralbank gesetzt. Bei ihm bleiben die realen Tauschvorgänge davon unberührt. Die Bedingungen der optimalen Geldmenge im Sinne von Friedman stellen sich als wirklichkeitsfremd dar.

Gegenüber dem Bestreben der Neoklassik, die Entwicklung der Geldnachfrage als Streben zum Gleichgewicht zu verklären, hat Keynes die Instabilität der Geldnachfrage aufgezeigt[64]. Erst bei Keynes spielen das

---

[61] Vgl. Binswanger (2013: 25).

[62] Die Liquiditätsprämie markiert den nichtpekuniären Anreiz für das zinslose Halten von Geld bedingt durch die Steigerung des Sicherheitsgefühls und Besitzempfindens. Friedman sieht die Geldkasse der Haushalte vom Gütermarkt abhängig und als stabil an. Keynes bezieht die Geldhaltung hingegen auf den Vermögensmarkt, woraus er instabile Verhältnisse ableitet.

[63] Modelltheoretisch lässt sich formulieren, dass sich die neoklassische Mikroökonomie in Gestalt der Gleichgewichtstheorie und die neoklassische Makroökonomie in Gestalt der Quantitätstheorie auf verschiedenen Begriffsebenen bewegen, die logisch nicht widerspruchsfrei verknüpft sind.

[64] Keynes versucht, die Dichotomie zwischen realer und monetärer Theorie zu überwinden, indem er die makroökonomische Transaktionsgleichung in die Kassenhaltungsgleichung transformiert. In Anknüpfung an Ideen Alfred Marshalls entwickelt er die Liquiditätspräferenztheorie, in der die Geldnachfrage aufgeteilt wird (a) in die Transaktionskasse für den Kauf von Gütern, (b) in die als Reserve bestimmte Vorsichtskasse und (c) in die Spekulationskasse, die für günstige Investitionsmöglichkeiten bereitgehalten wird. Keynes arbeitet aber die Unterschiede zwischen den verschiedenen Geldnachfragen im Rahmen

Geld und die Produktion zentrale Rollen. Seine Metapher „money makes the world go round“ ist Ausdruck der im Vergleich zu früheren Phasen der Marktwirtschaft größeren Ausprägung und Bedeutung der Finanzmärkte.

Vor diesem Hintergrund verwundert es nicht, dass bereits die klassischen Wirtschaftstheorien von Smith, über Ricardo bis Marx Defizite aufweisen. Der schwer überschaubare Dschungel im Finanzüberbau ist schließlich erst im Laufe des zwanzigsten Jahrhunderts zur Blüte gereift. So ist eine konsistente Geld- und Kredittheorie auch in der Marxschen Kritik der politischen Ökonomie nicht enthalten. Dies ist vor dem Hintergrund des geringeren historischen Entwicklungsniveaus der Märkte erklärbar. Die quantitative Rückführung der Preise auf Werte erwies sich als eine zu große Aufgabe. Ein allgemeines und widerspruchsfreies theoretisches System relativer Preise ließ sich ausgehend von Arbeitswerten nicht entwickeln. Ein logisch konsistentes Produktionspreismodell ist erst nach dem Zweiten Weltkrieg von Piero Sraffa vorgelegt worden. Er leitete die relativen Preise direkt aus den Produktionskosten ab. Auf diesem Weg bemühte er sich, den Ansatz von Ricardo weiter zu entwickeln und den neoklassischen Ansatz zu hinterfragen. Seine Ausarbeitungen hatten aber einen Nebeneffekt. Sie zeigten auf, dass die von der klassischen Theorie hervorgehobene Ebene der Werte für die Erklärung des Systems relativer Preise bedeutungslos ist. Im Theoriestreit kam das einem Schlag mit schwerem Geschütz gleich. Das hat auch die Marxsche Theorie[65] schwer getroffen. Denn die Rückführung der Preisbewegungen

---

dieses Ansatzes nicht im ausreichenden Maße heraus. Die Zusammenfassung dieser Kassen greift zu kurz. Denn die zinsabhängige Höhe der Spekulationskasse folgt gegenüber der Bewegung der Transaktionskasse eigenen Regeln. Auf dieser Basis kann Keynes die Dichotomie nicht vollständig aufheben (Binswanger 2006: 40–56). In der Phase der Inflation hat dies den Monetaristen Auftrieb verschafft, die den Einfluss der Geldmenge auf das Preisniveau betonten. Die monetaristische Kritik war gegen Keynes gerichtet und wurde als Gegenrevolution bezeichnet.

[65] Sraffa hat in seinem Modell – in Anlehnung an Ricardo – die relativen Preise allein über die Produktionskosten ermittelt. In seinem Buch „Warenproduktion mittels Waren“ (1960) entwickelte er ein Gleichungssystem, in dem für jede Ware die zur Produktion notwendige Menge anderer Waren festgelegt wird. Einen ähnlichen Versuch hatte auch Marx im 3. Band seines Hauptwerks „Das Kapital“ unternommen und erahnte dort bereits das Problem dieser Bemühung (Marx 1969: 174). Indem er den Preis einer einzelnen Ware widersprüchlich einerseits beim Wareneinsatz über den Arbeitswert und andererseits im Resultat der Produktion als Produktionspreis bestimmt, kommt er letztlich zu keinem logisch konsistenten Ergebnis. Die Rückführung der Preise auf Arbeitswerte kann modelltheoretisch nur bei Geltung zweier unrealistischer Bedingungen gelingen: Existenz einer Eingutwelt oder einer Profitrate in Höhe

auf die in den Waren vergegenständlichte gesellschaftliche Arbeit bildet den Kern der Ausführungen in den drei Bänden seines Hauptwerks „Das Kapital“ und die Theorie des Mehrwerts steht damit im Zusammenhang. Im Grunde drückt sich in den drei Bänden des Marxschen „Kapital“ die modelltheoretische Schwierigkeit aus, die mikroökonomische Ebene der Wertrelationen mit der makroökonomischen Bestimmung der Preisaggregate in logisch konsistenter Weise zu verknüpfen. Dies ist allerdings auch der neoklassischen Abstraktion bislang nicht gelungen.

Das mindert aber nicht die Bedeutung der Marxschen Theorie im Hinblick auf die Erkenntnis, dass die Form der gesellschaftlichen Arbeit ein strukturbildendes Moment des Reproduktionsprozesses ist. Unabhängig vom nicht gelösten Problem der quantitativen Transformation von Werten in Preise verweist der Bezug auf die Wertebene im qualitativen Sinn darauf, dass die gesellschaftliche Arbeit das Subjekt der gesellschaftlichen Reproduktion ist.[66] Marx versuchte, den „idealen Durchschnitt“ (Marx 1962: 839) des kapitalistischen Produktionssystems darzustellen, in dem die Ware als Keimzelle des Kapitals und das Kapital als Resultat und Voraussetzung der Ware erkennbar wird. Diese Analyse der ökonomischen Formbestimmungen lenkte den Blick auf die Dialektik des Aneignungsprozesses. Über seine Analyse der Ware und des Geldes erschließt sich die Sphäre der einfachen Warenzirkulation, die er nicht als historisch eigenständige Phase, sondern als in sich verknüpfte Struktur von Systemelementen umreissen wollte. Denn mit der geschichtlichen Ausbreitung der Arbeitskraft als Ware verwandelt sich die Sphäre der einfachen Warenzirkulation in die bloß oberflächliche Schicht der darunter existierenden Sphäre der Warenproduktion. Der dem Warenverkehr zugrundeliegende Äquivalententausch, der die Ideen von Freiheit und Gleichheit als idealen Schein der Warenwelt bedingt, erweist sich im Grunde als Oberfläche einer historisch besonderen Art der Aneignung. Dieser Austausch von Äquivalenten ist nur die oberflächliche Schicht einer Produktion, die auf der Aneignung fremder Arbeit ohne Austausch beruht, aber unter dem Schein des Austauschs (Marx 1857/1858: 414). Diese Analyse der sozialen Struktur des Kapitals ist nach wie vor relevant.

Die Darstellung des qualitativen Umschlags der Aneignungsweise bildet bei Marx den Ausgangspunkt seiner umfangreichen Bemühungen, die Widersprüchlichkeit der kapitalistischen Reproduktion selbst aufzuzeigen. Und gerade hier zeigen sich die Schwierigkeiten seines Projekts. Das gilt nicht nur für die Verknüpfung von Werten und Preisen. Seine Skizze des fiktiven Kapitals, die den abgeleiteten Charakter des Zinses aufzeigt,

---

von null (Heine 1999: 554).

[66] Vgl. Ganßmann (1983: 411) und auch Heinrich (1988).

bleibt insofern rudimentär, als das Kreditwesen nur im Hinblick auf die Anforderungen und die Beschleunigung des industriellen Kapitals betrachtet wird. In seiner Perspektive bestimmen nur die Bedürfnisse des (industriellen) Geschäfts die Quantität des zirkulierenden Geldes (Marx 1969: 541). Das fiktive Geldkapital wird hier nicht in seiner Konkurrenz zum industriellen Kapital dargestellt. Dieser Widerspruch zwischen Finanzüberbau und Realsphäre erscheint aber gerade als Merkmal des entwickelten Kapitalismus. Die alternative Lenkung der Mittel in die Finanzspekulation wird immer mehr zu einer schicksalhaften Entscheidung, die den normalen Gang der gesellschaftlichen Reproduktion bedroht.

Keynes hat diese Situation in der Phase der großen Depression bereits hautnah erlebt. Er hinterfragt die zu enge neoklassische Erklärung der Investitionen aus der Ersparnisbildung und trägt mit diesem Schritt dazu bei, die Liquiditätspräferenzen der Marktteilnehmer im Hinblick auf die Entstehung von Ungleichgewichten näher zu beleuchten. Bei Keynes ist das Geld ein prägendes Element der Marktwirtschaft und als solches von vornherein durch ein Gläubiger-Schuldner-Verhältnis geprägt. In der modernen Wirtschaft entsteht das Geld über den Kredit. Es ist das Ergebnis einer Interaktion zwischen Zentral- und Geschäftsbanken einerseits und den Haushalten andererseits, da im normalen Verlauf Geld in der Form des Kredits der Produktion vorausgesetzt ist. Demgegenüber lag das Drucken von Geldnoten zur Finanzierung von Defiziten im Staatshaushalt nicht in der Absicht von Keynes. Die produktive Funktion des Kredits liegt vielmehr in der Bereitstellung von Mitteln für die Reproduktion. Der Kredit für die bloße Finanzspekulation erweist sich in diesem Ansatz als volkswirtschaftlich unproduktive Investition. Das Geld steuert in dieser Perspektive den Verlauf der Reproduktion. In seinen Funktionen als Zahlungsmittel, als Wertstandard für Kredit- und Vermögensberechnungen und als Wertaufbewahrungsmittel dient es sowohl als Schmiermittel der Reproduktion als auch als Spekulationsmittel, das mit Risiken und Unsicherheiten einhergeht. Je nachdem, wie sich der erwartete Zins im Verhältnis zum erwarteten industriellen Profit entwickelt, wird das fiktive Geldkapital in den Kreislauf des industriellen Kapitals geschleust. Der notwendige Geldzufluss kann dabei über- oder unterschritten werden. Das bedeutet, dass die angemessene Geldversorgung der Realsphäre eher als zufällig erscheint.

Keynes hat keine geschlossene Theorie hinterlassen. Die Offenheit für verschiedene Interpretationen war Anlass für Kritik und Neuformulierungen seines Werks. So hat John R. Hicks bereits ein Jahr nach Erscheinen des Hauptwerks von Keynes im Jahr 1936 das keynesianische Gedankengebäude in ein Standardmodell (das IS-LM-Modell) überführt. Obwohl dies Modell kurzzeitige Ungleichgewichte berücksichtigt, wird es dem Kernansatz von Keynes in keiner Weise gerecht. Denn die neoklassische Auffassung von der Neutralität des Geldes bleibt erhalten. Die Ökonomin Joan Robinson bezeichnete dies Modell deshalb als „Bastardkeynesianismus“. Trotzdem hält sich diese verkürzte Sicht hartnäckig in Lehrbüchern[67].

Trotz der Offenheit seines Gedankengebäudes wurden zentrale neoklassische Dogmen von Keynes hinterfragt und aufgebrochen. Während in der Neoklassik die Akteure von vornherein mit Gütern ausgestattet sind, die sie nach ihren Bedürfnissen tauschen, schlägt er einen anderen Weg ein und untersucht die Bedingungen der Produktion, des Einkommens und der Beschäftigung. Für ihn ist die Tauschwirtschaft kein realistisches Modell der Marktwirtschaft. Die Geldwirtschaft steht von vornherein im Mittelpunkt seiner Studien. Die wenigen Berührungspunkte, die mit der Theorie von Marx bestehen, führen ihn zur Kreislaufformel M – X – M´, welche die Spirale des Geldkapitals beschreibt. Die Disposition über Geld (M = Money), das am Beginn des Prozesses als Vorschuss verausgabt werden muss und am Ende als Einkommen zurückfließt, markiert nicht nur die Bewegung des Geldes als Kapital durch verschiedene Stufen hindurch, sondern verweist auch auf das Problem ihrer zeitlichen Verknüpfung.

Vom Verschwinden der Zeit - Magie des Geldkapitals und Zwang zum Wachstum

Investitionen werden in der kapitalistischen Geldwirtschaft in Gang gesetzt, wenn positive Unternehmensergebnisse erwartet werden[68]. Der Erwartungswert der Vermehrung des Geldkapitals beschreibt einen Zeitraum, der sich von der Geldzahlung bis hin zum Rückfluss erstreckt. Dieser Spanne sind grundlegende unternehmerische Handlungen zuzuordnen. In der Praxis kennt jeder Investor die zeitliche Lücke zwischen Input und Output an Geldmitteln. Er muss Geld vorschießen, um das Investitionsprojekt zu starten oder zu erweitern. Es ist die Funktion der Banken das dafür notwendige Geld bereitzustellen. Denn die Schöpfung

---

[67] Zur Kritik am neoklassischen Keynesianismus vgl. Heine (1999: 448–479). Das Inflationsproblem wurde von Keynes insofern nicht unterschätzt, als er die Möglichkeit des inflationären Verpuffens von Nachfragesteigerungen erkannte. Für ihn war die Ankurbelung der Investitionsnachfrage entscheidend.

[68] Bereits Schumpeter unterschied zwischen dem Kapitalisten und dem Entrepreneur, der als produktiver Unternehmer innovativ tätig ist. Das Investitionsmotiv muss nicht auf die Erzielung des maximalen Gewinns hinauslaufen. Zwar ist die Gewinnerzielung zumindest mittelfristig systembedingt notwendig. Aber daneben können auch andere Motive verfolgt werden, die z.B. auf die Ausweitung von Marktanteilen oder auf Kostenführerschaft hinauslaufen.

des Geldes über den Kredit ist die primäre Form der Unternehmensfinanzierung. Schließlich sieht der Investitionsplan vor, dass die wirtschaftliche Leistungserstellung auf eine Nachfrage stößt und zu Verkaufserlösen führt, die sowohl die Fremdkapitalzinsen als auch einen darüber hinaus erzielbaren Gewinn umfassen. Im Ganzen gesehen werden Angebot und Nachfrage durch das Geld bestimmt, so dass auch unabhängig von den Bedürfnissen der Käufer Veränderungen der Geldmenge das Marktgeschehen beeinflussen.

In der Modellwelt der Ökonomie stellt der Einbau des Faktors „Zeit" eine Herausforderung dar. Im Gleichgewichtsmodell von Walras wird die Zeit im Grunde so weit verdichtet, dass sie gar nicht mehr zu existieren scheint. Es steht bereits in der Gegenwart fest, dass das Angebot an Gütern die Nachfrage befriedigt. Der Zukunftsmarkt erfüllt sich bereits heute und erweist sich in diesem Sinne als stabil.[69] Bei Keynes ist hingegen die zeitliche Struktur des Geldkapitals zentral. In seinem Ansatz handeln die Subjekte zwar rational, aber im Rahmen einer durch Unsicherheiten und Risiken gekennzeichneten marktwirtschaftlichen Umwelt. Die Zeit beschreibt das Fortschreiten der Gegenwart aus der Vergangenheit, doch die Entwicklungsrichtung in die Zukunft ist offen. Die Handlungen müssen nicht zu einem harmonischen Gleichgewicht führen. Für ihn ist klar, dass die in den geschichtlichen Ablauf eingebetteten Marktakteure immer nur subjektiv rationale Erwartungen zum Ausdruck bringen können. Die Akteure mögen alle mit demselben Informationshorizont ausgestattet sein, dennoch werden sie die Informationen unterschiedlich verarbeiten und bewerten. Die Erfahrung zeigt, dass Erwartungshaltungen ungleich sind und zudem situativ schwankend.

Rationale Erwartungen sind an die Verfügbarkeit von Informationen über wirtschaftliche und politische Ereignisse geknüpft. Die Informationsverarbeitung geschieht vor dem Hintergrund des jeweiligen historischen Erfahrungswissens der Marktakteure. In diesem Sinne sind Erwartungen nicht nur subjektbezogen, sondern auch vergangenheitsorientiert. In der Welt der mathematischen Modellkonstruktionen gilt es, diese Schwelle zu überwinden. So ist längst der Versuch unternommen worden, den Begriff der „rationalen Erwartungen" zu objektivieren. Moderne neoklassische Ansätze[70] arbeiten mit Wahrscheinlichkeiten und stochas-

---

[69] In der neoklassischen Quantitätstheorie wird dieser Effekt über die Bewegung des Zinssatzes und die Kassenhaltung vermittelt.

[70] Robert Lucas und andere Ökonomen sind im Laufe der 1970er Jahre von der Annahme rationaler Erwartungen ausgegangen und haben mit Hilfe der Lucasschen Angebotsfunktion konjunkturelle Schwankungen durch Zufallsereignisse erklärt. Gemäß dieser Weiterentwicklung der Quantitätstheorie befindet sich die Wirtschaft immer im Gleichgewicht (Heine 1999: 277 ff.).

tischen Verfahren, bei denen Handlungsalternativen über die statistische Ermittlung von Häufigkeitsverteilungen eingegrenzt werden. Dies gilt heute als ökonomischer Mainstream, der an nahezu allen Universitäten vertreten wird. Ob sie aber den Realitätstest bestehen würden, darf bezweifelt werden. Sogar der Chefökonom der Weltbank, Paul Romer, hält diese „dynamischen stochastischen allgemeinen Gleichgewichtsmodelle" für extrem vereinfachend. Die Modelle arbeiten mit unrealistischen Annahmen, die mit komplizierter Mathematik versteckt werden[71].

Zudem unterstellen rationale Erwartungen ein vorhersehbares, kollektives Verhalten, das den Normen der liberalen Ökonomie widerspricht (Riese 1986: 27). Indem mögliche Ereignisse mit Hilfe der Wahrscheinlichkeitsrechnung darstellbar erscheinen, löst sich die im Begriff des Geldkapitals enthaltene Zeitdifferenz zwischen Geldvorschuss und Geldvereinnahmung im Grunde auf. In der stochastischen Simulation gilt die Zukunft tendenziell als berechenbar. Solch einem logischen Verständnis von Zeit, in dem für die historische Zeit kein Raum bleibt, unterliegen moderne neoklassische Modelle.

Dies ist die Perspektive des Homo Oeconomicus. In Anknüpfung an Frank Knight wird zwischen den Begriffen „Unsicherheit" und „Risiko" unterschieden. Insoweit sich zukünftigen Zuständen Eintrittswahrscheinlichkeiten zuordnen lassen, wird Unsicherheit in ein eingrenzbares Risiko überführt. Risiken sind die statistisch fixierten Ereignisse der Zukunft. Die verbleibende Unsicherheit der möglichen Weltzustände lässt sich in dieser Sicht schrittweise reduzieren. In der Konsequenz bedeutet dies, dass rationale Erwartungen immer mehr den Prognosen des Modells entsprechen. Doch es ist zu fragen, ob solche Modellannahmen zu einseitig einem linearen Denken unterliegen? Es ist zweifelhaft, ob sie der komplexen Bewegung eines sozialen Netzwerks gerecht werden können, in der alle Teilnehmer gleichzeitig agieren, sich aufeinander beziehen und eine kaum überschaubare Dynamik an Rückkopplungen zwischen den diversen Teilen und dem Ganzen bewirken? Die reale Welt ist seltsamer und verschlungener, als wir denken können.

Der im Modell konstruierte rationale Investor, schießt Geld zum Zwecke der Verwertung nur vor, wenn die erwartete Rendite über dem Zinssatz liegt. Für ihn bildet der auf dem Kreditmarkt vorhandene Marktzins den Vergleichsmaßstab. Denn eine alternative Geldanlage, die wenigstens diesen Zins erwirtschaftet, wird auf dem Markt als gesichert unterstellt. Die Kapitalisierung vorhandener Geldmittel ist in dieser Perspektive immanenter Bestandteil seines Erwartungshorizonts. Geldkapital er-

---

[71] Paul Romer kritisiert den ökonomischen Mainstream (vgl. FAZ v. 09.10.2016: 32).

scheint als automatischer Mechanismus, der sich permanent vermehrt. Diese Logik kann auf alle Vermögensgegenstände übertragen werden. Denn Vermögen hat einen Wert und dieser Wert hat in der kapitalistischen Marktwirtschaft eine dynamische Perspektive. Vermögen, das sich nicht verwertet, ist totes, nutzloses Kapital. Im Rahmen der Logik des Modells lässt sich die Werthaltigkeit des Vermögens leicht berechnen und prognostizieren. Das Konzept des Ertragswerts stellt auf Unternehmensebene ein Instrumentarium bereit, mit dessen Hilfe der Gegenwartswert künftiger Gewinne ermittelt wird.

Im Ertragswert spiegelt sich die Annahme der Effizienz direkt. Alle betrieblichen Investitions- und Finanzierungsentscheidungen sind im Grunde von diesem Geist beseelt. Bei der aktiven Gestaltung finanzwirtschaftlicher Prozesse geht es darum, den Einsatz vorhandener Mittel im Hinblick auf vorgegebene Ziele zu optimieren. Für die Planung und Kontrolle solcher Prozesse sind Entscheidungsmodelle konstruiert worden. Von solch einem Modell wird erwartet, dass es unter dem Gesichtspunkt der Reduktion von Komplexität als rationale Entscheidungshilfe dient. Die praktische Anwendbarkeit setzt voraus, dass betriebliche Ziele und alternative Handlungsweisen festgelegt werden. Für die Planung ist es entscheidend, dass der Zahlungsstrom für jede Vergleichsinvestition in das Modell eingespeist wird. Dies setzt Prognosen der künftigen Ein- und Auszahlungen voraus, die durch die Investitionen verursacht werden. Um sinnvolle Entscheidungen treffen zu können, müssen die verwendeten Daten als hinreichend sicher gelten. Die Summe der abgezinsten Zahlungsüberschüsse für die Perioden nach der Anschaffung des Investitionsobjektes gilt dann als Ertragswert. Auch andere Entscheidungsmodelle knüpfen an diese Abstraktion an.

Das Modell des Ertragswerts bildet die Grundlage für die moderne Bewertung von Unternehmen und von Aktien. Im Rahmen der Betriebswirtschaftslehre wird der Unternehmenswert als Grenzpreis definiert. Das bedeutet, dass sich der Käufer des Unternehmens an den spezifischen Einnahmen orientiert, der dem Erwerb des Unternehmens folgen wird. Denn im Sinne eines zweckrationalen Handelns wird unterstellt, dass der Käufer maximal nur den Preis zu zahlen bereit ist, der für eine alternative Investition mit gleichen Ertragsaussichten auf dem Markt zu zahlen ist. Die Überlegung gilt entsprechend für den Verkäufer. Um sich durch den Verkauf nicht zu verschlechtern, muss der Verkäufer einen Erlös erzielen, bei dessen bestmöglicher Wiederanlage mindestens die gleichen Zuflüsse erwartet werden können. Es gilt daher zweierlei: Zum einen kann der Grenzpreis nur relativ durch den Preis der besten Alternativanlage ermittelt werden. Zum anderen ist der Wert des Vermögens im engen Sinne immer Resultat der individuellen Schätzung der Zahlungsflüsse.[72]

Am Anfang des Textes ist bereits auf die Illusion der alchemistischen Schöpfung von Gold hingewiesen worden. Das Geheimnis der Schaffung künstlichen Goldes aus Blei ist die Verwandlung wertloser in wertvolle Substanzen. Der Glaube an die Transmutation von Urmaterialien mittels der Zugabe von Schwefel und Quecksilber mag heute belächelt werden, doch unterliegen wesentliche Komponenten des alchemistischen Strebens auch heute dem wirtschaftlichen Handeln.

Es bedarf nicht der umständlichen Goldmacherei im Labor, wenn Geld gefahrlos und ohne Kräfteaufwand geschaffen werden kann. Verweist die Verwandlung von Metallgeld in Papiergeld nicht bereits auf Spuren einer magischen Vermehrung? Handelt es sich nicht um die Schaffung von Wert aus dem Nichts?

Mit diesen Fragen hatte sich bereits Goethe in seinem „Faust“ auseinandergesetzt. Die Ausbreitung der Banknoten im Geschäftsverkehr ist mit der Imagination einer Deckung verknüpft. Auf der einen Seite handelt es sich um das Versprechen, dass die im Boden schlummernden Naturschätze jederzeit gehoben werden können. Durch die staatliche Legalisierung der Noten wird das dazu gehörende notwendige Vertrauen in die Notenzirkulation geschaffen. Auf der anderen Seite ist die Schöpfung von Papiergeld nicht auf die tatsächliche Nutzung der Naturschätze angewiesen. Es reicht die bloße Vorstellungskraft der Verwertbarkeit aus, um mit Hilfe der Noten produktive Prozesse in Gang setzen zu können. Im staatlich garantierten Papiergeld spiegelt sich das Potenzial eines reichtumsmehrenden Wirtschaftsorganismus. Goethe hatte diese Imagination bereits vor Augen. Die Gründung der Bank von England im Jahr 1694 war solch ein Ereignis, das goldene Handelszeiten versprach. Die bereitgestellte Geldmenge sollte dazu dienen, den gesamten Welthandel zu finanzieren. Geschäftsleute der City of London hatten dem König das Privileg abgerungen, Banknoten gegen die Vergabe von Krediten (auch an den König) auszahlen zu können, die nicht vollständig durch Gold gedeckt waren. Dies Geld durften sie auch für Eigengeschäfte nutzen. Das Privileg der königlich legitimierten Geldschöpfung, kam offenbar denen zugute, die den beteiligten Parteien goldgleiche Wohltaten verkündeten. Ein ähnliches Projekt hatte 1717 bereits der John Law in Frankreich in Gang gesetzt. Die Entkoppelung vom Gold scheiterte jedoch nach kurzer Zeit. In diesem Fall reichte offenbar dem Publikum in

[72] Die Bewertung stößt schnell an die Grenzen der verfügbaren Informationen. Insofern ist der Ertragswert mit einer allenfalls mittleren Informationseffizienz verknüpft (v. Wuntsch 2012: 49).

Frankreich die Kolonisierung der Region um New Orleans als wirtschaftliche Verheißung nicht aus.

Goethe ist die Beschränktheit des Geldkreislaufs ohne Produktion bewusst. In der Darstellung der Wette zwischen Faust und Mephisto weist er auf die höhere Stufe der Schaffung einer realen Wirtschaft hin, die alle Phasen der Reproduktion durchläuft. In dem Moment, in dem Faust dieses Ziel erreicht, hat er in dem Drama sein höchstes Glück gefunden. Das Glück hat aber eine Kehrseite. Denn er verliert in diesem Moment die teufliche Wette. Für ihn ist das Spiel im diesseitigen Leben zu Ende. Doch sein Werk lebt weiter. Das Geldkapital ist am Ende der Tragödie in Gestalt eines umfassenden Produktionssystems geschaffen worden. Die Ausgestaltung der Wirtschaft als kontinuierliche Schöpfungstat erweist sich als Verwirklichung einer Handlungs- und Denkweise, die danach trachtet, die Natur zu vervollkommnen. Die Anreicherung der materiellen Welt erscheint als naturgegebener Auftrag zur Verwandlung der Dinge in höherwertige Substanzen und Zustände, vergleichbar der Suche nach dem Stein des Weisen. Der ursprüngliche Glaube an die Möglichkeit der Veredelung der Stoffe durch Nutzung der Elemente Feuer, Wasser, Erde, Luft sowie durch deren Vermischung mit Quecksilber und Schwefel spiegelt ein archaisches Denken wider, das in der Vielfalt der materiellen Formen eine wandelbare Ursubstanz erkennt. Alle Dinge sind hier durchdrungen von derselben ursprünglichen Materie, die zum Höheren drängt. Das ist der Wert, den es zu heben gilt. Die Alchemie war in der Frühphase des Kapitalismus weit verbreitet. Erst im Übergang zwischen den 17. und 18 Jahrhundert hatte sich die Philosophie von den Naturwissenschaften getrennt.[73] Die Alchemie ist seitdem in Vergessenheit geraten. Eine mythische Spur ist aber in der weiterentwickelten Form des Geldkapitals bis heute erkennbar.

Goethe hat die Geldwirtschaft seiner Zeit als entwickeltes, aber noch in der Tradition der Alchemie verankertes Wirtschaftsgefüge gesehen. Während die Subsistenz- und Versorgungswirtschaft endliche Zwecke verfolgt, liegt der kapitalistischen Marktwirtschaft ein unendliches Streben zu Grunde. Die materielle und immaterielle Welt erscheint nun als gewaltiges Potenzial der Wertschöpfung. In dieser Perspektive gilt es, den Samen des Goldes, der in den Dingen verborgen ist, im Vorgriff auf die künftige Verwertung zu kapitalisieren (Binswanger 2009: 72). Das Geld verwandelt sich in der Form des Geldkapitals in ein wundersames

[73] Sogar der Begründer des Gravitationsgesetzes, Isaac Newton (1642–1726), hatte die alchemistische Literatur seiner Zeit intensiv studiert. Er hat selbst ein alchemistisches Manuskript verfasst. Ab 1699 beschäftigte er sich als Vorsitzender der britischen Münzprägeanstalt zudem mit Fragen des Geldes und spekulierte in seinen letzten Lebensjahren erfolglos am Aktienmarkt.

Medium, das in der Lage zu sein scheint, dauerhaft Geldüberschüsse zu generieren. Der Widerspruch zwischen der quantitativen Begrenztheit des jeweils vorhandenen Kapitals und der qualitativen Grenzenlosigkeit des Geldes wirkt wie ein Motor und befeuert die zeitliche Intensität des Kreislaufs. Denn allein die stete Neuinvestition ermöglicht die zusätzliche Mehrung. Die historische Zeitdifferenz zwischen Vorschuss und Rücklauf des Geldes wird im Erwartungshorizont der Marktakteure durch die Konstruktion der logischen Zeitdimension, in der die Zukunft mit der Gegenwart verschmilzt, überbrückt. Doch das Geld ist nur scheinbar eine Anweisung auf die Zukunft. Es lässt sich nicht übersehen, dass der Anspruch des Geldkapitals auf die noch vergrabenen Schätze der Welt zugleich einen Verlust von Zukunft bewirkt, da ein wachsender Verbrauch von Ressourcen nicht stetig und umweltschonend von der Natur befriedigt werden kann.

Aus Sicht des neoklassischen Kapitalmarktmodells erscheint die Transmutation von Geld in Kapital als Konsequenz effizienter Märkte. Für Eugene F. Fama, dem Nestor der Finanzmarkttheorie, gelten die Märkte dann als effizient, wenn die Marktpreise zu jedem Zeitpunkt alle verfügbaren Informationen widerspiegeln. Die Informationseffizienz unterstellt, dass die Marktteilnehmer nahezu kostenlos über relevante Marktdaten verfügen und jederzeit auch mittels leistungsfähiger elektronischer Abwicklungstechnik in der Lage sind, Marktaktionen auszuführen. Da zugleich angenommen wird, dass die Marktakteure rationalen Erwartungen folgen und die Informationen angemessen verarbeiten, stellen sich in diesem Ansatz die Märkte auch als bewertungseffizient dar. Der Wert eines Vermögensobjektes hängt dann allein von fundamentalen Einflussfaktoren ab. Im Hinblick auf Investitionsvorgänge basiert der Wert einerseits auf den künftig erzielbaren Finanzüberschüssen und andererseits auf dem erwarteten Zinssatz. Der Ertragswert lässt sich steigern, indem Überschüsse beständig reinvestiert und Kredite zur Ausweitung der Geschäfte eingesetzt werden.

Dem Modell wohnt eine Tendenz zum beständigen Wachstum inne. Hans Christoph Binswanger hat diesen Kern des Geldkapitals näher untersucht. Die Wirtschaft wächst aus strukturellen Gründen. Im einfachen Kreislauf reicht das vor der Produktion investierte Geld gerade aus, um den Kauf des erst nach der Produktion angebotenen Warenangebots auf dem Markt zu ermöglichen. Sollen aber Gewinne realisiert werden, müssen die Einnahmen durch den Geldfluss beständig steigen. Und da das Kapital zunächst immer vorzuschießen ist, bevor es Einnahmen generieren kann, ergibt sich eine eine zeitliche Bedingung. Das Geldangebot muss steigen, bevor zusätzliche Mittel investiert werden, die dann wiederum die notwendigen Einnahmen erzielen. Im modernen Kapitalismus werden die verschobenen Zeitphasen über die Geldschöpfung der

Banken mittels Kreditgewährung verknüpft. Die Kredit- und Geldschöpfung ist solange kein Problem, wie die Zinsen aus dem zusätzlichen Gewinn bezahlt werden können. Sonst drohen Verluste. Zusätzlich müssen die Erwartungen der Aktionäre erfüllt werden. Gesamtwirtschaftlich betrachtet muss der Zinssatz die Wachstumsrate der Wirtschaft unterschreiten. Die Berücksichtigung aller Bedingungen unterstellt ein kontinuierliches Wachstum.

Binswanger geht im Rahmen einer Modelluntersuchung von plausiblen Annahmen[74] hinsichtlich der langfristigen Zinsen, der Fremdkapitalquote und der für Investitionen erforderlichen Risikoprämie aus. Im Ergebnis wird eine reale minimale Wachstumsrate der Weltwirtschaft geschätzt. Sie liegt in der Größenordnung von 1,8% (Binswanger 2013: 345). Da die Kapitalmärkte und das Wachstum der Unternehmen global ausgerichtet sind, kommt es allein auf die globale minimale Wachstumsrate an. Sie darf aus seiner Sicht nicht unterschritten werden. Es handelt sich um eine weltweite Durchschnittsrate, die von einzelnen Ländern über- oder unterschritten wird. Niedrige Raten in den Industrieländern können hohen Raten in den Schwellen- und Entwicklungsländern gegenüberstehen. Bezogen auf die Weltwirtschaft hat der Internationale Währungsfonds für das Jahr 2017 eine Wachstumsrate von 5,8% ermittelt (gemessen als Zuwachs des BIP gegenüber dem Vorjahr). Wird die Mindestrate unterschritten, wird gemäß der Berechnung von Binswanger der gesamte Investitionsprozess abgebremst. Es setzt ein Spirallauf nach unten ein, da die Gewinne sinken, Zinsen aber weiter zu zahlen sind und die Kreditschöpfung reduziert wird. Hält der Prozess länger an, bricht die Wirtschaft ein.

Binswanger spricht sich daher nicht gegen das Wachstum an sich aus. Es geht „nicht um die Aufrechterhaltung einer beliebig hohen, sondern nur um die Aufrechterhaltung einer minimalen – globalen – Wachstumsrate" (371). In dieser Perspektive wären alle Einflussfaktoren zu hinterfragen, die den Gewinn über das für die Mindestrate des Wachstums notwendige Maß hinaustreiben. Die ins Spiel gebrachte untere Wachstumsrate muss zusätzlich vor dem Hintergrund der Veränderung der natürlichen Umwelt interpretiert werden. Denn die Reproduktion muss der Verknappung von natürlichen Ressourcen, den umweltschädlichen Emissionen und Abfällen sowie dem Klimawandel Rechnung tragen. Die äußeren Schranken des Wachstumsmodells sind in den letzten Jahrzehnten offensichtlich geworden. Die sich andeutende Verteuerung von Ressourcen und die zu erwartenden Folgen der Klimaerwärmung weisen darauf hin,

---

[74] Binswanger geht zusätzlich von der Annahme aus, dass die Rate des Geldschwunds, die den Kosten der Bankdienste entspricht, ausgeglichen ist. Zusätzlich wird ein einheitlicher Währungsraum unterstellt.

wie labil die natürlichen Rahmenbedingungen des Wachstums sind. Hieraus könnte ein sozialer Sprengstoff erwachsen, den die Politik in ihren langfristigen Orientierungen ins Kalkül ziehen sollte. Vorschläge zur Dekarbonisierung der Weltwirtschaft sind nicht neu. So hat der „Wissenschaftliche Beirat der Bundesregierung Globale Umweltveränderungen" vor kurzem vorgeschlagen, das Wachstum unter den Vorbehalt der „Transformation zur Nachhaltigkeit" zu stellen. Diese Diskussion umfasst nicht nur die Umlenkung des Wirtschaftskreislaufs, sondern auch die Hinterfragung der Konsumgesellschaft. Darauf wird im fünften Kapitel näher eingegangen.

Auf einen anderen Aspekt des Wachstums hat der französische Ökonom Thomas Piketty hingewiesen. Er hat gezeigt, dass über viele Jahrzehnte hinweg die Rendite auf Kapitalanlagen stärker gewachsen ist als die gesamte Wirtschaft. Die Nachfrage nach Arbeit habe sich langfristig gesehen schwächer entwickelt als die Nachfrage nach Kapital. Piketty bezieht in seinem historischen Vergleich beider Wachstumsraten die Besteuerung mit ein. Demnach übertrifft das Wirtschaftswachstum (g) nur in der Periode hoher Besteuerung der Kapitalerträge das Niveau der Kapitalrendite (r). Diese Situation galt über weite Phasen des zwanzigsten Jahrhunderts. Seit den 1980er Jahren nähert sie sich ihrem Ende. „Sollte der Steuerwettbewerb bis zum Äußersten getrieben werden, und das ist nicht auszuschließen, wird die Kluft zwischen r und g im Laufe des 21. Jahrhunderts wieder beinahe zu groß werden wie im 19. Jahrhundert. Hält sich dagegen die durchschnittliche Besteuerung des Kapitals auf einem Niveau von 30%, ... so wird die Nettokapitalrendite wahrscheinlich in allen Fällen gleichwohl ein Niveau deutlich oberhalb der Wachstumsrate erreichen ..." (Piketty 2014: 473).

Die These der vorauseilenden Kapitalrendite ist im Rahmen einer wirtschaftshistorischen Untersuchung von sechzehn Industrieländern bestätigt worden (Jordà 2017). Das deutsch-amerikanische Forscherteam[75] betrachtete, wie sich Kapitalanlagen im Zeitabschnitt von 1870 bis 2015 im Vergleich zur allgemeinen Wirtschaft entwickelten. Die Auswahl der Kapitalanlagen setzte sich zu jeweils einem Drittel aus Aktien, Anleihen und Immobilien zusammen. Während sich für die Kapitalanlagen eine durchschnittliche jährliche Rendite von knapp 6 Prozent ergab, lag das jährliche Wachstum der Wirtschaft im Durchschnitt nur bei ungefähr 3 Prozent. Die Ungleichheit der Vermögen wächst verstärkt seit den 1980er Jahren.

[75] An der Studie waren neben Òscar Jordà unter anderem auch Moritz Schularick und Alan M. Taylor beteiligt.

Die Kunstfigur des Homo Oeconomicus auf effizient ineffizienten Finanzmärkten

Die Finanzmärkte sind nicht nur der ideale Nährboden für das Geldkapital, sondern auch ihr Treiber. Ihr Aktionsfeld überschreitet die Vermittlung von Geldgeschäften für das Realkapital bei weitem. Die internationalen Finanzströme haben ein gigantisches Ausmaß angenommen und dominieren das Wirtschaftsgeschehen. Sie dienen nur noch zum geringen Teil der Abwicklung des Warenverkehrs und bestehen zu mehr als neunzig Prozent aus reinen Finanztransfers. Es handelt sich um Kapital, das auf der Suche nach kurz- und langfristigen Anlagemöglichkeiten ist. Dies Kapital wird im wachsenden Maße von institutionellen Anlegern verwaltet. Der Kreis der institutionellen Anleger setzt sich im Kern zusammen aus Investmentfonds, Pensionsfonds und Versicherungen. Diese Institutionen fungieren als Kapitalsammelstellen, deren Aufgabe es ist, das Vermögen von Individuen, Unternehmen und öffentlichen Haushalten zu sammeln und effizient zu verwalten. Die vermittelnden Akteure sind professionelle Fondsmanager, die die Verteilung des Kapitals steuern.

Seit den 1990er Jahren ist das Volumen der Investmentfonds durchschnittlich um mehr als 10–20 Prozent pro Jahr gestiegen. Die regionalen Ausprägungen waren dabei unterschiedlich. Während damals in den USA mehr als die Hälfte des gesamten Vermögens des Finanzsektors von institutionellen Anlegern verwaltet wurde, lag dieser Anteil in Ländern wie Frankreich, Japan und Deutschland bei rund einem Fünftel. Seit dieser Zeit halten private Haushalte einen steigenden Teil ihrer Ersparnisse bei institutionellen Anlegern. In Europa verwalteten Fondsgesellschaften im Jahr 2017 ein Vermögen von 15,7 Billionen Euro. Der Zuwachs gegenüber 2016 beträgt 11%. Mit einem Volumen von 2,6 Billionen Euro erweist sich Deutschland als größter europäischer Markt für Investmentfonds, wobei die Mittel überwiegend im Ausland angelegt werden.[76] Die Finanzströme zeichnen sich durch Schwankungen aus, die dem Muster von Überbewertung, späterem Kursabsturz und Neustart folgen. Die Einbrüche werden heftiger. Bereits im Zeitraum 2000 bis 2003 sind an den Aktienmärkten weltweit rund 13 Billionen Dollar an Marktkapitalisierung vernichtet worden. Zwar führte das Platzen der Dot.com-Blase zu einem Vertrauensverlust bei den Anlegern, doch ist der Umfang des Fondsvermögens hoch geblieben.

Der nächste Crash ließ nicht lange auf sich warten. Bis zum Ausbruch

---

[76] Insgesamt wurden 2017 etwas mehr als 3 Billionen Euro von der deutschen Fondsbranche verwaltet, davon fast 70% im Ausland. Deutsche Investmentfonds halten auch zunehmend Anteile an Spezialfonds wie den „Exchange Traded Funds (ETF)“. Vgl. die Statistiken des Deutschen Fondsverbandes BVI (2018).

der Weltfinanzkrise 2007/2008 hatten die Aktienindizes erneut Spitzenwerte erreicht. Als die Insolvenz der U.S.-Investmentbank Lehman Brothers bekannt gegeben wurde, wurden die globalen Finanzmärkte durch eine Schockwelle erschüttert. Der Markt für Derivate[77] war in den Jahren vor der Weltfinanzkrise 2007/2008 rasant verlaufen. Der Beschleunigungsfaktor ist eindrucksvoll, wenn bedacht wird, dass der Markt vor vierzig Jahren kaum existiert hat. Der Umsatz zur Jahrtausendwende hatte sich gegenüber dem Jahr 1990 bereits mehr als verdreifacht und die Ausdehnung schritt weiter voran. Nach den Einbrüchen am Aktienmarkt im Jahr 2000 entstand eine Marktsituation, die durch ein hohes Maß an Liquidität und geringe Renditen gekennzeichnet war. Das regte die Phantasie der Hedge-Fonds-Manager an. Auf der Agenda stand die Kreation flexibler Investmentstrategien, die auch in einer Baisse positive Renditen versprachen. Neue Anlagekategorien wie Kreditderivate und strukturierte Finanzierungen wurden geboren, die dem Finanzsektor Kapitalzuflüsse in Rekordhöhe verschafften.

Die neuen Finanzprodukte erwiesen sich als hochgefährlich. Mehrere Banken sind im Laufe der Krise in Turbulenzen geraten. Wie sich zeigt, waren sie alle in das Geschäft mit Kreditderivaten eingebunden. Finanzinstitute fielen nacheinander wie Dominosteine. Im Juni 2007 sind zwei Hedgefonds der U.S.-Investmentbank Bear Stearns in eine Notlage geraten, die mehrere Milliarden U.S.-Dollar im U.S.-Immobilienmarkt investiert hatten. Da dort die Hauspreise seit dem Winter 2006/2007 sanken, verloren auch die hypothekenbasierten Wertpapiere an Wert. Im Juli 2007 brach die deutsche IKB zusammen. Im August 2007 breitete sich Mißtrauen auf dem Interbankenmarkt aus. Dies hatte zur Folge, dass die Zentralbanken in Europa und den USA Mittel in den Markt pumpten. Im März 2008 rettete die U.S.-Regierung Bear Stearns vor dem Konkurs. Die Zahlungsnot vieler Banken brach auch dem Versicherungsriesen AIG, der auf das Geschäft mit den komplexen Finanzprodukten spezialisiert war, das Genick und führte zur Verstaatlichung des Versicherers. Im September 2008 war Lehman Brothers pleite. Die Investmentbank zählte zu den fünf größten Investmentbanken. Im Gefolge wurde von der U.S.-Regierung ein Rettungspaket im Umfang von 700 Milliarden Euro plus Steuererleichterungen im Umfang von weiteren 150 Milliarden Dollar beschlossen.

---

[77] Derivate sind Finanzinstrumente, deren Preis von künftigen Werten bzw. Kursen anderer Waren, Finanzwerten oder anderen marktbezogenen Referenzgrößen abhängt (Basiswert). Es handelt sich um einen Sammelbegriff für verschiedenartige Termingeschäfte (Optionen, Forwards, Swaps etc.). Finanzderivate werden börslich und außerbörslich gehandelt. Derivate werden auch zur Absicherung von künftigen Preisschwankungen des Basiswerts genutzt. Kreditderivate wurden aber zugleich zur Spekulation gegen den Euro während der Griechenlandkrise eingesetzt.

Im Gefolge des Zusammenbruchs von Lehman Brothers brach im Herbst 2008 der Handel mit Derivaten ein. Hypothekenbesicherte Wertpapiere und andere hochkomplexe, mit Krediten oder Forderungen besicherte Wertpapiere wie die „Collateralized Debt Obligations" (CDO) spielten eine entscheidende Rolle. Diese strukturierten Finanztransaktionen leiten sich ursprünglich aus den Asset Backed Securities ab. Dabei handelt es sich um Wertpapiere, die durch Vermögenswerte besichert sind. Darauf aufbauend wurden Kredite gebündelt und als verbriefte Wertpapiere weiterveräußert.[78] Die Strategie der Durchmischung und Weiterveräußerung verschiedenster Risiken verwandelte die neu geschaffenen Finanzprodukte in intransparente, toxische Wertpapiere. Es stellte sich das Problem der Marktpreisfindung für diese Papiere in einer Situation mangelnder Marktpreise. Auch dieser Engpass wurde umschifft, indem modellmäßige Bewertungsverfahren („mark to model") konstruiert wurden. Sie erwiesen sich bald als entscheidende Schwachstelle in dem Pokerspiel. Denn im Anschluss an die Subprimekrise lösten sich die Wertbestände in blauen Dunst auf.

Die Banken spielten gerne mit. Für sie ergab sich durch die Veräußerung der Kredite nämlich der schöne Effekt, dass die Kredite in ihren Büchern getilgt werden konnten. Diese Rechnung ging aber nur solange auf, wie der Kreislauf des Geldkapitals störungsfrei funktionierte. Der Transfer des Kreditrisikos erwies sich in dem Maße als bloßer Schein, wie die Marktpreise der überspezialisierten Finanzprodukte in sich zusammenbrachen. Leider versagten auch die Institutionen, deren Aufgabe es war, die Kreditwürdigkeit und Werthaltigkeit solcher Produkte zu prüfen. Die Ratingagenturen Standard & Poor´s, Moody´s und Fitch vergaben dafür noch kurz vor dem Ausbrauch der Krise AAA-Ratings. Die Ratings wurden dabei von den Banken bezahlt, welche die komplex strukturierten Finanzderivate entwickelt hatten und auf den Markt bringen wollten. Im Hinblick auf die sich daraus ergebenden Interessenkonflikte war dies ein folgenschwerer Fehler. Die Tatsache, dass in dieser Zeit mehr als die Hälfte der Einnahmen der Rating-Agenturen aus diesen Bewertungen stammte, kann sicherlich mit den guten Ratings in Zusammenhang gebracht werden. Riskante BBB-Schrotthypotheken wurden in mehrere Tranchen (Risikoklassen) aufgeteilt und neu zusammengesetzt. So wurde

[78] Die Banken gründeten dafür Zweckgesellschaften, die nicht in der Bilanz ausgewiesen werden mussten. Hierfür wurden zwei Sorten von Zweckgesellschaften gegründet. Zunächst wurden die gesammelten Hypotheken und andere Forderungen auf Refinanzierungsgesellschaften (Conduits) übertragen, dort umgeformt zu Collateralized Debt Obligations (CDOs) und dann auf dem Markt in Form von kurz- und mittelfristigen Schuldverschreibungen gegen Geld getauscht. Die aufgekauften Wertpapiere wurden wiederum außerhalb der Bilanz in Structured Investment Vehicles (SIVs) abgelegt.

ein Teil der Schrottpapiere in eine Senior-Trache mit einem AAA-Rating verwandelt (Roubini 2010: 93).

In kurzer Zeit explodierten auch die Preise für Credit Default Swaps (CDS). Sie sind im Jahr 1994 von Mitgliedern der U.S.-Investmentbank J.P. Morgan entwickelt worden. Das Vertragsverhältnis kommt einer Kreditversicherung nahe. Der Sicherungsnehmer zahlt eine Prämie an den Sicherungsgeber dafür, dass der Sicherungsgeber eine Ausfallschuld übernimmt[79]. Einerseits verschaffen sich Banken und Finanzinvestoren mit diesem Derivat eine Absicherung vor Zahlungsunfähigkeit des Schuldners. Andererseits können CDS unabhängig von real bestehenden Kreditbeziehungen gehandelt werden. Die Wege der Spekulation sind vielfältig. So werden CDS auch von Finanzinstituten gekauft, die gar keine Staatsanleihen besitzen und sie daher auch nicht absichern müssen. Sie spekulieren auf eine Preissteigerung mit dem Ziel, CDS mit Gewinn zu verkaufen. Einige Investmentbanken sollen in Erwartung der Finanzkrise rechtzeitig zu niedrigen Zinsen CDS (Kreditausfallversicherungen) gekauft haben, um anschließend nach Zeichnung von Hochzinsanleihen die Zinsdifferenz zu vereinnahmen.

Die Preissetzung kann sich in Abhängigkeit von der erwarteten Wertentwicklung des versicherten Objekts beständig ändern. Die Schwierigkeit der Bestimmung des Marktpreises tritt bei diesem Instrument verschärft auf. Denn die Bewertung ist mit der Frage der Ausfallwahrscheinlichkeit der zu Grunde liegenden Schuld direkt verknüpft. Wie sich herausgestellt hat, war die Möglichkeit einer globalen Finanzkrise in den Bewertungsmodellen der Investmentbanken gar nicht vorgesehen. Im Krisenjahr 2007 hatte sich das CDS-Bruttovolumen auf die unvorstellbare Zahl von fast 60.000 Milliarden U.S.-Dollar aufgebläht, um sich bis zum Jahr 2010 wieder zu halbieren. In einer Kettenreaktion drohte Banken die Zahlungsunfähigkeit. Dies beeinflusste wiederum den Geldmarkt und führte zur Verdoppelung des Zinssatzes für Kredite zwischen Banken (London Interbank Offer Rate). Die Banken reagierten nun nicht nur mit größter Vorsicht untereinander, sondern beschränkten auch die Kreditfinanzierung in der gesamten Wirtschaft. Die Finanzkrise schlug schließlich in eine handfeste Wirtschaftskrise um[80].

---

[79] Beispiel: Bank A besitzt Anleihen eines Staates C in Höhe von einer Million Euro, die sie gegen einen Ausfall versichern will. Bank A kauft daher von Bank B einen fünfjährigen CDS gegen eine jährliche Prämie in Höhe von 40.000 Euro. Bank B verpflichtet sich im Gegenzug eine Million Euro zu erstatten, falls Staat C die Rückzahlung der Anleihe einstellt.

[80] In den USA und Europa haben die Regierungen mehrere hundert Milliarden U.S. Dollar in das Finanzsystem gesteckt, um ein Massensterben der großen Banken zu verhindern. Dies belastet zusätzlich die nationalen Haushalte. Der

Die Wirtschaftskrise 2007/2008 äußerte sich in einer Kreditklemme. Gemäß dem Preisträger des Alfred-Nobel-Gedächtnispreises für Wirtschaftswissenschaften, Robert Shiller und seinem Kollegen George Akerlof, lassen sich drei Gründe hervorheben (Akerlof 2009: 131 ff.):

- Der hochkomplexe Finanzierungsmodus war zusammengebrochen. Das Geschäft der Kreditverbriefung und der Verteilung des Kreditrisikos funktionierte auf Basis des allgemeinen Misstrauens nicht mehr.
- Die Investmentbanken, welche Hypotheken hielten oder vergeben hatten, waren selbst im großen Stil Käufer der Finanzderivate. Da diese Investitionen mit hohem Fremdkapitalanteil (Leverage) finanziert wurden, vergrößerte sich die Schuldenlast mit dem Preissturz der Wertpapiere.
- Die in guten Zeiten vereinbarten Kreditlinien wurden auch in der Phase der Kreditklemme ausgeschöpft.

Die Wertverluste der Banken zwischen 2007 und 2009 übertrafen die Verluste aus Immobilienkrediten in den USA bei weitem. Dies verweist vor allem auf mangelndes Management von Risiken im Finanzsystem.[81] Die Kombination aus Wertverlusten auf der Aktivseite der Bankbilanz und eines hohen Anteils an Fremdkapital auf der Passivseite hat das Finanzsystem an den Rand des Abgrunds gebracht. Das typische Muster für eine Boomphase zeichnet sich dadurch aus, dass der Anteil der nicht durch Einlagen finanzierten Kredite an den gesamten Verbindlichkeiten insbesondere von Banken immer stärker anwächst. Insbesondere Investmentbanken schöpfen in dieser Phase durch Ausgabe eigener Wertpapiere beständig neues Geld. Dies ist eine Folge der Deregulierung von Finanzmärkten und führt zur Entkopplung von Geld und Kredit (Schularick 2010: 11 ff.).

Die Auswirkung von Spekulationsphasen auf den Verlauf des Kredits ist kein neues Thema. Bereits Minsky hat im Anschluss an Keynes´ Erörterung der Instabilität des Finanzsystems das Phänomen der Schneeballfinanzierung beschrieben. Nach seiner Theorie nimmt in einer Boomphase der Anteil der spekulativen und Schneeballfinanzierung zu und die abgesicherte Finanzierung ab. Denn in der Spekulationsphase steigt der Preis

---

Umschlag in eine allgemeine Wirtschaftskrise erfasste schließlich Staaten in verschiedenen Regionen.

[81] Der Hauptanteil der Banken an der Krise tritt in der Studie von Caballero und Kurlat hervor: „... highly leveraged institutions were bearing more aggegate risk than would have been thought from simply observing the ratings of their assets. Having the highly leveraged financial sector of the economy holding the risk with respect to an aggregate surprise proved to be a recipe for a disaster" (2009: 17).

einer begehrten Anlage mit der Folge, dass alle Kreditnehmer mehr Kredit aufnehmen und die nicht getilgten Schulden erhöhen. Er teilte die Kreditnehmer in drei Kategorien ein. Bei der abgesicherten Finanzierung können die Zins- und Tilgungszahlungen aus dem Zufluss an liquiden Mitteln, dem Cash-Flow, erfolgen. Im Fall der spekulativen Finanzierung reicht der Cash-Flow nur noch zur Zahlung der Zinsen und bei Schneeballfinanzierung können aus dem Cash-Flow nicht mal die Zinsen bedient werden. Daraus leitet sich seine „Financial Instability Hypothesis" ab (Minsky 1982: 90 ff.).

Die Frage nach der Rationalität der Märkte ist vor dem Hintergrund der Krisenerfahrungen erneut aufzuwerfen. Obwohl die Instabilität der Geldwirtschaft von vielen Wirtschaftswissenschaftlern aufgezeigt worden ist, erlaubt die neoklassische Modellwelt keine Zweifel an ihrer These der Rationalität. Gegenüber den abgehobenen Abstraktionen versinken große Teile des Publikums in Ratlosigkeit. So ist es offenbar auch den Organisatoren des Alfred-Nobel-Gedächtnispreises für Wirtschaftswissenschaften im Jahr 2013 ergangen, als sie drei Wissenschaftler[82] ehrten, deren empirische Analysen und Beurteilungen der Bewegung der Kapitalmarktpreise sich konträr gegenüberstehen. Bei der Entscheidung zwischen der keynesianischen und neoklassischen Denklinie hat sich das Komitee für den Kompromiss ausgesprochen. Auf der einen Seite wurde Robert Shiller ausgezeichnet, der als Keynesianer den Einfluss des irrationalen Marktverhaltens und die mögliche Entstehung von Preisblasen hervorhebt. Er ist einer der Begründer der „Behavioral Finance"[83] und entdeckte, dass auf lange Frist die Aktienkurse stärker schwanken als die Dividenden selbst. Der zweite Preisträger war Eugene Fama, dessen Gedankenführung sich ganz in der Tradition der neoklassischen Kapitalmarkttheorie bewegt. Er hält an der Annahme effizienter Märkte fest und leugnet die Existenz von Spekulationsblasen. Sein Interesse gilt dem Einfluss marktrelevanter Informationen auf die Aktienkurse, wobei er behauptet, dass sich diese Daten in den Preisen widerspiegeln. An die Vorhersagbarkeit der Preise glaubt er nicht. Der Glaube an die Vollkommenheit und Effizienz der Märkte wurde zwar in der großen Krise 2008 erschüttert, er hält sich aber bis heute hartnäckig.

---

[82] Neben Robert Shiller und Eugene Fama erhielt Lars Peter Hansen den Preis für seine mathematischen Testverfahren. Ähnlich wie Shiller erkannte er, dass in der Konstruktion des Homo Oeconomicus das menschliche Verhalten zu stark vereinfacht wird.

[83] Der verhaltenswissenschaftliche Ansatz (Behavioral Economics and Finance) beschäftigt sich mit dem menschlichen Verhalten in verschiedenen wirtschaftlichen Situationen. Insbesondere wird der Frage nachgegangen, inwieweit menschliches Verhalten mit der Modellannahme des Homo Oeconomicus übereinstimmt. Die Rationalität des Handelns wird dabei in Frage gestellt.

Fama hat den Begriff „Effizienz" im Rahmen seiner Forschung bereits 1970 präzisiert. Seine Efficient-Market-These besagt, dass die Finanzmärkte informationseffizient sind. Der Markt kann dann als effizient bezeichnet werden, wenn die Preise zu jedem Zeitpunkt alle verfügbaren Informationen vollständig zum Ausdruck bringen. In seiner Perspektive ist dieser Zusammenhang zwar nicht vollständig, aber zumindest im Sinne der „halbstrengen Markteffizienz"[84] erfüllt. Dies bedeutet, dass die aktuelle Preisbildung auf dem Markt alle öffentlich verfügbaren Informationen widerspiegelt. Moderne Informations- und Kommunikationstechnologie sowie perfektionierte Abrechnungssysteme gewährleisten Markttransparenz und rasche Reaktionsmöglichkeiten der Marktteilnehmer, so dass im Sinne der Theorie alle relevanten Informationen gleichzeitig wahrgenommen und unverzüglich verarbeitet werden. Diese These hat weitreichende Folgen für die Praxis. Wenn nämlich die Preise immer die verfügbaren Informationen widerspiegeln, kann es auch keine Preisanomalien oder Überreaktionen der Marktakteure geben.

Zum einen hat dies zur Folge, dass aus dieser Modellperspektive Preisblasen keinen Sinn ergeben. Fama hat dies in Gesprächen im Anschluss an die Wirtschaftskrise 2008 bestätigt[85]. Reaktionen der Geldpolitik auf die Entstehung von Blasen an den Finanzmärkten hält er für überflüssig, da solche Blasen nicht existierten. Es seien vielmehr die Menschen, die nachträglich nach Erklärungen suchten und den Märkten Preisaufblähungen anhefteten. Er geht strikt davon aus, dass sich Preise nicht prognostizieren lassen. Seine These beinhaltet im Grunde, dass jeder Preis und Kurs, der auf dem Markt vorfindbar ist, immer der „faire Marktpreis" ist. In diesem Sinne lassen sich daher auch keine dauerhaft überdurchschnittlichen Gewinne erzielen[86].

Zum anderen unterstellt die Effizienz-These, dass die Marktakteure ihre Handlungen streng an den Annahmen des Modells orientieren. Hier kommt die künstliche Schöpfung des Homo Oeconomicus wieder zum Vorschein, dem die Rationalität aus allen Poren quillt. Es überrascht

---

[84] Fama bezeichnet diese Ausprägung der Effizienz als „semi-strong form efficiency. Daneben unterscheidet er zwei weitere Ausprägungen. Wenn sich zusätzlich zu den öffentlich verfügbaren Daten auch noch Insider-Informationen in den Preisen ausdrücken, gilt die „strong form efficiency". Bei der „weak form efficiency" erfassen die Preise nur historische Daten (Fama 1970: 383 ff.). Die schwache Form der Effizienz liegt demzufolge der technischen Aktienanalyse (Chartanalyse) zugrunde. Sie leitet künftige Kurse aus vergangenen Kursbewegungen ab.

[85] Vgl. das Interview mit Fama in der FAZ v. 17.10.2013.

[86] Shiller hingegen formuliert in einem anderen Interview, dass sich diese These von Fama als falsch herausgestellt habe (FAZ v. 11.02.2009).

daher nicht, dass der Gedanke der Markteffizienz mit dem im vorangehenden Abschnitt erläuterten Konzept der rationalen Erwartungen verknüpft worden ist. Das bedeutet wiederum, dass die Marktteilnehmer rational auch in dem Sinne handeln, dass sie bei ihren Entscheidungen rationale Methoden nutzen. Die These der „Rational Expectations" ist in den 1960er Jahren ausgearbeitet worden. Darunter wurde die Anwendung relevanter Modelle gemäß dem Erkenntnisstand der Wissenschaft verstanden. Nach den neoklassischen Vorstellungen gelten die Finanzmärkte dann als bewertungseffizient, wenn bei der Wertermittlung von Finanzprodukten deren fundamentale Einflussgrößen berücksichtigt werden. Das ist neben dem Risiko der erzielbare finanzielle Vorteil. Nach dieser Logik bestimmt sich der Wert als abgezinste Summe der zukünftigen Zahlungsüberschüsse. Dabei ist die Abzinsung das Mittel für die Berechnung des Gegenwartswerts. Denn im Sinne der Zeitpräferenz ist der fiktive, gegenwärtige Zufluss von Zahlungen den Zuflüssen in späteren Perioden vorzuziehen. Das Ergebnis dieser Berechnung ist der Ertragswert, der in den vorangehenden Abschnitten bereits skizziert worden ist. Auch weiterentwickelte Methoden der Wertermittlung basieren auf diesem Modell. Wie noch gezeigt wird, wird in der Finanzierungstheorie vor allem das international anerkannte Discounted-Cash-Flow Verfahren (DCF-Verfahren)[87] angewendet.

Im Rahmen der Portfolio-Theorie wird die Bewertung um die Risikokomponente erweitert. Denn rationales Verhalten orientiert sich am Ertrag und am Risiko der Anlage. Anlagen mit gleicher Ertragserwartung sind nach der Logik des geringsten Risikos auszuwählen. Dabei wird der durchschnittliche Anleger als risikoscheu unterstellt. Ein effizientes Portfolio mit verschiedenen Vermögenswerten trägt wiederum zur Risikominimierung bei, indem der Ertrag des gesamten Portfolios verstetigt wird (efficient set). Insoweit sich die Akteure an diesem Konzept orientieren, gelten sie als rational Handelnde und die Finanzmärkte als bewertungseffizient.

In dieser schönen rationalen Welt sausen zwar die Kurse rauf und runter, doch erschüttern die Schwankungen nicht das Erklärungsmuster. Und dies besagt, dass die Preise nur in dem Maße pendeln können, wie sich die fundamentalen Einflussgrößen selbst verändern. Der rationale Grund für das permanente Oszillieren der Kurse ist damit gefunden. Die Informationen über die Gewinnsituation und über Risiken bestimmen allein

---

87 Das DCF-Verfahren entstammt der angelsächsischen Diskussion. Es ist im Kern identisch mit dem Ertragswertverfahren, allerdings werden einzelne Größen in unterschiedlicher Weise bestimmt. Das gilt insbesondere hinsichtlich der Bestimmung von Risikofaktoren. Näheres kann dem Anhang Teil A entnommen werden.

die Preise. Da im Modell Informationsänderungen von den Marktteilnehmern gleich bewertet werden, kommt es allenfalls auf die technische Zurückdrängung der Zeitschranken an. Dies ist ein wesentlicher Grund für die permanente Erweiterung der elektronischen Rechnerkapazitäten.

Die These der Informationseffizienz ist eng verknüpft mit dem Glauben an den Segen technischer Innovationen. Leistungsfähige Computer ermöglichen die Verarbeitung neuer Daten in Echtzeit. Erst auf dieser technischen Basis können die Akteure auf den Finanzmärkten sofort reagieren. Doch dies gilt gleichermaßen für alle Käufer und Verkäufer. Wenn aber alle Informationen unverzüglich und rational von allen verarbeitet werden, tendiert die Chance für vorteilhaftes Handeln gegen null. Diese Konsequenz der Effizienz-These ist von Fama auch ausgesprochen worden.

Eine Anekdote von James Tobin, der für seine Studien über den Kapitalmarkt 1981 den Nobelpreis bekam, veranschaulicht die beschworene Rationalität des Marktsystems sehr schön. Während eines Spaziergangs auf dem Campus ruft ein Student zu seinem Professor: „Herr Professor, da vorne liegt eine 20-Dollar-Note". Der Professor lässt sich von diesem Hinweis nicht im Geringsten beeinflussen. Er setzt seinen Gang gelassen fort und antwortet: „Das kann überhaupt nicht sein, denn wenn sie jemals da gewesen wäre, dann wäre sie längst weg."[88]

Ein aktives Fondsmanagement, das sich darauf spezialisiert, günstige Aktien in Erwartung einer Wertsteigerung zu erwerben, erscheint in der Modellwelt von Fama als sinnlose Bemühung. Diese These hat die Entstehung der Indexfonds, die passiv der Entwicklung des Index folgen, in der Finanzwelt enorm beschleunigt. Dennoch leben Heerscharen von Fondsmanagern und Händlern von dem Versprechen, besser zu sein als der Markt. Die aktive Vermögensverwaltung ist ein riesiges Geschäft. Die Auswahl einzelner Anlagen wird durch das wirtschaftliche Erfahrungswissen und mit Hilfe mathematisch austarierter Algorithmen gesteuert. Die Akteure handeln nach dem Muster der superschnellen Reaktion auf neue Informationen. Dieses Feedback-Trading geht aber mit neuen Gefahren einher, welche die angenommenen Voraussetzungen der Effizienz untergraben. So stellt die Verkürzung und Beschleunigung der Reaktionszeit die Qualität der Marktanalyse in Frage. Eine fundamentale Bewertung, welche das Ertragspotenzial und die Risiken eines Unternehmens oder eines abgeleiteten Finanzprodukts über Jahre hinweg unter die Lupe nimmt, ist hier zu zeitaufwendig. Da erscheint die Reaktion auf historisch bekannte Bewegungsmuster von Aktien erfolgsverspre-

---

[88] Die Anekdote ist dem Lehrbuch von Stöttner zur Investitions- und Finanzierungslehre entnommen (1998: 85).

chender. Die eigenen Prophezeiungen bestätigen dann den Trend. Denn alle folgen ja rationalen Erwartungen.

In den letzten beiden Jahrzehnten hat die verhaltensorientierte Finanzmarkttheorie das Modell der rationalen Erwartungen in Frage gestellt. Finanzmarktkrisen verweisen im starken Maße auf Rückkopplungen im Verhalten der Akteure. Kursbewegungen folgen in krisenhaften Situationen weniger den fundamentalen Bewertungen der Marktteilnehmer als ihren Markterwartungen. Eine erwartete Marktrichtung wird dadurch bestätigt und verstärkt, dass Marktteilnehmer den durchschnittlichen Erwartungen entsprechend handeln. Abweichungen der Kurse vom fairen Marktwert im Sinne der Fundamentalbewertung lassen sich daher verhaltenswissenschaftlich erklären[89]. In dieser Perspektive ist der Vermögensmarkt als psychosoziales System zu charakterisieren, in dem die Beteiligten teils mit- und teils gegeneinander agieren. Das bedeutet, dass die Akteure mit ihren psychologischen Reaktionsmustern selbst als Einflussfaktoren zu berücksichtigen sind. So neigen Finanzmärkte zu Überreaktionen, indem die Akteure dem Herdentrieb nachgeben und das tun, was fast alle anderen auch tun.

Im Zyklus der Preise ist von einer wechselseitigen Beeinflussung zwischen den Preisen der Vermögenswerte und der Realwirtschaft auszugehen. Preis-Preis-Rückkopplungen tragen zur Verlängerung des Zyklus und zur Verstärkung der Blasenbildung bei.[90] Die reale Wirtschaft wird hiervon in dreifacher Weise betroffen. Erstens führen steigende Preise für Vermögenswerte zur Erhöhung der Konsumausgaben. Denn alle fühlen sich in der Gegenwart reicher, als sie es gestern noch waren. Zweitens stärkt dies die Investitionskonjunktur der Unternehmen. All dies treibt die Gewinne nach oben und steigert wiederum die Aktienkurse. Hierbei handelt es sich um eine Preis-Gewinn-Preis-Rückkopplung. Und drittens weitet sich die Verschuldung aus. Denn in der wunderbaren Welt steigender Kurse und Immobilienwerte springen auch die Banken gerne auf den Zug auf und weiten die Kreditvergabe im Verhältnis zum Wert des beliehenen Vermögens aus. Die Konjunktur läuft nun heiß. Doch die Preise steigen nicht ewig. Sobald die Ausweitung der Nachfrage ins Stocken gerät und das Übermaß an Verschuldung die Zahlungsfähigkeit der Haushalte gefährdet, verläuft der ganze Prozess in die entgegengesetzte Richtung. Mit dem Rückgang der Konjunktur sinken mit den Gewinnen auch die Kurse. Die Rückkopplungen auf die Investitionsnachfrage und den weiteren Absturz der Kurse lässt dann nicht lange auf sich warten.

---

[89] Verhaltenswissenschaftliche Erklärungen werden mittlerweile in dem bekannten Lehrbuch von Brealy, Myers und Allen anerkannt (2006: 347).

[90] Vgl. Akerlof und Shiller (2009: 193).

Was sagt dies über das Wert-Preis-Verhältnis auf den Finanzmärkten aus? Die Bildung von Preisblasen gehört zum normalen Verlauf. Der Markt ist ein soziales Kommunikationssystem, in dem die Marktteilnehmer ihre Erwartungen austauschen und in komplexer Weise sowohl auf Marktinformationen als auch aufeinander reagieren. Der Glaube und der Herdentrieb sind hier wirkmächtig. Was alle tun, tut man auch und die sich selbst erfüllende Prophezeiung treibt den Kursverlauf weiter nach oben oder unten. Der Austausch ist einerseits durch tief verankerte psychologische Verhaltensmuster und anderseits durch individuelle und technische Schranken der Informationsverarbeitung geprägt. Dies lässt sich nur im sehr begrenzten Maß mit dem Modell der rationalen Erwartungen in Zusammenhang bringen. Die Transaktionen schlagen sich schließlich in Volumina und Aktienkursen nieder. Ein Kurs spiegelt immer nur den Durchschnitt der Erwartungen wider, wohinter sich ein breites Spektrum unterschiedlicher Erwartungen verbirgt. Inwieweit sich die Kurse im Einklang mit den künftigen Gewinnerwartungen und den Risiken befinden, ist klärungsbedürftig. Das Maß der Übereinstimmung oder Abweichung lässt sich über eine Fundamentalanalyse grob eingrenzen. Sie macht aber nur Sinn, wenn ein langer Planungshorizont zugrunde gelegt wird. Denn auf kurze bis mittlere Frist kann der Tages-Preis des Vermögens spekulativ aufgebläht sein.[91]

Demgegenüber reflektieren die täglichen Preisschwankungen nur partiell die verfügbaren Marktinformationen. Sogar bekannte Fondsmanager melden Zweifel an. Graham Clapp, Fondmanager von Fidelity European Growth, hob bereits vor dem Crash 2007/2008 hervor: „Der Markt mag zwar effizient sein, aber nicht die Erwartungsbildung, die zu den Kursen führt“[92]. Im Ergebnis erweisen sich die Finanzmärkte als effizient ineffizient. Die Hamburger Sutor Bank (2017) bestätigte in einer empirischen Analyse der Prognosequalität von Kapitalmarktexperten in der Zeit zwischen 1997 und 2016, dass die kurzfristigen Vorhersagen im Vergleich zur tatsächlichen Entwicklung des Dax immer falsch lagen. Eine grandiose Fehleinschätzung ergab sich zum Beispiel für das Krisenjahr 2008. Während im Vergleich zum Vorjahr ein Index-Zuwachs von 6,75 Prozent prognostiziert wurde, ereignete sich de-facto ein Absturz von 40,37 Prozent. Die Studie lässt kein gutes Haar an den Vorhersagen der Finanz-

---

[91] Lediglich über lange Perioden und Zyklen hinweg nähert sich der Unternehmenswert dem Durchschnitt der Schwankungen des Aktienkurses an. Nur in diesem Sinne macht die behauptete Identität von Wert und Preis Sinn, da sich innerhalb eines langen Intervalls Preis-Preis-Rückkopplungen tendenziell ausgleichen.

[92] Vgl. Graham Clapp über die Kunst, den Index zu schlagen (FAZ v. 30.01.2004).

institute. Sie kommt zum Ergebnis, dass die Prognosen „kurzfristig sinnlos“ seien[93].

Finanzinvestoren im Aufwind - Umbau der Wirtschaft und Einschränkung des Wettbewerbs

Im ersten Kapitel sind zwei Aspekte der globalen wirtschaftlichen Entwicklung erläutert worden: Differenzierung und Vereinheitlichung. Der Hinweis auf unterschiedliche Modelle des Kapitalismus in den Studien von Hall und Soscice verweist auf eine immer noch erkennbare Relevanz des kulturellen Einflussfaktors. Unterschiedliche Kulturen und historische Erfahrungsmuster in den Ländern wirken sich prägend auf die Ausgestaltung der institutionellen Rahmenbedingungen des wirtschaftlichen Handelns aus. Es stellt sich aber die Frage, ob die gegenwärtigen Prozesse auf den Finanzmärkten und die Macht der transnationalen Konzerne bereits auf dem Weg sind Differenzen einzuebnen. Der Druck zur Vereinheitlichung der wirtschaftlichen Handlungsmuster und Problemlagen ist in den kapitalistischen Kernländern nicht zu übersehen.

Das Faust-Drama von Goethe hat uns die innere Logik der kapitalorientierten Wirtschaft bereits vor Augen geführt. Die natürlichen Begrenzungen der Produktion und der Zeit erscheinen im hektischen Tagesgeschäft des Kapitals nicht wirklich als Hindernisse. Vielmehr verbreitet sich die schöne aber trügerische Vision, als könne der Verwertungsprozess als produktiver Mechanismus verstetigt werden. Es sieht so aus, dass der „Stein des Weisen der Wirtschaft“ geschaffen worden ist und mit ihm die Idee, dass im reproduktiven Zirkel alle Ressourcen der Erde und des sozialen Lebens in Geld verwandelt und mit künftigem Gewinn verkauft werden können.

Wie sieht die Reproduktion des Kapitals aus einzelwirtschaftlicher Sicht zurzeit aus? Die Finanzwirtschaft durchdringt die moderne Unternehmensführung in allen industriellen und industrienahen Dienstleistungsbranchen. Ihre Denkschemata haben sich innerhalb der letzten drei bis vier Jahrzehnte tief eingegraben. Sie sind längst von den großen Unternehmenslenkern übernommen worden und sie verbreiten sich auch im Bereich der mittelgroßen Unternehmen. Betriebliche Umwälzungen und Umstrukturierungen begleiten die Entwicklungen auf dem Markt für Unternehmensübernahmen. Das Geschäft mit Verfügungsrechten an Unternehmen ist im Laufe der 1980er Jahre in Schwung gekommen. Nach einer langen Phase hoher Inflation und niedrigen Wachstums erholte sich die US-Wirtschaft seit 1982 langsam. Pensionsfonds und Versi-

[93] Allenfalls bezogen auf den gesamten Zwanzig-Jahres-Zeitraum ergibt sich eine Annäherung der durchschnittlichen Prognose an die durchschnittliche Entwicklung des Dax.

cherungsgesellschaften suchten neue Anlagemöglichkeiten und scheuten sich nicht, ihre Mittel einer neuartigen Spezies von Privat-Equity-Investoren zu überlassen, die sich auf „Leveraged Buyouts“ spezialisiert hatten. Investoren dieses Typs sind meist nur an einer vorübergehenden Übernahme interessiert. Ihr Geschäftsfeld ist das Kaufen, Umstrukturieren und Verkaufen von Unternehmen. Der Begriff „leveraged finance“ steht für die Hebelung von Investitionen mittels eines hohen Einsatzes an Fremdkapital. Die fremden Mittel werden entweder über die Kreditgewährung von Banken oder über den Kapitalmarkt zugeführt. Es handelt sich häufig um hochverzinsliche Anleihen, die solange als unbedenklich erscheinen, wie die Tilgungs- und Zinslast aus den neuen Geldzuflüssen finanziert werden können. Geschäfte dieser Art erwiesen sich damals als willkommen, um rekordträchtige Transaktionen und feindliche Übernahmen in die Wege zu leiten.

In dieser Zeit wurde die Wettbewerbsfähigkeit vieler Unternehmen auf all ihren Produktionsstufen von Anlegern hinterfragt. Viele Unternehmen galten als veraltet und als unfähig, sich auf neue Produkte und Märkte einzustellen. Beispielhaft lässt sich die Kritik an der klassischen Struktur der Mineralölindustrie verdeutlichen. Über ein halbes Jahrhundert hinweg bestand die Branche aus vollintegrierten Unternehmen, deren Geschäftsfelder sich von der Exploration und Ölförderung bis hin zum Raffinerie- und Tankstellenbereich erstreckten. Diese breite Integration wurde von den neuen Finanzintermediären als unvorteilhaft angesehen. Entsprechende Vorwürfe richteten sich an die Automobil- und Stahlindustrie sowie die Energiewirtschaft, das Hotelgewerbe und die Finanzdienstleistungsbranche. Die vertikale Integration vor- und nachgelagerter Produktionsstufen (Produktion, Vertrieb) wie die Kombination verschiedener Produktprogramme unter einem Firmendach galten nun als unwirtschaftlich. In den Jahrzehnten davor hatte die breite Ausrichtung noch als erfolgreiche Strategie gegolten, um schlechte und gute Konjunkturen in verschiedenen Branchen im Hinblick auf das Gesamtergebnis eines Unternehmens ausgleichen zu können. Diese ehemalige Sichtweise stand aber nicht mehr im Einklang mit den Interessen der neuen Investoren. Die Zerschlagung von Konglomeraten gilt seit dieser Zeit als Allheilmittel zur Verselbständigung der Unternehmensteile und schließlich zur Maximierung der Werte. Die Unternehmensführung des Managements erweist sich in diesem Sinne nur und gerade dann als erfolgreich, wenn die Interessen der Aktionäre befriedigt werden.

Das Gewicht der Wirtschaftsgiganten hat sich mittlerweile von den klassischen Industriezweigen hin zu den Technologiefirmen verschoben. Die Konzerne, die an den Börsen am höchsten bewertet werden, sind neben den Energiefirmen die Stars aus dem Silicon Valley: Apple, Amazon, Alphabet, Microsoft und Facebook. Für viele repräsentieren sie wirtschaftliche Dynamik, permanente Innovation und die digitale Zukunft schlechthin. Privatanleger und institutionelle Investoren orientieren sich bei ihrer Suche nach renditeträchtigen Investitionen gerne an innovativen Vorbildern und globalen Trends. Diese Geschichte kennt nicht nur Gewinner, sie hat ebenso viele Spuren des Scheiterns hinterlassen. Die Liste untergegangener Weltfirmen lässt sich nachzeichnen. So gehörten die Smartphones von Nokia im Jahr 2002 noch zu den meist verkauften mobilen Kommunikationsgeräten der Welt. Nach einer Reihe von Managementfehlern war der dramatische Einbruch der Umsätze nicht mehr aufzuhalten. Mit der Präsentation des iPhones im Jahr 2007 erlitt das Nokia-Handy einen nachhaltigen Imageverlust. Nokia wurde schließlich an Microsoft verkauft und danach als eigenständige Marke ausgelöscht. Auch Sony, Blackberry, Hewlett-Packard, Kodak sowie in Deutschland Quelle, Brockhaus und Loewe haben ihren Zenit längst überschritten oder drohen ganz aus dem Markt auszuscheiden.

Der Wettbewerb um profitable Anlagen pflügt die bestehende Unternehmensstruktur um und geht mit der Transaktion ganzer Konzerne oder von Konzernteilen einher. Zwar hat mit der Finanz- und Wirtschaftskrise 2007/2008 der Markt für Fusionen und Übernahmen gelitten, doch verweist die Entwicklung längst wieder nach oben. Das damit im Zusammenhang stehende Beratungsgeschäft wurde in den vergangenen drei Jahrzehnten vor allem von Investmentbanken wie z.B. JP Morgan, Goldman Sachs, Morgan Stanley und auch der Deutschen Bank profitabel betrieben. Die Glitzerwelt des Investment Banking verspricht hohe Gewinne und Boni bis weit in die Zukunft, nicht nur für die im Geschäft engagierten Banken selbst, sondern auch für die in den Beratungsprozess einbezogenen Wertpapierhändler und Finanzierungsberater. Dass dabei häufig zu hohe Risiken eingegangen und überhöhte Bonuszahlungen abgegriffen worden sind, hat viele Banken in eine Schieflage gebracht und den Hype vorübergehend abkühlen lassen.

Das Investment Banking war auch für die Deutsche Bank ein äußerst einträgliches Geschäftsfeld. Der Hinwendung zur Kür der Gelderschaffung konnte sich die Bank Ende der 1980er Jahre kaum verschließen. Denn in dieser Zeit wurden die Finanzmärkte in den USA und Großbritannien dereguliert und globalisiert. Der damalige Vorstandsvorsitzende Herrhausen bewunderte die angelsächsische Kultur im Geldgeschäft und drängte die Entwicklung der Bank weg von der Kreditfinanzierung hin zum Angebot komplexer Kapitalmarktinstrumente. Im Grunde folgte die Deutsche Bank dem internationalen Trend. Der Markt verlangte adäquate Kenntnisse und Erfahrungen bei der Beratung internationaler Fusionen, der Konstruktion neuer Finanzprodukte und der Emission sowie dem Handel von Wertpapieren. In der Rolle des traditionellen Kreditgebers der deutschen Industrie war die Deutsche Bank nicht mehr wettbewerbsfähig. Über Beteiligungen und Aufsichtsratsmandate war sie kapitalmäßig und personell zu stark verflochten mit der industriellen Unternehmenslandschaft. Ihre Gewinne stammten hauptsächlich aus diesen Beteiligungen. Dies führte dazu, dass die Zusammenarbeit der Deutschen Bank mit der westdeutschen Wirtschaft als symbiotischer Komplex angesehen wurde. Es verwundert daher nicht, dass in dieser Phase die Metapher vom Herz der Deutschland AG die Runde machte.

Als die alte Stammklientel der Bank immer mehr die Dienste der amerikanischen und britischen Investmentbanken für ihre internationalen Geschäfte in Anspruch nahmen, entschied sich der Vorstand für den Strategiewechsel. Die Industriebeteiligungen wurden Schritt für Schritt veräußert und das internationale Standbein über den Weg des Einkaufs von Expertise aufgebaut. Die eilige Expansion hinein ins internationale Geschäft lief auf die Abwerbung ganzer Abteilungen in der Londoner City hinaus. Gleichzeitig änderte sich die Kultur der Bank, je mehr die Glücksritter der Handelssäle die Geschäfte dominierten. Die Übernahme der Londoner Bank Morgan Grenfell 1989 und des US-Investmenthauses Bankers Trust im Jahr 1999 machten die Deutsche Bank zu einer der zehn größten Investmentbanken der Welt. In dieser Aufschwungphase kam die Gewinnentwicklung den Erwartungen der Aktionäre der Bank durchaus entgegen. Während im Jahr 1988 der Konzerngewinn 600 Millionen Euro betrug, wurde er 1998 auf das Niveau von 1,7 Milliarden Euro katapultiert. Zur Jahrtausendwende erreichte er fünf Milliarden Euro, im Jahr 2007 sogar 6,5 Milliarden Euro, wozu vor allem das Investment Banking beigetragen hat. Die Goldgeschichte fand im Gefolge der Wirtschaftskrise 2008 ein jähes Ende, als sich der riskante und künstliche Charakter vieler Finanzkonstruktionen offenbarte und gewaltige Strafzahlungen sowie Bonuszahlungen den Börsenkurs der Bank in einen Abwärtsstrudel[94] rissen. Im Jahr 2016 ist das Investment Banking der Deutschen Bank am deutschen Markt vom dritten auf den achten Platz gefallen und die strategische Ausrichtung der Bank erscheint unklarer denn je. Das Beratungsmandat im Zusammenhang mit Bayers Übernahme des amerikanischen Saatgutherstellers Monsanto verschaffte der Bank of America den Spitzenplatz in Deutschland.

---

[94] Gegenüber der Zeit vor der Krise ist der Kurs der Deutschen Bank radikal abgestürzt. Kurskorrekturen wurden im Anschluss an die Krise 2008 eingeleitet. Der Eigenhandel wurde aufgegeben und komplexe Finanzprodukte wie „Collateralized Debt Obligations“ stark eingeschränkt. Der von der Wirtschaft erstellte „Corporate Governance Kodex“ soll nun auch eine größere Rolle bei der Bemessung der Vergütungen für Banker spielen. Allerdings hilft der Kodex insofern nur begrenzt, als er lediglich die „Angemessenheit“ der Vergütung verlangt. Das hat die Auszahlung üppiger Boni an Investmentbanker bislang nicht beeinträchtigt.

Feindliche Übernahmen spielten im Kalkül deutscher Manager vor drei bis vier Jahrzehnten kaum eine Rolle. In Deutschland nahmen internationale Unternehmensübernahmen erst im Laufe der 1990er Jahre Fahrt auf. Auf einmal waren namhafte deutsche Unternehmen Übernahmegerüchten ausgesetzt. Beispielhaft kann auf den Fall Hoechst verwiesen werden. Konzentrations- und Umstrukturierungsprozesse waren in pharmazeutischen bereits seit Ende der achtziger Jahre zu beobachten und sie haben sich in den neunziger Jahren zugespitzt. Die Bildung einer „Life-Sciences"-Industrie, in der die Geschäftsbereiche Gesundheit (Pharma) und Ernährung (Landwirtschaft, Pflanzenschutz) gebündelt werden sollten, stand auf der Tagesordnung. Dies führte zu einer Übernahmewelle mit scharfen Einschnitten in das Firmenkonglomerat von Hoechst. Die Anteilseigner und Investoren spekulierten auf den Verkauf der Chemiesparten des Konzerns, um sich ganz auf das Pharmageschäft konzentrieren zu können. Diese Bündelung erfolgte Ende 1999 im Rahmen einer Fusion mit dem französischen Wettbewerber Rhône-Poulenc. Hoechst ging fortan im neu geschaffene Pharmakonzern Aventis auf.

Es war der damalige Vorstandsvorsitze Jürgen Dormann, der im Jahr 1999 auf der Hauptversammlung die Zerschlagung von Hoechst verteidigte und mit diesem Schritt den Interessen der Aktionäre entgegenkam. Das deutsche Industrieunternehmen verschwand von der Bildfläche. Es verwandelte sich in ein deutsch-französisches Gemeinschaftsunternehmen mit Sitz in Straßburg. Es folgten weitere Übernahmen bis aus Aventis schließlich der rein französische Weltkonzern Sanofi hervorging. Jürgen Dormann entsprach den Erwartungen auf den Finanzmärkten. Nachdem Aktionäre in den vorangehenden Jahren den niedrigen Aktienkurs kritisiert hatten, stellte Dormann im Rahmen einer Unternehmenskonferenz Ende 1996 klar:

„Above all and globally our main goal, our main comittment remains to further increase the value of the company. The total value of the company is the best measure of our achievement of all targets".[95]

Die Strategie der Umstrukturierung des alten Chemiekonzerns deckte sich mit den Zielen der neuen finanzorientierten Managementkonzepte, die von Professoren amerikanischer Business Schools entwickelt, später im kontinentaleuropäischen Raum aufgegriffen und Schritt für Schritt von Unternehmensberatern sowie Investoren in die Praxis übertragen wurden. Die Diversifikation von Geschäftsfeldern galt nun als veraltete Strategie. Stattdessen wurde die Konzentration auf das Kerngeschäft als Mittel zur Generierung von Wert propagiert. Seitdem sind vor allem Mischkonzerne beliebte Übernahmekandidaten. Es wird davon ausge-

[95] Zitiert nach Streeck, Höpner (2003: 178).

gangen, dass mit steigender Größe des Unternehmens die Gefahr der Quersubventionierung von unrentablen Unternehmensteilen durch rentable zunimmt. Der vorfindbare Börsenwert wird daher unterhalb der potentiellen Wertsumme der abgetrennten Unternehmensteile vermutet. Zusätzlich übt die Verkündung der Anlageentscheidung durch internationale Investmentfonds eine Signalwirkung auf andere Investoren aus. Während Übernahmekandidaten in der Regel steigende Aktienkurse erwarten lassen, kann die Bekanntgabe des Verkaufs ehemals erworbener Anteile den Absturz des Kurses provozieren. Dies macht eine Übernahme umso attraktiver. Auch Mannesmann erlebte im Zeitraum 1999/2000 die bis dahin spektakulärste Übernahmeschlacht der deutschen Wirtschaftsgeschichte. Der Konzern wurde für 190 Milliarden Euro vom britischen Mobilfunkunternehmen Vodafone übernommen. Danach erfolgten die Auflösung und der Verkauf der Röhrenproduktion an die Salzgitter AG. Vodafone wollte lediglich die Geschäftsbereiche Internet, Festnetz und Mobilfunk D2 einbinden. Die Eigentümer von Mannesmann waren zuletzt an der Abwehr der feindlichen Übernahme nicht mehr interessiert und öffneten damit weiter den Übernahmemarkt für internationale Großinvestoren in Deutschland.

In jüngster Zeit befindet sich die Chemiebranche im Prozess der Umhäutung. Die zehn größten Übernahmen und Fusionen in der Branche bewegen sich im Jahr 2017 in der Größenordnung von 182 Milliarden US-Dollar. Im Blickfeld ist unter anderem der attraktive Wachstumsmarkt der Agrochemie. Der Kauf des amerikanischen Saatgutherstellers Monsanto durch die Bayer AG zum Preis von 66 Milliarden Euro reiht sich ein in die Liste der bislang größten Übernahmen. Sieben bis acht Jahre nach der Finanzkrise befinden sich die Preise für Unternehmen auf einem hohen Niveau. Die Preisspanne bewegt sich zwischen dem dreizehn- bis einundzwanzigfachen des Jahresgewinns (vor Zinsen, Steuern und Abschreibungen). Der Kulturkampf unterschiedlicher Kapitalismus-Linien nimmt kein Ende und scheint sich in Deutschland sogar heiß zu laufen. Der Private-Equity-Investor Cevian ist im Bund mit dem berüchtigten Hedgefonds Elliot auf dem Weg, die Muster-Firma des Rheinischen Kapitalismus, den Thyssen-Krupp-Konzern, zu zerschlagen.[96] Die nach der Abspaltung des Stahlgeschäfts im Mischkonzern verbliebenen Geschäftsfelder sollen weiter zerlegt werden. Denn der operative Gewinn liegt bislang weit unterhalb der von den Fonds angestrebten Marge.

[96] Seitdem die Krupp-Stiftung als Anteilseigner die Sperrminorität von 25% verloren hat, haben die Fonds im Aufsichtsrat von Thyssen-Krupp an Einfluss gewonnen. Den Finanzinvestoren ist die Kooperation mit den Gewerkschaften ein Dorn im Auge.

Die Vorgänge auf dem internationalen Markt für Unternehmensübernahmen spiegeln den Bedeutungszuwachs neuer Investorentypen wider. Der strukturelle Anteil international agierender Investmentfonds verschiedenster Art hat in Deutschland in den neunziger Jahren stark zugenommen. Die Auseinandersetzungen um Hoechst sind auch Ausdruck der Tatsache, dass der Auslandsanteil am Grundkapital des Konzerns von 33 Prozent im Jahr 1982 auf 50 Prozent im Jahr 1996 gestiegen ist. In dem Jahr war der institutionelle Investor „The Capital Group" aus den USA bereits der drittgrößte Aktionär von Hoechst. Die Zerschlagung von Hoechst erschien offenbar als profitables Geschäftsziel für die Unternehmenseigner. Die wachsende Aktionärsorientierung hat sich vor diesem globalen Hintergrund auch in Deutschland verbreitet. Dies führte zur Umwälzung der Corporate-Governance-Struktur.[97] Von den Kreuz- und Querbeteiligungen der Finanzdienstleister, die Mitte der 1990er Jahre noch die deutsche Wirtschaftslandschaft bestimmt hatten, ist in den Folgejahren nicht mehr viel übrig geblieben. Vermittelt über den Kapitalmarkt geben nun die Investoren vor, wer die Kontrolle über die Unternehmensführung ausübt. Während vor fünfzehn bis zwanzig Jahren der Anteil deutscher Anleger an Dax-Konzernen noch zwei Drittel betrug, ist der Anteil auf weit unterhalb der fünfzig-Prozent Marke abgesunken. Bei sechzehn Dax-Unternehmen gab es bis vor wenigen Jahren noch einen deutschen Ankeraktionär, der jeweils einen wesentlichen Einfluss auf die Unternehmensführung ausüben konnte. Die meisten der verbliebenen deutschen Großaktionäre sind Familienmitglieder oder Unternehmensgründer. Diese Phase läuft offensichtlich aus. Mittlerweile befinden sich mehr als achtzig Prozent aller Dax-Unternehmen in Streubesitz. Relativ kleine Anteile unterhalb von zehn Prozent sind in der Lage, die Unternehmensgeschicke zu beeinflussen. Zudem wird das Geschäftsfeld der Private-Equity-Investoren in Deutschland von US-amerikanischen und britischen Gesellschaften dominiert. Aus einer Studie der Böckler-Stiftung geht hervor, dass 2014/15 das Transaktionsvolumen bei Unternehmensverkäufen zu 78 % in deren Hand lag.[98] Das

---

[97] Verwiesen wird in diesem Zusammenhang auf die Kapitalverflechtungen im Rahmen der „Deutschland AG" und die Kontrollmöglichkeit des Kapitalmarkts. Das deutsche Zweistufenmodell der Kontrolle (Aufsichtsrat und Vorstand) steht dem in den USA üblichen Einstufenmodell (Bord of Directors) gegenüber. Das Zweistufenmodell ist zusätzlich durch die Einbindung von Arbeitnehmern im Aufsichtsrat gemäß dem Mitbestimmungsgesetz gekennzeichnet. Die Mitbestimmung erscheint bei wachsender Kontrollausübung durch die Kapitalmärkte als gefährdet (Aglietta, Rebérioux 2005: 75ff.).

[98] Die Autoren der Studie heben allerdings für 2014/15 eine verminderte Expansion des Private Equity Geschäfts in Deutschland hervor (Scheuplein 2017: 78/79 und 89/90).

Wirtschaftsgefüge in Deutschland hat sich unter der Hand in die nach angelsächsischem Muster funktionierende „Corporate German Capital“ verwandelt. Der Staat als unscheinbares Rädchen im Getriebe der global Player, dieses Bild könnte zum Narrativ der grenzenlosen Reichtumsmehrung passen.

Es sind vor allem die in den letzten drei bis vier Jahrzehnten gewachsenen und global agierenden Investmentgesellschaften, die zu den Umwälzungen der Unternehmenslandschaft in Deutschland beigetragen haben. Insbesondere Investoren aus den USA, Großbritannien und Skandinavien haben sich in die Dax-Werte eingekauft. Der Dax 30 ist zu 63% in institutioneller Hand[97]. Institutionelle Investoren geben nun die Leitlinien der Unternehmensführung vor. Im Unterschied zur Vielzahl von Privatanlegern handelt es sich hierbei um professionelle Investoren, die Kapital im großen Stil sammeln und im Hinblick auf eine maximale oder vermeintlich sichere Rendite anlegen. Darunter befinden sich im wachsenden Maße Investmentgesellschaften, Private Equity Fonds, Hedgefonds, Staatsfonds, Kreditinstitute und Schattenbanken. Je mehr Kapital von institutionellen Anlegern gebündelt wird, desto mehr vernebelt sich die Beziehung zwischen den ursprünglichen Kapitalgebern und den Unternehmen. Es treten immer mehr Instanzen dazwischen, die an der Verwaltung des Kapitals mitverdienen und ihre jeweiligen Interessen einbringen. So wird zum Beispiel das Kapital vieler privater Anleger in einem Pensionsfonds gesammelt, der es einem großen Vermögensverwalter überlässt. Die vermögensverwaltende Gesellschaft agiert rechtlich wiederum selbst als Investmentfonds, der das Vermögen gemäß der Logik der Streuung von Risiken auf diverse andere Fonds verteilt. Fügt man dieser Kette die immer einflussreicheren Stimmrechtsverwalter (Proxy Advisors) hinzu, die im Auftrag der Fondsmanager Hauptversammlungen von Zielunternehmen analysieren[98] und Empfehlungen für die Stimmrechtsabgabe aussprechen, ergibt sich das Problem eines undurchdringlichen bürokratischen Finanzüberbaus, von dem es sich prächtig leben lässt.

Die vermögensverwaltenden Fondsgesellschaften steuern ein Vermögen von 77 Billionen Dollar. Der internationale Finanzstabilitätsrat geht davon aus, dass diesem Vermögen ein Anteil von 40% am gesamten Vermögen des globalen Finanzsystems entspricht. Vor dem Hintergrund dieses gigantischen Einflusses hat dieses Gremium in einem Anfang 2017

---

[97] Vgl. die Studie der Ipreo Ltd. zur Aktionärsstruktur im Dax (Ipreo 2014).

[98] Die Filterung relevanter Informationen für Investoren geschieht zum großen Teil mit Hilfe von Computerprogrammen.

veröffentlichten Bericht[99] Empfehlungen zur Reduzierung von Systemrisiken ausgesprochen. Unter den zwölf führenden Instituten befinden sich allein acht US-Fondsgesellschaften. In dieser Liste sind auch zwei deutsche Gesellschaften vertreten: die Allianz und die Deutsche Bank. Die größten Vermögensverwalter sind BlackRock. Vanguard, State Street und Fidelity. Allein BlackRock verwaltete Ende 2016 die Vermögensmasse von knapp fünf Billionen Dollar. Ein Jahr später weist die Firma bereits ein Vermögen von 6,29 Billionen Dollar aus.

„Auf 145 Billionen Dollar dürfte das weltweit von Asset-Managern verwaltete Vermögen in sieben Jahren gestiegen sein. Gegenüber 2016 entspräche das einem Wachstum um beinahe 100 Prozent.“ (Markus Hammer, Leiter Asset & Wealth Management bei PwC Deutschland, in: Das Investment 13.03.2018)

An dem Vermögensfonds, dessen Anteile selbst an der Börse gehandelt werden, ist unter anderem der Staatsfonds Norwegens, die Norges Bank Investment Management, mit einem Anteil von 5,7% beteiligt. BlackRock weist aus, dass Mittel in erster Linie in den USA angelegt werden. Danach folgen die Regionen Asien, Europa sowie Afrika. In Deutschland ist BlackRock der größte Aktionär, der sowohl als aktiver wie als passiver Investor agiert. Nahezu achtzig Prozent seiner Mittel werden allerdings passiv verwaltet. Dabei reduziert sich das kostspielige Fondsmanagement wesentlich, denn es wird nicht versucht, über beständige Umschichtungen des Vermögens den Markt zu schlagen. Bei der passiven Vermögensverwaltung stehen Indexfonds im Mittelpunkt. Sie spiegeln einfach den Index wider, nach dem sie benannt sind. Bei genauer Betrachtung erweisen sie sich nicht als völlig passiv. So macht BlackRock in eigener Werbung mit dem Hinweis auf sich aufmerksam, dass der Vermögensverwalter über den Weg der Interaktion mit dem jeweiligen Management Einfluss auf die Beteiligungsunternehmen im Portfolio ausübt.

Mit dem Wachstum der Finanzmärkte ändert sich die Funktionsweise des kapitalistischen Marktes. In jüngster Zeit ist die Rolle der Investmentfonds im Wettbewerbsprozess unter die Lupe genommen worden. Die Wirtschaftsforscher Axel Ockenfels und Martin Schmalz untersuchten unterschiedliche Branchen, an denen maßgeblich Fondsgesellschaften beteiligt waren. Die Studien haben dreierlei gezeigt:

- Erstens werden viele Unternehmen von großen Vermögensverwaltern dominiert. Fondsgesellschaften gehören heute zu den größten Eignern von Unternehmensanteilen. Vielfach agieren konkurrierende Vermö-

---

99 Der Finanzstabilitätsrat, dem Bankvertreter aus den G20-Ländern angehören, empfiehlt die Erschwernis von Ausstiegsmöglichkeiten aus dem Fonds im Fall von Marktrisiken und den Einsatz einheitlicher Risikomethoden (vgl. Financial Stability Board vom 12.01.2017).

gensverwalter im gleichen Unternehmen und loten ihre Interessen aus.

- Zweitens engagieren sich häufig dieselben Fondsgesellschaften in verschiedenen Unternehmen derselben Branche. Als Musterbeispiel lassen sich Apple und Microsoft aufführen. An beiden miteinander konkurrierenden Unternehmen sind sowohl BlackRock als auch Vanguard als größte Anteilseigner beteiligt.
- Drittens verlagert sich das Interesse der verschiedenen Fondsgesellschaften vom einzelnen Unternehmen auf die Summe der Unternehmen einer ganzen Branche. Nicht mehr die Maximierung des Werts des einzelnen Unternehmens im Vermögensbestand steht im Fokus, sondern die Wertsteigerung des gesamten Branchenportfolios. Dies schwächt den Wettbewerb.

Beispielhaft ist dieser Effekt bei Banken und Fluggesellschaften aufgezeigt worden. Obwohl die Marktkonzentration im Banksektor als gering eingeschätzt wurde, konnte ein hohes Niveau an Gebühren und geringen Zinsen immer dann nachgewiesen werden, wenn dieselben vermögensverwaltenden Gesellschaften an den Banken beteiligt waren. Ein ähnliches Ergebnis ergab sich im Verhältnis der drei amerikanischen Airlines American, Delta und Southwest. Sobald die Fluggesellschaften dieselben Fondsgesellschaften als Anteilseigner aufwiesen, verteuerten sich auf denselben Flugrouten die Tickets. Im Vergleich waren die Flugpreise von Airlines günstiger, an denen andere Fondsgesellschaften Anteile hielten. Dies nährt den alten bereits von Adam Smith ausgesprochenen Verdacht, wonach Investoren häufig geheime Absprachen mit dem Ziel der Durchsetzung von Preiserhöhungen suchen. Die Reduzierung des Wettbewerbs wird offenbar zum Ziel der neuen Großinvestoren. Dies erfordert das Halten einer größeren Zahl von Aktien und Stimmrechten. Je mehr die Fondsgesellschaften ihre Anteile in verschiedenen Unternehmen derselben Branche erhöhen, desto mehr tragen sie dazu bei, dass ehemals miteinander konkurrierende Unternehmen im Vermögensbestand ihre Strategie ändern. Insoweit sich die Wertsteigerung auf den Portfoliowert der Branchenunternehmen richtet, verlagern sich im Grunde die Aktionärsinteressen weg von den Unternehmen im verwalteten Vermögensbestand hin zu den Anteilseignern und Geldgebern der Fondsgesellschaften selbst. Dies ist ein weiteres Indiz für die Dominanz der Finanzmärkte gegenüber der Realwirtschaft. Die kapitalistisch verfasste Marktwirtschaft tendiert ersichtlich zur Konzentration von Marktmacht auf Seiten des Finanzkapitals.

Unternehmen der nicht-finanziellen Sektoren sind heute in vielfältiger Weise mit den Finanzmärkten verknüpft. Mit der fortschreitenden Digitalisierung der Wertschöpfungsketten, die gerne als Erschaffung der Industrie 4.0 tituliert wird, ergeben sich große technische und wirtschaftliche Herausforderungen. Der Kapitalbedarf ist gewaltig und übersteigt das Angebot an traditionellen Finanzierungen. Es sind nicht mehr nur die Banken, die als Finanzierungspartner bereitstehen. Über die Kreditvergabe hinaus werden Investitionen immer mehr über den Kapitalmarkt finanziert. Das unterstellt auf Seiten des Managements exzellente Kenntnisse des Kapitalmarkts. Darüber hinaus müssen die Akteure auf den Finanzmärkten und die Unternehmensmanager in den anderen Sektoren in der Lage sein, wechselseitig aufeinander zu reagieren. Ihre Konturen überlappen sich immer mehr. Während Hedgefonds Unternehmen direkt mit dem Ziel der Umgestaltung aufkaufen, treten auch die Unternehmen auf den Finanzmärkten als eigenständige Akteure auf. Übernahmen und Umstrukturierungen erfordern viel Know-how bei der Ermittlung angemessener Preise für Unternehmen, dem Tausch, der Neuemission oder dem Rückkauf von Aktien und dem Einsatz geeigneter Finanzierungsinstrumente. Auch Angriffe von Firmenjägern müssen bewältigt werden. Manager, die eine feindliche Übernahme verhindern wollen, bemühen sich, den Börsenkurs nach oben zu treiben. Denn eine hohe Bewertung des Unternehmens bietet einen wirksamen Schutz vor einer Übernahme und der anschließenden Zerschlagung in verschiedene Unternehmensteile. In diesem Sinne ist darauf hingewiesen worden, dass deutsche Unternehmen anfällig für feindliche Attacken seien, da ihr Wert gegenüber der ausländischen Konkurrenz häufig unterbewertet sei. Dies hat mit der in Deutschland geringen Bedeutung der Aktie als Anlageform zu tun. Die Kapitalmarktorientierung ist dort besonders ausgeprägt, wo Sektoren dem internationalen Produktwettbewerb ausgesetzt sind. Die Intensivierung des globalen Wettbewerbs seit den neunziger Jahren hat das Marktrisiko für deutsche Unternehmen erheblich vergrößert. Die Restbestände des Rheinischen Kapitalismus stehen auf der Kippe.

Corporate Governance und Grenzen der Wertbestimmung

Es lassen sich verschiedene Erklärungsfaktoren für das veränderte Rollenverständnis von Eigentümern und Managern aufzeigen. Dies Phänomen kann nicht auf einen einzelnen Erklärungsaspekt zurückgeführt werden. Vielmehr besteht ein Bündel unterschiedlicher Ursachen, von denen hier die wichtigsten hervorgehoben werden.

Der Blick ist vor allem auf die bereits erläuterte neue Eigentümerstuktur sowie auf die neuen Machtbeziehungen zwischen den verschiedenen Akteuren im Unternehmen selbst zu richten. Die Aktionärsorientierung ist besonders ausgeprägt in den USA und in Großbritannien. In den USA hat die Diskussion des Verhältnisses von Eigner bzw. Aktionär (Principal) und Agent (Manager) eine lange Tradition[100]. Dies hängt mit dem großen Einfluss des Kapitalmarkts auf die Unternehmenslenkung zusammen. Die Rolle des Aktionärs wird seit den 1920er Jahren immer wieder im Rahmen der Principal-Agent-Theory thematisiert. Die Debatte geht von der Trennung von Eigentum und Kontrolle aus und fragt nach den „agency costs“, die aus der Perspektive des Aktionärs mit der Trennung verbunden sind. Diese Kosten beziehen sich auf Überwachungskosten des Eigners (Principal) und auf Bindungskosten des Managers (Agent). Es wird angenommen, dass die Interessen der Aktionäre und Manager nicht gleichgerichtet sind. Während die Eigentümer vorrangig im Rahmen ihres Investitionshorizontes eine maximale Verzinsung ihres Kapitals anstreben, können Manager andere Ziele in den Vordergrund rücken. Interessendivergenzen bestehen in Kapitalgesellschaften aufgrund der Trennung von Eigentum und Kontrolle.

Zum einen beruht der Grundkonflikt auf der Informationsasymmetrie. Es wird davon ausgegangen, dass die geschäftsführenden Manager durch die Nähe zum operativen Geschäft über einen Informationsvorsprung gegenüber den Aktionären verfügen. Weitreichende Handlungsbefugnisse im Unternehmen lassen sich zu Gunsten des Managements ausnutzen. Das Interesse der Manager kann auf die Absicherung von Herrschaft und Prestige im Unternehmen gerichtet sein. Die Höhe der Managementvergütung oder die Frage der Ausschüttung von Gewinnen, die dem Unternehmen für Innovationen verloren gehen, sind daher heikle Themen. Sie lassen sich nur partiell dadurch reduzieren, dass ein Ordnungsrahmen zur effizienten Unternehmensführung (Corporate Governance) geschaffen wird.

Zum anderen wird das finanzielle Risiko auf unterschiedlichen Ebenen erfasst. Dies gilt insbesondere für die als Aktionäre auftretenden institutionellen Investoren im Verhältnis zur Geschäftsleitung eines Unternehmens. Der Finanzinvestor ist bestrebt, sein Risiko durch die Streuung von Anlagen im Rahmen seines Portfolios zu minimieren. Dies kann mit der Erwartung einer riskanten Unternehmensstrategie einhergehen. Die Risikovorsorge des Aktionärs orientiert hier nicht primär auf das Wachstum des einzelnen Unternehmens. Es kommt vielmehr auf die optimale Verteilung aller Risiken im Bestand verschiedener Anlagen an. Der Erhalt des einzelnen Unternehmens wird dann weniger wichtig als der Verkauf und die laufende Umschichtung der Anlagen mit der Absicht der Wertmaximierung des ganzen Portfolios. Demgegenüber hat der Vorstand eines Unternehmens eher die Perspektive, mittels kontinuierlicher Innovationen und Produkterneuerungen das Wachstum zu stabilisieren

[100] Zur Principal-Agent-Theory vgl. das Buch von Michael C. Jensen „A Theory of the Firm“, London 2000.

oder gar auszuweiten. Dies ist für ihn der beste Weg zur Steigerung seiner Vergütung und zur Ausweitung seines Einflussbereiches. Es ist im Einzelfall nicht auszuschließen, dass sich der Fortbestand des Unternehmens dann durch Entscheidungen erreichen lässt, die den kurzfristigen finanziellen Erwartungen der Aktionäre widersprechen.

Auch die Vertreter der Efficient-Market-These haben die Ansprüche des Aktionärs gegenüber dem Manager zu begründen versucht. Ihrer Auffassung nach ist das Unternehmen als ein Bündel an Verträgen zu interpretieren, das alle am Erfolg beteiligten Personenkategorien rechtlich zusammenbindet. Im Zentrum des Vertragsansatzes[101] des Unternehmens steht der Gedanke, dass nur die Aktionäre unvollständige Verträge besitzen. Die Unvollständigkeit wird daran festgemacht, dass sich ihr Einkommen lediglich als Restgröße (residual claim) bestimme. Ihr Gewinnanteil sei unsicher und unbestimmt. Denn die Höhe des Einkommens der Aktionäre sei vertraglich nicht wie bei den Beschäftigten und Gläubigern ex ante als Lohn und Zins fixiert. Aus diesem Umstand leite sich der Kontrollanspruch und die dominante Stellung des Aktionärs im Unternehmen ab. Dieser Ansatz ist von Aglietta und Rebérioux (2005: 32 ff.) hinterfragt worden[102]. Die Autoren stellen heraus, dass das Unternehmerrisiko heute nicht von den Aktionären sondern von den anderen Stakeholdern getragen werde. Die Position des Aktionärs entspreche eher der eines gesicherten Kapitalgebers.

In einer Welt, in der sich die wirtschaftliche Macht hin zu den Anteilseignern und großen Investmentfonds verschoben hat, dreht sich alles um den Wert des Vermögens. In der bereits erläuterten Logik des Ertragswerts wird der Wert als diskontierte Summe der künftigen Überschüsse definiert, die aus dem Vermögensbesitz sprudeln werden. Das Konzept hat zwei zentrale Merkmale, die an dieser Stelle nur kurz erwähnt werden. Zur detaillierten Darstellung der Wertermittlung vergleiche die Ausführungen im Anhang.

Erstens werden die als Schätzwerte ermittelten Überschüsse der Zukunft in einen Gegenwartswert transformiert, der die Differenz der Zeitebenen

---

[101] „... voting rights are universally held by shareholders, to the exclusion of creditors, managers and other employees ... The reason is that shareholders are the residual claimants to the firm`s income ... As the residual claimants, shareholders have the appropriate incentives ... to make discretionary decisions." (Easterbrook, Fischel 1993: 67ff., zitiert nach Aglietta und Rebérioux (2005: 34).

[102] Die Autoren plädieren für ein partnerschaftliches Unternehmensmodell, indem die verschiedenen Stakeholdergruppen miteinander zum gemeinsamen Vorteil kooperieren (2005: 42). Dafür eigne sich ein übergeordnetes Board of Directors.

aufhebt. Was künftig als Vermögenswert erwartet wird, wird jetzt bereits als zählbarer Zufluss wahrgenommen. Problematisch ist hierbei insbesondere die Annahme eines konstanten Wachstums im Rahmen eines unendlichen Planungshorizonts.

So widerspricht es jeglicher Erfahrung, wenn in die Wertermittlung ein wachsender Fortführungswert einbezogen wird, der nach der Formel der ewigen Rente berechnet wird. Sie wird kombiniert mit dem Einbau einer ewigen Wachstumsrate, mit der sich Werte in einfacher Weise in der Verhandlungspraxis manipulieren lassen.[103]

Zweitens wird der Wert wesentlich beeinflusst durch die Höhe des Zinssatzes. Über die Diskontierung der künftigen Überschüsse steht der Wert in direkter Abhängigkeit vom Abzinsungsfaktor. Sinkt der Zinssatz, steigt der Wert und im umgekehrten Fall sinkt er. In Zeiten steigender Zinsen kann dies zum Abschmelzen finanzieller Werte führen. Der Ermittlung des Abzinsungsfaktors ist in den Wirtschaftswissenschaften viel Aufmerksamkeit geschenkt worden. Dies tritt in der von den Finanzmärkten bevorzugten Variante des Ertragswerts deutlich hervor. Das international anerkannte Verfahren ist seit den 1980er Jahren die "Discounted-Cash-flow-Methode". Sie orientiert sich an den gewichteten Kapitalkosten des Unternehmens. Neben den Fremdkapitalkosten bestimmen vor allem die Eigenkapitalkosten der Kapitalgeber die Höhe der Kapitalkosten. Die Überlassung von Eigenkapital ist mit klaren Renditeerwartungen verknüpft.[104]

Nahezu alle kapitalmarktabhängigen Unternehmen in Deutschland haben wertorientierte Steuerungssysteme im Interesse der Aktionäre eingeführt. Das geht aus den Geschäftsberichten der Dax-Unternehmen hervor. Der Siegeszug dieses Konzepts lebt auch nach der letzten großen Wirtschaftskrise, die gerade einmal zehn Jahre her ist, ungebrochen fort. McKinsey-Berater gingen noch Anfang der Jahrtausendwende davon aus, dass die USA und Großbritannien die entschiedensten Vertreter der neuen Managementlehre seien. Auf dem europäischen Kontinent fanden sie, insbesondere in Gestalt des deutschen Mitbestimmungsgesetzes, einen umfassenderen Ansatz der Unternehmensführung vor, der nicht kapitalgerecht erschien.[105] Sie gingen damals von der Erwartung aus,

---

[103] Auch in Lehrbüchern zur Finanzierung wird kritisch angemerkt, dass „die Hebelwirkung auf den Residualwert so stark (ist), dass sich mit überhöhten ewigen Wachstumsannahmen sozusagen jeder Unternehmenswert zahlenmäßig berechnen lässt ..." (Volkart 2008: 319).

[104] In den letzten Jahren liegen die Kosten des Eigenkapitals nach Angaben der EZB bei fast 8%.

[105] So sei der Vorstand in einigen europäischen Ländern verpflichtet, „die Kontinuität des Unternehmens sicherzustellen und nicht etwa die Aktionäre mit

dass die Belebung des Marktes für Fusionen und Übernahmen in Europa die Denkweise verändern und den „Vormarsch des Shareholder Value" ermöglichen würde.

Noch müssen die Prediger des Shareholder Value auf dem Kontinent mit Gegenwind rechnen. Insbesondere seit der letzten Wirtschaftskrise sind kritische Einwände von Seiten der Wissenschaft und Zivilgesellschaft vorgebracht worden. Die einseitige Bevorzugung der Aktionärsinteressen erscheint als viel zu enges Führungskonzept, das die Krise mitverursacht hat. Dies machen die Vertreter des Stakeholder-Ansatzes geltend. Nach diesem Denkansatz sind auch die Interessen anderer Einflussgruppen bzw. der Stakeholder eines Unternehmens oder eines Wirtschaftsstandortes zu berücksichtigen, wenn das Wirtschaftswachstum nachhaltig gesichert werden soll. Für jedes Unternehmen sei es elementar, die Bedeutung der verschiedenen Interessensgruppen für den Fortbestand des Unternehmens zu klären. Nicht nur gegenüber den Beschäftigten und den Kunden, sondern auch gegenüber Partnerunternehmen in der Wertschöpfungskette seien besondere Strategien zur Einbindung in ein gemeinsames Erfolgskonzept zu entwickeln. In betriebswirtschaftlichen Lehrbüchern wird im Anschluss an die Wirtschaftskrise 2007/2008 häufig die ganzheitliche Sicht der strategischen Führung nahegelegt. Es gelte die Erwartungen aller strategischen Stakeholder, so auch die der Gesellschaft ausgewogen zu berücksichtigen (Hinterhuber 2015). Doch ändert sich die Zielhierarchie damit keineswegs. Gerade in Beiträgen zur Finanzierung und Investition im Unternehmen werden die Dinge zurechtgerückt. So auch von Rudolf Volkart, Verfasser des Lehrbuchs „Corporate Finance", ehemals Ordinarius für Betriebswirtschaftslehre an der Universität Zürich:

Oberstes finanzwirtschaftliches Ziel ist die finanzielle Wertgenerierung. In der Praxis werden oft mehrere nachgelagerte Zielkriterien verwendet, was zur Berücksichtigung eines ganzen Zielkatalogs führt ... Ausgangspunkt ist ... das klassische Zieldreieck ... Rentabilität, Liquidität und Sicherheit ... Dazu kommen weitere Zielkriterien wie Unabhängigkeit, Anpassungsfähigkeit, soziale Ziele und Umweltanliegen, Image und Prestige ..." (Rudolf Volkart, Corporate Finance, 2008, S. 140).

Für neoklassisch geschulte Denker ist diese Sicht selbstverständlich. Das Unternehmen ist nichts weiter als ein organisatorischer Zweckverband von Individuen, die über Vertragsbeziehungen miteinander kooperieren. Das Getriebe im Unternehmen funktioniert wie ein Markt, auf dem die verschiedenen Interessen in rationaler Weise zum Ausgleich gebracht

---

ihrem Anspruch auf Wertmaximierung zu vertreten". Vgl. die McKinsey-Berater Copeland, Koller und Murrin (2002: 27).

werden. Michael Jensen, ein Vertreter dieses Denkansatzes, hebt in seinem Standardwerk „A Theory of the Firm“ hervor, dass das Unternehmen nicht als Individuum anzusehen sei. Auf dieser Ebene spielten persönliche Motivationen und Intentionen keine Rolle. Dies ist bereits von Milton Friedman unterstrichen worden. Fragen nach der Funktion oder Verantwortung des Unternehmens werden in dieser Sicht als überflüssig angesehen.

„ ... questions such as ´What should be the objective function of the firm?` or ´Does the firm have a social responsibility?´ is simply misleading“ (Michael C. Jensen, A Theory of the Firm, London 2000, S. 89).

Es erscheint zweifelhaft, ob sich der Stakeholder-Ansatz gegenüber der wachsenden Macht der internationalen Aktionäre und Investmentfonds behaupten kann. Spuren dieses Denkens lassen sich noch in der Gesetzgebung zur Mitbestimmung[106] und in der Ausgestaltung der institutionellen Führungsstrukturen in Deutschland (Corporate Governance) nachweisen. In den Geschäftsberichten der Dax-Unternehmen dient der Hinweis auf die Bedeutung aller Stakeholder-Gruppen eher der Verschleierung harter Kerninteressen. Das Credo ist die Wertsteigerung. Unter dem Aspekt der weltweiten Mobilität und Konkurrenz des Kapitals gerät der Stakeholder-Ansatz in die Defensive. Die Sicht der McKinsey-Berater scheint sich zu bewahrheiten, wonach sich die Orientierung auf die Aktionärsinteressen global durchsetzt.

Die dominante Stellung der Finanzmärkte hat auch Auswirkungen auf den Zeithorizont der Unternehmensplanung, soweit sie den Shareholder Value als Leitziel im Auge hat. Es ist ein Problem, dass sich die Anlageentscheidungen primär aus den kurzfristig orientierten Handlungsmustern der globalen Finanzmärkte ergeben. Die digitale Verarbeitung von Informationen und Marktreaktionen im technischen Umfeld von Big Data verkürzt den Planungshorizont im Eiltempo. Die Haltedauer von Aktien verkürzt sich immer mehr. Der Erwartungsdruck des Marktes hinsichtlich der Mitteilung der Kurzfrist-Performance hat die Rolle der Quartalsberichte enorm aufgewertet. Obwohl die Europäische Union dies nicht mehr zur Pflicht macht, hat dies nicht zur Reduzierung der Häufigkeit der Berichterstattung geführt. Die Anreizstrukturen aktiver Investorengruppen und des Hochfrequenzhandels verengen offenbar den Spielraum für eine alternative Ausgestaltung der Unternehmensplanung.

---

[106] Aus neoklassischer Sicht können im Unternehmen nicht gleichzeitig die Interessen der Shareholder und Beschäftigten bedient werden. „It is difficult to be on both sides of that fence simultaneously. If codetermination is beneficial to both stockholders and labor, why do we need laws to force firms to engage in it? (Jensen 2000: 173).

Das wertorientierte Steuerungsinstrument verstärkt die Gefahr für wirtschaftliche Fehlanreize, insoweit es sich an den zufälligen Kursschwankenden orientiert. Das gilt auch für die Regelungen zu Bonuszahlungen an Manager. Demgegenüber ist zu betonen, dass das Wertpotential eines Unternehmens nur auf der Grundlage einer langfristigen Handlungsperspektive erfasst werden kann. Im Grunde kann nur ein nachhaltiges Wachstum Wert generieren. Der schnelle finanzielle Erfolg ist gesamtwirtschaftlich kein geeignetes Kriterium. Die Wertentwicklung ist Ergebnis mannigfaltiger Entscheidungen im und außerhalb des Unternehmens sowie auf individueller und gesellschaftlicher Ebene. Ein nachhaltiges Wachstum muss die wirtschaftliche Bedarfsdeckung mit der gerechten Ressourcenverteilung und der Dekarbonisierung der Weltwirtschaft in Einklang bringen. Diese Ziele gehen weit über die finanziellen Sonderinteressen der Aktionäre hinaus. Die lebensdienliche „Transformation zur Nachhaltigkeit" erfordert die Anpassung der Wohlstandsentwicklung an die natürlichen „Leitplanken des Erdsystems"[107]. Doch welche institutionellen Vorgaben sind hierfür erforderlich? Und welcher quantitative Maßstab ist für die Ermittlung des Wertzuwachses zugrunde zu legen? Der im „Capital Asset Pricing Model (CAPM)" festgelegte Maßstab muss kritisiert werden. Dies gilt insbesondere für die Zugrundelegung der erwarteten Rendite der Eigenkapitalgeber. Das ist ein viel zu einseitiges Maß für die Bewertung des gesamtwirtschaftlichen Nutzens von Investitionen.

Das Nachdenken über Alternativen ist vor dem Hintergrund der zurzeit vorherrschenden Entwicklungsrichtung des finanzdominierten Marktes dringend geboten. Abgesehen von den großen ideologischen Schlachten während der Phase der Systemkonkurrenz, sind konkrete emanzipatorische Ansätze der Umsteuerung auf Unternehmensebene aber rar gesät. Bedenkenswert sind die von Peter Ulrich vorgetragenen Gedanken zum öffentlichen Charakter privater Konzerne und zur Hinterfragung ihrer Privatautonomie. Es geht ihm um die ethisch begründbare Legitimität von Ansprüchen der Unternehmung in einer Gesellschaft der Wirtschaftsbürger (Civil Society) und um die Frage, wie künftige Interessenkonflikte hinsichtlich der Verteilung des Reichtums und der sozialen sowie ökologischen Kosten des Wachstums gelöst werden.

„Unter diesen Umständen erweist sich die gesellschaftsrechtliche Privatautonomie privatwirtschaftlich verfasster Unternehmen als juristische Fiktion; faktisch sind vor allem größere Unternehmen längst zu quasi-

---

[107] Der „Wissenschaftliche Beirat der Bundesregierung Globale Umweltveränderungen" hat 2016 in einem Sondergutachten die Notwendigkeit der „Transformation zur Nachhaltigkeit" herausgestellt. Im 5. Kapitel wird darauf näher eingegangen.

öffentlichen Institutionen geworden: Ihre Eigentumsbasis ist zwar privat, aber ihre Wirkungszusammenhänge sind weitestgehend öffentlich relevant“ (Ulrich 2001: 438).

Ähnlich argumentieren auch die Vertreter des als „Public Value“ bezeichneten Ansatzes aus dem Umfeld der Universität St. Gallen (Gomez, Meynhardt 2014). Die Ausrichtung der unternehmerischen Tätigkeit auf gesellschaftliche Bedürfnisse und Erwartungen erfordere ein erweitertes, integratives Verständnis von Werterzeugung, das über den Shareholder Value hinausweise. Insofern seien auch öffentliche Ansprüche zu berücksichtigen. Was allerdings unter gesellschaftlicher Wertschöpfung im Detail zu verstehen ist, bleibt in diesem Konzept vage.

Detaillierter ausgearbeitet ist bislang der „Sustainable-Value“-Ansatz (Figge, Barkemeyer, Hahn, Liesen 2007). Hier wird die Werterzeugung von der Erfüllung von Standards der Ressourcenökonomie (Materialverbrauch, CO_2-Austoß) abhängig gemacht. Nur insoweit der Wertbeitrag mit der Verbesserung ökonomischer, ökologischer und sozialer Ressourcen einhergehe, werde eine nachhaltige Wirkung für alle Stakeholdergruppen erzeugt. Die Studie konzentriert sich auf ökologische Ziele. Als Vergleichsmaßstab des Unternehmenserfolgs dient der entgangene Ertrag eines alternativen Ressourceneinsatzes (Opportunitätskosten). Nur insoweit die Rückflüsse im Unternehmen dieses Maß überschreiten, wird in diesem Ansatz Wert generiert. Das Konzept ist relevant bezogen auf die Verwirklichung von Umwelt- und Nachhaltigkeitsstandards in der Wirtschaft.

3. Kapitel: Wettbewerb der Wirtschaftsstandorte und Ohnmacht der Steuerpolitik

Transnationale Konzerne auf dem Vormarsch

Die Entwicklung transnationaler Unternehmensgruppen hat die Herausbildung globaler Finanzmärkte begleitet. Einen wesentlichen Einfluss auf diese Prozesse haben gesetzliche Maßnahmen zur Deregulierung und Liberalisierung der Finanzmärkte sowie die Ausbreitung der Informationstechnologie und des Internets ausgeübt. Die Ausschöpfung des gewachsenen finanziellen Freiraums mit Hilfe leistungsstarker Rechner und interaktiver Informationssysteme ermöglicht die Mobilisierung und Investition von Kapital an beliebigen Orten. Die wirtschaftlichen Aktivitäten erweisen sich in diesem Geflecht als global, indem sie sich nahezu ohne Zeitwiderstand auf dem Globus entfalten können. Dies ist der ideale Nährboden für die Reproduktion des Kapitals. Es verwundert daher nicht, dass Konzerne ihre Arme weltweit ausgestreckt haben, um Kostenunterschiede zu nutzen, Währungsschwankungen auszugleichen und in regionaler Nähe zu Kunden tätig zu sein. So haben viele Multis nach der Öffnung der Märkte Ende der 1980er Jahre ihre Produktion nach Osteuropa und Südost-Asien verlagert. Auch wissens- und forschungsintensive Arbeitsplätze wurden von diesem Trend erfasst, da insbesondere in den ehemaligen sozialistischen Ländern Osteuropas kein Mangel an qualifizierten Fachkräften bestand.

Und je mehr steuerliche Überlegungen im Kostenkalkül aufgewertet wurden, desto interessanter wurden auch westeuropäische Standorte wie Irland, Großbritannien, Holland, Luxemburg und die Schweiz. Für die Multis war die Ausdehnung des Terrains ein Segen. Die Kostenvorteile wurden von ihnen genutzt, um die Produktion auszubauen und Marktanteile auf den Weltmärkten zu steigern. Die grenzüberschreitende Verzweigung kommt dem Ziel der Maximierung der Unternehmenswerte voll entgegen. Insoweit spricht Einiges für die im ersten Kapitel aufgegriffene These von Streeck, wonach sich auf dem Weg der wachsenden wirtschaftlichen Verflechtung der Staaten die Kapitalismus-Modelle immer mehr annähern. Allerdings sind die wirtschaftlichen, rechtlichen und kulturellen Rahmenbedingungen im Ländervergleich weiterhin höchst divergent. Die Schwierigkeiten der europäischen Einigung sind Ausdruck dieser Divergenz. Dies spricht für den großen Stellenwert und die Zähigkeit des kulturellen Faktors im Wirtschaftsleben.

Die Erschließung von Vorteilen innerhalb eines Netzwerks kooperierender oder rechtlich miteinander verbundener Unternehmen ist seit einigen

Jahren ein Top-Thema der Unternehmensberatung. Die Einführung des „Supply Chain Managements“ soll dazu beitragen, die verschiedenen Wertschöpfungsphasen eines Produkts über mehrere Unternehmen hinweg miteinander zu verknüpfen, so dass im Endeffekt der Fluss an Material, Information und Geld optimiert wird. Die Wertschöpfungskette bezieht den Einkauf, das Zuliefersystem, die Organisation von Forschung und Entwicklung, die Anwendung neuer Technologien sowie die gesamten Abläufe der Produktion und des Vertriebs ein. Hierbei kommt der Planung, Steuerung und Kontrolle der Produktionsabläufe ein großer Stellenwert zu. Die Steuerung erfolgt über digitale Kommunikationssysteme und Datennetze. Der Materialfluss und die Lieferkette müssen so organisiert werden, dass flexibel und kostensparend auf die Bedürfnisse der Konsumenten reagiert werden kann, wobei Qualitätsstandards einzuhalten sind. Im Ergebnis werden Rohstoffe, Halbfabrikate, Arbeitskräfte und Know-how dort genutzt, wo regionale Wettbewerbsvorteile am besten ausgeschöpft werden können. Dies begünstigt die funktionale Spezialisierung und die Entstehung von Clustern an speziellen Standorten.

Innerhalb der Supply Chain können die beteiligten Unternehmen als voneinander unabhängige Rechtspersonen temporär miteinander kooperieren. In solch einem Projekt auf Zeit stehen sie als Verbund mit anderen Lieferketten im Wettbewerb. Die Aufteilung des Gesamterfolgs und der Investitionsrisiken auf die einzelnen Verbundunternehmen kann dabei heikel sein. Dies zeigt sich beispielsweise im Machtgefüge großer Automobilfirmen, die in der Nähe ihrer jeweiligen Standorte im In- und Ausland eine Vielzahl von Zulieferern um sich geschart haben. Nach Aussage des Hauptgeschäftsführers des Bundesverbands für Materialwirtschaft, Einkauf und Logistik steht allein das Volkswagenmodell Golf mit 500 Lieferanten in Verbindung[108]. In einer Lieferkette kommt es für die großen Firmen darauf an, zwei zentrale Logistikprinzipien kostensparend umzusetzen. Der Zulieferer muss die benötigten Teile rechtzeitig anliefern (Just in time). Und die Teile müssen bereits im Lastwagen in der benötigten Reihenfolge sortiert sein (Just in sequence). Die Lagerhaltung ist seit langem komplett auf die Straße verlegt worden.

Um den Handel und die globalen Wertschöpfungsketten nicht durch Zölle zu behindern, drängen insbesondere die transnational vernetzten Konzerne auf den Freihandel zwischen den Staaten. Bereits der britische

---

[108] Viel Staub haben die Auseinandersetzungen zwischen Volkswagen und der bosnischen Zuliefererfirma „Prevent BH“ aufgewirbelt, die zu 42% am VW-Werk in Sarajewo beteiligt ist. Der Streit soll mit dem Umstand im Zusammenhang stehen, dass VW den Import und das Händlernetz im Westbalkan in eigener Regie betreiben will.

Ökonom David Ricardo war vor über zweihundert Jahren mit seiner Theorie des „komparativen Kostenvorteils" als Vordenker des freien, ungehinderten Handels zwischen den Staaten hervorgetreten. Sein Blick richtete sich gegen die damals in Frankreich vorherrschende merkantilistische Politik des Protektionismus und der Exportförderung. Er ging davon aus, dass alle Länder Vorteile ziehen können, wenn sie sich in der Produktion jeweils auf die Güter mit den geringeren Arbeitskosten konzentrieren und die anderen Güter importieren. Er drängte auf die Abschaffung der Zölle. Dies ist bis jetzt ein strittiges Thema geblieben. Dass der Freihandel den Wohlstand erhöht, aber zwischen und in den Ländern Gewinner und Verlierer der Wirtschaftsentwicklung erzeugt, ist keine neue Erkenntnis mehr. Der schwedische Ökonom und Nobelpreisträger Bertil Ohlin[109] hat diesen Zusammenhang vor fast 90 Jahren aufgezeigt. Da reiche Länder über Hochtechnologie und qualifizierte Arbeitskräfte verfügen, weisen sie Vorteile gegenüber Ländern auf, die vor allem einfach qualifizierte und billige Arbeit anbieten. Dadurch geraten die schlecht ausgebildeten oder nicht mehr benötigten Arbeitskräfte in den reichen Ländern unter Druck. In den ärmeren Ländern bildet sich mit der Liberalisierung des Handels hingegen eine neue Schicht an Profiteuren. Diese Verschiebung der Arbeitsteilung lässt sich zum Beispiel im Verhältnis zwischen China und den USA beobachten. Trotz der Bemühung den Anteil von Gütern der Hochtechnologie am Export Chinas kontinuierlich auszuweiten, ist China weiterhin vor allem die „Werkbank der Welt".

Nach dem zweiten Weltkrieg haben das 1948 eingeführte Allgemeine Zoll- und Handelsabkommen GATT und seit 1995 die nachfolgende Welthandelsorganisation WTO dafür gesorgt, dass Handelsbeschränkungen abgebaut und Zolltarife von ehemals durchschnittlich fünfzig Prozent auf rund 4% gesenkt wurden. Ergänzend wurden Exportsubventionen, national einseitige Anti-Dumping-Regelungen sowie andere, den Wirtschaftsaustausch diskriminierende Gesetze zurückgedrängt. Ein wichtiger Schritt mit weitreichenden Folgen war auch die Einbeziehung von Dienstleistungen und die Betonung des Schutzes geistigen Eigentums in das WTO-Abkommen. Diese Regelungen repräsentieren im starken Maße die Wirtschaftsinteressen der entwickelten Industriestaaten. Denn mit dem Absinken industrieller Arbeitsplätze und der Ausbreitung der Dienstleistungsgesellschaft ist dort auch die Spitzenforschung kon-

109 Bertil Ohlin hat sich 1933 in seiner Dissertation mit dem Titel „Interregional and International Trade" mit den Wirkungen des Freihandels befasst. Im Jahr 1977 erhielt er dafür den Nobelpreis. Ohlin arbeitete eng mit seinem Lehrer, Eli Heckscher, zusammen. Insofern wird verschiedentlich vom Heckscher-Ohlin-Modell gesprochen.

zentriert. Die Divergenz der Interessen ist von den armen Ländern des globalen Südens und von den Schwellenländern kritisch angemerkt worden. Die WTO-Regeln bringen insbesondere hinsichtlich des Schutzes von Patenten, Lizenzen und anderer Rechte die Bedürfnisse der USA und der Europäischen Union zum Ausdruck. Weitere Verhandlungen zwischen den Entwicklungs-, Schwellen- und Industrieländern stecken seitdem in der Sackgasse. Auch der Träger des Alfred-Nobel-Gedächtnispreises für Wirtschaftswissenschaften, Joseph Stiglitz, hebt hervor, dass bislang kein fairer Mechanismus zum Ausgleich von Interessen gefunden worden ist. Er setzt sich für den erweiterten Marktzugang für arme Länder ein.

„Die Wohlstandsländer sollten schlicht und einfach den ärmeren Ländern ihre Märkte öffnen, ohne von diesen im Gegenzug das Gleiche zu verlangen ... Diese Reform ersetzt das Prinzip der Reziprozität für und zwischen allen Ländern ... durch das Prinzip der Reziprozität unter Gleichen, aber differenziert zwischen denjenigen, die sich in ganz unterschiedlichen Ausgangssituationen befinden“ (Stiglitz 2006: 114 f.).

Er verweist auf das jetzt bestehende Ungleichgewicht bei landwirtschaftlichen Erzeugnissen und Dienstleistungen. So erheben die Industrieländer Zölle gegen die Entwicklungsländer, bei gleichzeitiger Subventionierung der eigenen hochentwickelten Landwirtschaft, darin eingeschlossen die Baumwollförderung. Und bei den hochqualifizierten Dienstleistungen verlangen die USA und die EU Zollsenkungen und freien Marktzugang, obwohl Entwicklungsländer gerade in diesen Bereichen Wettbewerbsnachteile aufweisen. Die WTO-Konferenzen haben bislang zu keinem fairen Ausgleich der Interessen geführt.

„Die Ära der multilateralen Handelsliberalisierung scheint sich ihrem Ende zuzuneigen ..., da sich die begründete Enttäuschung in den Entwicklungsländern mit zunehmend protektionistischen Strömungen in den Industrieländern verbindet (Stiglitz 2006: 112).

Welche Bewegungen des Kapitals lassen sich im globalen Maßstab erkennen? Es sieht so aus, dass sich das traditionelle Muster der Kapitalverteilung Schritt für Schritt reproduziert. Nachdem die weltweiten Direktinvestitionen im Jahr 2007 ihren Höhepunkt erreicht hatten, ergaben sich im Gefolge der anschließenden großen Krise starke Schwankungen. Seit dem letzten Rückgang der ausländischen Direktinvestitionen im Zeitraum 2011/2012 deutet sich ein erneuter Anstieg an, der die Bedeutung der entwickelten Volkswirtschaften gegenüber dem Rest der Welt wieder hervortreten lässt. Während der Anteil der in die Schwellen- und Entwicklungsländer fliessenden Direktinvestitionen zwischenzeitlich bei über der Hälfte der globalen Zuflüsse lag, wird erwartet, dass die reichen Industrieländer das Geschehen bald wieder dominieren werden. Nach den Daten der UNCTAD lassen sich die globalen Kapitalzuflüsse hauptsächlich dem Raum der entwickelten Volkswirtschaften zuordnen. Dies entspricht auch dem Top-20-Ranking der favorisierten Investitionsgebiete, das den Industrie- und Schwellenländern[110] sowohl bei den Abflüssen und Zuflüssen an Kapital die primäre Rolle zuweist. Investoren aus den G20-Staaten beherrschen das Feld mit einem Anteil aller Kapitalzuflüsse von 52% im Jahr 2014[111], wobei der Anteil der APEC-Staaten (Asia-Pacific Economic Cooperation) stark angestiegen und mittlerweile das Niveau der G20-Staaten erlangt hat. Der Zufluss nach Ost-Asien und Süd-Ost-Asien ist nach wie vor exorbitant hoch. Diese Region führt das Feld der Investitionszentren weit vor den etwa gleich starken Regionen Nord-Amerika und Europa (Europäische Union und Schweiz) an. In der Länderperspektive konzentrieren sich die Kapitalzuflüsse und -abflüsse auf Nordamerika, China, Japan und auf die Länder der Europäischen Union. Die Abhängigkeiten zwischen den USA und der EU sind gewaltig. Fast zwei Drittel des in den USA vorhandenen Bestands an zugeflossenen Direktinvestitionen stammen aus den Ländern der EU und umgekehrt befindet sich die Hälfte des US-Bestands an Auslandsinvestitionen wiederum in der EU.

Der Großteil der ausländischen Direktinvestitionen spielt sich also innerhalb des Blocks der entwickelten Industriestaaten ab. Dies lässt sich nicht mit dem Handelsmodell von Bertil Ohlin erklären, wonach die ungleiche Verfügung der reichen und armen Länder über Hochtechnologie und qualifizierte Arbeit zur Auslagerung einfacher Tätigkeiten in die wirtschaftlich weniger entwickelten Staaten führt. Der Handel zwischen den entwickelten Industriestaaten, die über ähnliche Ressourcen verfügen, muss in anderer Weise begründet werden. Darauf hat Paul Krugman im Rahmen seiner New Trade Theory hingewiesen. Dies ist am Beispiel der Autoproduktion verdeutlicht worden. Die großen Autohersteller in Deutschland, Japan, Frankreich, USA und Großbritannien beliefern nicht nur ihre Heimatmärkte, sondern wechselseitig auch die ausländischen Kernmärkte ihrer Konkurrenten. Krugman hat dafür eine einfache Erklärung. Auf der einen Seite benötigen die großen Industrieunternehmen

---

110 Eine exakte Definition des Begriffs Schwellenland existiert nicht. Während die Weltbank 55 Länder dazu zählt, bezieht der IWF 150 Länder in die Liste der Schwellenländer ein. Oft werden unter diesem Begriff die BRICS-Staaten subsumiert (Brasilien, Russland, Indien, China, Südkorea). Diese Länder, die häufig noch als Entwicklungsländer kategorisiert werden, befinden sich mitten im Übergang von Agrar- zu Industrie- und Dienstleistungsgesellschaften.

111 Im Jahr 2013 lag der Anteil der G20-Staaten bei 61%. Ungefähr achtzig Prozent des gesamten Welthandels spielen sich in diesem Länderblock ab. Zwei Drittel der Menschheit erwirtschaften hier etwa neunzig Prozent des gesamten Bruttoinlandsprodukts.

wachsende Märkte, um Skalenerträge erzielen zu können. Die Verteilung ihrer wachsenden Fixkosten erzeugt einen Sog zur Massenproduktion und zum Massenabsatz, der die Größenordnung der heimischen Märkte bei weitem überschreitet. Auf der anderen Seite differenziert sich das Marktangebot für die gut situierten Kunden, die nun zwischen verschiedenen Fahrzeugtypen, technischen Ausstattungen und Preisklassen auswählen können.

In der Realität werden beide Modelle des Handels bestätigt. Es existieren offensichtlich verschiedene Formen des Welthandels nebeneinander. Während der Handel zwischen den Industriestaaten (Krugman-Handel) die Märkte vervielfältigt ohne Verteilungsfragen aufzuwerfen, wird der Handel zwischen Ländern mit ungleichen Ressourcen (Ohlin-Handel) für die Weltfirmen relevanter. Verteilungskonflikte in den reichen und armen Ländern könnten sich damit verschärfen. Für die Verlierer der Globalisierung stellt sich die Frage nach dem Ausgleich von Wohlstandsgewinnen. Auch wenn der Rhythmus des wirtschaftlichen Geschehens weitgehend in den reichen, wirtschaftlich entwickelten Ländern vorgegeben wird, spielen die Schwellenländer eine nicht zu unterschätzende Rolle. Seit dem letzten Jahrzehnt gehören sie nicht nur zu den am stärksten wachsenden Regionen. Sie dienen den industriell entwickelten Ländern auch als wichtige Plattform für die grenzüberschreitende Verzweigung von Konzerngesellschaften. So werden dort zwei Drittel des Bestands an Auslandsinvestitionen von Investoren aus der EU gehalten. Für sie war nicht nur der Zugriff auf natürliche Ressourcen von Bedeutung, sondern auch die Chance der Einsparung an Produktionskosten. In letzter Zeit zeigen aber auch Investoren aus dem Bereich der Schwellenländer Interesse an Unternehmensbeteiligungen in der EU. So hält der chinesische Investor Midea seit Juli 2016 die Mehrheit der Aktien des deutschen Roboter-Herstellers Kuka. Die schrittweise Übernahme birgt reichlich Diskussionsstoff, da Kuka die Expertise im Bereich der Hochtechnologie besitzt und an der Entwicklung des Projekts Industrie 4.0 beteiligt ist.

Die globalen Kapitalbewegungen haben innerhalb der letzten zwei Jahrzehnte typische organisatorische Muster der Produktion hervorgebracht. Sie variieren je nach dem technologischen Standard der Herstellungsverfahren. Experten der UNCTAD haben im Rahmen des jährlichen „World Investment Reports" auf drei Hauptformen internationaler Vernetzungen der Produktion hingewiesen, die sich seit der Jahrtausendwende abzeichnen:

- *Erstens* determiniert die Technologie die Form des Netzwerks. Im Bereich der kapitalintensiven Hochtechnologie muss der maximalen Auslastung und Kontrolle der technologischen Kapazität sowie der Fähigkeit zur Innovation höchste Aufmerksamkeit gewidmet werden.

Das gilt zum Beispiel für die Produzenten von Mikroprozessoren. Die Verknüpfung mit der Produktion von Computersystemen wurde bereits in den 1990er Jahren aufgegeben. Seitdem wird das Geschäft auf die Produktion von Mikrochips konzentriert und auf Standorte in verschiedenen Ländern verteilt. Die hochwertige Herstellung von Mikroplatten erfolgt in den USA, während die arbeitsintensivere Montage und die Prüfung von Komponenten in Länder mit günstiger Kostenstruktur und hohen Investitionsanreizen ausgelagert wurden. Darunter befinden sich Länder wie Malaysia, die Philippinen, Irland, Israel, Costa Rica und China. Die technologische Kontrolle von Intel basiert auf einem festen System von Beteiligungsstrukturen.

- *Zweitens* ist eine Ausgestaltung des Netzwerks erkennbar, die vor allem auf die Erfordernisse der Produktion reagiert. In industriellen Sektoren mit mittlerem Technologieniveau wie der Automobilproduktion ist die Erzielung von Wettbewerbsvorteilen vor allem aufgrund des Mengenwachstums bedeutsam. Ist der Anteil der Produktion in den Heimatländern früher relativ hoch gewesen, geht der Trend in die Richtung der Verlagerung der Produktion. So hat der japanische Konzern Toyota sein internationales Produktionssystem in der Weise geformt, dass kostengünstige Standorte in der Nähe der Hauptmärkte aufgebaut wurden. Hervorzuheben sind hier Mexiko für den nordamerikanischen Markt, die Türkei sowie die Tschechische Republik für den Markt in Westeuropa und China. Die einzelnen Tochtergesellschaften gehören bis auf einige Ausnahmen voll zu Toyota. Die gemeinsame Nutzung von Kapazitäten über Eigentumsgrenzen hinweg ist dabei kein Tabu. So besteht eine Kooperation zwischen Toyota und der französischen Peugeot-Gruppe seit dem Jahr 2005 im tschechischen Kolin, wo ein Werk für die Herstellung von kleinen Personenwagen gemeinsam betrieben wird. Zurzeit sieht es so aus, dass verschiedene Autohersteller Partnerschaften für Umwelt-, Sicherheits- und Informationstechnik sowie für die wechselseitige Belieferung von Komponenten und Produkten anstreben. Für alle Automobilfirmen wird die Zusammenarbeit mit den Zulieferern bedeutender. Siebzig bis achtzig Prozent der Wertschöpfungskette eines Autos werden heute durch Zulieferer wie Bosch, Continental oder ZF Friedrichshafen abgedeckt. Sie müssen einen Großteil der Fertigungs-, Entwicklungs- und Logistikkosten tragen, die mit der gewachsenen Modellvielfalt einhergeht. Erst im Bereich des autonomen Fahrens soll der Anteil der Entwicklungsarbeit wieder stärker bei den Autokonzernen wachsen[112]. Es bleibt das Los der Zulieferer, mit den Autokonzernen um die Welt ziehen zu müssen.

---

112 Vgl. das Interview mit Dieter Zetsche, dem Vorstandsvorsitzenden von

Wenn es um die Nutzung solcher Vorteile geht, ist auch die deutsche Automobilindustrie hochaktiv. Zwar steigerte sich die Zahl der Beschäftigten in Deutschland bis zur Krise 2007/2008. Dennoch wuchs die Produktion deutscher Hersteller im Ausland stärker als im Inland. Auffallend sind neue Produktionskapazitäten in den neuen mittel- und osteuropäischen Ländern der Europäischen Union, der zweitgrößten Wachstumsregion hinter China. Gerade Standardteile lassen sich hier deutlich günstiger produzieren. Die Länder locken Investoren mit geringen Lohnkosten und Steuersätzen, wobei sie zugleich eine differenzierte Zuliefererindustrie vorweisen können. Insbesondere Standorte in Slowenien und der Slowakei zeichnen sich hier aus.

- *Drittens* hat sich eine Vernetzung auf geringer technologischer Stufe verbreitet. Die Organisation des Geschäfts wird eher durch die Erfordernisse des Marktes bestimmt. Dies gilt zum Beispiel für die Bekleidungsindustrie. Der Wettbewerbsdruck hat hier bereits ein differenziertes System von Kooperations- und Vertragsbeziehungen hervorgebracht (limited brands). Die Unternehmen im Netzwerk müssen dabei nicht miteinander verbunden sein. Internationale Direktinvestitionen, die auf die Gründung oder Übernahme von Firmen orientieren, spielen hier keine Rolle. Im Rahmen eines nicht auf Beteiligungen aufgebauten Netzwerks lässt sich eine für die Hersteller, Einzelhändler und Kunden vorteilhafte Kooperation aufbauen. Flexibilität ist hier zentral. Es gilt, potenzielle Kooperationspartner zu identifizieren, die in der Lage sind zur richtigen Zeit und am richtigen Ort kostengünstig zu liefern.

Ausländische Direktinvestitionen müssen aus verschiedenen Blickrichtungen betrachtet werden. Vor- und Nachteile sind für die transnationalen Unternehmen und für die Wirtschaft der Gastländer nicht gleich verteilt. Aus der Perspektive der Entwicklungs- und Schwellenländer sind die ausländischen Direktinvestitionen häufig nicht wohlstandsfördernd. Transnationale Unternehmen garantieren keineswegs, dass die dortige Wirtschaft durch technologische Übertragungseffekte (Spillovers) gefördert wird. Ob sich ein Transfer von Technik und Know-how zum Nutzen der Gastländer ergibt, hängt davon ab, wie die ausländischen Direktinvestitionen ausgestaltet sind und ob die technologische Aufnahmefähigkeit vor Ort gegeben ist.

Auf der einen Seite werden positive Beschäftigungseffekte eher durch Neugründungen als durch Übernahmen heimischer Unternehmen erzielt. Denn bei Übernahmen findet lediglich ein Eigentümerwechsel statt, der nicht zur Schaffung neuer Produktionskapazitäten führt. Auch bei Neugründungen oder Produktionserweiterungen ist der Beitrag zur Bekämp-

---

Daimler (FAZ v. 08.09.2016).

fung der Armut marginal. Zwar bieten transnationale Unternehmen im Vergleich zur lokalen Wirtschaft meist höhere Löhne, doch werden dort vor allem qualifizierte Arbeitsplätze geschaffen, die für die besonders Armen nicht in Frage kommen.

Auf der anderen Seite erfordert die Aufnahmefähigkeit für technische Transfers eigene wirtschaftspolitische Maßnahmen im Gastland zum Aufbau von Produktionskapazitäten. Nur insoweit leistungsfähige lokale Zulieferbetriebe aufgebaut werden und hinreichend qualifizierte Arbeitskräfte angeboten werden, können sich die positiven Transfer-Effekte von ausländischen Direktinvestitionen entfalten. Das Förder- und Steuersystem in Schwellen- und Entwicklungsländern sollte daher in erster Linie auf die Entwicklung der heimischen Wirtschaft und nicht auf die Subventionierung transnationaler Unternehmen ausgerichtet sein, deren Gewinne meist in die wirtschaftlich entwickelten Stammländer repatriiert werden. Denn der finanzielle Wettlauf um die Ansiedlung von ausländischem Kapital kann zur Aufzehrung knapper staatlicher Mittel und zur Diskriminierung der eigenen Unternehmen führen.

Die Motive für Direktinvestitionen sind meist aus der Sicht der Industriestaaten betrachtet worden. Die folgenden Erklärungsmuster zur Entstehung von transnationalen Unternehmen werden in der betriebswirtschaftlichen Literatur[113] häufig hervorgehoben:

- Stephen Hymer hat ihre Existenz mit Marktunvollkommenheiten begründet. Gegenüber der inländischen Konkurrenz besitzt das ausländische Unternehmen Wettbewerbsvorteile, die sich auf innovative Produkte und produktive Verfahren beziehen. Dies befördert die Marktexpansion und schließlich das Ungleichgewicht in der internationalen Arbeitsteilung. Denn abhängige Tochtergesellschaften werden in Entwicklungsländern ausgebeutet und dort erwirtschaftete Gewinne in die reichen Unternehmenszentren transferiert.
- Raymond Vernon hat die verschiedenen Phasen im Lebenszyklus eines Produkts im Zusammenhang mit dem Auslandsengagement erörtert. Demzufolge wird in der Anfangsphase des Produkts der ausländische Markt primär über Exporte erschlossen. Der Produktpreis ist zunächst relativ hoch, da Wettbewerber fehlen und Kostenvorteile des ausländischen Standorts noch nicht ausgeschöpft werden. Erst in einer späteren Phase, in der die Herstellung des Produkts standardisiert und der Preis aufgrund des Markteintritts von Wettbewerbern unter Druck geraten ist, entsteht das Motiv zur Nutzung von Standortvorteilen im Ausland.

---

[113] Zum Überblick über die Fachdiskussion vgl. v. Wuntsch, Bach, Trabold (2006: 9–36).

- John Dunning[114] hat einen zusätzlichen Aspekt in die Diskussion eingebracht, der sich auf das immaterielle Vermögen bezieht. Besteht ein Markt für die Vermarktung des firmeneigenen Know-hows, sind die Vorteile und Risiken der Auslagerung geistiger Eigentumsrechte abzuwägen. Risiken ergeben sich vor allem aus der Abschöpfung von technischem Know-how oder aus Qualitätsmängeln bei externer Produktion. Wenn die Ausschöpfung des Know-hows im eigenen Konzern vorteilhafter ist und die Vergabe von Lizenzen Nachteile gegenüber der Direktinvestition aufweist, besteht in dieser Sicht ein Trend zum transnationalen Unternehmen. Der Ansatz von Dunning wirkt insofern unausgereift, als die neue Bedeutung von Lizenzen und Patenten bei der Ausschöpfung steuerlicher Vorteile unerwähnt bleibt. Dies wird in den folgenden Abschnitten dieses Kapitels thematisiert.

Die Herausforderungen auf dem Weltmarkt haben die Unternehmensstruktur umgewälzt und traditionelle Managementkonzepte in Frage gestellt. In der Diskussion zur internationalen Unternehmensführung ist der Trend zum transnationalen Unternehmen und zum integrierten Netzwerk beschrieben worden (Bartlett, Goshall 1990). Herausgestellt werden unterschiedliche organisatorische Grundmuster hinsichtlich der Ausgestaltung von Koordination und Kontrolle im Unternehmensverbund[115]. Die Spanne der empirisch vorfindbaren Muster erstreckt sich vom stark zentral bis zum weitgehend dezentral gesteuerten Unternehmensverbund. Transnationale Unternehmen weisen heute oft eine dezentrale Struktur von Verantwortlichkeiten und Entscheidungen auf. Das bedeutet, dass die ausländischen Verbundunternehmen aufgrund der Streuung der Ressourcen unabhängig von den Direktiven der inländischen Muttergesellschaft agieren können. Die Tochtergesellschaften erkennen und nutzen die Marktchancen eigenständig. Dies erlaubt ein hohes Maß an Marktanpassung in den jeweiligen Ländern, in denen die Tochtergesellschaften angesiedelt sind. Dem steht eine Organisation im globalen Verbund gegenüber, bei der die Entscheidungen, Kompetenzen und Ressourcen in der Zentrale bzw. der Muttergesellschaft konzentriert werden. Da die Zentrale die Strategien vorgibt, ist der Handlungsspielraum für die weltweiten Tochtergesellschaften stark eingeschränkt.

---

[114] Dunnings Ansatz ist in den 1990er Jahren als „Eklektisches Paradigma“ in die Diskussion eingegangen. Neben dem Eigentums- und Standortvorteil betont er den „Internalisierungsvorteil“, der aus der Nutzung des Know-hows im eigenen Konzern hervorgeht.

[115] Die Kernstruktur eines Verbundunternehmens wird hier vereinfachend als Verhältnis von inländischer Muttergesellschaft (Parent) und ausländischen Tochtergesellschaften (Subsidiaries oder Associates) bezeichnet, wobei gemäß der Definition der ausländischen Direktinvestition ein Beteiligungsverhältnis von mindestens 10% unterstellt wird.

Zwar können neue Produkte und Verfahren schnell und kostengünstig entwickelt werden, doch kann die Zentrale in diesem Fall das lokale Wissen und die Kompetenzen in den Tochtergesellschaften nicht produktiv nutzen.

Nach Aussagen des früheren US-Arbeitsministers Robert B. Reich wurden die international agierenden amerikanischen Unternehmen früher zentralistisch von ihren Stammsitzen aus geführt. Die ausländischen Tochtergesellschaften wurden wie Filialen dirigiert. Eigentum und Kontrolle lagen klar in der Hand der amerikanischen Muttergesellschaft. Rohstoffe wurden gewonnen, um sie zur Verarbeitung in die USA zu schicken, in Amerika hergestellte Erzeugnisse wurden auf den Auslandsmärkten vertrieben und die Gewinne der ausländischen Tochtergesellschaften an die US-Muttergesellschaft transferiert (Reich 1993). Es hat sich aber gezeigt, dass die zentralistische Form der Kontrolle und Führung nicht in der Lage ist, die Wettbewerbsvorteile im Verbundkreis voll zu erschließen. Daher ist es zu einem Wandel in der Organisation der transnationalen Unternehmen gekommen. Im Laufe der 1990er Jahre sind zunehmend Produktionsstätten im Ausland errichtet worden, die operativ selbständig operieren können. Die Tochtergesellschaften können im stärkeren Maße eigenständig Märkte erschließen und mit lokalen Zulieferern zusammenarbeiten. Die Markterschließung und -erweiterung ist hierbei ein wichtiges Motiv. Denn eine Produktion vor Ort ist besser in der Lage, auf lokale Besonderheiten zu reagieren.

Die Errichtung globaler Netzwerke lässt sich mit den finanziellen Zielen des Shareholder-Kapitalismus bestens vereinbaren. Im transnationalen Unternehmensverbund werden die Ressourcen der Zentrale und der ausländischen Tochtergesellschaften effektiv vernetzt. Um weltweite Wettbewerbsvorteile zu erzielen, werden Kosten und Erträge gleichzeitig optimiert. Zentralisiert wird die Grundlagenforschung, um Kernkompetenzen zu schützen. Dies gilt entsprechend für die Finanzkontrolle. Andere Kompetenzen und Ressourcen werden nicht in der Zentrale, sondern an einzelnen Standorten im Ausland konzentriert. So kann die anwendungsnahe Forschung tendenziell ausgelagert und in der Nähe der Regionalmärkte angesiedelt werden. Außerdem können in Niedriglohnländern wie China, Vietnam, Mexiko, Singapur oder in den mittel- und osteuropäischen Ländern Fabrikationsstätten für die weltweite Massenproduktion aufgebaut werden. An anderen Standorten wie Deutschland, USA oder Japan mag es wiederum vorteilhaft sein, Know-how zu konzentrieren und neue Technologien zu entwickeln. Effizient arbeitende lokale Tochtergesellschaften werden in internationale Produktionszentren umgewandelt und innovative Entwicklungslabors in einzelnen Ländern können die Rolle weltweiter Leistungszentren für spezifische Produkt- oder Verfahrenstechniken übernehmen. Die „Global Factory“

schlägt sich in einem erhöhten Anteil des Interkonzernhandels am Welthandel nieder. Das bedeutet, dass sich der internationale Handel immer mehr zwischen den rechtlich eigenständigen, aber wirtschaftlich abhängigen Tochtergesellschaften innerhalb des Konzerns abspielt. Der Trend drückt sich im erhöhten Anteil an Vorprodukten und Halbfabrikaten aus.

Elhanan Helpman und Paul Krugman haben im Rahmen der New Trade Theory erläutert, nach welchem Muster die Verteilung von Aktivitäten im Konzern erfolgt. Aus ihrer Sicht ist jedes Unternehmen auf firmenspezifische Inputs angewiesen (Helpman 1984). Sie werden intern im Rahmen von „Headquarter Services" für die jeweiligen Tochtergesellschaften erbracht. Diese zentralen Wissensbestände und Beiträge werden kapitalintensiv im Sitzstaat des Mutterkonzerns angesiedelt. Demgegenüber wird die arbeitsintensive Güterproduktion ins Ausland verlagert, solange dort Kostenvorteile erzielt werden können[116]. Es lässt sich in der Tat nachweisen, dass viele deutsche Unternehmen dispositive und hochwertige Funktionen (Systemkopffunktionen) im Inland konzentrieren und solche Wertschöpfungsstufen auslagern, die nicht zu ihren Kernkompetenzen gehören. (BDI 2008: 6). Die Produktion in den mittel- und osteuropäischen Ländern ist dafür ein Beleg. Bei deutschen Tochtergesellschaften in Nordamerika und Mexiko stehen eher die Nähe zu den großen Absatzmärkten und die Überwindung von Exportschranken im Vordergrund. Im Resultat ergibt sich eine vernetzte Struktur von verstreuten, aber spezialisierten Kompetenzen und Vermögenswerten. „Value Added Activities" werden nach dem Muster der jeweils günstigsten Faktorkosten und Investitionsanreize auf einzelne Standorte verteilt. So kann sich die einzelne Tochtergesellschaft auf ihre Kernkompetenzen konzentrieren und die jeweiligen Stärken im Wettbewerb zur Geltung bringen. Die hohen Entwicklungskosten für Produkte und Verfahren forcieren auch den Transfer von Technologien und Know-how. Lizenzeinnahmen werden vor diesem Hintergrund zu einer wichtigen Einnahmequelle.

Die transnationale Vernetzung führt zu einem verstärkten Austausch von Zwischenprodukten, der wiederum die Exportquoten aufbläht[117]. Die

---

[116] Nach Helpman ergibt sich aus der Auslagerung der Produktion ein Ausgleich der Faktorpreise in beiden Ländern. Er leite sich aus der steigenden Nachfrage nach Kapital im Mutterland und aus der steigenden Nachfrage nach Arbeit im Ausland ab (Helpman 1984). Ergänzend ist in den Folgejahren die „New new trade theory" entwickelt worden, die den Trend zum „intra firm trade" und zu flacheren Hierarchien im Konzern betont.

[117] Studien haben gezeigt (Aichele, Felbermayr, Heiland 2013), dass die offizielle Exportstatistik den Anteil der tatsächlichen inländischen Wertschöpfung überzeichnet. Der Wertschöpfungsanteil der Exporte beträgt „nur" rund drei Viertel der ausgewiesenen Bruttoexporte. Für die USA ist das Handelsbilanz-

OECD geht davon aus, dass rund 60% des Welthandels auf den Austausch solcher Zwischenprodukte zurückzuführen sind. Dies spielt sich ab innerhalb von Konzernstrukturen. Der Trend zum „Weltprodukt“ lässt sich in verschiedenen Produktionszweigen nachweisen. So werden Motoren für Audi in Ungarn und Teile und Komponenten für Volkswagen in der Slowakei und Brasilien hergestellt. Anschließend werden die Autos von Deutschland aus in verschiedenen Ländern verkauft. Auch im Flugzeugbau sind häufige Querbewegungen über die Grenze typisch. Flugzeugteile von Airbus werden zwischen den Standorten in Toulouse, Hamburg und Bremen öfters hin- und hertransportiert, um spezielle Fertigungsschritte zu verrichten. Im Handel zwischen den USA und China bestehen vergleichbare Phänomene, da in den Produkten aus China viele Zwischenprodukte aus Korea, Japan und sogar den USA enthalten sind. All dies deutet darauf hin, dass die internationale Arbeitsteilung mit einer abnehmenden Fertigungstiefe einhergeht. Denn Konzerne konzentrieren kapital- und forschungsintensive Tätigkeiten im Mutterland, während einfache Arbeitsschritte ausgelagert werden.

Solche Fertigungsvorteile können sich aber auch wieder verflüchtigen. So kann sich die Qualität der Produkte als mangelhaft erweisen, oder der Vorteil geringer Herstellungskosten wird durch Lohnsteigerungen aufgezehrt. Die küstennahen Gebiete in China präsentieren sich immer weniger als preiswerte Produktionsgebiete. Dies kann darauf hinweisen, dass stattdessen die Nähe zu regionalen Märkten wichtiger wird. Auch die gigantische Dimension des chinesischen Marktes bleibt ein Anreiz. Wo hingegen einseitig Kosten nach unten gedrückt werden sollen, ist die Karawane der Firmen gezwungen, von einem Standort zum nächsten zu ziehen. Nach China sind längst Länder wie Vietnam oder Bangladesch ins Spiel gekommen (v. Wuntsch, Wei 2010).

All dies weist darauf hin, dass das Kapital offen ist für die Geschäftstätigkeit über die Grenzen hinweg. Soweit länderbezogene Begrenzungen der Verwertung existieren, gilt es sie hinwegzufegen. Die Produktion im Ausland muss sich aber aus der Perspektive des Unternehmens rechnen. Insofern kommt der Überprüfung der verschiedenen Standortfaktoren ein großer Stellenwert zu. Die internationalen Märkte sind enger aneinandergerückt. Dazu beigetragen haben technische Innovationen und der Absturz der Transportkosten. Auf dieser Grundlage können die einzelnen Regionen und Länder ihre jeweiligen Stärken direkt als Wettbewerbsfaktor ausspielen. Dies führt zur Verschärfung der internationalen Konkurrenz. International agierende Investoren kalkulieren im Rahmen von Checklisten die länderspezifischen Stärken und Schwächen im Spektrum verschiedener internationaler Standorte von vornherein ein. Die

---

defizit gegenüber China wegen Mehrfachzählungen um rund 22% geringer, wenn die echte Wertschöpfung zugrunde gelegt wird.

günstigsten Bedingungen entscheiden über die Ansiedlung des Kapitals. Die Standortwahl muss vor allem zwei Einflussgrößen berücksichtigen:

- Erstens muss das einzelwirtschaftliche Kriterium der Erzielung von finanziellen Überschüssen im Planungszeitraum erfüllt sein. Im finanzdominierten Kapitalismus ist dies kurz- bis mittelfristig eine Überlebensfrage. Alle Methoden zur Berechnung der Vorteilhaftigkeit von Investitionsentscheidungen orientieren auf dieses zentrale Systemziel[118], das der Logik der Kapitalverwertung entspricht. Dies geht einher mit der Realisierung wichtiger Teilziele wie Umsatzsteigerungen und Markterweiterungen. In dieser Perspektive sind bei der Standortentscheidung drei Prüfschritte weit oben angesiedelt:
  - die Kosten des Marktzugangs,
  - die Quantität und Qualität der verfügbaren Arbeitskräfte sowie
  - ein Paket aus Kosten, Steuern und staatlichen Fördermaßnahmen.
- Zweitens sind die makroökonomischen und institutionellen Rahmenbedingungen einzuschätzen. Dies betrifft den wirtschaftlichen Entwicklungsstand und die politischen und rechtlichen Vorzüge und Risiken eines Landes. Je mobiler der Faktor Kapital geworden ist, desto mehr ist die Qualität der Institutionen im Ländervergleich in den Vordergrund gerückt. Denn die Ausprägungen der Märkte und des rechtlich-politischen Systems prägen wesentlich die Spielregeln des Wirtschaftslebens. Dies betrifft nicht nur die Rahmengesetze sowie die Sozial- und Umweltstandards, sondern auch die historisch gewachsene Arbeits- und Lebenskultur in einem Staat. Daraus lassen sich komparative Vorteile für Investitionen ableiten. In diesem Sinne können Staaten ihre Institutionen auch bewusst als Mittel im Wettbewerb um Standorte einsetzen. Der Trend hin zur Senkung von Steuersätzen und zum Angebot von Subventionen ist seit Jahren Merkmal der Wirtschaftspolitik in den Staaten. Steuern sind in der Rangordnung der Standortfaktoren gestiegen.[119]

---

118 In der entscheidungsorientierten, systemtheoretischen und verhaltensorientierten Betriebswirtschaftslehre sind die Ziele weiter ausgefächert worden. Im engen Sinn besteht eine Zielhierarchie, die vor allem wachstumsorientierte Vorgaben hervorhebt. Gemäß einer Studie der KPMG heben mittelständische Unternehmen zu fast 70% die Bedeutung des Wachstums hervor (KPMG 2007). Dazu kommt, dass viele betriebliche Abläufe nicht dem Muster rationaler Entscheidungen folgen. Darauf haben die Vertreter der verhaltensorientierten Wirtschaftswissenschaft hingewiesen. Unter Einbeziehung der Erkenntnisse der kognitiven Psychologie und der Sozialpsychologie wird versucht, das Ausmaß irrationaler Einflüsse auf das Markthandeln näher einzugrenzen.

119 Die wachsende Bedeutung der Steuern bei Investitionsentscheidungen ist seit einigen Jahren zu beobachten (Andreosso-O´Callaghan 2007).

Vor allem Großunternehmen nutzen die Potenziale im Ausland. Sie sind eher in der Lage, Verbundvorteile zu erzielen, die Risiken grenzüberschreitender Großprojekte zu bewältigen und die Rechte zum Schutz des geistigen Eigentums durchzusetzen. Für die mittelständische Industrie stellt sich der Blick über die Grenzen differenzierter dar. Dieser Kreis an Unternehmen bildet das Rückgrat der Wirtschaft. Weit über neunzig Prozent aller Industrieunternehmen in Deutschland gehören dazu. Es handelt sich um Betriebe mit jeweils bis zu 500 Mitarbeitern. Die Hälfte aller industriellen Arbeitsplätze ist hier angesiedelt. Zwar sind fast drei Viertel der mittelständischen Unternehmen in Deutschland im Export engagiert. Doch bei einer früheren Befragung betrachteten weniger als dreißig Prozent der Unternehmen die Geschäftstätigkeit im Ausland als relevant. Lediglich sechzehn Prozent besaßen oder planten ausländische Fertigungsstätten, vor allem in den EU-Staaten (KPMG 2007). Für sie bestand der Anreiz darin, auf den schnell wachsenden Märkten präsent zu sein. Das Geschäft mit Fusionen und Akquisitionen hat offenbar für die mittelständische Wirtschaft eine nur geringe Bedeutung.

Steuerstandortkonkurrenz und defensive Finanzpolitik

Die Relevanz von betrieblichen Standortentscheidungen verweist auf das bunte Spektrum an informellen und formell festgeschriebenen Spielregeln des Wirtschaftshandelns zwischen den Ländern. Die im Weltmaßstab vorhandene Vielfalt der gesamtwirtschaftlichen und rechtlichen Standards ist eine hervorragende Grundlage für die geographische Ausdehnung der kapitalistischen Reproduktion. Im Bewusstsein der Nutzbarkeit aller verfügbaren Ressourcen lassen sich Standortvorteile einzelner Länder ausschöpfen. Die Divergenz der Bedingungen beflügelt daher die Kapitalverwertung. In diesem Sinne haben die am Anfang des Buches erwähnten Modelle des Kapitalismus weiterhin ihre Bedeutung. Ein Verschwinden des kulturellen Einflussfaktors auf die Ausprägungen der Wirtschaftsentwicklung deutet sich keineswegs an. Im Gegenteil werden die Differenzen im gegenwärtigen politischen Diskurs sogar betont. Dies zeigen die Auseinandersetzungen in Europa und Nordamerika. Historisch gewachsene Erfahrungs- und Verhaltensmuster in den Ländern prägen den jeweiligen kulturellen und institutionellen Handlungsrahmen. Insbesondere transnationale Unternehmen ziehen daraus Vorteile.

Die Globalisierung stellt auch für die Steuerpolitik der Staaten eine Herausforderung dar. Mit der Bildung grenzüberschreitender Finanzmärkte haben sich ehemals relativ geschlossene Volkswirtschaften immer mehr geöffnet und in die Weltwirtschaft integriert. Bis unmittelbar nach dem zweiten Weltkrieg waren der Warenverkehr durch Zölle und hohe Transportkosten sowie Kapitaltransfers durch staatliche Vorschriften beschränkt. Der Warenverkehr in den meisten Ländern spielte sich ganz überwiegend innerhalb der Landesgrenzen ab. Dies drückte sich in den Einnahmeströmen der Individuen und Unternehmen aus. Ausländische Einkünfte spielten gegenüber heute eine eher marginale Rolle. Einkünfte wurden in der Regel dort bezogen, wo sich der Wohnort oder Sitz des Unternehmens befand. Die Finanzbehörden mussten sich in diesem Umfeld kaum mit den Steuern anderer Länder befassen, weshalb zwischen den Ländern auch kaum Konflikte bezüglich der Berücksichtigung ausländischer Einkünfte auftraten.

Das Problem der modernen Steuerstaaten ist, dass der Umfang ausländischer Einkünfte stark wächst, aber weiterhin auf nationaler Ebene besteuert wird. Vor dem Hintergrund der Unterschiedlichkeit nationaler Steuersysteme und der damit zusammenhängenden ungleichen Besteuerung gleicher Sachverhalte entwickelt sich als Folge eine Verzerrung des internationalen Wettbewerbs. Wirtschaftsaktivitäten können heute relativ einfach von einem Hoch- in ein Niedrigsteuerland verlegt werden, um Steuern zu sparen. Die Ausnutzung des Steuergefälles wird als Steuerarbitrage bezeichnet, die einen Wettbewerbsdruck zwischen den Staaten erzeugt. Das Phänomen der Steuerarbitrage ist nicht neu. Bereits Adam Smith erkannte die damit einhergehenden negativen Folgen für den Sitzstaat des Kapitalbesitzers:

„Eine Steuer, die Kapital aus einem Land zu vertreiben imstande ist, würde aber auch in der Folge die Einkommensquellen für den Landesherrn wie für alle Bewohner versiegen lassen" (Smith 1999: 726 f.).

Doch war der Wettbewerb auf steuerlicher Ebene bis zum ersten Weltkrieg insofern noch gering ausgeprägt, als die im Vergleich zu heute geringe Steuerlast wenig Druck auf die Nutzung von Steuerunterschieden ausgeübt hat. So speisten sich in dieser Zeit die staatlichen Einnahmen in Preußen zu rund 60 % aus betrieblichen Quellen im Eigenbesitz (Domänen, Forsten, Eisenbahn und Post). Die Steuerquote[120] im Verhältnis zum Bruttoinlandsprodukt (BIP) betrug damals in Deutschland weniger als 5%, in Frankreich und Italien weniger als als 15%. Erst nach dem ersten Weltkrieg stieg der Anteil in diesen Ländern auf die Spanne von rund 8–20% an. Die Steuerquote explodierte nach dem zweiten Weltkrieg auf das Niveau von 25–30% in den 1950er Jahren und in der Europäischen Union auf durchschnittlich 40% im Jahr 2015. Im Euroraum lag der Schnitt im gleichen Jahr bei 41,4%. Der Anstieg ist Ausdruck hoher Militärhaushalte und der gewachsenen Rolle der Wirtschafts- und Sozialpolitik in den Industriestaaten.

Mit dem höheren Steuerniveau verstärkte sich das Interesse der Unternehmen an einer effektiven Steuerplanung. Die Steuergestaltung über die

---

[120] Die Steuerquote markiert den Anteil aller Steuern, Abgaben und Netto-Sozialbeiträge im Verhältnis zum Bruttoinlandsprodukts (BIP).

Grenzen hinweg versprach nun die Minimierung der Differenz zwischen dem Gewinn vor und nach Steuern. Die Kehrseite dieser betrieblichen Gestaltungen mündete in einem Handlungsdruck auf der Ebene der staatlichen Steuerpolitik. Seitdem sind zwei Entwicklungen erkennbar. Zum einen gilt es, die Erosion der staatlichen Steuereinnahmen zu begrenzen, die durch die internationale Steuerarbitrage ausgelöst wird. Steuerausfälle bedingt durch aggressive Steuergestaltungen betreffen sowohl die Industrieländer als auch die Länder des globalen Südens. Die Einnahmenverluste der Entwicklungsländer übersteigen sogar die der Industrieländer erheblich. Dies spricht für eine Schieflage im globalen Steuergefüge zu Lasten der armen Länder. Zum anderen präsentieren sich die Staaten selbst als Akteure im Wettbewerb um günstige Steuerstandorte für Unternehmen und reiche Individuen. Die Fiskalsouveränität der Staaten wird zum Baustein der Standortkonkurrenz. Indem einzelne Staaten den Wettbewerb mit dem Ziel verstärken, Kapital anzulocken, kann Druck auf die Gesetzgebung konkurrierender Staaten ausgeübt werden. Der Trend wächst und macht insoweit die staatliche Steuerpolitik zur Farce. Denn es sieht so aus, dass staatliches Handeln in die Zwangsjacke mächtiger Unternehmen genommen wird. Im Rahmen der Konkurrenz um Kapital drohen steuerpolitische Entscheidungen zum Gestaltungsfaktor der Unternehmenspolitik degradiert zu werden. Die Ausrichtung der Politik auf die Anziehung von internationalem Kapital ist ein gefährliches Spiel. Sie bewirkt nicht allein die grenzüberschreitende Ansiedlung von produktivem Kapital, sondern auch die Lenkung illegaler Geldströme in Steueroasen und in die reichen Staaten.

Auffallend ist die Senkung des Steuersatzes für Kapitalgesellschaften innerhalb der letzten 35 Jahre. Während er im Durchschnitt von 21 OECD-Ländern bis Mitte der 1980er Jahre fast 50% betragen hat, ist er in der Zwischenzeit halbiert worden. In den USA ist der Steuersatz im betreffenden Zeitraum von ungefähr 50 auf jetzt 21% Prozent gesenkt worden. In Deutschland beträgt der Steuersatz für Kapitalgesellschaften gegenwärtig im Schnitt 30%. Der Trend verweist weiter nach unten. Kleine Länder offerieren in der Regel geringere Steuersätze. Sie betrachten dies als Strategie zur Investitionsförderung. Der Wettbewerb im Niedrigsteuersegment zwingt die Staaten aber auch hier zu Gegenmaßnahmen. Denn kein Land kann es sich auf Dauer leisten, Einnahmeausfälle in Kauf zu nehmen. Der einfachste Weg ist bislang, die niedrigen Steuersätze durch die gleichzeitige Verbreiterung der Bemessungsgrundlage zu finanzieren[121].

[121] Dies lässt sich unter anderem über die Streichung oder Reduzierung von Regelungen zu Abschreibungen, Rückstellungen, Verlusten und steuerfreien Rücklagen erreichen.

Der Steuerwettbewerb wirkt sich auch auf der Ebene der Einkommensteuer aus. Darauf hat Vito Tanzi, ehemaliger Direktor im Fiscal Affairs Department beim Internationalen Währungsfonds, bereits 1998 hingewiesen. Er beschrieb den Trend zur steuerlichen Ungleichbehandlung von Kapital- und Arbeitseinkünften. In einer Analyse von Reformgesetzen zur Einkommensteuer verschiedener Länder wies er nach, dass Kapitalerträge oft einer niedrigen und proportionalen Steuer unterliegen, während das klassische Konzept der Besteuerung des Gesamteinkommens mit einer progressiv steigenden Steuer nur noch für Löhne und die übrigen Einkunftsarten gilt[122]. Dies ist das System der dualen Besteuerung. Die Begünstigung von Kapitalerträgen betrachtete Tanzi als Reaktion auf den hohen Grad an Mobilität des Kapitals. Die Kehrseite dieser Entwicklung war die zunehmende Abgabenbelastung der Arbeit[123]. Die duale Besteuerung wurde in vielen Ländern begleitet von der Tendenz, Steuern auf Einkommen durch Steuern auf den Verbrauch zu ersetzen. Der Wettbewerb der Steuerstandorte erstreckt sich quer über den Globus. Auch innerhalb der Europäischen Union wird zwischen den Mitgliedstaaten hart um Vorteile gerungen. Da ein Gleichklang der Interessen nicht absehbar ist, sind aufgrund des Einstimmigkeitsprinzips bei Steuerfragen gemeinschaftliche Lösungen in der EU kaum noch durchsetzbar.

Die bunte Angebotspalette an Steuerbegünstigungen der Staaten ist der ideale Nährboden für die Steuerplanung der Unternehmen. Transnationale Konzerne besitzen große Steuerabteilungen, deren Königsaufgabe es ist, effektive Gestaltungen zu konstruieren. Ihr oberstes Ziel ist die Steuervermeidung. Die Datenlage zur Wirksamkeit dieses Beschäftigungsbereiches ist schwierig, da die Konzerne die Steuerplanung als ihr spezielles Know-how betrachten. Doch mehren sich die Indizien, dass den Steuerstaaten Einkommen im großen Umfang vorenthalten werden. Die Gewinnverlagerung in Niedrigsteuergebiete oder Steueroasen ist ein zentrales Thema geworden. Es wurde auf eine relativ große Lücke in der Erfassung der Unternehmensgewinne aufmerksam gemacht. Eine Studie des Deutschen Instituts für Wirtschaftsforschung kam zu dem Ergebnis, dass die Abweichung zwischen der Erfassung der Gewinne gemäß der Volks-

---

[122] Die Entwicklung hin zur dualen Besteuerung wurde zum Beispiel in den skandinavischen Ländern vollzogen. Bei diesem System der Besteuerung stehen sich die Einkommen mobiler (Kapital und qualifizierte Arbeit) und immobiler (Immobilien, gering qualifizierte Arbeit) Produktionsfaktoren gegenüber. Der Grad der Mobilität determiniert hier das Ausmaß der steuerlichen Begünstigung.

[123] Die Abgabenbelastung der Arbeit ist in der EU im Zeitraum von 1980 bis 1993 um ein Fünftel gestiegen, während sie für Kapital und die selbständige Arbeit um mehr als ein Zehntel gesunken ist.

wirtschaftlichen Gesamtrechnung (VGR) einerseits und gemäß der deutschen Steuerstatistik andererseits die Größenordnung von knapp 92 Milliarden Euro erreicht (Bach 2013). Obwohl in der Studie auf die schwierige Datengrundlage hingewiesen wurde, die unter anderem mit dem hohen Aggregationsgrad der VGR-Statistik zusammenhängt, deutete die Lücke auf ein Problemfeld größeren Ausmaßes hin. Auch das Bundesfinanzministerium wies damals auf die Datenlücke hin und schätzte, dass deutsche Unternehmen Gewinne im Umfang von 65 Mrd. Euro in das niedrig besteuernde Ausland transferiert haben.

Auf internationaler Ebene ist die Debatte um die Beseitigung des schädlichen Steuerwettbewerbs seit den 1990er Jahren in Fahrt gekommen. Unter den Mitgliedstaaten der Europäischen Union wurde um die Ausbalancierung der beiden wirtschaftspolitischen Pole „Steuerwettbewerb" versus „Steuerharmonisierung" von Anfang an hart gerungen. Da die europäischen Verträge keine Pflicht zur Vereinheitlichung der Steuern vom Einkommen vorsehen, wurden in der Anfangsphase der europäischen Einigung vorrangig Maßnahmen zum Abbau von Steuergrenzen umgesetzt. Dies betraf unter anderem Regeln zur Begünstigung des Dividendenflusses im Konzernverbund, die Erleichterung von Fusionen sowie das Schiedsabkommen. Erst im Bericht einer unabhängigen Expertenkommission (Ruding-Bericht) von 1992 wurde die Relevanz der Bekämpfung von steuerlichen Wettbewerbsverzerrungen im gemeinsamen Binnenmarkt hervorgehoben. Ihre Vorschläge umfassten Maßnahmen für Körperschaften wie die Vereinheitlichung der Steuersysteme und Bemessungsgrundlagen sowie Mindest- und Höchststeuersätze. Der Bericht blieb folgenlos. Sowohl die Finanzminister der Mitgliedstaaten als auch die Europäische Kommission reagierten distanziert. Der Steuerwettbewerb wurde von den Regierungen weiterhin gegenüber der Angleichung der steuerlichen Bedingungen favorisiert. Der Ministerrat hat sich einige Zeit später wieder mit dem schädlichen Steuerwettbewerb beschäftigt und 1997 Gegenmaßnahmen gebilligt. Denn in der Zwischenzeit hatte sich die Befürchtung verstärkt, dass Steuereinnahmen wegbrechen könnten. Der thematische Schwerpunkt hatte sich nun verlagert. Der Ministerrat verabschiedete den rechtlich unverbindlichen Verhaltenskodex zur Begrenzung schädlicher Steueranreize, wobei zunächst unklar blieb, welche Maßnahmen als schädlich einzuordnen seien. Darüber hinaus wurde die Kommission ermächtigt, Richtlinienentwürfe zur Besteuerung von Zinsen und zur Abschaffung der Quellensteuern auf konzerninterne Zins- und Lizenzgebührzahlungen vorzulegen.

Im Jahr 1999 hat die Primarolo-Expertengruppe eine Liste von 66 schädlichen Steuermaßnahmen beschlossen. Im Mittelpunkt standen diesmal Begünstigungen von Holdinggesellschaften, Finanzdienstleistungen und konzerninternen Dienstleistungen. Es handelte sich um steuerliche Anreize, die im Paket oder einzeln in jeweils einem der Mitgliedstaaten[124] existierten. Vor diesem Hintergrund blieb der Verhaltenskodex gegen den schädlichen Wettbewerb in seiner Wirkung äußerst beschränkt. Erfolgreicher waren die Gegenmaßnahmen im Bereich der Erfassung von Kapitalerträgen. Da Länder wie Belgien, Irland, Luxemburg und die Niederlande den Verständigungsprozess verzögerten, kam eine gemeinsame Position zur Zinsbesteuerung erst im Jahr 2000 zustande. Seit 2005 gilt das System der automatischen Kontrollmitteilungen über Zinserträge an die Finanzbehörden der EU-Wohnsitzstaaten. Für Österreich, Luxemburg und Belgien wurde alternativ die EU-Zinssteuer eingeführt, die bis Ende 2015 in Kraft war. Österreich stellt seit 2017 auf das System der Kontrollmitteilungen um. Mit der Einführung der EU-Amtshilferichtlinie im Jahr 2014 ist der automatische Informationsaustausch im Sinne des OECD-Standards erweitert worden. Das bedeutet, dass seit 2016 nun auch Daten zu Zinsen, Dividenden, Veräußerungsgewinnen, Einnahmen aus speziellen Versicherungsverträgen und Kontoguthaben automatisch ausgetauscht werden. Im Zuge der schrittweisen Beseitigung des Bankgeheimnisses für ausländische Zinserträge mussten sich auch Länder wie die Schweiz, Liechtenstein, Monaco, Andorra und San Marino dem OECD-Regime beugen und den automatischen Informationsaustausch einführen. Das hat den Verlauf der Finanzströme in Richtung der Steueroasen aber keineswegs abgebremst.

Die schillernden Steuergestaltungen der Multis

Konsequenzen gegen aggressive Steuergestaltungen der transnationalen Konzerne sind bis vor wenigen Jahren kaum gezogen worden. Die Mitgliedstaaten der OECD haben sich erst seit 2013 auf Schritte zur Bekämpfung der Steuervermeidung im Unternehmenssektor verständigt.[125] Dies war das Jahr, in dem die G20-Finanzminister und -Notenbankgouverneure den OECD-Aktionsplan „Base Erosion and Profit Shifting“ (BEPS) verabschiedet haben. Der 15-Punkte Maßnahmenkatalog stieß international auf breite Zustimmung. In Schwung gekommen ist die Diskussion vor allem durch die „Lux-Leaks“-Veröffentlichungen. Ehemalige Mitarbeiter einer der vier großen Wirtschaftsprüfungsgesellschaften hatten im Jahr 2014 brisante Steuerdokumente über Steuerabsprachen mit Konzernen der Öffentlichkeit zugänglich gemacht.[126] Ein Aktenberg im Umfang

---

[124] Eine Ausnahme bildete Schweden.

[125] Die OECD hat im Jahr 1998 Empfehlungen zur Einführung von Abwehrgesetzen veröffentlicht, die allerdings relativ allgemein blieben. Vgl. Harmful Tax Competition – An Emerging Global Issue (OECD 1998).

[126] Es handelt sich um die beiden Whistleblower Antoine Deltour und Raphael Halet, die für die Prüfungsgesellschaft Pricewaterhouse-Coopers gearbeitet haben. Sie haben das Datenmaterial dem Journalisten Edouard Perrin über-

von 28.000 Seiten wurde vom „Internationalen Konsortium Investigativer Journalisten“ durchforstet. Über die Medien wurde daraufhin verbreitet, dass trickreiche Steuergestaltungen global agierender Konzerne über Jahre hinweg von Steuerbehörden verschiedener EU-Mitgliedstaaten abgesegnet wurden. Die Konzerne hatten sich ihre Steuermodelle ganz offiziell vorab genehmigen lassen. Eine Vorabgenehmigung wird als „Tax Ruling“ bezeichnet. Es handelt sich um eine verbindliche Auskunft bzw. einen verbindlichen Vorbescheid, der nicht öffentlich zugänglich ist. Allein im Fall der Begünstigung von Apple hat die Europäische Kommission dem irischen Staat vorgeworfen, einseitige Steuervorteile im Umfang von insgesamt 13 Milliarden Euro gewährt zu haben. Im Jahr 2014 soll sich für Apple in Irland ein sagenhafter Steuersatz von nahezu null Prozent ergeben haben. Es stellte sich heraus, dass das Modell des Technologiekonzerns zur Steuervermeidung bereits 1991 und 2007 per Vorbescheid genehmigt worden war. Mitte 2016 verfügte die EU-Wettbewerbsbehörde eine Steuernachzahlung von Apple in betreffender Höhe, da die geringe Besteuerung als unzulässige staatliche Beihilfe eingestuft wurde. Überraschender Weise hat der irische Staat diese Maßnahme der Kommission zurückgewiesen und seine nationale Steuerpolitik verteidigt. Dies zeigt, wie sehr Irland daran gelegen ist, seinen Ruf als Wirtschaftsstandort auch im Hinblick auf zukünftige Zeiten zu verteidigen. Weniger erstaunlich ist, dass das amerikanische Finanzministerium das von der Europäischen Kommission eingeleitete Beihilfeverfahren[127] mit dem Argument zurückgewiesen hat, die neue Steuerpraxis sei in rechtswidriger Weise rückwirkend geändert worden und richte sich einseitig gegen U.S.-Unternehmen. Die U.S.-Behörden scheuten sich nicht zu ergänzen, dass die Politik der Kommission die gemeinsam von den G20-Staaten beschlossenen Maßnahmen gegen Steuervermeidung gefährde.

Beihilfeverfahren der EU richten sich seitdem gegen mehrere Konzerne. Verfahren sind zum Beispiel in Luxemburg gegen Amazon und McDonald´s, in den Niederlanden gegen Starbucks und gegen weitere Unternehmen in Belgien eingeleitet worden. Auch in diesen europäischen Staaten haben sich Steuerbehörden auf geheime Absprachen mit Vertre-

---

geben. Sie wurden daraufhin im Jahr 2017 auch in der zweiten Instanz verurteilt. Deltour erhielt eine Strafe von 6 Monaten Haft auf Bewährung und eine Geldbuße von 1.000 Euro, Halet eine Geldbuße in selber Höhe. Perrin wurde freigesprochen.

[127] Der Europäische Gerichtshof hat den Einspruch 2018 abgewiesen und bestätigt, dass es sich beim Steuerabkommen des irischen Staates mit Apple um eine unzulässige staatliche Beihilfe handelte. Irland ist aufgefordert worden, 13 Mrd. Dollar von Apple einzutreiben. Obwohl der irische Staat und Apple die EU-Entscheidung weiter anfechten, zahlte Apple den Betrag schrittweise auf ein Treuhandkonto ein.

tern der Internet-Konzerne eingelassen. So befindet sich der Europasitz von Amazon nicht ohne Grund in Luxemburg. Die dorthin transferierten Einnahmen aus Lizenzgebühren werden dort nur minimal besteuert. In anderen Staaten, so auch in Deutschland, besitzt Amazon Logistik-Zentren, die nach internationalem Abkommensrecht nicht als Betriebsstätten gelten und daher dort nicht besteuert werden.[128] Starbucks wiederum hat in Großbritannien über Jahre hinweg Verluste ausgewiesen, obwohl sich der Konzern im selben Zeitraum auf dem Kapitalmarkt immer wieder mit Umsatzsteigerungen gebrüstet hat. Die britische Tochtergesellschaft wurde parallel mit hohen Lizenzgebühren für Markenrechte belastet, die in die europäische Zentrale von Starbucks in den Niederlanden geflossen sind. Auch dort gab es behördliche Absprachen, die den Konzern begünstigt haben. Die Kommission hat mittlerweile Informationen über „Tax Rulings" von allen Mitgliedstaaten angefordert. Die bekannt gewordenen Fälle offenbaren nicht nur ein erschreckendes Ausmaß an Steueraggressivität auf Seiten der Konzerne, sondern auch die teils offene und teils verdeckte Verstrickung der Staaten in den Steuerwettbewerb.

Experten diskutieren seit vielen Jahren und mit wachsender Intensität über die Techniken der Steuervermeidung im Unternehmenssektor. Die Firmengiganten dominieren die Märkte für Güter und Dienstleistungen. Im UNCTAD-Report 2013[129] wird davon ausgegangen, dass der globale Handel zu 80% auf den Austausch zwischen Konzerngesellschaften zurückzuführen ist. Einen großen Raum nimmt dabei der Intrakonzernhandel ein, der sich im jeweiligen Konzernverbund abspielt. Daraus erwachsen gewaltige Gewinnchancen. Seit den 1990er Jahren sind vor allem drei Gestaltungsebenen aufgefallen:

- die konzerninterne Fremdfinanzierung,
- die Übertragung immaterieller Wirtschaftsgüter (Patente, Lizenzen, Markenrechte) auf Tochtergesellschaften in Steueroasen,
- die Gestaltung von Verrechnungspreisen im Intra-Konzern-Handel.

Erstens verfolgen transnationale Unternehmen Strategien, die sich aus der Ausschöpfung von Verbundvorteilen ergeben. Gewinne werden zur niedrig besteuerten Tochtergesellschaft oder Betriebsstätte im Ausland transferiert, indem Fremd- und Eigenmittel gezielt auf verschieden Kon-

---

128 Die reine Lagerhaltung fällt unter die Ausnahmeregelung des Art. 5 Abs. 4 OECD-Musterabkommen. Darunter fallen auch rein Logistikzentren. Eine Besteuerung dieses Gewinns erfolgt nicht im Staat der Lagerhaltung, sondern im Sitzstatt der Muttergesellschaft. Dies ist im Fall von Amazon die luxemburgische Holding.

129 „80% of trade takes place in ‚value chains' linked to transnational corporations" (UNCTAD-Report 2013).

zernunternehmen verteilt werden. Die konzerninterne Darlehensvergabe ist seit langem als Mittel der Steuerersparnis bekannt. In einer Studie[130] ist nachgewiesen worden, dass auch deutsche Unternehmen Holdingstrukturen zur Ausweitung der Fremdfinanzierung genutzt haben. Es bestätigte sich die Einschätzung, dass in Deutschland ansässige Muttergesellschaften einen hohen Anteil an Fremdkapital aufweisen, während Eigenkapital offenbar für Investitionen außerhalb des Landes exportiert wird. Als Gegenmaßnahme gegen den Verlust von Steuereinnahmen versuchen die Industriestaaten daher seit vielen Jahren das Ausmaß der Fremdfinanzierung im Inland mittels Einführung von „Thin-Capitalization Rules“[131] zu begrenzen. In Deutschland betrifft dies die seit 2008 geltende „Zinsschranke“.

Die konzerninterne Finanzierung gehört zum Kerngebiet der betrieblichen Steuerplanung. Der folgende Fall skizziert die Rahmenkonstellation.

Die deutsche Auto AG refinanziert eine neue Firmenbeteiligung in Amsterdam durch ein Darlehen, das von der zum Konzern gehörenden belgischen Finanzierungsgesellschaft (Finance S.A.) gewährt wird. Dadurch entstehen Zinsaufwendungen, die den Gewinn und die Steuerlast der inländischen Auto AG mindern. Ein zusätzlicher Vorteil ergibt sich, wenn die an die Finance S.A. fließenden Zinserträge im Ausland niedriger besteuert werden als im Inland.

Günstige Standorte für Finanzierungsgesellschaften waren bis vor etwa 10 bis 15 Jahren Irland und Belgien. In Irland galt für sie in der Customs House Docks Area von Dublin bis Ende 2005 nur ein 10%iger Steuersatz. Der seitdem anzuwendende allgemeine Steuersatz von 12,5 % ist für die Ansiedlung von Tochtergesellschaften in Irland immer noch sehr attraktiv. Auch die belgischen „Coordination Centers“ hatten sich einen Ruf als günstige Holdingstandorte erworben. Die Steuer wurde pauschal im Verhältnis der Betriebskosten ermittelt. Im Anschluss an Einwendungen der Europäischen Kommission sind diese steuerlichen Begünstigungen in Belgien bis Ende 2010 ausgelaufen. Dafür werden nun andere Maßnahmen wie der fiktive Zinsabzug für Eigenkapital und der Steuerabzug für Patenteinnahmen angeboten.

Zweitens haben auch andere europäische Länder Anreize für ausländische Investoren geschaffen, die sich nicht nur auf die Fremdfinanzierung

---

[130] Im Zeitraum von 1997 bis 2003 sind gesetzliche Verschärfungen mit dem Ziel der Begrenzung der Fremdfinanzierung beschlossen worden. Trotzdem gelang es transnationalen Unternehmen mittels Nutzung von Holdings, die Fremdfinanzierung auszuweiten (Weichenrieder, Windischbauer 2008).

[131] In der Regel handelt es sich um Unterkapitalisierungsregeln, die das angemessene Maß an Fremdfinanzierung im Verhältnis zum Cash-Flow oder den Gewinn bestimmen (v. Wuntsch, Bach 2012: 254–274).

beziehen. Der Gestaltungsschwerpunkt hat sich auf die Nutzung von Patenten, Lizenzen und anderen Rechten verlagert.

So kann eine inländische Muttergesellschaft Patente auf eine Tochtergesellschaft A in einem Land mit günstiger Besteuerung übertragen, welche wiederum die Nutzung des geistigen Eigentums im Rahmen eines Lizenzvertrages der Gesellschaft B in einem Drittstaat überlässt. Lizenzgebühren werden dann im Sitzstaat der Tochtergesellschaft A niedrig besteuert und dort angehäuft. Sie wird dadurch zur Basisgesellschaft. Auch die Gesellschaft B spart durch die gewinnmindernden Lizenzzahlungen Steuern. Die Übertragung von Patenten und Lizenzen kann nun weiter mit der Darlehensvergabe an die inländische Muttergesellschaft verknüpft werden. Dadurch stellt sich der schon erläuterte zusätzliche Effekt ein, dass die geleisteten Zinszahlungen an die Tochtergesellschaft A die Steuerlast im Inland minimieren.

Patente werden gerne in Steueroasen transferiert, um Lizenzeinnahmen steuersparend dorthin zu lenken. Die OECD-Staaten haben in den letzten Jahren versucht, mit Hilfe verschärfter Regelungen zur Bewertung immaterieller Wirtschaftsgüter und zur Funktionsverlagerung auf diese Art der Gewinnverlagerung zu reagieren. Gegenmaßnahmen werden aber zurzeit von vielen Industriestaaten unterlaufen, indem großzügige steuerliche Begünstigungen für Patente und Lizenzen (Patentboxen) angeboten werden. Der Wettbewerb ist auch unter Mitgliedstaaten der Europäischen Union entbrannt. Zurzeit wird die Ansiedlung von Forschungs- und Entwicklungszentren mit den Mitteln von Steuergutschriften umworben. Es ist offenbar bedeutsam geworden, sich als Top-Standort für Hochtechnologie zu präsentieren.

Drittens gehört die Verrechnung von Transferpreisen für Lieferungen und Leistungen zwischen den Unternehmenseinheiten nach wie zum Klassiker der internationalen Steuerplanung. Den Staaten entgehen durch den internen Handel im Konzern Steuereinnahmen im großen Umfang. Die transnationalen Konzerne nutzen im Rahmen ihres global ausgerichteten Firmengeflechts interne Verrechnungspreise als steuerliches Gestaltungsmittel. Die Strategie ist klar. Die Wertschöpfungskette wird in der Weise strukturiert, dass einzelne Tochtergesellschaften hohe Gewinne in Niedrigsteuergebieten erwirtschaften. Die Gewinnverlagerung lässt sich beispielsweise in folgender Weise erreichen.

Für Vorleistungen einer Tochtergesellschaft im Konzern, die ihren Sitz in einem Niedrigsteuerland hat, werden hohe Preise verrechnet. Die importierende Muttergesellschaft im Hochsteuerland hingegen nimmt hohe Kosten in Kauf und mindert damit den steuerlichen Gewinn und die dortige Steuerbelastung. Die Erträge werden auf diesem Weg im Niedrigsteuerland gesammelt, was zur Folge hat, dass die Steuerbelastung des gesamten Unternehmensverbundes sinkt.

Führt man sich vor Augen, dass der Handel zwischen rechtlich eigenständigen Gesellschaften im Konzern einen wachsenden Teil am gesamten Welthandel ausmacht, stehen die Steuerbehörden vor gewaltigen Herausforderungen bei der Überprüfung der Angemessenheit von Verrechnungspreisen. Die Industriestaaten haben seit Mitte der 1990er Jahre massiv mit Abwehrmaßnahmen auf Abweichungen der Verrechnungspreise von vergleichbaren Marktpreisen reagiert. Auch mit Hilfe der detaillierten Verrechnungspreis-Richtlinien der OECD ist das Problem der Ermittlung marktkonformer, fairer Transferpreise für immaterielle Wirtschaftsgüter bislang nicht gelöst worden. Wegen der großen Bedeutung für den internationalen Handel komme ich auf diesen Punkt in den nächsten Abschnitten dieses Kapitels zurück.

Die drei Gestaltungsebenen werden seit Jahren in der Unternehmenspraxis pfiffig miteinander verknüpft. Die Vernetzung zahlreicher, international verteilter Konzerngesellschaften hat sich zu einem Dschungel ausgebildet, der sich von außen nur schwer lichten lässt. Es sieht so aus, dass die Firmengiganten mit ihren Steuerabteilungen und Beratern immer neue Wege finden, um im Wettlauf mit den Steuerbehörden die Nase vorne zu haben. In der Regel haben sie es nicht nötig, illegale Pfade einzuschlagen. Es gibt genügend verschlungene, aber legale Möglichkeiten sich Vorteile zu verschaffen. Die höchstrichterliche Rechtsprechung hat schließlich den Grundsatz der mit der Vertragsfreiheit im Zusammenhang stehenden unternehmerischen Gestaltungsfreiheit häufig bestätigt[132]. Demnach ist das Ziel Steuern zu sparen rechtlich angemessen, solange Rechtsnormen nicht verletzt oder umgangen werden. Die Eingrenzung der Unangemessenheit der Gestaltung ist schwierig und eine Frage der Wertung der Gesamtumstände des Einzelfalls. Die Rechtsprechung im Inland geht seit Jahren von folgendem Grundsatz aus:

- Es handelt sich dann um einen Gestaltungsmissbrauch, wenn entscheidungserhebliche wirtschaftliche oder sonst beachtliche außersteuerliche Motive nicht mehr erkennbar sind und
- die Absicht der Steuerumgehung ein mitbestimmendes Motiv war.

Dies gilt auch für ausländische Tochtergesellschaften. Entfaltet die ausländische Gesellschaft keine eigene wirtschaftliche Betätigung oder ist sie im Unternehmensverbund funktionslos, liegt ein Gestaltungsmissbrauch vor. Diese Formel hat Raum für Interpretationen im Hinblick auf

---

132 Vgl. Entscheidung des BVerfG v. 14.04.1959 (1 BVL 23, 34/57; BverfGE Band 9, S. 237). Vgl. auch die Rechtsprechung des BFH zum Rechtsmissbrauch im Sinne des § 42 AO (v. Wuntsch, Bach 2012).

die Frage geboten, was als ausreichende wirtschaftliche Betätigung anerkannt werden kann. Vor dem Hintergrund der Tatsache, dass im Firmengeflecht spezialisiert tätige Tochtergesellschaften existieren können, die ausschließlich Beteiligungen halten oder Kredite an andere Töchter vergeben, werden verschiedene Aktivitäten auch miteinander vermischt. So kann die Ansiedlung in einem Steuerparadies als Hauptmotiv dadurch verschleiert werden, dass marginale administrative, vertriebs- oder forschungsorientierte Tätigkeiten ergänzt werden. Denn die europäische Rechtsprechung hat unter anderem in der Rechtssache „Cadbury Schweppes“[133] den rechtlichen Schutz nur im Fall der funktionslosen Briefkastengesellschaft verneint, die ohne wirtschaftliche Substanz agiert und rein steuerliche Motive verfolgt. Die rechtlichen Grenzen für die Diskriminierung missbräuchlicher Steuergestaltungen sind damit zu eng gezogen.

Vor diesem Hintergrund ist die weitergehende Diskussion zur Eingrenzung und Diskriminierung der zwar noch legalen, aber ethisch-illegitimen Steuerplanung wichtig. Völlig zu Recht hat die Vorsitzende des britischen Ausschusses zur Untersuchung der Steuerstrategien von Starbucks, Amazon und Google im Jahr 2012 auf diesen Aspekt hingewiesen. Auf die Anmerkung des Google-Managers, Google nutze die Steueroase Bermudas, zahle aber ganz legal in Großbritannien minimale Steuern, äußerte sie:

„We are not accusing you of being illegal, we are accusing you of beeing immoral.“ (Margaret Hodge; Vorsitzende des UK-Public Accounts Committee am 12.11.2012)

Was legal ist, ist in den Gesetzen definiert. Bei der Definition der Angemessenheit von Gestaltungen gibt es aber einen Graubereich. Sobald legale und missbräuchliche Gestaltungsmotive miteinander vermischt werden, wird es heikel. Was gerade noch als legal gilt, kann als illegitim empfunden werden. Hodge hat mit ihrem Einwand Recht. Der Maßstab für das ethisch verantwortungsvolle Handeln sollte der angemessene

---

[133] Nach der Rechtsprechung des Europäischen Gerichtshofs verstößt die Hinzurechnungsbesteuerung gegen die Niederlassungsfreiheit. Der Zugriff des deutschen Fiskus auf die Gewinne ausländischer Tochtergesellschaften mit Sitz in der EU oder im EWR ist nur erlaubt, wenn sie nicht als Niederlassung im europarechtlichen Sinne angesehen werden können. Sobald eine Gesellschaft in ihrem Sitzland eine eigene echte wirtschaftliche Tätigkeit entfaltet, ist sie bereits als Niederlassung anerkannt. Die Hinzurechnungsbesteuerung wird europarechtlich daher nur akzeptiert, wenn es sich um eine rein künstliche Gestaltung handelt. Was als rein künstlichen Gestaltung zu verstehen ist, ist nicht ausreichend geklärt (vgl. EuGH v. 12.09.2006, C-196/04, Rs. Cadbury Schweppes).

Beitrag zur Finanzierung der öffentlichen Güter sein. Die im Sitzland bestehenden tariflichen Steuersätze sollten demnach nicht wesentlich unterschritten werden. Wenn gar keine oder nur sehr geringe Steuern gezahlt werden, ist die Orientierung am Gemeinwohl völlig aus dem Blick geraten.

In der Öffentlichkeit sind die Steuertricks der Stars der globalen Unternehmenslandschaft kaum zu vermitteln. Wie schaffen es die Giganten wie Apple, Google, Amazon, Starbucks und Ikea, ihre Steuerlast auf ein Minimum zu reduzieren? Und welche Rolle spielen die Regierungen der jeweiligen Länder, die als Standorte für Tochtergesellschaften und Betriebsstätten auserkoren wurden? Der wachsende Kreis investigativer Journalisten, kritischer Politiker und Wissenschaftler sowie zivilrechtlicher Organisationen und Whistleblower hat entscheidend dazu beigetragen, dass Gestaltungen aufgedeckt und der Öffentlichkeit zugänglich gemacht werden konnten.

Einige steuerliche Modelle sind unter dem Begriff „Double Irish with a Dutch Sandwich" in die Debatte eingegangen. Der Begriff gaukelt schmackhafte Kost vor, ist aber alles andere als leicht verdaulich. Zur Erläuterung der Grundkonstellation reicht die Vernetzung von drei bis vier Gesellschaften, die ihre Aktivitäten auf verschiedene Länder verteilen. Es fällt auf, dass sich die Aktivitäten auf Länder wie Irland, die Niederlanden, Luxemburg und auf Steueroasen auf den Bahamas, Bermudas etc. konzentrieren. Irland spielt im Hinblick auf das Europageschäft vieler Firmen seit Jahren eine zentrale Rolle. Gerade für U.S.-Unternehmen ist das kulturell nahestehende Land die Eintrittspforte in den Wirtschaftsraum der EU sowie in ein Steuergebiet mit günstigen steuerlichen Rahmenbedingungen. Die großen IT-Firmen nutzen irische Gesellschaften gerne als Basisgesellschaften, um Patente und Einnahmeströme zu verlagern. Lizenzgebühren und andere Gewinnbestandteile können dann in Offshore-Gesellschaften gesammelt und gegenüber der U.S.-Besteuerung abgeschottet werden. Die Organisation des Firmengeflechts um diese immateriellen Güter herum gehört heute zu den intelligenten Gestaltungen, die günstige steuerliche Effekte versprechen. Daneben ist auch der Standort in den Niederlanden ein wichtiges Element der steuerlichen Modellarchitektur. Denn dort werden nach nationalem Recht keine Quellensteuern auf die Auszahlung von Dividenden oder Lizenzgebühren in Staaten außerhalb der EU erhoben. Damit können Auszahlungen an Firmen in Steueroasen außerhalb der EU über den Durchlauf durch eine holländische Gesellschaft nahezu ohne Steuerbelastung erfolgen.

Die Steuerplanungen der großen IT-Firmen lassen sich vor allem auf zwei Gestaltungsmuster zurückführen:

- die Nichterfassung von Gewinnen aufgrund der Ausnutzung von Regelungslücken und Steuerabsprachen zwischen Firmen und Steuerbehörden (Tax Rulings) sowie
- die Abschottung von Gewinnen in Steueroasen fernab von den Stammsitzen der Muttergesellschaften.

Einige Techniken der Steuervermeidung basieren auf Lücken in der rechtlichen Abgrenzung der Steuerpflicht. Hier spielte Irland bis zum Jahr 2015 eine unrühmliche Rolle. Die Anwendung des relativ günstigen Steuersatzes von 12,5% konnte von Firmengiganten ganz vermieden werden, indem der Ort des leitenden Managements einfach in ein anderes Land verlegt wurde. Bis zum Jahr 2015 galt nach irischem Steuerrecht die Regel, dass sich die Steuerpflicht in Irland nicht nach dem Ort der Registrierung im Handelsregister, sondern nach dem Sitz der Geschäftsleitung richtete. Da bot es sich an, das Management zumindest auf dem Papier in einer Steueroase anzusiedeln oder in einem Land, das die Steuerpflicht allein an die handelsrechtliche Registrierung knüpft. Solche Lücken wurden auch von Apple und Google genutzt, die mit ihrem weit verzweigten Firmennetz Mehrfachvorteile erzielen. So befindet sich das Management einer in Irland gegründeten Tochtergesellschaft von Google auf den Bermudas, wo keine Steuern auf den Gewinn erhoben werden. Das Modell „Double Irish with a Dutch Sandwich" konnte auf diesem Weg von Google klassisch umgesetzt werden. Das umfangreiche Geflecht lässt sich auf eine Kernstruktur reduzieren.

Im ersten Schritt gründete die U.S.-Muttergesellschaft die „Google Ireland Holding" (GIH) durch Eintragung in das irische Handelsregister. Da vorgegeben wurde, dass sich die Geschäftsleitung der GIH auf den Bermudas befindet, erfolgte für sie weder eine Besteuerung der Gewinne in Irland noch auf den Bermudas. Und obwohl die Forschungsleistungen am amerikanischen Stammsitz erbracht worden sind, transferierte die U.S.-Muttergesellschaft die Rechte am geistigen Eigentum der Suchmaschine und des Rechenzentrums (Intellectual Property) an die GIH. Im zweiten Schritt wurden der GIH wiederum die beiden Tochtergesellschaften „Google Ireland Limited" (GIL) und die niederländische „Google Netherlands Holding B.V." (GNV) untergeordnet. Das Kundengeschäft wurde über Werbeverträge durch die irische GIL abgewickelt. Ihre Gewinne wurden dadurch klein gehalten, dass sie Lizenzzahlungen leistete, die über die holländische GNV – eine reine Durchlaufgesellschaft ohne Mitarbeiter – schließlich bei der GIH auf den Bermudas landeten. Der Gewinntransfer in Gestalt der Lizenzzahlungen über Holland rundete das

Konzept insofern ab, als Holland gegenüber dem EU-Ausland keine Quellensteuer auf solche Zahlungen erhebt.[134]

Das „Double Irish“ war in den letzten Jahren das steuerliche Standardmodell der U.S.-Konzerne. Im Zentrum der Gestaltung standen im Grunde zwei Bausteine: Erstens wurden in Irland mindestens zwei abhängige Tochtergesellschaften gegründet, von denen nur eine der beiden als irisches Steuersubjekt galt. Die andere war steuerlich einer Steueroase zugeordnet, da sich die Besteuerung nach irischem Recht auf den Ort der Geschäftsleitung bezog. Zweitens wurden Patente und Know-how (Intellectual Property) auf eine Tochtergesellschaft in einer Steueroase außerhalb der USA übertragen und von dort aus anderen Konzerngesellschaften in Irland zur Nutzung überlassen. Die dafür fälligen Lizenzgebühren haben die in Irland erfassten Gewinne weitgehend aufgezehrt.

Apple, die Weltfirma mit der höchsten Marktkapitalisierung, hat die defacto-Nichtbesteuerung auf anderem Weg erreicht. Bis zum Jahr 2014 handelte es sich nicht um das „Double Irish“ im klassischen Sinn. Carl Levin, der Vorsitzende des U.S.-Senatsausschusses „Permanent Subcommittee on Investigations“ hat in seinem Bericht die Strategie von Apple als heiligen Gral der Steuervermeidung bezeichnet. Denn für eine Zeitspanne von etwa 5 Jahren war es der Steuerabteilung von Apple gelungen, zwei irische Tochtergesellschaften als steuerlich staatenlose Firmen zu konstruieren. Aufgrund einer Lücke bei der Begründung der Steuerpflicht zwischen den beiden Staaten[135] wurden deren Gewinne weder in Irland noch in den USA erfasst. Der Ausschuss hat das in den vergangenen Jahren praktizierte Modell beschrieben.

Der Muttergesellschaft von Apple in Cupertino, Kalifornien, ist ein Heer von Tochtergesellschaften untergeordnet, das sich über alle Kontinente erstreckt. In Europa spielten drei irische Tochtergesellschaften eine

---

134 Google breitet sein Netzwerk auf viele Länder aus. Häufig übt der Internetkonzern seine Aktivitäten dort nur über Niederlassungen aus. So werden in Frankreich Anzeigen über die Suchmaschine verkauft, die nicht die Kriterien einer dauerhaften Betriebsstätte erfüllen. Der dort erzielte Gewinn ist deshalb in Frankreich nicht steuerpflichtig. Im Fall von Amazon ist es ähnlich. Die Logistikzentren sind aufgrund der Ausnahmeregelungen im internationalen Abkommensrecht ebenfalls keine Betriebsstätten. Das trifft die Aktivitäten in Deutschland. Gewinne werden fast nur in der Europazentrale in Luxemburg besteuert.

135 Während in Irland registrierte Gesellschaften dort nicht besteuert wurden, wenn deren Geschäftsleitung sich im Ausland befand (Sitzprinzip), erfassten die USA steuerlich nur Gesellschaften, die in den USA registriert worden sind. Da bot es sich an, die Geschäftsleitung der in Irland registrierten „Apple Operations International“ und der „Apple Operations Europe“ zumindest auf dem Papier in die USA zu verlegen.

maßgebliche Rolle bei der Abschottung der Gewinne. Die U.S.-Mutter „Apple Inc." war direkt an der „Apple Operations International" (AOI) in Irland beteiligt. Sie existierte als reiner Rechtsmantel ohne Mitarbeiter und Büros, unterhielt aber Bankkonten in den USA. Die Sitzungen des Vorstands der AOI wurden am Stammsitz der Mutter in Kalifornien abgehalten, was auf die Leitung und Kontrolle durch die U.S.-Apple Inc. hinwies. Unterhalb der AOI existierten die irische „Apple Operations Europe" (AOE) und die irische „Apple Sales International" (ASI). Über die ASI wurden Apple-Produkte von chinesischen Fabriken gekauft und mit Aufpreis an Kunden in Europa[136], Indien, Afrika und dem Nahen Osten verkauft. Der aus den Verkäufen resultierende Gewinn wurde bei der ASI in Irland gesammelt. Der Kernpunkt besteht hier darin, dass die ASI sowie die AOI als in Irland registrierte Gesellschaften von den USA aus geleitet und kontrolliert wurden. Durch die fiktive Ansiedlung des Verwaltungssitzes in den USA konnten die irischen Töchter über Jahre hinweg einer Besteuerung der Gewinne entgehen. De facto waren sie stattenlos. In 2014 lag der effektive Steuersatz von Apple in Irland in der Größenordnung von 0,005% (Levin 2013).

Der Fall hat nicht nur in den USA für Aufmerksamkeit gesorgt. Auch für die Europäische Kommission war dies Anlass zur näheren Untersuchung. Während sich der U.S.-Fiskus streng nach dem Ort der Registrierung richtet, wich Irland bis vor kurzem nicht von seiner engen Auslegung des Sitzprinzips ab. Im Untersuchungsbericht der Europäischen Kommission wird davon ausgegangen, dass der U.S.-Verwaltungssitz nur auf dem Papier existierte. Irland teilte die Sichtweise der Kommission nicht und beharrte darauf, dass der Deal mit Apple rechtmäßig war. Dass der irische Staat gegenüber den Global Players viel zu defensiv agierte, kommt in der Neuregelung zum Ausdruck, wonach seit 2015 die Registrierung im Handelsregister automatisch mit der Verankerung des Steuersitzes in Irland verbunden ist. Bestehenden Firmenkonstruktionen ist allerdings eine Übergangsfrist bis 2020 eingeräumt worden.

Die Apple Muttergesellschaft in Kalifornien hat sich längst auf die neue Situation eingestellt. Seit dem Jahr 2015 werden die Gewinne im Apple-Konzern neu verteilt. Bereits 2014 hatten sich die Steueranwälte von

---

[136] In Deutschland existieren zwei Apple-Gesellschaften. Die eine wickelt den Verkauf an deutsche Kunden ab. Auf den Gewinn entfallen ungefähr 5 Millionen Euro an Steuern. In der anderen Gesellschaft werden primär Aufgaben im Marketing ausgeführt. Dieser Gewinn ist mit Steuern in Höhe von 21 Millionen Euro belastet. Das ist im Vergleich zu den weltweit gezahlten Gewinnsteuern von 16 Milliarden Dollar marginal. Bezogen auf den in Deutschland erbrachten Umsatzanteil müsste die deutsche Steuer von Apple größer sein.

Apple, Baker McKenzie, an die Anwaltsbüros von Appleby in sechs Steueroasen gewandt, um herauszufinden, ob sich das „Double-Irish“-Modell dort problemlos anwenden lasse. Die Anfrage wurde vom Internationalen Consortium für Investigativen Journalismus (ICIJ) aufgedeckt und der Öffentlichkeit im Rahmen der „Paradise Papers“ zugänglich gemacht. Sie bezog sich auf die Cayman Islands, Bermuda, Guernsey, die Isle of Man, Jersey und die Virgin Islands. Appleby sollte zusichern, dass Apple in diesen Gebieten steuerfrei, ohne Offenlegungspflichten und im gesicherten politischen Umfeld agieren könne. Im Ergebnis führte die Überprüfung der Apple-Steuerstrategie zur Umstrukturierung des Europageschäfts. Die Steuervermeidung ließ sich im Grunde legal und ohne faule Tricks innerhalb Europas erreichen. Die Lenkung der Lizenzeinnahmen über Holland in außereuropäische Offshore-Oasen hat sich erübrigt. Die der amerikanischen Apple Mutter untergeordnete Holding „Apple Operations International (AOI)“ und deren Tochter, die „Apple Sales International (ASI)“, sind nunmehr steuerrechtlich der Kanalinsel Jersey zugeordnet, die als Kronbesitz direkt dem britischen Königshaus unterstellt ist. Wie die anderen britischen Kanalinseln gehört Jersey nicht zur Europäischen Union, ist aber in das EU-Handels- und Zollsystem eingebunden. Für Unternehmen gilt dort ein Steuersatz von null Prozent.

Die neue Konzernstruktur ist zugleich ein Lehrbeispiel dafür, wie einzelne EU-Mitgliedsländer die Bekämpfung der Steuervermeidung unterlaufen können. Von den insgesamt vier in Irland registrierten Gesellschaften üben nun drei entscheidende Funktionen im Steuerkarussell aus:

- Die Rechte und Patente sind von der ASI auf die „Apple Operations Europe (AOE)“ übertragen worden, die in Irland steuerpflichtig ist. Für den Erwerb dieser immateriellen Wirtschaftsgüter hat die steuerlich dem Kronbesitz Jersey zugeordnete „Apple Operations International (AOI)“ der AOE im größeren Umfang Darlehen gewährt. Mit dieser Konstruktion können seitdem Zinseinnahmen bei der AOI steuerfrei gesammelt werden.
- Für die Verkäufe der Apple-Produkte ist die in Irland steuerpflichtige „Apple Distribution International (ADI)“ zuständig. Sie führt ihre Gewinne an die übergeordnete AOI-Holding ab.

Das seit 2015 praktizierte Modell wird mittlerweile als „Green Jersey“ bezeichnet. Die neue Steuergestaltung ist nicht in allen Einzelheiten im Apple-Bericht der Europäischen Kommission offengelegt worden, da sie als Geschäftsgeheimnis des Konzerns anerkannt und geschützt wird. Es lässt sich aber formulieren, dass die in Irland steuerpflichtigen Apple-Töchter Steuerbegünstigungen im erheblichen Umfang nutzen. Obwohl ehemalige Gesetzeslücken und Steuerabsprachen mit Apple Ende 2014 ausgelaufen sind, heben Wirtschaftsberater im Hinblick auf den Standort

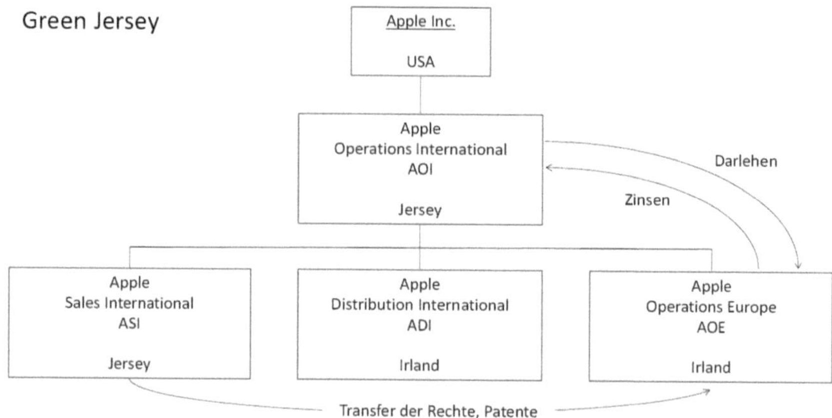

Quelle: Angelehnt an Darstellung von Christensen, Clancy (2018: 31)

Irland offensiv hervor, dass sich der effektive Steuersatz auf legale Art und Weise auf 2–3% reduzieren lasse. Irland erkennt zwar die BEPS-Initiative der OECD zur Bekämpfung der Steuerflucht an, setzt aber entsprechende Maßnahmen nur zögerlich und mit vielen Ausnahmeklauseln um. So bietet das irische Steuerregime seit 2015 außerordentlich günstige Abschreibungsregelungen für erworbene immaterielle Wirtschaftsgüter (Intellectual Property).[137] Außerdem ist die irische Quellensteuer auf Lizenzzahlungen an Unternehmen außerhalb der EU im Jahr 2010 abgeschafft worden, sodass sich die ergänzende Nutzung holländischer Durchlaufgesellschaften (Dutch Sandwich) erübrigt hat. Holland spielt aber weiter eine unrühmliche Rolle bei der Eindämmung der Steuertricks der Konzerne.[138]

---

[137] „The Irish government ... introduced a 100% cap on the capital allowance that could be claimed for IP expenditure“ (Christensen, Clancy 2018: 42). In der Studie im Auftrag der Linksfraktion im Europarlament ist aufgezeigt worden, dass der effektive Steuersatz von Apple im Zeitraum 2015–2017 auf 0,7% gesenkt werden konnte (http://www.guengl.eu/uploads/news-documents/Apple_report_final_1.pdf).

[138] Im Rahmen der „Paradise Papers“ ist 2017 auch die Steuergestaltung von Nike aufgedeckt worden. Holland spielt hierbei eine maßgebliche Rolle. Wurden Lizenzgebühren bis 2014 ohne Quellensteuer nach Bermuda weitergeleitet, werden die Markenrechte nun von der holländischen „Nike Innovate CV“ gehalten. Nach holländischem Recht entspricht die „CV“ einer Kommanditgesellschaft (Commanditaire Vennootschap). Sie ist eine Personengesellschaft. Deren „General Partner“ ist eine andere holländische „CV“. Es folgt eine Kaskade von weiteren „CVs“, bis schließlich als „General Partner“ die Nike Holding in Delaware erkennbar wird. Entscheidend ist, dass die „CV“ in

Widersprüche der US-Steuerpolitik bei der Bekämpfung von Gewinnverlagerungen

Ein Ende der Auseinandersetzung um Gewinnverlagerungen der Firmengiganten ist nicht abzusehen. Bereits im Jahr 2012 sind im Rahmen des amerikanischen Ausschusses zur Untersuchung von Steuervermeidung durch Offshore-Firmengründungen umfangreiche Regelungslücken aufgelistet worden. Der Vorsitzende des Ausschusses, Carl Levin, hat in seinem Bericht an den Kongress 10 Punkte eingegrenzt, die auf eine offensive und skrupellose Steuerplanung der Unternehmen hinweisen. Ich greife hier nur einige Maßnahmen auf:

- Bei der Übertragung des geistigen Eigentums (Intellectual Property) an ausländische Tochtergesellschaften sind absichtlich zu geringe Preise vereinbart worden. Im Fall von Microsoft wurden immaterielle Werte im Wert von 4 Mrd. Dollar an Töchter in Singapur, Irland und Puerto Rico verkauft, die diese Rechte zum Wert von 12 Mrd. Dollar an andere Firmen weiterverkauft haben. Dem U.S.-Fiskus sind damit in 2011 steuerbare Einnahmen im Umfang von 8 Mrd. Dollar in einem einzigen Jahr entgangen.
- Gewinne, die in Steueroasen abgeschottet wurden, sind trotzdem direkt für Geschäfte in den USA aktiviert worden. Zum einen wurden Darlehen (short-term loans) zur Finanzierung laufender Ausgaben an die US-Muttergesellschaften gewährt. Zum anderen reichte es aus, eine Offshore-Bank auf den Cayman-Islands aufzufordern, Bankguthaben in Dollar zu konvertieren. Dies ging dann typischer Weise mit der Eröffnung eines Kontos bei einer U.S.-Bank einher (correspondent account). Apple, Cisco, Google und Microsoft hatten auf diesem Weg im Jahr 2010 zwischen 75% und 100% ihrer abgeschotteten Gewinne in US-Wirtschaftsgütern wie Anleihen und Aktien angelegt.
- Reine Briefkastenfirmen wurden massenweise auf den Cayman Islands eingerichtet. Darunter befanden sich große Hedge-Fonds wie Highbridge Capital, JP Morgan Chase, Angelo Gordon und Maverick Capital. Allein im berühmten Ugland House waren 18.800 Firmen registriert, wovon die Hälfte eine offizielle Adresse in den USA besaß. Außerdem kamen im Untersuchungsauschuss Geldwäsche-Geschäfte zur Sprache, in die Banken in der Schweiz und in Liechtenstein invol-

---

Holland selbst nicht als Steuersubjekt erfasst wird. In den USA kommt das „check the box“-Wahlrecht zur Anwendung mit der Folge, dass die Kommanditgesellschaft steuerlich als intransparente Kapitalgesellschaft eingeordnet wird. Da sie in Holland registriert ist, bleibt sie in den USA steuerfrei. Dies ist ein weiterer Fall einer doppelten Nichtbesteuerung. Kein Wunder, dass der effektive Steuersatz des Nike-Konzerns im Jahr 2017 auf 13,2% gedrückt werden konnte.

viert waren. Allein die Schweizer UBS hat die Konten von ungefähr 52.000 US-Bankkunden abgeschirmt und sich direkt an der Steuerhinterziehung beteiligt.

Darüber hinaus hat der US-Untersuchungsausschuss gefordert, endlich den legalen Weg zur Abschottung riesiger Gewinne in Steueroasen außerhalb der USA zu schließen. Die von Apple, Google, Microsoft und anderen Konzernen erzielten Gewinne sind bislang weitgehend der Besteuerung in den USA entzogen worden. Dies ist im Wesentlichen auf eine Ausnahmeregelung zurückzuführen, die es amerikanischen Konzernen ermöglichte, der Erfassung ausländischer Gewinne in den USA zu entgehen. Carl Levin geht in seinem Untersuchungsbericht davon aus, dass allein im Zeitraum 2009 bis 2011 von Apple $ 35,4 Mrd., von Google $ 24,2 Mrd. und von Microsoft $ 21 Mrd. in Offshore-Gebieten abgeschirmt worden sind.

Die Strategie der Abschirmung von Gewinnen in Steueroasen außerhalb der USA ist seit Jahren ein zentrales Thema der amerikanischen Steuerdiskussion. Eingegrenzt wurden verschiedene Varianten der Abschirmung. Amerikanische Steuerexperten haben zum einen den Radikalschritt hin zur „Inversion“ beobachtet, bei der die Muttergesellschaft eines Konzerns ihren Sitz von den USA in ein anderes Land verlegt. Dies kann über einen Aktientausch[139] arrangiert werden. Im Konzern werden gewissermaßen die Rollen vertauscht, indem sich die ehemalige Tochtergesellschaft im Ausland in die Muttergesellschaft verwandelt und die ehemalige Muttergesellschaft in die Tochtergesellschaft in den USA. Als typische Gebiete für die Expatriierung amerikanischer Unternehmen werden die Bermudas und die Cayman Islands genannt. Zum anderen kann die amerikanische Muttergesellschaft über ein differenziertes Firmengeflecht im Ausland untergeordnete Tochtergesellschaften halten, die von den USA aus gesteuert werden.

Beide Varianten gelten als Schritte hin zur Vermeidung der Besteuerung in den USA. Verwiesen wird dabei auf das US-Steuersystem, das bis zur Reform durch Trump streng auf dem Grundsatz der Besteuerung des Welteinkommens beruhte. Alle inländischen und ausländischen Einkünfte, die eine in den USA steuerpflichtige natürliche oder juristische Person erhielt, waren dort zu erfassen. Im amerikanischen Steuersystem wurden zwar die ausländischen Steuern angerechnet, die Steuerbelastung aber auf das nicht geringe U.S.-Niveau in Höhe von durchschnittlich 38% hochgeschleust. Steuerexperten betrachteten dies als Wettbewerbsnachteil gegenüber anderen Staaten, darunter Deutschland, die Niederlanden,

---

[139] „Individual shareholders, who previously owned shares of the American parent company, will then own shares of the foreign (parent) company, which owns the American company“ (Desai, Hines 2002: 410).

Kanada, Frankreich und die meisten Steueroasen.[140] Abgesehen von niedrig oder gar nicht besteuernden Offshore-Regionen weichen nicht wenige Hochsteuerländer vom Welteinkommensprinzip ab, indem sie den Dividendenfluss zwischen Kapitalgesellschaften von der Besteuerung ausnehmen. Sie verzichten damit auf Steuereinnahmen zugunsten der in ihrem Hoheitsgebiet ansässigen Konzerne.

Zwei amerikanische Forscher haben bereits vor einigen Jahren den Trend zur „Inversion" statistisch nachgewiesen. Im Zeitraum 1982 bis 2002 sind US-Muttergesellschaften im zunehmenden Maße in ausländische Offshore-Gebiete verlegt worden. Während früher primär Unternehmen in der Öl- und Gasindustrie sowie im Rückversicherungsgewerbe betroffen waren, wurden bis zum Jahr 2002 weitere Branchen erfasst. Die Studie hat darüber hinaus zentrale Motive der "Inversion" aufgedeckt, indem die Marktreaktionen auf Ankündigungen von Sitzverlegungen ins Ausland (Expatriierungen) beobachtet wurden. Es konnte gezeigt werden, dass die Aktienkurse positiv auf solche Bekanntmachungen reagierten. Im Anschluss an die Abwägung von Kosten und Vorteilen solch einer Strategie erwarteten die Aktienbesitzer unterm Strich sinkende Steuerbelastungen und daher steigende Börsenkurse[141]. Die Autoren deuten die Untersuchungsergebnisse als Hinweis dafür, dass die Strategien der transnationalen Unternehmen von der Art des Steuersystems[142] beeinflusst werden.

Erkennbar ist ein weiterer, strategisch zentraler Aspekt der „Inversion". Nur im Fall der radikalen Offshore-Sitzverlegung der Muttergesellschaft in das Ausland lassen sich bislang US-Steuern auf nicht-repatriierte Einkommen vermeiden, da sich das Zielunternehmen in diesem Fall gar nicht mehr in den USA befindet. Besondere steuerliche Kosten der Repatriierung von Einkommen können nur solange entstehen, wie die Mutter-

---

140 „... companies in numerous other countries, including Germany, the Netherlands, Canada, and France, not to mention most tax havens, owe little or no tax to their home governments on any foreign income" (Desai, Hines 2002: ebd.).

141 Für die Shareholder ergaben sich im Anschluss an die Ankündigung unterschiedliche Erwartungen. Einerseits erwarteten sie sinkende Unternehmenssteuern und steigende Cash-Flows und andererseits stellten sie höhere Kosten in Rechnung. Denn steigende Aktienkurse würden schließlich bei den Shareholdern der Capital-Gains-Tax unterliegen. In der Studie wird gezeigt, dass der positive Effekt der „Inversion" an den Börsen größer ist, wenn Unternehmen nicht bereits aus anderen Gründen steigende Kurse verzeichneten. Denn dann würde sich die Capital-Gains-Tax weniger auswirken.

142 „Corporate expatriation is simply a very visible symbol of the impact of a US tax system that significantly influences the behaviour of multinational firms and that differs from what is available from elsewhere in the world" (Desai, Hines 2002: 438).

gesellschaft in den USA registriert ist. Um diese Konzerne von der Abwanderung abzuhalten, hat die US-Steuerpolitik Kapriolen geschlagen. Steuerliche Abwehrgesetze wurden in der Vergangenheit zwar eingeführt, ihre Anwendung auf transnationale Konzerne aber immer wieder abgeblockt. Hierbei halfen andere Spezialregeln. Der US-Fiskus hat sich damit als äußerst widersprüchlich erwiesen. Nach dem US-Steuerrecht droht die Erfassung der im Ausland gebunkerten Gewinne als „Subpart F-Income“[143]. Hierbei handelt es sich um Gewinne amerikanischer Tochtergesellschaften, die in Steueroasen abgeschirmt werden. Diese Gesellschaften werden in der Literatur als ausländische Basisgesellschaften bezeichnet und gelten nach amerikanischem Recht als von US-Muttergesellschaften kontrollierte Firmen[144]. Die Besteuerung solcher Gewinne in den USA wird bislang über die Anwendung eines Spezialgesetzes ermöglicht, das unter dem Namen „Controlled-Foreign-Company Legislation (CFC)“ in die Debatte eingegangen ist. Die Regeln sind bereits 1962 in den USA mit dem Ziel eingeführt worden, die Gewinnverlagerung in Niedrigsteuergebiete zu verhindern. Entsprechende Abwehrgesetze existieren mittlerweile in vielen Ländern, so auch in Deutschland[145].

So vorteilhaft die „Inversion“ aus Sicht der Unternehmen auch ist, so problematisch ist sie für IT-Konzerne, die ihren Forschungsschwerpunkt am Sitz des Stammhauses in den USA haben. Für das Image dieser Firmen ist die Präsenz in den USA lebenswichtig. Da bietet es sich eher an, über ein transnationales Firmengeflecht Lizenzzahlungen und Zinsen so zu verteilen, dass in Hochsteuerländern möglichst geringe Gewinne und Steuern anfallen. Wie bereits geschildert führt auch diese Variante der Abschirmung von Einkommen zu Gewinnhäufungen in Offshore-Basisgesellschaften. Allerdings besteht in diesem Fall die Gefahr der Einordnung als „Subpart F-Income“ mit der Folge, dass der US-Fiskus die in der ausländischen Basisgesellschaft abgeschirmten Gewinne direkt besteuern kann.

---

143 „.. the restructuring of worldwide operations such that non-U.S.-operations would avoid repatriation taxes and the encumbrances associated with Subpart F, are the most widely cited reasons for expatriating“ (Desai, Hines 2002: 421).

144 Mindestens 75% des Bruttoeinkommens mussten in diesem Fall aus passiven Einkünften wie Dividenden, Lizenzgebühren, Zinsen oder Mieten stammen. Alternativ reichte es aus, wenn mindestens 50% der Vermögenswerte der Erzielung passiver Einkünfte dienten (vgl. Sect. 1297 (a) und Sect. 954 (c) IRC).

145 In Deutschland ist das Abwehrgesetz im Jahr 1972 unter dem Namen „Hinzurechnungsbesteuerung“ eingeführt worden. Zu den Details vgl. v. Wuntsch, Bach (2012).

In dieser Situation kommen den US-Konzernen Ausnahmen von der Anwendung der „CFC-Legislation“ entgegen. Die 1996 eingeführte „Check-the-Box“-Regel ermöglicht die völlige steuerliche Vernachlässigung der in den Offshore-Gesellschaften gebunkerten passiven Einkünfte. Die Begünstigung unterstellt ein mindestens dreistöckiges Firmengeflecht. Eine amerikanische Muttergesellschaft kontrolliert auf der zweiten Stufe eine ausländische Kapitalgesellschaft als Zwischengesellschaft, der wiederum auf der dritten Stufe mehrere Tochtergesellschaften untergeordnet sind. Das in den USA geltende Verfahren der rechtlichen Einordnung von Unternehmen kann auf ausländische Unternehmen der dritten Stufe ausgedehnt werden. Solange solch eine Tochtergesellschaft nicht klar als juristische Person zu klassifizieren ist, kann im Rahmen einer Option die Einordnung als hybride Gesellschaft[146] gewählt werden. Sie gilt dann nicht als Kapitalgesellschaft. Der Zahlungsfluss zwischen den Unternehmen der zweiten und dritten Stufe wird folglich nicht als steuerschädliches Einkommen erfasst. Passive Einkünfte, welche die amerikanisch kontrollierte Kapitalgesellschaft auf der zweiten Stufe erhält, bleiben dann vom Abwehrgesetz (CFC-Legislation) verschont.

„Check-The Box“ ist in den USA eine populäre Strategie zur globalen Steuervermeidung geworden. Das Verfahren ist angeblich zur Vereinfachung der Besteuerung ausgeheckt worden. Steuerexperten weisen immer wieder auf den Missbrauch hin. Doch im Laufe der Zeit hat sich herausgestellt, dass Konzerne eisern an der Regel festhalten. Ihre Interessenvertreter haben bislang alle Versuche der Abschaffung der Ausnahmeregel im Keim erstickt. 1998 hatte die amerikanische Steuerbehörde IRS einen vergeblichen Vorstoß unternommen. Ein Jahr später unterbreitete die Behörde den Vorschlag, wenigstens außerordentliche Transaktionen[147] zu bekämpfen. Auch dies verlief im Sande.[148] Im Jahr 2010 hat Präsident Obama versucht, die 1998 eingebrachte Gesetzesinitiative zu beleben. Auch dieser Ansatz verlief aufgrund harten Widerstands von Seiten der Wirtschaft erfolglos. Seitdem sind die im Ausland reinvestier-

---

146 Solch eine Gesellschaft wird als hybride Gesellschaften (Disregarded Entity) bezeichnet. Vom Standpunkt eines Staates können sie als transparent (Personengesellschaft) und vom Standpunkt eines anderen Staates als nichttransparent (Körperschaft) behandelt werden. Das ermöglicht den Missbrauch. Die GmbH & Co. KG wird z.B. in den USA im Unterschied zu Deutschland nicht als Personengesellschaft erfasst.

147 Als „extraordinary transactions“ sollten Vorgänge gelten, bei denen ein wirtschaftliches Interesse im Umfang von mindestens 10% an einer ausländischen Gesellschaft vorhanden ist.

148 In 2006 wurden Ausnahmeregelungen sogar auf Zinsen, Renten und Lizenzgebühren von „Related Controlled Foreign Corporations“ ausgeweitet. Diese Regel wird als „Look Through“ bezeichnet.

ten Gewinne amerikanischer Gesellschaften unbeachtet von aller Kritik weiter angeschwollen. Im Jahr 2014 verwies Obama wiederum auf eine Liste von U.S.-Konzernen, die eher im Ausland statt im Inland investierten. Darunter befinden sich Top-Firmen wie General Electric, Pfizer, Microsoft, Merck & Co., Johnson & Johnson und International Business Machines. Sein damaliger politischer Aufruf zeigt, dass der Versuch der Stärkung der heimischen Wirtschaft alles andere als neu ist. Die politischen Entscheidungsprozesse in den USA weisen bislang darauf hin, dass der Wille zur Bekämpfung der legalen aber illegitimen Steuermodelle der Firmengiganten zu schwach ausgeprägt ist. Ihre Steuerpolitik steckt voller Widersprüche. Die gesetzlichen Bestimmungen zur Besteuerung der ausländischen Gewinne in den USA sind vorhanden, aber Ausnahmeregelungen verhindern ihre konsequente Anwendung. Die faktische Nullbesteuerung amerikanischer Auslandsgewinne verschafft den U.S.-Firmen Wettbewerbsvorteile, die offensichtlich politisch gewollt sind.

Both Democrats and Republicans have argued that our tax code is riddled with wasteful, complicated loopholes that ... reward companies that keep profits abroad... Let´s work together to close those loopholes, end those incentives to ship jobs overseas, and lower tax rates for businesses that create jobs here at home". (Präsident Obama in seiner Ansprache im Jahr 2014)

Ökonomen weisen neuerdings darauf hin, dass die Gewinnverlagerungen die amerikanische Handelsbilanz nach unten zieht. Denn im Ausland produzierte Hightech-Produkte wie Smartphones basieren zum großen Teil auf Leistungen, die in den USA erbracht worden sind, aber nicht als U.S.-Exporte in Erscheinung treten. Durch den Transfer von Eigentums- und Markenrechten in Gebiete außerhalb der USA wird zugleich die Wertschöpfung künstlich verlagert. Denn die Software, das Design, der Markenname und der Service basieren ursprünglich auf amerikanischen Leistungen, die über den Rechte-Transfer in anderen Ländern lizensiert werden. Die Heimholung immaterieller Vermögenswerte könnte sich als Weg zur Reduzierung des U.S.-Außenhandelsdefizits erweisen (Guvenen 2017). Dies hätte sich in den vergangenen Jahren durch eine konsequente Anwendung der erwähnten Abwehrgesetze erreichen lassen.

Unter dem neuen Präsidenten Trump sind radikale Eingriffe in das Steuersystem vorgenommen worden. Die U.S.-Steuerreform 2018 hebt aber die Widersprüchlichkeit der Konzernbesteuerung keineswegs auf. Sie setzt sich lediglich in anderer Weise fort. Auch wenn die frühere Chefin der Zentralbank „Federal Reserve", Jenet Yellen, größere Einnahmeausfälle auf Bundesebene als Folge der Steuerreform erwartet, kommt die massive Absenkung der Körperschaftsteuer von ehemals 35% auf 21% den Firmengiganten voll entgegen. Zwar sind Steuern der U.S.-Bundesstaaten und Kommunen hinzuzurechnen, doch werden nicht in allen Staaten

Körperschaftsteuern erhoben.[149] Der neue Steuersatz fordert die übrige Welt heraus. Präsident Trump verfolgte darüber hinaus zwei Kernziele:

- Im Sinne der „America-First"-Ideologie sollen Missbräuche im transnationalen Konzern beseitigt und damit amerikanische Firmen und Arbeitsplätze gestärkt werden. Über eine Art Strafsteuer wird der Import von konzerninternen Darlehen, Lizenzen und anderen Dienstleistungen gegenüber rein inner-amerikanischen Vorgängen benachteiligt. Die „Base Erosion and Anti-Abuse Tax (BEAT)" soll den Steuervorteil neutralisieren, der sich zum Beispiel durch Zins- und Lizenzzahlungen an ausländische Tochtergesellschaften ergeben würde. Die Steuer trifft amerikanische Kapitalgesellschaften, die mindestens 25% der Stimmrechte an ausländischen Kapitalgesellschaften besitzen.[150]
- Die im Ausland gebunkerten Gewinne amerikanischer Konzerne sollen nach Hause geholt werden. Alle nach 1986 akkumulierten Gewinne müssen ab 2017 deklariert und im Rahmen der Rückführungssteuer (Repatriation Tax) belastet werden. Die Besteuerung trifft U.S-kontrollierte ausländische Unternehmen (Controlled Foreign Corporations) und alle ausländischen Unternehmen, an denen ein US-Unternehmen zu mindestens 10% beteiligt ist. Anzuwenden sind zwei verschiedene Steuersätze: 15,5% auf Barbestände und 8% auf illiquide Vermögenswerte.[151] Es handelt sich um eine einmalige Sondersteuer auf geringem Niveau. Die bisherige Strategie der Abschirmung von Gewinnen in Steueroasen hat sich für die Konzerne im Grunde gelohnt. Als das Gesetz verkündet wurde, wurde das im Ausland gebunkerte Geldvermögen der US-Firmen auf 3 Billionen Dollar geschätzt.

Es bleibt abzuwarten, wie sich die unter Präsident Trump bschlossene Steuerreform auf die Steuerstrategien der Konzerne auswirkt. Mit einem Schlag wurde ein Jahrzehnte altes Steuersystem zerschlagen, das im angelsächsischen Kulturkreis eine Leitfunktion ausgeübt hatte. Das Prinzip, wonach das gesamte Welteinkommen einer natürlichen oder juristischen

---

149 In Kalifornien wird ergänzend eine Steuer in Höhe vor rund 9% erhoben. In Texas entfällt die Zusatzbelastung ganz. Die neue Gesamtbelastung für Kapitalgesellschaften wird damit im Landesschnitt auf rund 25% geschätzt.

150 BEAT ist auf alle Gesellschaften anzuwenden, deren Bruttoeinkünfte in den letzten 3 Jahren im Durchschnitt mindestens die Höhe von 5 Mill. Dollar erreichen. Zusätzlich muss die Unterbewertung der Bemessungsgrundlage mindestens 3% betragen. Regulierte Kapitalanlagegesellschaften und Immobilienfonds sind befreit. Auf die kompliziert zu ermittelnde Bemessungsgrundlage wird ein Steuersatz von 5 % für 2018, dann 10% und ab 2026 von 12,5% angewendet. Die BEAT betrifft nicht Warenlieferungen im Konzern.

151 Die unversteuerten und nicht ausgeschütteten Gewinne sind als „Subpart-F"-Einkommen zu erfassen. Verluste dürfen verrechnet werden. Die Last der Repatriation Tax kann auf mehrere Jahre verteilt werden.

Person im Wohnsitzstaat zu besteuern ist, wurde aufgegeben. Dividenden, die US-Kapitalgesellschaften von ausländischen Kapitalgesellschaften erhalten, bleiben nun steuerfrei.[152] Das neue Territorialprinzip reiht sich damit ein in das Reformmuster vieler anderer Staaten. Dazu zählt auch Deutschland. Dieser Trend ist nicht neu. Zusätzlich erweist sich die Reform noch direkter als Instrument zur Erreichung wirtschaftspolitischer Ziele. Trump will die Importe diskriminieren und so das Wirtschaftswachstum im eigenen Land befördern. Diesem Ziel dienen die Missbrauchsvorschrift BEAT und letztlich auch die Repatriation Tax. Durch die bevorzugte Besteuerung der Auslandsgewinne erhalten die Konzerne nun mehr Freiraum bei der Verteilung ihrer Investitionsmittel. Die Konzerngiganten können sich überlegen, inwieweit sie die Gewinne im vermuteten Umfang von mehr als 1,6 Billionen Dollar weiterhin im Ausland oder in den USA anlegen. Die Verteilung ihrer Mittel bleibt intransparent. Insgesamt senkt sich nach der Reform die effektive Steuerbelastung für US-Unternehmen im Schnitt von 36% auf ungefähr 23%. Dies unterschreitet das deutsche Niveau um rund 5 Prozentpunkte. Nach Einschätzung des ZEW Mannheim ist zu erwarten, dass aus den europäischen Hochsteuerländern Investitionen in Richtung USA verlagert werden. Insbesondere für Deutschland wird prognostiziert, dass mit weit mehr Kapitalexporten in die USA als Importen von dort zu rechnen sein wird.[153] Die Steuerreform ist im Endeffekt ein weiterer Schritt hin zur Zuspitzung des Wettbewerbs zwischen den Staaten.

Die bereits angesprochenen CFC-Abwehrgesetze bleiben darüber hinaus bedeutsam. Insbesondere Staaten, die dem Welteinkommensprinzip verpflichtet sind, müssen darauf bedacht sein, den Steuervorteil zu neutralisieren, der mit der Abschirmung von Gewinnen inländisch kontrollierter Basisgesellschaften in Niedrigsteuerländern verbunden ist. Denn allein auf dem Weg der Offenlegung aller Einkünfte lässt sich der Grundsatz der Besteuerung nach der wirtschaftlichen Leistungsfähigkeit einer natürlichen oder juristischen Person durchsetzen. Der wirtschaftlich rationale Gehalt eines gerechten Steuersystems kann nur in einem Kontext bestätigt werden, der gleiche wirtschaftliche Sachverhalte trotz ihrer

[152] Mit der Freistellung der Dividenden entfallen die bisherigen Steueranrechnungen. Zusätzlich wurde die Regel zur Abzugsfähigkeit von Zinsaufwendungen erweitert. Die Zinsschranke gilt nun für alle Kapitalgesellschaften. Die „Controlled Foreign Company Legislation (CFC)“ bleibt erhalten.

[153] „German FDI stocks in the US could increase by roughly 38.6 billion EUR (25%) whereas US FDI in Germany might only increase by a magnitude of 6.33 billion EUR (9%)“ (Spengel 2017: 7). Nach der Ankündigung von Steuersenkungen für Körperschaften in Belgien, Frankreich, Italien und Großbritannien gerät auch Deutschland unter Druck nachzuziehen.

unterschiedlichen rechtlichen Ausgestaltung gleich belastet. Es darf keine Rolle spielen, ob Einkommen im Inland oder Ausland erzielt werden. Diese Idee der Neutralität ist von Finanzwissenschaftlern als Kapitalexportneutralität bezeichnet worden. Auch wenn sie nicht erfüllt ist, wie zum Beispiel in Deutschland[154] und nun in den USA, ist der steuerliche Durchgriff wichtig. Insoweit Gewinne in Niedrigsteuerländern von abhängigen Tochtergesellschaften abgeschirmt werden, ist der Zugriff ein notwendiges Korrektiv. Die konsequente Anwendung solch einer Durchgriffsbesteuerung unterstellt allerdings, dass alle Ausnahmeregungen und Umgehungsmöglichkeiten beseitigt werden.[155]

Die OECD hat im Jahr 2015 einen Diskussionsentwurf zur Durchgriffsbesteuerung (CFC-Rules) veröffentlicht. Die Vorschläge beziehen sich auf den dritten Punkt des Aktionsplans „Base Erosion and Profit Shifting" (BEPS) aus dem Jahr 2013 zur Bekämpfung von Gewinn- und Gewinnverlagerungen multinational tätiger Unternehmen. Die Vorschlagsliste beinhaltet unter anderem die Einführung einer „hybriden Mismatch-Regelung" zur Verhinderung von Umgehungsmöglichkeiten, die auf die verschiedenartige Qualifikation von Gesellschaften zurückzuführen sind. Dies richtet sich gegen die „Check-the-Box"-Regel, die in den USA eine andere Zuordnung als im Sitzstaat ermöglicht.[156]

Die EU hat sich darüber hinaus bemüht, steuerliche Maßnahmen im Kreis der Mitgliedstaaten zu vereinheitlichen. Dies mündete im Kompromissvorschlag für die Richtlinie zur Bekämpfung von Steuervermeidungspraktiken (Anti-Tax Avoidance Directive – ATAD), über die im Juni 2016 Einvernehmen erzielt wurde. Diese EU-Richtlinie wurde im Oktober 2016 ergänzt durch eine Richtlinie, die speziell die Erfassung hybrider Gesellschaften thematisiert, an denen Drittstaaten beteiligt sind

---

154 Deutschland folgt bei Schachteldividenden dem Grundsatz der Kapitalimportneutralität. Die Neutralität der Besteuerung gilt in diesem Fall nicht im Hinblick auf die Einkünfte einer juristischen Person, sondern im Hinblick auf die Gleichbehandlung aller Kapitalgesellschaften in einem Land, egal aus welchem Land sie stammen (v. Wuntsch, Bach 2012: 189).

155 Nach dem EuGH-Urteil in der britischen Rechtssache Cadbury-Schweppes aus dem Jahr 2006 darf auf Gewinne in niedrig besteuernden Mitgliedsstaaten nur noch dann zugegriffen werden, wenn es sich um „rein künstliche" Gestaltungen zur Umgehung des nationalen Steuerrechts handelt. Der Nachweis einer (wenigstens teilweisen) wirklichen wirtschaftlichen Tätigkeit im Ausland verhindert seitdem den Zugriff. Vgl. auch Fußnote 133.

156 Klärungsbedürftig ist die Einführung der „Secondary Rule", der zufolge der Hinzurechnungsbetrag im Fall der Nichtbesteuerung im Sitzstaat der Muttergesellschaft von einer anderen Konzerngesellschaft in einem anderen Staat steuerlich erfasst werden kann. Mit dieser Regel würden sich neue Gestaltungsmöglichkeiten für die Konzerne ergeben.

(Rule on Hybrid Mismatches). Beide Richtlinien sind ab Januar 2019 anzuwenden. Die unterschiedliche Qualifizierung von Unternehmen in den Staaten soll nun nicht mehr die Möglichkeit eröffnen, dass Einkommen in keinem der beteiligten Staaten besteuert werden (doppelte Nicht-Besteuerung). Mit diesem Richtlinienpaket wurde versucht, die Steuerpolitik der EU-Mitgliedstaaten an die BEPS-Vorschläge der OECD anzunähern. Bei genauer Betrachtung bestehen allerdings Unterschiede in Definitions- und Abgrenzungsfragen.[157] Die EU könnte bei der Bekämpfung der Steuervermeidung eine Vorreiterrolle einnehmen, da die Vorschläge der OECD lediglich einen breiten Kompromiss aller Industriestaaten repräsentieren. Die Steuerpolitik in den nordamerikanischen, europäischen und asiatischen Industriestaaten gleicht einem bunten Blumenstrauß an Zielen und Maßnahmen, die keineswegs zum harmonischen Ausgleich tendieren. Zwar könnte dies den EU-Mitgliedstaaten eher gelingen. Doch auch sie sind aufgrund des Einstimmigkeitsprinzips in Steuerfragen in der Lage Maßnahmen zu boykottieren, die nicht den besonderen wirtschaftlichen Interessen ihres Landes entsprechen. Ein Ende des nationalen Wirtschaftsegoismus ist bislang nicht erkennbar.

Die Rolle der Steueroasen im Intrakonzernhandel der Multis

Die „Global Factory“ ist zur Metapher der Globalisierung geworden. In den großen transnationalen Unternehmen sind die geographisch weit verzweigten Kapital-, Produktions- und Absatzmärkte im Rahmen von Netzwerken integriert.

Ihre materiellen und immateriellen Ressourcen werden je nach den gegebenen Rahmenbedingungen auf verschiedene Staaten verteilt. Vor diesem Hintergrund hat der Intrakonzernhandel ein hohes Niveau erreicht. Gemeint sind grenzüberschreitende Transaktionen mit ausländischen Tochtergesellschaften, die über Beteiligungen von einem Stammunternehmen aus kontrolliert werden. Demgegenüber wird der Handel

---

[157] Zwischen den BEPS-Vorschlägen der OECD, den Vorgaben der EU-Richtlinien und den nationalen Regelungen zur Durchgriffsbesteuerung (CFC-Legislation) bestehen vor allem Unterschiede hinsichtlich der Definition des Anwendungsbereiches, der Schwelle der Niedrigbesteuerung und der Aktivitätsklausel. Die EU-Richtlinie (ATAD) beschränkt sich auf Körperschaftsteuersubjekte und eröffnet damit Umgehungsmöglichkeiten durch die Wahl von transparenten Unternehmen (Personengesellschaften). Der BEPS-Vorschlag geht weiter, indem er auch natürliche Personen und Trusts einbezieht. Zudem wird die Schwelle zur Niedrigbesteuerung in der Richtlinie unklar formuliert („weniger als die Hälfte, die erhoben worden wäre“). Klarer wäre die Vorgabe einer konkreten Schwelle, z.B. von 15%. ATAD enthält allerdings eine konkrete Eingrenzung passiver Tätigkeiten, die der Durchgriffsbesteuerung unterliegen.

zwischen voneinander unabhängigen Unternehmen als „Arm´s-Length Trade“ bezeichnet. Studien weisen auf das starke Gewicht des Handels innerhalb der internationalen Produktions-Netzwerke hin. Nach Schätzungen der Weltbank finden zwei Drittel aller gewerblichen Transaktionen innerhalb von Unternehmensgruppen statt. Obwohl Daten zum globalen Intrakonzernhandel nicht direkt erhoben werden, lässt sich dessen Entwicklung am Beispiel der U.S.-Exporte und -Importe weitgehend nachvollziehen. Dies hängt mit der führenden Rolle der USA im globalen Handel zusammen. Von hier aus werden nicht nur fast ein Viertel der globalen ausländischen Direktinvestitionen gesteuert. U.S.-Unternehmen stehen für nahezu ein Drittel der Umsätze und der Beschäftigung der weltweit 100 größten Multis außerhalb des Finanzsektors.

Rund die Hälfte aller U.S.-Importe lässt sich auf den Handel zwischen U.S.-kontrollierten Verbundunternehmen zurückführen.[158] Gemessen an den U.S.-Exporten liegt der Anteil des U.S.-Intrakonzernhandels bei etwas weniger als einem Drittel. Diese Quoten sind seit der Jahrtausendwende relativ stabil. Sie werden im Ländervergleich unter- und überschritten. So besteht eine große Variationsbreite bezogen auf die Sitzstaaten der Verbundunternehmen außerhalb der USA. Insgesamt gesehen ist der Anteil der „Intra-Firmen Importe“ mit entwickelten Volkswirtschaften überdurchschnittlich hoch, während er im Verhältnis zu Schwellen- und Entwicklungsländern unter dem Durchschnitt liegt. Eine besondere Rolle nehmen die Partnerländer des „North American Free Trade Agreement (NAFTA) ein. Ungefähr die Hälfte aller U.S.-Importe und -Exporte von oder aus Kanada und Mexiko sind Intrakonzern-Transaktionen.

In der Detailbetrachtung[159] weisen einzelne Länder auffallend hohe Anteile auf. Gemessen an den Importen in die USA war die Quote des U.S.-

---

[158] Vgl. die Studien von Lakatos und Ohnsorge zum Arm´s-Length Trade (2017) und von Bernard, Jensen, Redding und Schott (2010). Der Anteil der „U.S. Intra-Firm Exports in Total U.S. Exports“ liegt bei ungefähr 30%. Angaben zum Umfang des U.S.-Intrakonzernhandels variieren je nach dem verwendeten Datenmaterial. Die Hauptquellen für Daten sind das Bureau of Economic Analysis (BEA) und das U.S. Census Bureau. U.S.-Beteiligungen an ausländischen Verbundunternehmen werden beim BEA ab einer Höhe von 10% und beim Census ab 5% erfasst (Ruhl 2013). Andere Studien beziehen sich auf Daten des National Bureau of Economic Research. Erfasst werden dort U.S.-Importe zwischen Firmen, an denen U.S.-Unternehmen zu mindestens 6% beteiligt waren. Nach Angaben des Statistischen Bundesamts ist die Datenerfassung zum „Intrafirm Trade“ der EU-Mitgliedstaaten noch nicht ausgereift (Fernandes 2014).

[159] Die Daten basieren auf einer Studie von Lakatos und Ohnsorge (Lakatos 2017). Die Quoten der U.S.-Intrakonzern-Importe für Deutschland, Luxemburg, Schweiz und die Niederlande sind einer anderen Studie entnommen

Verbundhandels im Zeitraum 2002–2014 überdurchschnittlich hoch mit Firmen in

- Irland (80–90%), Japan (70–80%), Slowakei (70–80%), Costa Rica (70–80%), Singapur (70–80%), Saudi Arabien (70–80%), Malta (70–80%), Ungarn (70–80%), Schweden (70–80%), Dänemark (70%), Deutschland (65%), Luxemburg (58%), Schweiz (54%) und die Niederlande (54%).

Bezogen auf die U.S.-Exporte war der U.S.-Intrakonzernhandel im selben Zeitraum besonders ausgeprägt mit Ländern wie

- Belgien (45–50%), den Niederlanden (45%), Kanada (40–45%) Mexiko (40–45%), Malaysia (40%), Singapur (35–40%), den Philippinen (35–40%), Deutschland (35%), Japan (30–35%) und Irland (30–35%).

Die Daten weisen ebenfalls darauf hin, dass exportierende Unternehmen nicht primär im Intrakonzernhandel engagiert sind. Im U.S.-Export dominiert der Austausch zwischen voneinander unabhängigen Unternehmen. Dies gilt insbesondere für den Handel mit großen europäischen (Deutschland[160], Frankreich, den Niederlanden, Irland) und asiatischen Ländern (Japan, Korea). In den vergangenen Jahren sind die Kosten für Transport und Telekommunikation derart gesunken, dass der Vorteil der größeren Kontrolle der Fertigung beim Intrakonzernhandel überkompensiert werden konnte. Globale Wertschöpfungsketten lassen sich sowohl innerhalb als auch außerhalb von Firmenblöcken organisieren. Die Firmengiganten beschreiten hier unterschiedliche Wege. So wurde das iPhone nahezu vollständig auf der Basis von Vertragsbeziehungen von der Firma Foxconn in China produziert, an der Apple nicht beteiligt ist. Outsourcing der Fertigung nach China ermöglichte in diesem Fall die Reduktion auf das Kerngeschäft im Bereich der Forschung, des Designs und des Marketings im Apple-Konzern. Im Jahr 2013 soll ein Drittel der Beschäftigten von Foxconn mit der Herstellung des iPhones 5s befasst gewesen sein. Demgegenüber hat der Mikrochip-Hersteller Intel im Jahr 1997 eine eigene Tochtergesellschaft in Costa Rica gegründet, die 10 Jahre später bereits 3500 Mitarbeiter beschäftigte und für 20 % der Exporte aus Costa Rica verantwortlich war. Beide Entwicklungen verlaufen in der IT-Industrie offenbar parallel.

Seit der Jahrtausendwende ist der U.S.-Intrakonzernhandel leicht gewachsen, insbesondere gegenüber den Schwellen- und Entwicklungsländern. Die Länderliste umfasst neben den entwickelten Volkswirtschaften auch klassische Steueroasen. Neuere Untersuchungen zeigen zweierlei.

---

und beziehen sich auf das Jahr 2000 (Bernard, Jensen, Redding, Schott 2010).

160 Die Verteilung der Exporte auf Unternehmen ist extrem ungleich verteilt. Drei Viertel der Exportwerte lassen sich 1% der in die EU exportierenden Unternehmen zuordnen (www.destatis.de).

Zum einen nimmt der Austausch von Leistungen innerhalb des Firmenverbunds mit der Größe der Unternehmen zu. Zum anderen konzentrieren die Multis den Transfer von materiellen Gütern auf wenige Tochtergesellschaften im Konzernverbund. Der Großteil der abhängigen Konzerngesellschaften übernimmt stattdessen Aufgaben im Marketing und im konsumnahen Service[161]. Für ihre Dienste nutzen sie den Markennamen und das Know-how des Stammunternehmens.

Steuerexperten gehen seit langem davon aus, dass der Intrakonzernhandel ein raffiniertes Mittel der Gewinnverlagerung in Richtung der Steueroasen ist. Ronen Palan von der Universität in Birmingham hat in seiner Studie über „Tax Havens“ folgende Techniken zur Manipulation von Transferpreisen umrissen (Palan, Murphy, Chavagneux 2010):

- Preisfestsetzung unter dem Wert des Gutes oder der Dienstleistung beim Export zur Steueroase. Der Geldtransfer aus der Steueroase wird auf diesem Weg reduziert. Die Waren werden dort zum vollen Wert weiterverkauft.
- Preisfestsetzung über dem Wert des Gutes oder der Dienstleistung beim Import aus der Steueroase. Der überhöhte Geldtransfer in die Steueroase ermöglicht die Ansammlung von zusätzlichen Mitteln bei Offshore-Banken und stellt eine illegale Kapitalflucht dar.
- Falsche Angaben zu Qualitätsmerkmalen und Mengen der ausgeführten Leistungen mit dem Ziel, zu geringe oder hohe Preise zu rechtfertigen.
- Angabe fiktiver Transaktionen, die nur durch entsprechende Zahlungsflüsse belegt sind.

Diese Techniken mindern die Finanzkraft der Staaten. In früheren Untersuchungen der Verrechnungspreise im Handel zwischen U.S.-Stammunternehmen und ihren ausländischen Tochtergesellschaften wurden allein für das Jahr 2001 Steuerausfälle in den USA in Höhe von 53 Milliarden Dollar ermittelt. Für 2012 sollen die Steuerverluste den Umfang von 77 bis 111 Mrd. U.S.-Dollar erreicht haben (Clausing 2016). Die Auflistung der Manipulationen verläuft quer durch die Branchen. Sie umfasst unter anderem überhöhte oder abgesenkte Preisangaben für Kunststoff-Dichtungen aus Tschechien, Handschuhe aus China, Schlös-

---

[161] Dem Intrakonzernhandel unterliegt der Trend zur Differenzierung der Tätigkeiten und Fragmentierung der Produktion. Die Tätigkeiten der abhängigen Tochtergesellschaften verschieben sich tendenziell von der Produktion hin zu konsumnahen Dienstleistungen. „Most affiliates of multinational firms appear to exist with the purpose of serving consumers, or other firms, in their markets of operation ... 5% of the foreign affiliates of US multinationals account for three quarters of the total intra-firm trade obeserved in the data“ (Ramondo, Rappoport, Ruhl 2015).

ser aus Frankreich, Fernlenkwaffen nach Israel, Diamanten nach Indien, Autositze nach Belgien und Kameras nach Kolumbien. In einer jüngeren Studie haben Alex Cobham vom Tax Justice Network und Petr Jansky (2015) von der Universität in Prag die Wege der Gewinnverlagerung und Steuerflucht von U.S.-Multis genauer betrachtet. Trotz der schwierigen Datenlage[162] konnten sie die realen wirtschaftlichen Aktivitäten der einzelnen Konzernunternehmen mit ihren in den jeweiligen Ländern ausgewiesenen Gewinnen vergleichen. Im Resultat ergab sich eine Einschätzung der Länder, die Gewinne angezogen oder verloren haben.

Die Gewinnverlagerung der U.S.-Multis hat erst in den vergangenen zwanzig Jahren Fahrt aufgenommen. Das Phänomen ist bis Anfang der 1990er-Jahre kaum aufgetreten. Während dem U.S.-Fiskus steuerpflichtige Gewinne ab 1995 Jahre in Höhe von 5–10% jährlich verloren gegangen sind, ist dieser Prozentsatz nach der Jahrtausendwende auf 25–30% geklettert. Die Länder, die seitdem von der Strategie der Multis profitieren, sind vor allem die Niederlande, Irland, die Bermudas und Luxemburg. Diese vier Länder weisen sehr geringe Steuersätze auf (2% und darunter) und vereinigen in der Summe rund 90% der verlagerten Gewinne, die eigentlich der Wertschöpfung in den USA zugerechnet werden müsste. Die Schweiz und Singapur mit Steuersätzen in der Größenordnung von 4% stehen für weitere 10% der transferierten Gewinne.

In einer Studie[163] aus dem Jahr 2017 wird das hohe Ausmaß an Gewinnverlagerungen aus den USA in andere Länder bestätigt. Die verlagerten Gewinne der U.S.-Multis werden pro Jahr auf ein Volumen von rund 280 Mrd. U.S.-Dollar geschätzt. Als Profiteure treten wiederum die bekannten Steueroasen in der Europäischen Union und in Asien in Erscheinung. Auffallend hoch sind zudem die Gewinnverlagerungen in das United Kingdom und die britischen Überseegebiete. Sie sind kein Teil des Vereinigten Königreiches Großbritannien und Nordirland, stehen aber unter seiner Souveränität. Die Queen ist das Staatsoberhaupt der britischen Überseegebiete und beruft deren Gouverneure. Sie sind über den gesam-

---

162 Zum einen werden in der Studie Daten des U.S.-Bureaus of Economic Analysis (BEA) verwendet, die sich auf internationale Direktinvestitionen beziehen. Zum anderen werden Jahresabschlüsse von Konzernen ausgewertet. Die Messung der wirtschaftlichen Aktivität erfolgt über eine an das Schema der Unitary Tax angelehnte Formel. Im Anschluss wird eine Länderübersicht zum „excess profit“ erstellt. „The sum of excess profits by various measures of economic activity – that is, the total value of US MNEs' additional taxable profits that would need to be declared instead in the jurisdictions that appear to lose out, in order to be aligned with their economic activity“ (Cobham, Jansky 2015: 18).

163 Vgl. Guvenen, Mataloni Jr., Rassier, Ruhl (2017). Die Autoren werten ausschließlich Daten des Bureau of Economic Analysis (BEA) aus.

ten Erdball verstreut und atmen den Geist des British Commonwealth. Zu den in der Karibik liegenden Gebieten[164] zählen die British Virgin Islands, Cayman Islands, Montserrat sowie die Turks und Caicos Islands. Werden die Anteile der in das britische Mutterland, die britischen Karibikinseln und Bermudas verlagerten Gewinne zu einem Block zusammengerechnet, ergibt sich im Gesamtbild die zweithöchste Quote der Zielregionen (vgl. die Übersichten zu Gewinnverlagerungen im Anhang Teil B). Die auffallend große Bedeutung der im britischen Einflussgebiet angesiedelten Steueroasen für die multinationalen Unternehmen der USA wirft einen dunklen Schatten auf die Rolle Großbritanniens als Wegbereiter von Steuervermeidung und Geldwäsche.

Gewinnverlagerungen von U.S.-Multis in andere Länder – Angaben auf Basis der Studie von Guvenen, Mataloni Jr., Rassier, Ruhl (2017: 17). Angaben für das Jahr 2012 in Mrd. U.S.-Dollar	
Niederlande	- 73,0
Bermuda	- 32,4
Irland	- 29,5
Luxemburg	- 23,5
U.K. Islands Caribbean	- 22,0
Singapur	- 19,0
Großbritannien	- 14,7
Kanada	- 13,7
Schweiz	- 12,7
USA (abgeflossene Gewinne)	+ 280,1

Auch deutsche Konzerne beteiligen sich am internationalen Wettbewerb um steuersparende Firmenkonstruktionen. Das Ausmaß der Nutzung ausländischer Standorte ist aber gegenüber den U.S.-Konzernen geringer. Obwohl sich aus Statistiken nur wenig Informationen über die Steuerstrategien der Konzerne herleiten lassen, lässt sich der Trend zur verstärkten Nutzung von Niedrigsteuergebieten durch deutsche Konzerne anhand von Daten der Deutschen Bundesbank nachweisen (Büttner 2013: 21). Während 1999 insgesamt 2.300 deutsche Unternehmen Tochtergesellschaften im Ausland hatten, stieg die Zahl bis 2009 auf 3500 an. In diesem Zeitraum erhöhte sich auch die Zahl der in Steueroasen angesiedelten Tochtergesellschaften von ehemals rund 340 auf 1.100. Das ist ein Zuwachs von mehr als 325%. Fast ein Drittel der Auslandsaktivitäten deutscher Gesellschaften findet somit in Steueroasen statt. Sie weisen im

[164] Die U.K. Islands sind kein Teil der Europäischen Union.

Vergleich zu anderen Tochtergesellschaften außerhalb der Steueroasen-Gebiete einen geringen Bestand an Anlagevermögen und Personal auf. Dies spricht dafür, dass diese Gesellschaften primär zum Zweck der Erzielung steuerlicher Vorteile und nicht der Herstellung von Gütern gegründet werden.

Unüblich ist lediglich die Länderliste der genutzten Steueroasen. Die im internationalen Vergleich bedeutsamen britischen Überseegebiete wie Bermuda, die Bahamas oder die Cayman Islands spielen für deutsche Unternehmen kaum eine Rolle. Stattdessen konzentrieren sich ihre Steuerstrategien auf die Niederlande und die osteuropäischen Länder, die in den letzten Jahren mit niedrigen Steuersätzen[165] auf sich aufmerksam gemacht haben. Osteuropäische Standorte für deutsche Tochtergesellschaften sind vor allem Polen, Slowakei, Rumänien und Bulgarien.

Anzahl von Tochtergesellschaften deutscher Konzerne in Steueroasen (Quelle: Büttner, Holzmann 2013: 21)

Steueroase	1996	2000
Niederland	132	192
Singapur	99	174
Honkong	95	171
Ungarn	81	148
Irland	72	94
Schweiz	54	64
Belgien	17	19
Luxemburg	12	14

Ein großes Hindernis im Kampf gegen Gewinnverlagerungen und Steuerflucht ist der Mangel an aussagekräftigen Daten. Die Umsetzung des „Country-by-Country-Reporting"[166] bessert die Lage nur wenig, da es

[165] In der Studie von Büttner (2012) wird von einem Schwellenwert der Niedrigbesteuerung von 20% ausgegangen. Vier Fünftel der Steuersätze von 189 Ländern hatten zwischen 1996 und 2009 einen höheren Steuersatz für Unternehmen.

[166] Das „Country-by-Country-Reporting (CbCR)" ist 2017 im Anschluss an den Vorschlag der EU-Kommission vom EU-Parlament beschlossen worden. Es bedarf aber noch der Zustimmung des EU-Ministerrats. Die Kommission hatte sich dafür eingesetzt, die Daten der Öffentlichkeit zugänglich zu machen. Dies ist aber umstritten. Bereits Schäuble hatte sich gegen ein öffentliches CbCR gewandt. Nur die Finanzverwaltungen sollten die Länderberichte einsehen können. Auch der neue Finanzminister scheint an

sich lediglich um vertrauliche Mitteilungen an die Finanzverwaltungen handelt. Es wird hart um die Frage gerungen, inwiefern die Daten der Öffentlichkeit zugänglich gemacht werden sollen. Das wäre sinnvoll. Die Statistiken bieten bislang nur ein ungenaues Bild vom Treiben der Konzerne. Der Umfang der transferierten Gewinne kann daher für einzelne Staaten nur geschätzt werden. Erst seit wenigen Jahren liegen methodisch anspruchsvolle Untersuchungen vor, die den steuerlichen Einfluss der Offshore-Gebiete auf Gewinnumschichtungen aufzeigen.[167] Nach einer 2015 vom International Monetary Fund (IMF) veröffentlichten Studie[168] werden den Staaten weltweit ungefähr 650 Mrd. U.S.-Dollar an steuerpflichtigen Gewinnen pro Jahr vorenthalten. Die Autoren versuchen den Einfluss fiskalischer Entscheidungen einzelner Staaten auf das Gebiet außerhalb des eigenen Hoheitsgebiets zu erfassen. Diese Effekte sind vermittelt durch die Investitionsentscheidungen der Unternehmen (Base Spillover[169]) und durch staatliches Handeln (Strategic Rate Spillover). Der Wettlauf der tariflichen Steuersätze zieht dann die Umlenkung der Gewinne in die steuerlich attraktiven Gebiete nach sich und bewirkt im Resultat eine Spiralbewegung nach unten. Die Körperschaftsteuer ist

---

dieser Linie festzuhalten. Deutschland hat sich orientiert an der Initiative der OECD, die lediglich vom Grundsatz der vertraulichen Mitteilung ausgeht. In diesem Sinne wurde 2016 das BEPS-Umsetzungsgesetz beschlossen. Inländische Konzernobergesellschaften sind seitdem zu länderbezogenen Berichten verpflichtet, die an das Bundeszentralamt für Steuern zu übermitteln sind. Sie sind nicht für die Öffentlichkeit bestimmt. Der automatische Informationsaustausch gilt für Firmen mit einem Umsatz von jährlich mehr als 750 Millionen Euro. Offenzulegen sind die Mitarbeiterzahl, der Umsatz, der Gewinn vor Steuern und die gezahlte Körperschaftsteuer. Abgesehen von der Vertraulichkeit der Daten ergibt sich das Problem, dass jedes Land seinen eigenen Rahmen für den CbCR-Länderbericht festlegen kann. Das mindert die Aussagekraft der Daten. In der Gesamtsicht ist der positive Effekt des CbCR klar hervorzuheben. Aus einer Studie der Universität Köln aus dem Jahr 2018 geht hervor, dass die erhöhte Transparenzpflicht via CbCR im EU-Bankensektor seit 2014 zur Reduzierung der Steuervermeidung geführt hat. Die effektiven Steuerzahlungen der Banken mit Präsenz in Steueroasen sind seitdem um 3 – 4 Prozentpunkte angewachsen (Overesch 2018: 6).

167 Vgl. zum Beispiel Dharmapala und Riedel (2013) und Huizinga und Laeven (2007).

168 Die Studie wurde von Crivelli, De Mooij und Keen verfasst (2015). Die Schätzung bezieht sich auf das Jahr 2013.

169 „For advanced economies, there is a wealth of evidence on the magnitude of these base spillovers. One strand of research looks at such spillovers through the allocation of real investments; a meta study by De Mooij and Ederveen suggests that a 10 percentage point reduction in a country's average effective tax rate increases its stock of FDI, on average and in the long run, by over 30 percent." (Crivelli 2015: 5).

zwischen 1985 und 2018 im globalen Durchschnitt von 49% auf 24% gefallen (Torslov 2018).

Weitere Schätzungen sind von Cobham und Jansky (2017) im Kontext des „Tax Justice Network“ vorgelegt worden. Sie ermitteln globale Einnahmeverluste für das Jahr 2013 in Höhe von 500 Mrd. U.S.-Dollar, wobei für die Industriestaaten etwas geringere Verluste ausgewiesen werden.[170] Beide Untersuchungen stimmen darin überein, dass die Entwicklungsländer stärker betroffen sind als die wirtschaftlich entwickelteren Staaten. Zwar verlieren die großen Industrienationen in absoluten Zahlen gemessen am meisten, doch tragen die armen Länder in Relation zu ihrer geringeren Wirtschaftskraft die höchste Last. Der betragsmäßig höchste Verlust entfällt gemäß der IMF-Daten auf die USA. Weit abgeschlagen folgen China, Japan, Indien, Frankreich, Argentinien und Deutschland. Werden die Einnahmeverluste im Verhältnis zur gesamten wirtschaftlichen Leistung eines Staates, dem Bruttoinlandsprodukt (BIP), gemessen, ergibt sich ein anderes Bild. Relativ gesehen erleiden die Entwicklungsländer die größten Nachteile. Während große OECD-Staaten wie Großbritannien, Kanada, Deutschland, Frankreich und die Vereinigten Staaten Verlust-Quoten im Umfang zwischen 0,06 und 1,66% des BIP aufweisen, erreichen einige der ärmsten Staaten Spitzenquoten von 3 bis 8% des BIP.

Einnahmeverluste nach Ländern 2013 (auf Basis der IMF-Daten171)

	IMF in Mrd. U.S.-Dollar	IMF in % des BIP
USA	277,6	1,6
China	77,1	0,8
Japan	68,8	1,3
Indien	47,5	2,7
Frankreich	29,0	1,0
Argentinien	24,7	5,1
Deutschland	22,0	0,61
Mosambique	0,5	3,6
Namibia	0,5	4,5

[170] In der vorangehenden Studie von Cobham, Jansky (2015) betrug die Schätzung des globalen Einnahmeverlustes für 2012 noch 660 Mrd. U.S.-Dollar.

[171] Die Daten wurden der Studie von Cobham und Jansky (2017) entnommen. Die verwendeten Stammdaten und die Methodik werden sowohl in der IMF-Studie von Crivelli, De Mooij, Keen (2016) als auch in der Studie von Cobham, Jansky (2017) detailliert erläutert.

Sambia	1,1	5,1
Guinea	0,3	5,1
Tschad	1,0	8,0
Guyana	0,2	8,0

In vielen Entwicklungsländern wird die lokale Wirtschaft dominiert von multinationalen Unternehmen. Der Preisgestaltung im Rahmen des Intrakonzernhandels haben sie nur wenig entgegen zu setzen.[172] Die klassischen Konfliktlinien treten besonders im Bereich der extraktiven Industrie hervor. Mineralische und fossile Rohstoffe bilden die Grundstoffe unserer modernen Lebensweise. Sie sind unverzichtbar in der Industrie, dem Transport und der Telekommunikation. Für viele Länder der Dritten Welt sind sie Segen und Fluch zugleich. Es hat sich oft erwiesen, dass der Reichtum an natürlichen Ressourcen den Aufbau einer verarbeitenden Industrie eher behindert und die Korruption bestärkt. Die Anteile wichtiger Rohstoffe an der Weltförderung in der Subsahara betragen bei Platin 78%, bei Diamanten 54%, bei Chromit 42%, bei Gold 21%, bei Bauxit 9% und bei Kupfer 5%. Dazu kommt der Export von Erdöl (7%), Erdgas (1%) und Kohle (4,5%). Die Exporterlöse dieser Staaten betrugen im Jahr 2007 ungefähr 170 Mrd. U.S.-Dollar. Allein die Energierohstoffe in Nigeria sind für 80% der gesamten Exporterlöse des Landes verantwortlich. In anderen Ländern tragen Eisen-, Kupfer-, Nickel- und Zinkerze primär zu den Exporterlösen bei.[173] Trotz wachsender Rohstoffmärkte fließen den afrikanischen Staaten kaum Einnahmen zu. Der ehemalige UN-Generalsekretär Kofi Annan zeichnet in seiner Eigenschaft als Vorsitzender des „African Progress Panel“ das Bild eines riesigen Steuerschlupflochs, durch das jährlich mehr als 30 Mrd. U.S.-Dollar aus Afrika in Richtung der Steueroasen abfließen. Sein Bericht hebt unter anderem hervor, dass in Sambia die Bergbauarbeiter der Kupferminen jahrelang mehr Steuern gezahlt haben als die multinationalen Bergbaukonzerne.

Einige spektakuläre Fälle haben für Aufmerksamkeit gesorgt. So sind Vorwürfe gegenüber der „Glencore International AG“ erhoben worden.

---

[172] In Ländern wie Honduras, Kenia, Ghana und Vietnam werden im Schnitt 24% des BIP durch Multis hervorgebracht. Die Europäische Kommission hat die Probleme einiger Entwicklungsländer mit der Verrechnungspreis-Gestaltung der Konzerne aufgezeigt (EU Kommission 2016). Seit 2009 wird von Seiten des „United Nations Expert Committee“ das „UN Practical Manual – Transfer Pricing – für Länder der Dritten Welt bereitgestellt.

[173] Vgl. Daten des Bundesministeriums für wirtschaftliche Zusammenarbeit und Entwicklung (BMZ 2010: Spezial 166). Die Daten sind verfügbar unter folgendem Link: http://www.carpus.org/content/media/546.pdf)

Sie hat ihren Sitz im schweizer Kanton Zug und hält als eines der weltweit größten Rohstoffunternehmen Beteiligungen in mehreren Ländern. An der Tochtergesellschaft „Mopani Copper Mines Plc“ in Sambia ist sie zu 73% beteiligt. „Glencore“ hat die Anteile im Jahr 2000 mit Unterstützung der Weltbank erworben. „Mopani“ fördert Kupfer und Kobalt an verschiedenen Standorten im Lande. In den Minen sind rund 20.000 Arbeiter beschäftigt. Den Handelsbeziehungen liegt das „Copper Marketing and Off-take Agreement“ zugrunde, wonach „Glencore“ als einziger Marketing und Sales Agent für „Mopani“ tätig ist. Das Unternehmen in Sambia hat über einen Zeitraum von 10 Jahren hohe Verluste ausgewiesen, wofür erhebliche Explorationskosten verantwortlich gemacht wurden. Im Sonderbericht einer unabhängigen Prüfungsgesellschaft, der von der Steuerbehörde in Sambia in Auftrag gegeben und im Jahr 2010 veröffentlicht wurde, ergaben sich jedoch Zweifel an der internen Preisgestaltung.[174] Das Kostenniveau von „Mopani“ erwies sich im Vergleich zu anderen Minen als überhöht und Erträge als unterrepräsentiert. So wurden in den Büchern zum Beispiel Transportkosten generell auf Frachten nach Rotterdam bezogen, obwohl tatsächlich auch andere, näherliegende Häfen beliefert wurden. Sambia ist mit dem Regelsteuersatz von 30% auf Gewinne kein Niedrigsteuergebiet. Anders sieht es für die Schweizer Muttergesellschaft „Glencore International AG“ aus. Die Gewinnsteuer erreicht im Kanton Zug nur das Niveau von 14,6%. Da liegt es nahe, Gewinne in die Steueroase Schweiz zu leiten. Aufgrund der Steuerausfälle fehlen hingegen in Sambia die finanziellen Mittel zum Ausbau der Infrastruktur. Ähnliche Probleme bestehen in anderen Ländern mit großen Rohstoffreserven.

Die internationalen Investitionsströme konzentrieren sich zwar auf die reichen Länder, aber die Weltfirmen weisen ihre Gewinne primär in Niedrigsteuergebieten aus. In der neuen Studie eines Forscherkreises um den Piketty-Schüler, Gabriel Zucman, wird auf der Basis einer neuen Methodik und neuer Daten[175] der gewaltige Gewinntransfer bestätigt (Torslov 2018):

---

[174] Der Bericht wurde erstellt von der Prüfungsgesellschaft „Grant Thornton“ im Auftrag der „Zambia Revenue Authority“. Da sich „Mopani Copper Mines Plc“ auf Anfrage weigerte, Dokumentationen zu den Verrechnungspreisen und Vertragsbeziehungen zur Einsichtnahme zu überlassen, mussten Modellbetrachtungen zu Hilfe genommen werden. Auffällige Abweichungen bei Aufwendungen und Erträgen wurden mittels vergleichbarer Modellunternehmen aufgelistet. Die eigentlich zuständige Prüfungsgesellschaft „Deloitte“ hat die im Sonderbericht von „Grant Thornton“ vorgetragene Kritik an „Mopani“ zurückgewiesen.

[175] Die OECD und der IWF veröffentlichen seit kurzem Makrodaten im Rahmen der „foreign affiliates statistics“. Ausgewiesen werden z.B. die Gewinne und

- 40% der von multinationalen Firmen erzielten Gewinne sollen 2015 in Steueroasen gelandet sein. Spitzenwerte erreichen U.S.-Konzerne. Sie verlagern Gewinne hauptsächlich nach Irland, Bermuda, Luxemburg und die Schweiz. Der Verlust an Steuereinnahmen in der EU wird auf rund 20% geschätzt.
- Die in Steueroasen ansässigen Tochtergesellschaften der Multis sind viel profitabler als dortige lokale Firmen. Während bei lokalen Firmen der Gewinn im Schnitt die Größenordnung von einem Drittel der Lohnsumme erreicht, ist diese Quote für die Multis signifikant höher. Die Verhältnisse sind spiegelverkehrt. In Irland und Luxemburg sind die ausgewiesenen Gewinne der Multis fast zweieinhalbmal so hoch wie die Lohnsumme.

Gegenmaßnahmen - die Politik ist gefordert

Die Technologiegiganten nutzen ausländische Tochtergesellschaften auf raffinierte Art und Weise. Für die multinationalen Konzerne ist die Welt der Steueroasen vor allem die ideale Spielwiese für die globale Verteilung ihrer immateriellen Vermögenswerte. Auch hier ist die Gestaltung der konzerninternen Transferpreise das Mittel für die steuereffiziente Umschichtung. Schätzungsweise 20% des immateriellen Vermögens der U.S.-Konzerne werden in Hongkong, Singapur, Luxemburg, der Schweiz und Irland gehalten. Der Übertragung von Patenten, Lizenzen und Markenrechten auf Tochtergesellschaften im Konzern ist ihre Wertbestimmung vorausgesetzt. Und dies verweist auf die Kernproblematik der Überprüfung von Transferpreisen. Es stellen sich zwei Fragen. Welchen Wert haben transferierte Schutzrechte an Ideen, Know-how und technischen Verfahren? Und entspricht der vom Konzernunternehmen deklarierte Preis diesem Wert? Das mit diesen Fragen aufgeworfene Themenfeld ist seit Anfang der 1990er Jahre in den Mittelpunkt der Steuerdiskussion gerückt.

Insbesondere die OECD-Länder wehren sich seitdem gegen den Verlust von Steuereinnahmen. Dies führte im Jahr 1995 zur Veröffentlichung der Verrechnungspreis-Richtlinien durch die OECD. Sie haben mittlerweile das Ausmaß eines mehrbändigen Nachschlagewerks angenommen. Über viele Seiten hinweg wird versucht, geeignete Methoden zur Bestimmung des fairen Marktpreises einzugrenzen. Denn im Verhältnis voneinander abhängiger Konzerngesellschaften ist davon auszugehen, dass der Verrechnungspreis in der Perspektive der Unternehmen verschiedene Funk-

---

Löhne der abhängigen Tochtergesellschaften und Filialen. Als Indikator für die Höhe der transferierten Gewinne der Multis ermitteln Torslov, Wier und Zucman (2018) das Verhältnis von Gewinnen zu Löhnen im Vergleich zu lokalen Firmen.

tionen zu erfüllen hat. Die im internen Leistungsverkehr festgelegten Preise sind für die effiziente Steuerung betrieblicher Ressourcen bedeutsam, sie sollen aber im wachsenden Maße auch zur Senkung der Steuerlast im Konzern beitragen. Letzteres zwingt die Staaten zu steuerpolitischen Reaktionen. Auf der einen Seite engen die Richtlinien den Spielraum der betrieblichen Steuerplanung ein. Sie sollen dem Ziel dienen, die Preise zur Geltung zu bringen, die voneinander unabhängige Unternehmen vereinbart hätten. Der zentrale Maßstab ist dabei der Fremdvergleich (Dealing at Arm´s Length). Er soll den Weg zur Bestimmung marktkonformer Preise öffnen und hat eine breite internationale Anerkennung erhalten. Auf der anderen Seite ist die Begrenztheit dieses Maßstabs offensichtlich geworden. Die Anwendung des Fremdvergleiches unterstellt nämlich die Geltung vergleichbarer Leistungen und Marktbedingungen. Das ist aber bei konzerninternen Verrechnungspreisen nur über eine gedankliche Fiktion möglich, da hier die rechtliche Unabhängigkeit der Vertragspartner gerade nicht besteht. Sie kann allenfalls hypothetisch konstruiert werden. Trotz der vielen Verfeinerungen des Fremdvergleichs im Detail eröffnet die Simulation der Preisbildung einen Raum für Auslegungen. Es kann im Grunde kein System „richtiger" Verrechnungspreise geben. Es verwundert daher nicht, dass sich die Anwendung des Fremdvergleichs zwischen den Staaten unterscheidet[176]. Auseinandersetzungen auf der Ebene zwischenstaatlicher Verständigungs- und Schiedsverfahren können sich über mehrere Jahre erstrecken.

Die Ausweitung der Methoden zur Ermittlung angemessener Verrechnungspreise hat neue Probleme erzeugt. Je mehr sie sich vom einfachen Preisvergleich entfernen, desto weniger stehen sie im Einklang mit dem bislang von allen Ländern anerkannten Grundsatz des Fremdvergleichs. Das hängt damit zusammen, dass sich die Standardverfahren[177] auf den Idealfall des Transfers standardisierter Güter und Dienstleistungen beziehen. Der globale Leistungsaustausch ist aber komplexer geworden. Erstens hat sich der Anteil kontrollierter Rechtsgeschäfte zwischen abhängigen Vertragspartnern vermehrt. Zweitens ist die Bedeutung immaterieller Wirtschaftsgüter stark gewachsen. Im Anschluss an die Anerkennung gewinnorientierter Methoden in den USA hat daher die OECD ihre Anwendung für den Ausnahmefall empfohlen, dass die Standardme-

---

176 „A key problem is the fact that, despite efforts by organizations such as the OECD to harmonize practices, each authority will take a slightly different approach" (Millar 2010: 15). Da eine Punktgenauigkeit der Preisbestimmung nicht möglich ist, betont auch die Fachliteratur, dass der angemessene Verrechnungspreis eine Bandbreite hat.

177 Zu den Standardverfahren zählen die Preisvergleichs-, die Wiederverkaufs- und die Kostenaufschlagsmethode.

thoden keine zutreffende Preisfestlegung ermöglichen. Soweit sich bei einer Gewinnmethode[178] der Bezug auf eine konkrete Transaktion herstellen lässt, gilt sie als gerade noch mit dem Grundsatz des Fremdvergleichs vereinbar. Bei genauer Betrachtung löst sich der Zusammenhang aber immer mehr auf.[179]

Der angemessene Wert von Patenten, Lizenzen und Markenrechten lässt sich mit Hilfe dieser Methoden nicht mehr feststellen. In diesen Fällen liegt den Transaktionen ein geschütztes Spezialwissen zugrunde, das über den Fremdvergleich gerade nicht erfassbar ist. So ist die angemessene Lizenzgebühr insofern schwer zu ermitteln, als sich für den Besitzer des Know-hows ein zeitlich begrenzter Wettbewerbsvorteil ergibt. Da sich in dieser Situation die Chance für Übergewinne eröffnet, weist die Nutzung von Spezialwissen über die pauschale Verknüpfung von Kosten und Umsätzen hinaus. Der Wert eines immateriellen Anlagegutes spiegelt die Gewinnerwartungen auf dem Markt wider und die werden in der Wirtschaftspraxis im Ertragswert erfasst. Das Theoriegerüst zum Ertragswert ist im zweiten Kapitel bereits erörtert worden. Es wurde gezeigt, dass die Wertbestimmung von vielen Faktoren abhängt, die unsicher sind. Allein die Schätzung künftiger Cash-Flows und ihre Abzinsung mit Hilfe der Kapitalkosten verweisen auf einen Spielraum der Preisbestimmung, der von den Unternehmen ausgeschöpft werden kann.

Der Fremdvergleich stößt in der modernen Wirtschaft an Grenzen. Viele Steuerexperten fordern daher die Hinwendung zu einer gewinnorientierten Methode, die den Bezug zum konkreten Leistungsaustausch endlich aufgibt. Das Konzept der „Unitary Taxation“ existiert schon lange und wird bereits in einigen föderalistisch strukturierten Staaten wie Kanada, der Schweiz und den USA angewendet. Es handelt sich um die globale Gewinnzerlegung des Konzerngewinns. Er wird nach wirtschaftlichen Kriterien so aufgeschlüsselt, dass die beteiligten Konzernunternehmen im Resultat wirtschaftlich angemessene Gewinnanteile ausweisen und schließlich auch besteuern.

---

[178] Die OECD akzeptiert die geschäftsfallbezogene Nettomargen- und die Gewinnzerlegungsmethode.

[179] Zum einen wird die Marge der Nettogewinne mit der von unabhängigen Unternehmen verglichen. Da gleichartige Verhältnisse vorliegen sollen, wird der vergleichbare Betriebserfolg über betriebliche Kennzahlen (return on capital, return on cost, return on sales) konstruiert. Zum anderen wird das konsolidierte Konzernergebnis auf die beteiligten Verbundunternehmen aufgeteilt. Die primäre Aufgabe besteht darin, den gemeinsam erwirtschafteten Gewinn im Sinne einer Beitragsanalyse je nach dem Marktwert der erbrachten Leistung zuzuordnen.

Das Konzept ist vor einigen Jahren von der Europäischen Kommission für die Besteuerung der multinationalen Unternehmen vorgeschlagen worden. Da die EU-Länder jeweils ihren eigenen Steuersatz festlegen sollen, strebt die Europäische Kommission wenigstens eine EU-weite einheitliche und konsolidierte Bemessungsgrundlage an. Es sind verschiedene Ansätze zur Diskussion gestellt worden. Nach einer mehrjährigen Phase der Beratung ist schließlich im Jahr 2011 der Vorschlag für eine gemeinsame konsolidierte Körperschaftsteuer-Bemessungsgrundlage (GKKB) vorgelegt worden. Nach mehreren Voten für die GKKB im Europäischen Parlament hat die Europäische Kommission ihre Initiative im Jahr 2015 verschärft, indem sie statt der freiwilligen nun die obligatorische Anwendung im Bereich der EU-Mitgliedstaaten vorschlägt.[180] Ob der Ministerrat einen entsprechenden Richtlinienvorschlag beschließt, darf bezweifelt werden. Denn viele Staaten begreifen die Einführung der GKKB als Reduzierung ihrer fiskalischen Autonomie. Der zusätzliche Steuerwettbewerb über die Bemessungsgrundlage ist von ihnen gewollt.

Die Umstellung auf das Modell der „Gemeinsamen konsolidierten Körperschaftsteuer-Bemessungsgrundlage“ hätte für die multinationalen Unternehmen zwei Folgen:

- Steuerlich motivierte Gewinnverschiebungen im Rahmen des Intrakonzernhandels würden nutzlos, da vom konsolidierten Gewinn auszugehen wäre. Das vorherrschende Konzept der internationalen Besteuerung bezieht sich bislang auf das Ergebnis jeder einzelnen Kapitalgesellschaft.
- Es müsste eine vollständige Transparenz ihrer wirtschaftlichen Aktivitäten am jeweiligen Standort im In- und Ausland hergestellt werden. Die Aufteilung des konsolidierten Gesamtgewinns auf die verschiedenen Ländergesellschaften würde dann weitestgehend nach einem Ver-

---

180 Die EU-Vorschläge für die harmonisierte Bemessungsgrundlage (GKKB) von 2001 und 2011 umfassen neben einer obligatorischen verschiedene optionale Konzepte. Bislang sind entsprechende Vorschläge im Ministerrat blockiert worden, vor allem von Irland, Großbritannien und einigen osteuropäischen Staaten, aber auch von Deutschland. Da Einstimmigkeit in dieser Frage nach wie vor unwahrscheinlich erscheint, schlägt die Kommission vor, wenigstens den grenzüberschreitenden Verlustausgleich anzuerkennen. Auch wenn die GKKB realisiert würde, bliebe sie auf den Kreis der EU-Mitgliedsstaaten begrenzt. Betroffen wären Unternehmen mit einem globalen Umsatz von mehr als 750 Mill. Euro. Auch der IWF und die Weltbank sind auf dem Weg, das „Arm´s Length Principle (ALP)“ zu hinterfragen. Seit kurzem empfehlen sie die Einführung einer „Formular Apportionment“, die dem Konzept der GKKB ähnelt. Der Vorschlag richtet sich vor allem an Entwicklungsländer, da hier die Kapazitäten für nähere Untersuchungen im Rahmen des ALP begrenzt sind (Stern 2018).

teilungsschlüssel erfolgen, der den tatsächlichen Leistungsverkehr abbildet. Der Steuersatz wäre dann in jedem Mitgliedsland autonom festzulegen, sollte aber im EU-Gebiet ein bestimmtes Mindestmaß nicht unterschreiten.

Das verbleibende Problem bei der Konstruktion einer harmonisierten Bemessungsgrundlage betrifft die Art und Weise der Aufteilung auf die beteiligten Länder. Im Vorschlag der Europäischen Kommission beziehen sich die zentralen Gewichtungsfaktoren des Verteilungsschlüssels auf den Umsatz, die Lohnsumme und die Vermögenswerte. Je nach Einbeziehung und Gewichtung dieser Faktoren ergeben sich auch bei der GKKB Gestaltungsspielräume für die Unternehmen, die ausgeschöpft werden können.[181] Gabriel Zucman hat vor kurzem vorgeschlagen, den globalen Gesamtgewinn eines transnationalen Konzerns einfach im Verhältnis der in den verschiedenen Ländern erzielten Umsätze aufzuteilen. Wo hohe Umsätze erwirtschaftet werden, müssten dann auch entsprechend hohe Gewinne besteuert werden. Aus Sicht von Zucman sollte die Übermittlung der für die Gewinnaufteilung im Konzern notwendigen Umsatzdaten im Fall der Weigerung mit der Androhung von Sanktionen erzwungen werden. EU-Mitgliedstaaten wie unter anderem Irland und Luxemburg, die vom bisherigen System profitieren, dürften sich gegen solch eine Lösung sperren. Aber auch der deutsche Fiskus wäre vermutlich nicht erfreut. Denn für Länder mit Exportüberschüssen wäre die Zuordnung der Konzerngewinne im Verhältnis der erzielten Umsätze nachteilig. Gerade die deutsche Autoindustrie müsste dann anteilig mehr Steuern im riesigen China und weniger in Deutschland zahlen. Wenn die wirtschaftlichen Bindungen in Europa gestärkt werden sollen, muss sich auch Deutschland bewegen und seine handels- und steueregoistischen Positionen überwinden. Nur auf diesem Weg lassen sich Zugeständnisse der anderen Mitgliedstaaten erreichen. Nach Meinung von Zucman sollten Länder wie Frankreich und Deutschland voranschreiten und die GKKB einführen.[182] Dies könnte in der Tat einen Sog auf andere europäische Staaten ausüben.

Solange die GKKB nur als Papiertiger existiert, erweist sich eine Zwischenlösung zur angemessenen Besteuerung der IT-Konzerne in Europa als sinnvoll. Denn bereits im Dschungel der 241 Apple-Tochtergesellschaften zeigt sich, dass die Gewinne des Konzerns in undurchsichtiger

---

181 Zur Diskussion der Formelzerlegung (formula apportionment) vgl. die Ausführungen bei v. Wuntsch, Bach (2012) und Loretz (2018).

182 Das „Tax Justice Network" setzt sich seit Jahren für die GKKB ein. Es plädiert zusätzlich für die Einführung einer effektiven Mindest-Körperschaftsteuer und für die Koordination von Maßnahmen zur Steuervermeidung unter dem Dach der UN.

Weise auf Länderregionen aufgeteilt sind. Das Verhältnis von Gewinnen zu den regional erzielten Umsätzen schwankt zwischen 30% in Europa und 45% in Japan. Außerhalb des amerikanischen Kontinents werden die meisten Umsätze zwar in Europa erzielt, aber im Vergleich der Regionen werden dort die geringsten Gewinnquoten erreicht. Dies spricht dafür, dass Einnahmen und Kosten den Grundsätzen der Steuerplanung im Konzern untergeordnet sind. Im Apple-Geschäftsbericht 2017 wird die effektive Steuerlast auf die nicht-amerikanischen Gewinne[183] mit einer Quote von 3,7% ausgewiesen. Für 2016 wird eine Quote von 5,2% und für 2015 von 6,2% vermerkt. Demgegenüber wird die Steuerlast für traditionelle Unternehmen in Europa auf rund 23% Steuern geschätzt.

Vor diesem Hintergrund hat die EU-Kommission vorgeschlagen, zusätzlich zur Körperschaftsteuer die „Digitalsteuer" zu erheben. Auch sie soll sich auf den Umsatz der IT-Unternehmen beziehen. Fingiert wird eine Betriebsstätte am Nutzungsort der Kunden. Die „Digitalsteuer" soll in Höhe von 3% auf Umsätze aus der Online-Werbung und aus der Nutzung digitaler Marktplätze erhoben werden.[184] Die vorgeschlagene Steuer ließe sich allenfalls als vorübergehende Ersatzlösung bis zur Einführung der GKKB umsetzen. Denn vermutlich wären gerade die IT-Giganten in der Lage, die Steuer auf die Kunden zu überwälzen. Außerdem wäre zu erwarten, dass die Handelskonflikte angeheizt würden, da die Steuer vor allem die amerikanischen IT-Konzerne, aber kaum europäische Firmen treffen würde. Dass der Vorschlag auf den Widerstand von Dänemark, Finnland, Irland, Malta und Schweden stößt, ist nicht überraschend.[185]

Ob die Staaten in der Lage sind, die steuerliche Standortkonkurrenz abzubremsen, wird sich auch an einem weiteren Punkt erweisen. In den letzten Jahren sind die Großkonzerne, die im erheblichen Umfang in die Forschung und Entwicklung investieren, in den Fokus von Steuerbegünstigungen gerückt. Nachdem direkte Steuerabsprachen zwischen Steuerbehörden und einzelnen Firmen wie Apple und Google in Verruf geraten

---

[183] Im Apple-Geschäftsbericht werden der Region „Americas" lediglich die Regionen „Europe", „Greater China", „Japan" und „Rest of Asia Pacific" gegenübergestellt. Das Segment „Americas" bezieht sich auf Nord- und Südamerika. Die Aufteilung der Gewinne, Umsätze und Steuern wird nicht detaillierter ausgewiesen. Es handelt sich um operative Gewinne vor Steuern. Zu den Daten vgl. die Studie von Christensen und Clancy (2018: 9–12).

[184] Die Digitalsteuer ist für Unternehmen geplant, deren Erträge global mindestens 750 Mill. Euro und in der EU mindestens 50 Mill. Euro betragen. Um Doppelbesteuerung zu vermeiden, soll sie von der Bemessungsgrundlage der Körperschaftsteuer abgezogen werden können.

[185] Deutschland nimmt bislang eine zögerliche Haltung ein. Auf dem Treffen der EU-Finanzminister im September 2018 ist die Entscheidung über die Einführung der „Digitalsteuer" vertagt worden.

sind, verstärken einige Staaten ihre Lockangebote mittels Patent- oder Lizenzboxen. Das bedeutet, dass die Erträge aus der Nutzung von Patenten entweder niedrig oder nur zum Teil besteuert werden. In Luxemburg besteht das Privileg seit 2008. Nur 20% der Lizenzeinnahmen werden dort überhaupt steuerlich erfasst. Malta erhebt gar keine Steuer. Patentboxen mit reduzierten Steuersätzen auf Lizenzen gibt es in der Schweiz, Italien, Frankreich, Portugal, Ungarn, Spanien, dem Vereinigten Königreich, Belgien, Irland, Niederlande, Zypern und Liechtenstein. Diese Politik reproduziert im Grunde den Ausgangspunkt der Bekämpfung von Steuervermeidung und Gewinnverlagerung. Sollte sich dieser Wettlauf zwischen den Staaten fortsetzen, würden die im Rahmen des BEPS-Projekts vorgeschlagenen Maßnahmen im Sande versacken.[186]

Was könnte getan werden, um diese Entwicklung zu begrenzen? Patente lassen sich schließlich zu geringen Kosten in andere Länder transferieren. Nach dem Nexus-Ansatz der OECD sollen ab 2021 die Erträge aus der Nutzung von Patenten nur insoweit besteuert werden, als ihnen entsprechende Aufwendungen für Forschung und Entwicklung zugeordnet werden können. Um dieses Ziel zu erreichen, müsste volle Transparenz über die wirtschaftlichen Aktivitäten in einem Konzern bestehen. Welche Konzernunternehmen in welchem Ausmaß und in welchem Staat an Forschungsleistungen beteiligt sind, bleibt aber meist im Verborgenen. Eine einfache und wirksame Gegenmaßnahme wäre die Erhebung von Quellensteuern auf alle Lizenz- und Zinszahlungen oder Vergütungen von Managementleistungen. Ein inländisches Unternehmen müsste dann unmittelbar im Zeitpunkt der Auszahlung eine Steuer im Inland abführen[187]. Solche Vorschläge werden seit Jahren von Wissenschaftlern und dem „Tax Justice Network“[188] erhoben. Die Ausweitung von Quellen-

---

[186] Immerhin hat sich Deutschland dem Trend zur Einrichtung von Patentboxen vorerst widersetzt. Das Kabinett hat einen Gesetzentwurf zur Begrenzung des Abzugs von Lizenzaufwendungen bei der Überlassung von Rechten beschlossen. Aufwendungen für Lizenzen dürfen ab 2018 nicht als Betriebsausgaben abgezogen werden, wenn die korrespondierenden Lizenzeinnahmen im Ausland nicht oder nur gering besteuert werden. Die Beschränkung gilt auch, wenn im Empfängerland der Lizenzeinnahmen keine eigenen Forschungskapazitäten bestehen.

[187] Inwieweit Industriestaaten von der Quellensteuer auf Lizenzerträge profitieren würden, müsste analysiert werden. Denn Lizenzerträge fließen von dort nicht nur in die Steueroasen ab, sie fließen auch aus anderen Regionen zu. Clemens Fuest geht davon aus, dass in Ländern wie Deutschland und den USA netto mehr Lizenzzahlungen ein- als abfließen (FAZ v. 13.11.2014). Steuerlich wäre die Erhebung von Quellensteuern im Quellenland zu verknüpfen mit einer Anrechnung dieser Steuer im niedrig besteuernden Empfängerland.

[188] Das „Tex Justice Network“ ist mit dem deutschen „Netzwerk Steuergerechtig-

steuern wird von UNO-Experten auch für die Entwicklungsländer empfohlen, um den Transfer von Gewinnen in die Industriestaaten zu begrenzen.

Steueroasen beeinflussen nicht nur die Steuerplanung der Unternehmen. Sie sind darüber hinaus die Sammelbecken für private Finanzanlagen. Vermögensverwalter und Investmentgesellschaften pflegen seit Jahrzehnten ihre Kontakte zu Offshore-Zentren und befördern damit den Steuermissbrauch und die globale Geldwäsche. Der Umfang des gesamten Offshore-Finanzvermögens erreicht gigantische Ausmaße. Der frühere Chefökonom von McKinsey, James S. Henry (2012), hat das Volumen im Auftrag des „Tax Justice Network" für das Jahr 2010 detailliert untersucht. Seiner Schätzung nach beträgt das weltweit im Ausland gehaltene private Finanzvermögen in mehr als 80 Offshore-Zentren insgesamt 21 bis 32 Billionen U.S.-Dollar. Daraus ergibt sich ein Steuerverlust für die Staaten von rund 280 bis 1.300 Mrd. U.S.-Dollar[189], wovon die Entwicklungsländer den Hauptverlust von rund 160 Mrd. U.S.-Dollar tragen. Wird der Umfang des Offshore-Finanzvermögens auf das von der Credit Suisse im Global Wealth Report geschätzte globale Weltvermögen von 231 Billionen U.S.-Dollar bezogen, ergibt sich eine globale Offshore-Quote von rund 10–16%.

Die Steueroasen bedrohen die Stabilität der Märkte und der Staaten. Ungefähr 70% aller Hedge-Fonds sind allein auf den Cayman Islands registriert. Auf den britischen Virgin Islands existieren ungefähr 700.000 Briefkastenfirmen. Die Panama-Papiere und Offshore-Leaks haben die Existenz verborgener Kapitalströme bestätigt. Sie haben damit eine Dynamik ausgelöst, die das Treiben auf den Schatzinseln der Welt einengen könnte. Der automatische Informationsaustausch wird aber nicht ausreichen, um sie auszutrocknen. Denn viele Gestaltungen sind zwar moralisch verwerflich, aber legal. Steueroasen sind Teil des globalen Finanzsystems und ihre Eliminierung erscheint als äußerst unwahrscheinlich. Die Oasen befinden sich mitten in den Kernländern der industriellen Welt. Die vom Vereinigten Königreich kontrollierten Gebiete bilden die Speerspitze. Ronen Palan, Richard Murphy und Christian Chavagneux (2010) haben die Finanzzentren der Welt unter die Lupe genommen und skizziert, wie „Tax Havens" auf globalen Märkten funktionieren.

---

keit" (NSG) verknüpft. Das NSG erarbeitet Stellungnahmen und Vorschläge für Gesetzesänderungen (https://netzwerk-steuergerechtigkeit.de/).

[189] Die Größenordnung von mindestens 300 Mrd. U.S.-Dollar an jährlichen Steuerausfällen erscheint plausibel, wenn von einer Untergrenze für das Offshore-Vermögen von 20 Billionen U.S.-Dollar, einer Rendite von 3% und einem Grenzsteuersatz von 50% ausgegangen wird. Die Obergrenze liegt dann bei rund 480 Mrd. U.S.-Dollar.

Der Finanzplatz London nimmt hier eine unrühmliche Rolle ein. Von der City of London aus werden gewaltige Geldströme in die Offshore-Gebiete des ehemaligen British Empire gelenkt. Ein Drittel bis die Hälfte der weltweit verschwiegenen Finanzgeschäfte werden dort vermutet. Die Fäden werden in der City zusammengeführt. Die drei Kronbesitzungen Jersey, Guernsey und die Isle of Man liegen direkt vor der Haustür. Sie präsentieren sich offen als verlängertes Büro der City of London. Dazu kommen die britischen Überseegebiete auf den ehemaligen Pirateninseln. Die Begünstigung von körperschaftlich strukturierten Vermögenswerten hat Tradition. Sie lässt sich bis in die Zeit der Gründung der kolonialen „East India Trading Company“ Anfang des 17. Jahrhunderts verfolgen. Ganz im Sinne des alten Kolonialrechts gilt immer noch das „Residenz-ohne-Steuern-Prinzip“, wonach in Großbritannien registrierte Unternehmen dort keiner Steuerpflicht unterliegen, wenn die Kontrolle in den Kronbesitzungen oder Überseegebieten ausgeübt wird.[190]

Auch in den USA bestehen seit mehr als hundert Jahren Steueroasen. Die Bundesstaaten Delaware, New Jersey, Vermont, Nevada und Wyoming bieten spezielle Wirtschaftsgesetze mit niedrigen Standards an, um die Ansiedlung von Firmen auf ihrem Territorium zu begünstigen. Es überrascht daher nicht, dass schätzungsweise 60% der vom U.S.-Wirtschaftsmagazin Fortune gelisteten 500 umsatzstärksten Unternehmen in Delaware registriert sind. Den rund eine Millionen Einwohnern steht dieselbe Zahl an gemeldeten Unternehmen gegenüber. In der Hauptstadt Wilmington befinden sich 285.000 Briefkastenfirmen. Die laxen Wirtschaftsgesetze sehen zwar Steuern auf Unternehmensgewinne vor, doch werden Erträge aus der Nutzung von Patenten und Markenrechten davon ausgenommen. Und New Jersey gilt immer noch als „Home of the Trusts“. Hierbei handelt es sich um rechtlich selbständige Vermögen oder Stiftungen, hinter denen sich die begünstigten Personen bestens verbergen können. Denn die wirtschaftlich Berechtigten bleiben anonym.[191] Ein Geldgeber oder Vermögensbesitzer überlässt sein Vermögen einem Treuhänder, der es fortan zweckorientiert verwaltet und Zahlungen an den Berechtigten veranlasst. Da der Trust selbst steuerfrei bleibt, wird ein ungerechtfertigter Vorteil erzielt, wenn es sich beim Stifter und beim Berechtigten um dieselbe Person handelt. Die Panama-Papers haben gezeigt, dass sich dies über die Gründung einer Scheinfirma in Panama, den Einsatz von Strohmännern und der Einrichtung eines Bankkontos in

---

190 In der Tradition einer weiteren Kolonialregel existiert immer noch der Status der „Domizilierten“. Früher betraf dies nur Briten, die in den Kolonien lebten. Heute profitieren davon u.a. reiche russische Oligarchen, die in der City of London steuerbefreit ihren Geschäften nachgehen können.

191 Ähnlich problematisch sind anonyme Inhaberaktien (bearer shares).

der Schweiz oder einer anderen Steueroase leicht verwirklichen lässt. Neue Studien bestätigen, dass die Steuerhinterziehung mittels Nutzung von Steueroasen ein hartnäckiges Phänomen ist. Selbst die Einführung von Abkommen zum Informationsaustausch und der „Common Reporting Standards“ der OECD haben offenbar nur begrenzte Auswirkungen. Sie reduzieren die Bankeinlagen in Steueroasen zwar um etwa 30%, aber nur für eine gewisse Zeit vor und nach ihrer Einführung. Nach einem Anpassungszeitraum von wenigen Jahren sind in der Regel neue verschleiernde Umschichtungen erfolgt.[192]

Das Trustrecht ist in Großbritannien entstanden und im angelsächsischen Rechtsgebiet fest verankert. Im Weißen Haus in Washington wird seit Jahren darum gerungen, dass Finanzinstitute die natürlichen Personen hinter jedem Konto identifizieren. Aufgrund von politischem Widerstand konnten solche Transparenzregeln bislang nicht durchgesetzt werden. Das in Delaware und New Jersey entwickelte Modell der Begünstigung spezieller Unternehmens- und Stiftungsformen diente Anfang des 19. Jahrhunderts als Vorbild für die Ausgestaltung der Steueroase im Kanton Zug. Die Geldwäschegesetze werden in den USA und dem Vereinigten Königreich lasch gehandhabt. London ist ein sicherer Hafen für die korrupten Eliten der Welt. Es soll dort 36.000 Immobilien geben, die im Besitz anonymer Briefkastenfirmen sind. In der Vergangenheit ist von London aus ein erbitterter Widerstand gegen den Plan ausgeübt worden, die wahren Eigentümer von Briefkastenfirmen in einem öffentlichen Register aufzudecken. Das Thema ist in Großbritannien hart umkämpft. Während dort seit 2016 gegen den Willen der konservativen Regierung[193] eine Transparenzpflicht durchgesetzt werden konnte, gilt dies nicht für alle britischen Überseegebiete. Die neue Regel zur Aufhebung der Anonymität von Briefkastengesellschaften ist in den „Kronbesitzungen“ Guernsey, Isle of Man und Jersey nicht anwendbar. Der Brexit könnte dem zweifelhaften Steuerregime weiteren Auftrieb verschaffen.

In den USA werden die Gelder der Drogenmafia verwaltet. Für sie ist es

[192] Der Effekt hält ungefähr 20 Quartale an und verpufft dann. Verschiedene Leaks haben die vielfältigen Wege der Umgehung aufgedeckt. Einerseits werden Verwandte oder Freunde als Kontoinhaber eingesetzt, andererseits werden Ketten von Beteiligungen über verschiedene Steueroasen hinweg gebildet oder Staatsbürgerschaften in solchen Gebieten erworben. Die DIW-Studie von Menkhoff und Miethe (2018) setzt sich für härtere Maßnahmen gegen Steuerhinterziehung ein. Nötig ist vor allem ein globales Finanzregister, das die letztlich Begünstigten benennt.

[193] Der Antrag der Labour Party erhielt im Parlament mit der Unterstützung von 21 konservativen Abgeordneten die Mehrheit. Das Gesetz ist damit in den 14 teilautonomen Überseegebieten gültig. Darunter fallen auch die Jungfern- und Kaimaninseln.

kein Problem, Schwarzgeld in den allgemeinen Kapitalkreislauf einzuschleusen. Es hat sich herumgesprochen, dass die Banken in Florida nicht nach den Quellen fragen. Das weltweite System der Steuerumgehung und Korruption kann nur existieren, solange politisch stabile Staaten mit entwickeltem Rechtssystem die Reinwaschung illegaler Finanzströme ermöglichen. Das dunkle Geld muss in saubere, sichere Anlagen transformiert werden. In diesem Sinne hat die Legalität eine illegale Kehrseite. Auch Deutschland wird von den Besitzern von Schwarzgeld als wichtiger Hafen angesehen.[194] Ein Schritt nach vorne ist das neue Transparenzregister[195], in dem die wirtschaftlich Berechtigten von Kapital- und Personengesellschaften sowie Stiftungen seit Oktober 2017 zu erfassen sind. Das Register sollte allerdings für die Öffentlichkeit zugänglich sein. Auf die Informationen können bislang nur bestimmte Behörden, die Verpflichteten selbst und Personen mit berechtigtem Interesse zugreifen.

Um die Geldwäsche zu bekämpfen, bedarf es weiterer Maßnahmen. Immer mehr Skandale kommen an die Öffentlichkeit. Nach den Schätzungen von Europol werden in der EU jährlich 120 Mrd. Euro gewaschen. Involviert sind große und kleine Bankinstitute. So war die britische HSBC in mexikanische Drogengeschäfte verwickelt. Sie wurde in den USA 2012 zu einer Strafe von fast 2 Mrd. Euro verurteilt. Die deutsche Bank war in Russland zwischen 2011 und 2015 in Geldwäsche verwickelt und musste 640 Mio. Euro zahlen. In jüngster Zeit ist die estnische Toch-

---

194 Vor allem der Immobiliensektor und die Kunstmärkte eignen sich für die Geldanlage. Nach Recherchen der Süddeutschen Zeitung lassen sich in Berlin viele Grundstücke Briefkastenfirmen zuordnen, die ihren Sitz in bekannten Steueroasen haben. Das Grundbuchamt ist nicht in der Lage, die Strohmänner aufzudecken, die hinter Briefkastenfirmen stehen. Es reicht, wenn ein Notar in Panama die Angaben des Strohmanns bestätigt. Häufig sind die Grundstücke von Pflegeheimen und Supermärkten im Besitz von Briefkastenfirmen. Die Grundstücke von Aldi, Netto, Lidl und Rewe gehören mehrheitlich einem britischen Immobilieninvestor. Die Käufe sind als „Share Deals“ gestaltet, um die deutsche Grunderwerbsteuer zu sparen. Markus Meinzer von „Netzwerk Steuergerechtigkeit“ hat das Dunkelfeld für Geldwäsche in Deutschland auf bis zu 50 Mrd. Euro geschätzt. Im Gefolge einer EU-Richtlinie ist 2017 die deutsche „Financial Intelligence Unit“ als Zentralstelle zur Bekämpfung von Geldwäsche eingerichtet worden. Die Deutsche Zoll- und Finanzgewerkschaft hat allerdings die unzureichende Personalausstattung kritisiert.

195 Das Gesetz ist im Anschluss an die 4. Geldwäsche-Richtlinie der EU beschlossen worden. Nichtregierungs-Organisationen und Journalisten soll der Zugang ermöglicht werden, insoweit dies der Bekämpfung der Geldwäsche dient. Nach der im Juli 2018 beschlossenen 5. Geldwäsche-Richtlinie der EU soll künftig jede Person Einsicht in das Register nehmen können. Insoweit ist das deutsche Geldwäschegesetz zu ändern.

tergesellschaft der Danske Bankengruppe ins Visier geraten. Auffallend hohe Transaktionen aus Russland und der Ukraine im Umfang von 200 Mrd. Euro sollen zwischen 2007–2012 bei den internen Kontrollen übersehen worden sein. Vorwürfe sind zudem gegen die maltesische Pilatus Bank erhoben worden. Nach den Recherchen der ermordeten Journalistin Daphne Caruana Galizia soll die Bank in die Geldwäsche einflussreicher Politiker des Landes verwickelt sein. Zwei Schritte zur Stärkung des Kampfes gegen Geldwäsche sind dringlich. Erstens sollten die nationalen Aktivitäten im Rahmen einer zentralen EU-Behörde gebündelt werden. Dies könnte unter dem Dach der Bankenaufsicht Eba geschehen. Sie müsste mit erheblich vergrößertem Personalbestand ausgestattet werden, als dies in der Summe in den EU-Ländern der Fall ist. Und zweitens sollte die Registrierungspflicht auch für Unternehmen und Trusts aus Drittstaaten gelten.

Der amerikanische Fiskus verhält sich hinsichtlich der Durchsetzung seiner Interessen besonders widersprüchlich. Einerseits setzt er seine Interessen knallhart gegenüber ausländischen Institutionen durch wie im Fall der Schweizer Banken, die aufgrund mangelnder Kooperation mit dem Entzug der Banklizenz in den USA bedroht wurden. Andererseits werden Steueroasen im eigenen Land akzeptiert. Im Kampf der Interessensgruppen um Einfluss auf politische Entscheidungen setzt sich bislang die Lobby der machtvollen Konzerne durch. Die führenden westlichen Wirtschaftsnationen verhalten sich scheinhaltig, wenn sie sich in der Öffentlichkeit als Gerechtigkeitskämpfer präsentieren. Das erweist sich auch auf der Ebene der großen Gipfeltreffen. Die mangelnde steuerliche Transparenz in den USA und dem Vereinigten Königreich wird in den Verhandlungen nicht hinterfragt. Es ist leichter, Trinidad und Tobago auf die Anklagebank zu setzen.

4. Kapitel: Der Staat in der bürgerlichen Marktgesellschaft

Weltmarkt ohne Global Governance

Die Ausbreitung digitaler Technologien beflügelt die Entfaltung des Kapitals über alle geographischen, politischen und kulturellen Grenzen hinweg. Vor allem die Akteure der Finanzmärkte und die von ihnen gelenkten multinationalen Unternehmen prägen die Dynamik der Wirtschaftskreisläufe auf unserem Planeten. Kapitalströme werden in Echtzeit in alle Länder und Regionen gelenkt, soweit sich dort finanzielle Vorteile erzielen lassen. Die immer noch große Bedeutung von Steueroasen bestätigt, dass die Ausschöpfung günstiger gesetzlicher Standards im Ländervergleich ein Leitmotiv im internationalen Wettbewerb um Standorte darstellt. Dies ermöglicht Arbitrage-Gewinne, die auf der Differenz wirtschafts-, sozial- und umweltrechtlicher Rahmenbedingungen an verschiedenen Orten basieren.

Vor dem Hintergrund dieser länderübergreifenden Dynamik besteht das Dilemma der Politik darin, dass den globalen Aktivitäten der transnationalen Konzerne Nationalstaaten gegenüberstehen, deren demokratische Kontrolle auf das eigene Staatsterritorium begrenzt ist. Zwar gründet sich die souveräne Regierungsgewalt auf dem grundlegenden Recht jedes Staats, die Zwecke und Formen der Herrschaft sowie die Rechtsgrundlagen autonom festlegen zu können, jedoch unterläuft das wirtschaftliche Handeln über Hoheitsgrenzen hinweg die verfassungsrechtlich garantierten Kontrollrechte der einzelnen Staaten. Die Macht des Staats verflüchtigt sich im Maße wie die transnationalen Netzwerke der Multis an Bedeutung gewinnen.

Ende der 1970er Jahre wurde die Entwicklung des Staats von linken Theoretikern wie Nicos Poulantzas anders eingeschätzt. Er charakterisierte den kapitalistischen Staat als Machtknoten, der sich der gesellschaftlichen Zeit und des Raums bemächtigt und danach strebt beide zu monopolisieren. Der Trend zum „autoritären Etatismus“ bewirkt in seiner Sicht einen Machtzuwachs auf der Ebene der Exekutive (Poulantzas 1978: 91). Diese Erwartung hat sich nicht verwirklicht. Stattdessen haben sich die instrumentellen Regulierungsmöglichkeiten der Staaten gegenüber den globalen Unternehmens-Netzwerken reduziert. Die Aufdeckung der Verzweigungen internationaler Finanzströme über Steuerparadiese und internationale Bankzentren hinweg hat die Schwäche der einzelstaatlichen Wirtschafts- und Finanzpolitik erneut vor Augen geführt. Das wirft die Frage nach der künftigen Rolle des Staats im Zeitalter der Globalisierung auf. Welche Möglichkeiten bestehen für die Staatengemeinschaft, die Spielregeln des globalen Wirtschaftens zu definieren und illegale oder illegitime Wirtschaftsgestaltungen negativ zu sanktionieren?

Insbesondere nach dem letzten Weltkrieg haben sich auf verschiedenen Politikfeldern multilaterale Abhängigkeiten zwischen den Staaten herausgebildet, die bestehende Machtkonstellationen abbilden. Der Druck zum koordinierten Handeln bezieht sich nicht nur auf den Interessenausgleich der Staaten hinsichtlich der Organisation des Welthandels, sondern auch auf die Verhinderung bzw. Lösung militärischer Konflikte. Zudem hat sich im Laufe der Jahre die Einsicht verbreitet, dass die Lösung der globalen Umweltprobleme ein globales Management aller Staaten erfordert. Die Gründung der Vereinten Nationen im Jahr 1945 markiert einen Meilenstein in der Entwicklung einer internationalen Rechtsordnung. Die UNO-Charta basiert auf der Legitimation der Staaten als souveräne, selbstbestimmte politische Gemeinwesen. Im Zeichen der Aufklärung geht sie von dem Gedanken aus, dass die Einzelstaaten als Rechtseinheiten gleichen Rangs zu begreifen sind. Denn nur auf der Anerkennung der souveränen Gleichheit der Mitgliedstaaten lässt sich eine allgemeine internationale Ordnung konstruieren, die in der Lage ist, im Weltmaßstab Recht zu schaffen.[196] Die Staaten werden auf dieser Grundlage in den Rahmen des internationalen Rechts eingebunden, das sich in einem Geflecht von Verträgen und Abkommen verwirklicht. Das Völkerrecht ist daher ein wichtiger Beitrag zur Begrenzung der Machtansprüche der Staaten.

Diese Entwicklung hat den Einfluss der großen und wirtschaftlich führenden Wirtschaftsnationen nur zum Teil eindämmen können. Einerseits bringt die neue internationale Ordnung die geteilte Souveränität der Staaten bei der Lösung zentraler Wirtschafts-, Sicherheits- und Umweltfragen zum Ausdruck. Daraus erwächst der Druck zum Ausgleich der wechselseitigen Ansprüche auf dem Verhandlungsweg. Andererseits ringen die Staaten nach wie vor um die Durchsetzung ihrer besonderen Interessen. Dies geschieht nun immer mehr im Rahmen internationaler Institutionen wie den Vereinten Nationen und nachgeordneter Organisationen. Durch die verstärkte Austragung von Konflikten auf institutioneller Ebene begünstigen die Staaten die Ausbreitung einer globalen Bürokratie. Der neue korporative Kapitalismus repräsentiert das nach dem Weltkrieg entstandene wirtschaftliche und politische Machtgefüge mit der Dominanz des angloamerikanischen Wirtschaftsmodells. Der Internationale Währungsfonds (IWF), die Weltbank und die Welthandelsorganisation (WTO) sind in das System der Vereinten Nationen (UNO) eingebettet. Der IWF und die Weltbank sind als wichtige interna-

---

[196] Vgl. dazu auch Michael Hardt und Antonio Negri (2003: 20).

tionale Währungs- und Handelsbürokratien über viele Jahre hinweg strengen neoklassischen Wirtschaftskonzepten gefolgt, als es um die Transformation der sowjetischen Wirtschaft und um die Bewältigung von Krisen in Lateinamerika, Afrika und Asien ging. Dies entsprach ganz der ideologischen Nähe zu den großen privaten Finanzkonzernen wie Goldman-Sachs, JP Morgan Chase & Co., Bank of America Merill Lynch, Morgan Stanley und anderen Investmentbanken, die das organisatorische Zentrum des Finanzkapitalismus markieren.

Die Kehrseite der Ausbreitung internationaler Handelsbürokratien ist ihre Neigung zum Eigenleben. Manuel Castells geht davon aus, dass frühere Expertisen von IWF-Experten nicht aufgrund von Anweisungen der Regierungen, die sie ernannt haben, zustande gekommen sind. Gemäß der Ideologie einer vermeintlich unabhängigen Wissenschaft handelten sie vielmehr als „selbstgerechte Chirurgen, die geschickt die Reste politischer Kontrolle über die Marktkräfte entfernen" (Castells 2003: 285). Der Anthropologe und Vordenker der Occupy-Bewegung David Graeber geht noch einen Schritt weiter, indem er den heutigen Kapitalismus als gigantischen bürokratischen Mechanismus beschreibt, in den Großkonzerne, Banken und internationale Institutionen einbezogen sind. Freihandel und freie Märkte bedeuten „in Wirklichkeit den Aufbau globaler administrativer Strukturen" (Graeber 2016: 40). Diese sich scheinbar widersprechenden Orientierungen koexistieren seit Jahrzehnten bestens. Entgegen dem Selbstverständnis konservativer amerikanischer Bewegungen hat sich der korporative Kapitalismus gerade in den USA entfaltet. Die Kapitalkonzentration ist eingebettet in ein staatliches System von Verwaltungshandlungen, das sich ideologisch vor allem dem Liberalismus verpflichtet fühlt. Bereits in den 1930er Jahren führte die Politik des New Deal in der Ära Präsident Roosevelts zur Ausbreitung eines bürokratischen Apparats, in dem staatliche Stellen mit Konzernen wie Procter & Gamble und Ford eng kooperierten. Und nachdem Großbritannien während des zweiten Weltkriegs endgültig von den USA als führende Wirtschaftsnation abgelöst worden war, wurden im Zusammenhang mit der Schaffung einer neuen internationalen Währungsordnung im Geist von Bretton-Woods auch neue globale Institutionen begründet.

Die Frage ist also erneut aufzugreifen. Sind die vorhandenen Institutionen geeignet, die Spielregeln der globalen Wirtschaft auszuhandeln und faire Marktbedingungen verbindlich festzulegen? Oder brauchen wir neue supranationale Organisationen zur Regulierung der Finanzmärkte und des Steuerwettbewerbs? Experten des Max-Planck-Instituts für Gesellschaftsforschung haben die Entwicklungschancen für die Herausbildung multilateraler Governance-Strukturen näher untersucht. Die Spanne der erörterten Beiträge erstreckt sich vom Vorschlag zur Stärkung bestehender Organisationen wie des IWF bis hin zur Forderung der

Gründung einer neuen multilateralen Organisation (intergovernmental organization).

Im Unterschied zum internationalen Handels- und Währungsregime der WTO oder des IWF existiert keine vergleichbare Organisation für die Finanzmärkte. Obwohl dies nach der Krise 2008 auf der politischen Agenda stand[197], zeichnet sich bislang keine Hinwendung zu einer multilateralen Steuerung ab. Das Nebeneinander verschiedener dezentraler Institutionen und Interessen behindert die Etablierung koordinierter Maßnahmen. Hervorhebenswert ist vor allem der von den G20 Staaten initiierte Finanzstabilitätsrat (Financial Stability Board)[198]. Er hat seit seiner Etablierung im Jahr 2009 den Auftrag die Finanzmärkte zu beobachten, Gefahren aufzuspüren und Empfehlungen auszusprechen. Dies mündet in regelmäßigen Reports über systemrelevante Banken und Versicherungen. Ein wichtiges Mitglied des Financial Stability Board (FSB) ist die Bank für Internationalen Zahlungsausgleich (BIZ), die wiederum für die Erarbeitung des globalen Basel III-Regelwerks für den Bankensektor verantwortlich zeichnet. Die BIZ-Vorgaben sollen dazu dienen, den Bankensektor krisenfester zu gestalten. Über die Nützlichkeit und Anwendbarkeit des im Dezember 2010 fixierten Regulierungsrahmens gibt es strittige Ansichten. Während es nicht überrascht, dass die Bankenlobby die Basel III-Vorgaben für zu restriktiv erachtet, ist zwischenzeitlich auch ein Kulturkampf zwischen den amerikanischen und europäischen Banken ausgebrochen. Der mehrjährige Streit, der erst im Jahr 2017 zum Kompromiss führte, konzentrierte sich auf die Anforderungen für das Mindestkapital und die Risikodeckung von Bankgeschäften. Die Einigung im Hinblick auf verschärfte Eigenkapitalregeln und anzuwendende Risikomodelle der Bankinstitute ist ein Schritt nach vorn. Doch halten die international anerkannten Finanzexperten Anat Admati und Martin Hellwig (2013) die BIZ-Anforderungen für die Eigenkapital-Absicherung von Bankgeschäften für viel zu gering. Sie fordern eine Quote von

---

197 „Already in September 2009, the G20 Leaders had agreed in Pittsburg on a substantial reform of over-the-counter – that is not supervised by an exchange – dealing in derivates“ (Mayntz 2015: 55).

198 Vorläufer des Finanzstabilitätsrats (FSB) ist das 1998 gegründete Financial Stability Forum (FSF). Der FSB ist angesiedelt bei der Bank für Internationalen Zahlungsausgleich in Basel. Mitglieder des FSB sind neben einzelstaatlichen Institutionen u.a. der IWF, die Weltbank, die OECD, die Bank für Internationalen Zahlungsausgleich, die Europäische Zentralbank und das International Accounting Standard Board. Daneben und unabhängig vom FSB existiert die internationale Vereinigung der nationalen Wertpapieraufsichtsbehörden (IOSCO) mit mehr als hundert Mitgliedern.

20–30%.[199] Insbesondere die Nullgewichtung des Risikos im Fall von Staatsanleihen besitzt eine erhebliche Sprengkraft in den Bankbilanzen.

Außerdem hat der Finanzstabilitätsrat bislang zentrale Problemfelder wie das Wirken

- der Schattenbanken[200],
- des Markts für Derivative sowie
- die Behandlung systemrelevanter Banken (too-big-to-fail)

umschifft. Diese Debatte droht bis zur nächsten Krise in Vergessenheit zu geraten. Die Studie der Max-Planck-Gesellschaft hebt deshalb hervor: „Financial market regulation no longer enjoys political top priority“ (Mayntz 2015: 58). Vor diesem Hintergrund überrascht es nicht, dass sich auch die Diskussion um die Einführung einer Finanztransaktionssteuer verflüchtigt hat. Die Schonung systemrelevanter Bankgiganten und der Einsatz von Steuergeldern im nächsten Finanz-Crash erscheinen weiterhin als mögliche Schreckensszenarien.

Üben der IWF oder andere internationale Organisationen genügend Macht und Einfluss aus, um institutionelle Reformen global erzwingen zu können? Von Experten ist die Aufwertung des IWF vorgeschlagen worden. Es geht um mehr Kompetenzen bei der Überwachung der Finanz-

---

199 „While international banking organizations have critized the capital requirements of Basel III as too restrictive, experts consider them to be insufficient ...“ (Mayntz 2015: 52). Die Gouverneure der Notenbanken, die EU und die Chefs der Aufsichtsbehörden aus 27 Ländern verständigten sich nach jahrelangem Streit auf einheitliche Regeln. Nach Berechnungen der EU-Bankenaufsicht Eba erhöht sich der Eigenkapitalbedarf europäischer Banken durch die Basel III-Vorgaben um rund 12,9 % bzw. 18 Mrd. Euro. Dabei spielt eine entscheidende Rolle, wie groß die jeweiligen Derivatepositionen sind. Kritik an der mangelnden Absicherung der Banken durch Eigenkapital wurde vor allem von Admati und Hellwig (2013) vorgebracht. Um das Regelwerk wurde zwischen amerikanischen und europäischen Banken heftig gerungen. Der Konflikt erklärt sich aus den traditionell verschiedenartigen Schwerpunkten der Institute. Während amerikanischen Banken und Unternehmen eher auf dem Kapitalmarkt engagiert sind, stehen in Europa Bankkredite im Vordergrund. Gerade die Absicherung der Hypothekenkredite und das Ausmaß interner Risikomodelle bildeten daher Konfliktpunkte. Während amerikanische Aufseher im Unterschied zu europäischen Aufsehern die Nutzung bankinterner Modelle für den Eigenkapitalbedarf verhindern wollten, sieht die Einigung nun eine begrenzte Anwendbarkeit interner Berechnungsmethoden vor.

200 Geschäfte der Schattenbanken ereignen sich außerhalb des regulierten Bankensystems. Die Europäische Kommission geht davon aus, dass diese unregulierten Geschäfte 25–30% des gesamten Finanzmarktes und 50% des gesamten Bankvermögens repräsentieren (Mayntz 2015: 56).

märkte, die schnellere Verfügbarkeit über Hilfsgelder, die Schaffung demokratischer Entscheidungsstrukturen und die Gewährleistung der politischen Unabhängigkeit der Institution. Der große Vorteil gegenüber den dezentralen Einrichtungen besteht im formalen Mandat des IWF. Als Sonderorganisation der Vereinten Nationen besitzt er die Legitimation Kredite an Länder mit Haushaltsproblemen zu vergeben und die Wechselkurse zu stabilisieren. In diesem Sinne ist er auch an festgelegte bürokratische Abläufe und Regeln gebunden. Der IWF und die Weltbank sind zwar Teil des UN-Systems, sie agieren aber unabhängig von Direktiven der UN. Die politische Richtung wird von den Regierungen in Vertretung der Mitgliedstaaten festgelegt. Das bestehende machtpolitische Übergewicht der Industrieländer und vor allem der USA spiegelt sich in den Entscheidungsstrukturen des IWF wider.[201] Es zeigt sich klar, dass weder die Unabhängigkeit der Organisation noch die stärkere Bindung an die UN im Interesse der Staaten liegen.

Die Studie der Max-Planck-Gesellschaft kommt zu dem Ergebnis, dass der Aufbau einer supranationalen Organisation keine Chance auf Realisierung hätte.[202] Der Trend zur Verteidigung der nationalen Souveränität ist in den letzten Jahren gewachsen. Das hat dazu geführt, dass sich das Handlungsfeld der globalen Governance verlagert hat. Die Entwicklung verläuft weg von multilateralen Institutionen hin zu offenen Formen der internationalen Kooperation auf höchster Regierungsebene. Für die Autoren der Studie ist die Aufwertung der G20-Treffen symptomatisch für die Wirtschaftspolitik der letzten beiden Jahrzehnte. Das G20-Format ist keinem formalen Mechanismus verpflichtet. Die Gipfelkonferenzen besitzen keine quasi-supranationale Autorität, die im top-down-Verfahren konkrete Maßnahmen verfügen könnte. Der wachsenden Komplexität der globalen Handels- und Finanzströme kommen gering standardisierte, flexible ad hoc Institutionen offenbar entgegen. Langfristige globalorientierte Lösungsansätze sind in diesem Politikumfeld immer weniger realisierbar. Der Kern des Konflikts aber liegt in der wachsenden Selbstbespiegelung der Nationalstaaten. Sie bevorzugen lockere internationale Strukturen, die es ihnen erleichtern, ihre Souveränität zu wahren. Vor

---

[201] Das Stimmrechtssystem des IWF ist nicht demokratisch und benachteiligt die Entwicklungsländer. Die USA besitzen mit einem Stimmenanteil von 17,5 % eine Sperrminorität. Sie können also alle Entscheidungen blockieren. Quotenerhöhungen sind nur mit einer Mehrheit von 85 % möglich. Die Existenz des IWF basiert auf der Asymmetrie zwischen Überschuss- und Defizitländern. Kritiker fordern eine Reform des IWF (Stiglitz 2002).

[202] It has been argued „that the significance of the G20 is symptomatic of a move away from universal multilateral IGOs (intergovernmental organizations) toward a more pluralistic and fragmented governance landscape“ (Viola 2015: 33).

diesem Hintergrund ist auch der Vorschlag zur Gründung einer neuen supranationalen „World Financial Organization (WFO)“ aussichtslos. Analog zur Welthandelsorganisation WTO wäre dies ein Schritt in Richtung einer zentralisierten Aufsichts- und Regulierungsbehörde für den Finanzsektor. Es widerstrebt den Staaten, sich zur Erfüllung allgemeiner Standards zu verpflichten. „It has long been clear that early calls for a World Financial Organization were never going to be realistic“ (Viola 2015: 33).

Globalisierungskritiker weisen seit Jahren auf den Missbrauch von Marktmacht durch die Multis hin. Die Polarisierung der Lebensverhältnisse in den Ländern ist offensichtlich. Der Handel zwischen den großen Wirtschaftsblöcken ist keineswegs ausgewogen.[203] Aus der Sicht des Nobelpreisträgers Joseph Stieglitz waren Handelsabkommen zwischen Industrie-, Schwellen- und Entwicklungsländern bislang keineswegs frei und fair. Die Asymmetrie besteht insbesondere gegenüber armen Ländern. Einerseits ist die Öffnung der Märkte für landwirtschaftliche Produkte im reichen Norden solange scheinheilig, wie gigantische Subventionen in Amerika und Europa die Hersteller in Entwicklungsländern benachteiligen.

Andererseits öffneten die Entwicklungsländer ihre Märkte für Industriegüter und Dienstleistungen, während sich die Industrieländer nicht im gleichen Maße verpflichteten, Güter von dort aufzunehmen. Dazu kommt ein entscheidender Nachteil des Abbaus von Handelsschranken auf der Seite der wirtschaftlich weniger entwickelten Länder. Während die Unternehmen der reichen Länder technisch und finanziell in der Lage sind, die Früchte der Globalisierung zu genießen, können Firmen in ärmeren Ländern die Standards der Industrieländer nur schwer erfüllen.

In diesem Sinne sind die Chancen und Risiken des Freihandels keineswegs gleich verteilt. Dies gilt entsprechend für die Arbeitskräfte. In Europa und partiell in Nordamerika bestehen mehr oder weniger grobmaschige soziale Sicherungsnetze, von denen Menschen in armen Ländern nur träumen können. Die Erkenntnis, dass die wirtschaftlichen, sozialen und ökologischen Kosten einer völlig freien Marktwirtschaft ihren Nutzen meist übersteigen, ist nicht neu. Zwar hatte Adam Smith die eigennützigen Interessen der Marktteilnehmer als Motor und Wegbereiter des wirtschaftlichen Fortschritts betrachtet, doch erahnte er ebenso die Tendenz zur Bildung von Monopolen und zum Marktmissbrauch. Die Einschränkung des Wettbewerbs weitet die Marktmacht der großen Player Schritt für Schritt aus. Gerade die Neigung zur Erzielung von Überge-

---

203 Der Markt für Baumwolle ist dafür nur ein Beispiel. Auch arme mexikanische Maisbauern stehen im Wettbewerb mit hochsubventionierten U.S.-Exporteuren.

winnen schränkt den Wettbewerb ein. Solche Strategien erschöpfen sich nicht in Marktabschottungen oder heimlichen Preisabsprachen. Die großen Konzerne[204] haben das Potenzial, Wettbewerber aufzukaufen und vom Markt zu verdrängen. Der Missbrauch hat von Anfang an das Marktgeschehen begleitet.

„Geschäftsleute des gleichen Gewerbes kommen selten, selbst zu Festen und zur Zerstreuung zusammen, ohne dass das Gespräch in einer Verschwörung gegen die Öffentlichkeit endet oder irgendein Plan ausgeheckt wird, wie man die Preise erhöhen kann" (Adam Smith)[205].

Die Existenz globaler Kartelle und Monopole sind für Stieglitz der Anlass, sich für die Gründung einer globalen Wettbewerbsbehörde einzusetzen. Denn die wirtschaftliche Globalisierung hat die politische überholt. Dazu kommt, dass die Marktmacht der Konzerne vermittelt über ein Heer von Lobbyisten die Amtsstuben der politischen Entscheidungsträger erreicht. Sein Vorschlag berücksichtigt die Bedeutung der nationalen Rechtssysteme, geht aber darüber hinaus. Er sieht, dass die „Last der Kontrolle auf mehrere Schultern verteilt werden sollte" (Stieglitz 2006: 255). Stieglitz spricht sich für ein Zusammenwirken der nationalen Wettbewerbsbehörden mit einer globalen Institution aus. Denn in einem einzelnen Land könnte der politische Einfluss großer Unternehmen zur Einstellung von Strafverfahren führen. Die Stärkung der auf mehreren Schultern verteilten Kontrolle des Wettbewerbs – auf nationaler und globaler Ebene – ist ein sinnvolles Leitbild, dessen Verwirklichung allerdings voller Hindernisse ist.

Wie schwierig der Ausgleich von Handelsinteressen ist, lässt sich am Beispiel der Welthandelsorganisation (WTO) nachvollziehen. Bislang haben sich 164 Länder auf gemeinsame Spielregeln verständigt. Dies hat immerhin zur Eindämmung von Handelskriegen beigetragen. Doch dieser Regelungsrahmen ist keineswegs stabil. Die zentrale Instanz der WTO sind die Schiedsgerichte. Ohne dieses Schwert wäre die WTO ein zahnloser Tiger. Gerade die Existenz dieses wichtigen Instruments zur Streitbeilegung und Sanktionierung erscheint als unsicher. Zurzeit wird die Handlungsfähigkeit der Gerichte aufgrund von Engpässen bei der Besetzung von Richterpositionen bedroht. Die USA haben bislang Nachbesetzungen mit Hilfe ihres Vetorechts verhindert. Es sieht so aus, als würden die Amerikaner Reformen der WTO-Regeln erzwingen wollen,

---

[204] Stieglitz beschreibt u.a. die schädliche Monopolstellung von Microsoft im Jahr 2005. Bei PC-Betriebssystemen und Browsern hatte der Konzern eine marktbeherrschende Stellung erlangt. Gerichte erkannten den Missbrauch. Die Kosten für Kartellrechtsklagen überstand Microsoft jedoch ohne Probleme (vgl. Stieglitz 2006: 254 f.).

[205] (Smith 2003: 112).

um ihren protektionistischen Kurs zu bestärken.[206] In dieses Bild passt die gegenwärtige Auseinandersetzung mit China um die Frage der Gewährung des Status einer Marktwirtschaft. Die USA und die EU haben sich jüngst mit dem Interesse verbunden, diesen Status solange zu verweigern, wie China seine Aluminium- und Stahlhersteller hoch subventioniert. So berechtigt die Kritik an der chinesischen Wirtschaftspolitik sein mag, zeigt sie ebenso die Doppelzüngigkeit der amerikanischen Verhandlungsposition. Die USA sind zur Anerkennung der WTO-Regeln offenbar nur solange bereit, wie die Verhängung von Antidumpingzöllen dem eigenen Protektionismus dient.

Vor dem Hintergrund der sinkenden Autorität multilateraler Organisationen und Regeln erscheint die Forderung nach Gründung einer „Weltsteuerorganisation" (International Tax Organization) nicht im besseren Licht. Solch eine Institution ist ehemals vom IWF-Direktor Vito Tanzi (2000)[207], dann vom früheren UN-Generalsekretär Kofi Annan (2001) und vom Tax Justice Network (TJN) empfohlen worden. Sie wäre in der Tat ein wichtiger organisatorischer Schritt hin zur Durchsetzung fairer steuerlicher Spielregeln. Eine unabhängige, von der Mehrheit der Staaten getragene Organisation könnte sich dem Ziel der weltweiten Bekämpfung von Steuervermeidung und Geldwäsche widmen. Sie müsste aufgrund ihrer besonderen Legitimität in der Lage sein, unfaire Praktiken zu sanktionieren. Weder der IWF noch die OECD besitzen diese Autorität. Außerdem werden diese Institutionen dominiert von den Interessen der Industrieländer.

Die Entwicklungsländer setzen sich daher für die engere Einbindung in den Organisationsbereich der UN ein. Bisher wurde ihr Vorschlag zur Aufwertung der steuerlichen Expertenkommission „UN Committee of Experts on Cooperation in International Tax Matters (UNTC)" von den Industrieländern blockiert.[208] Die Kommission umfasst 25 Mitglieder und

---

[206] Mindestens drei Richter müssen im WTO-Berufungsgericht zur Verfügung stehen. Da in den Jahren 2018 und 2019 zwei weitere Mandate auslaufen, wäre die zweite Instanz der Schiedsgerichtsbarkeit dann nicht mehr handlungsfähig. Die USA sind zurzeit primär an der Ausweitung von Strafzöllen interessiert. Im Vordergrund steht der Vorwurf gegenüber China, den Weltmarktpreis für Aluminium und Stahl mit Hilfe von Subventionen weit unter die Herstellungskosten zu drücken. Dieser Sicht hat sich auch das Europäische Parlament angeschlossen. Der Konflikt um unerlaubte Subventionen bedroht längst auch amerikanische Importe von Stahlproduzenten aus Indien, Südkorea, Italien, der Schweiz und Deutschland.

[207] „Governments may one day even create an International Revenue System or a World Tax Organization which would help in discussing problems and in developing and coordinating solutions" (Tanzi 2000: 19).

[208] Vgl. die Empfehlungen der „Addis Ababa Action Agenda" (Montes 2016).

ist dem Wirtschafts- und Sozialrat, einem der sechs Hauptorganen der UN, direkt untergeordnet. Die 25 Mitglieder werden von den Mitgliedstaaten vorgeschlagen und vom UN-Generalsekretär berufen. Das Mandat der UNTC umfasst neben der Förderung der internationalen Kooperation in internationalen Steuerfragen vor allem die Publizierung und ständige Überarbeitung des UN Musterabkommens zur Vermeidung von Doppelbesteuerung. Das Abkommen berücksichtigt im Unterschied zum Abkommen der OECD im besonderen Maße die Interessen der Entwicklungsländer. Gegenüber der Gründung einer völlig neuen internationalen Organisation außerhalb der UN wäre die Aufwertung und Verbreiterung der UNTC die wünschenswerte und naheliegende Lösung. Im Idealfall müsste auch die Zivilgesellschaft in das UN-System mit dem Ziel einbezogen werden, die Transparenz von Entscheidungsabläufen zu stärken. Die international verzweigten NGOs definieren sich in der Regel nicht als „No Global", sondern als „New Global", die an der Demokratisierung der internationalen Regierungsorganisationen interessiert sind.[209] Auch dieser Weg erscheint aber als wenig realistisch. Denn es sieht so aus, dass die Mehrheit der Regierungen den Steuerwettbewerb zwischen den Staaten erhalten will. Auch Deutschland stützte über Jahre hinweg die Verhandlungsposition, wonach sich das „beste" Steuersystem im Wettbewerb erweisen solle. Und die weitere politische Zuspitzung dieser Auseinandersetzung im Rahmen der UN wird von den Mitgliedstaaten nicht gewünscht.

Übrig bleibt dann nur der schmale und mühsame Pfad der Kooperation nationaler Verwaltungen in Bezug auf spezielle Problembereiche. So empfiehlt der Piketty-Schüler Gabriel Zucman die Schaffung eines globalen Finanzregisters, das Finanzströme offenlegt und die Identifizierung der wirtschaftlich Berechtigten erlaubt. Er tritt für die Verschärfung von Sanktionen gegen nicht-kooperationswillige Länder ein und appelliert in dieser Frage an die Verantwortung der G20-Staatengruppe. „It is high time for G20 countries to emulate the US approach and impose systematic penalties for noncompliance" (Zucman 2015: 77).[210]

---

[209] Zur Debatte um die Stärkung der globalen steuerlichen Governance vgl. Obenland (2016) und Rixen (2016). Zur Diskussion um die Bewegung „New Global" vgl. Andretta, della Porta, Mosca, Reiter (2003).

[210] Zucman will bei der Schaffung eines globalen Finanzregisters auch den IWF mit ins Boot nehmen. Er erkennt aber offenbar die Schwierigkeit, dies kurzfristig zu erreichen, und schlägt zunächst die Einrichtung regionaler Register und die Erhebung einer Strafsteuer in Höhe des staatlich erlittenen Verlustes vor (Zucman 2015: 95 und 79).

Die Schranken der europäischen Regulierungsmacht

In einer Welt, in der sich die Bindungen der Staaten lockern, ist der europäische Einigungsprozess ein in entgegengesetzte Richtung verlaufendes Projekt. Es wurde in der Nachkriegszeit vor mehr als 60 Jahren als Montanunion und später als Europäische Wirtschaftsgemeinschaft in die Welt gesetzt und erweiterte sich über verschiedene Zwischenschritte hin zur Europäischen Union (EU). Indem die Mitgliedstaaten einzelne Hoheitsrechte auf die EU übertragen haben, ist die Identität von öffentlicher Gewalt und Staatsgewalt partiell aufgebrochen worden. Damit einher ging die Schaffung eines Überbaus an europäischen Institutionen, die den Charakter eines supranationalen Gebildes aufweisen. Obwohl die Europäische Kommission als politisch unabhängige Exekutive und das Europäische Parlament als Legislativorgan der EU bezeichnet werden, sind deren Kompetenzen begrenzt. Die Europäische Kommission ist zwar mit ihrer Brüsseler Behörde zu einem gewaltigen Apparat aufgebläht worden, doch spiegelt dieses Ausmaß nicht die wirkliche Machtverteilung wider. Denn ihre Gesetzesinitiativen stehen unter dem Vorbehalt der Regierungen der Mitgliedstaaten. Ähnlich sieht es auf der Ebene des EU-Parlaments aus. Dessen Befugnisse hinsichtlich der Rechtsetzung wurden im Lissabonner Vertrag von 2007 gestärkt. So übt das Parlament die demokratische Kontrolle über alle EU-Organe aus, wirkt mit bei der Wahl der EU-Kommission, bei der Abstimmung über den Haushalt, bei Fragen der Erweiterung der EU und bei der Entscheidung über internationale Abkommen. Der gewachsene Einfluss ist zum Beispiel bei der Ablehnung des SWIFT-Abkommens[211] deutlich geworden. Die Mehrheit der EU-Abgeordneten stimmte im Jahre 2010 gegen die Übermittlung von Daten des Zahlungsverkehrs an die USA.

Im Gesetzgebungsverfahren geht gegen die Staaten aber nichts. Rechtsvorschriften und Vorschläge der Kommission müssen zusätzlich vom Rat der Minister aller EU-Staaten verabschiedet werden. Und über die Leitlinien der europäischen Politik haben allein die Staats- und Regierungschefs zu befinden. Insofern ist die Souveränität der Staaten, die auf dem Recht zur Selbstbestimmung basiert, unter dem Dach der EU nicht aufgehoben. Im Gegenteil. Die Inhalte und Formen der Herrschaft werden im Rahmen der demokratischen Verfassungen von den wahlberechtigten Bürgern der jeweiligen Mitgliedstaaten bestimmt, welche die Gewalt an das Parlament und die Regierungen der Länder delegieren. Die Mitgliedstaaten haben die Union begründet und in der Tradition des Völkerrechts

---

211 SWIFT ist ein Abkommen zwischen der Europäischen Union und den Vereinigten Staaten von Amerika über die Verarbeitung von Zahlungsverkehrsdaten und deren Übermittlung für die Zwecke des Programms der USA zum Aufspüren der Finanzierung des Terrorismus.

sind sie die Herren der Verträge, welche die Marschroute der europäischen Politik determinieren.

Die bestehende rechtliche Struktur der EU erweist sich besonders in Bezug auf die Eurozone als unangemessen. Seit der letzten großen Wirtschafts- und Finanzkrise 2007/08 hat sich ein neues Machtzentrum in den Vordergrund gedrängt. Die „Eurogruppe der Finanzminister der Eurozone" agiert wie die Regierung der Eurozone, deren Kompetenzen sich kontinuierlich erweitert haben. Sie kooperiert mit dem Direktorium der Europäischen Zentralbank (EZB), mit hohen Beamten der Europäischen Kommission und des deutschen und französischen Finanzministeriums. Die wichtigsten Aufgaben dieses Machtblocks umfassen die Erarbeitung und Umsetzung von Sanierungsplänen für Staaten mit Finanzproblemen, die Haushaltskonsolidierung und die Koordination der Wirtschaftspolitik der Eurostaaten sowie die Überwachung aller Privatbanken. Die „Regierung der Eurozone" greift damit tief in die Finanz- und Wirtschaftspolitik der Staaten ein. Dies weist auf ein grundsätzliches Konstruktionsproblem des Euro hin. Die Exekution von Maßnahmen unterliegt bislang keiner demokratischen Kontrolle. Kritiker wie Jürgen Habermas haben sich nicht gescheut, das organisierende Zentrum der Eurozone als „postdemokratische Autokratie" zu bezeichnen. Denn die Eurozone agiert außerhalb der Europäischen Verträge, sodass keine Rechenschaftspflicht gegenüber dem Europäischen Parlament besteht.

Die demokratische Legitimation der Institutionen muss dringend hergestellt werden, da die Verteidigung der Eurozone auf mittlere Sicht größere Umstrukturierungen erzwingen wird. Die Einführung des Euro geht seit Jahren einher mit Ungleichgewichten zwischen Ländern, für die sich die gemeinsame Währung auf der einen Seite als Wettbewerbsvorteil und auf der anderen Seite als Wettbewerbsnachteil erweist. Während leistungsstarke Volkswirtschaften Waren auf dem Weltmarkt günstiger anbieten können und Jahr für Jahr Überschüsse erzielen, besteht für Länder auf geringerer Produktivitätsstufe ein umgekehrter Trend hin zu Defiziten. Statt zusammenzuwachsen, entfernen sich die Länder auf wirtschaftlicher und sozialer Ebene voneinander. Da sich die Konvergenz in der Haushaltspolitik nicht per Dekret anordnen lässt, muss sich die Koordinierung der Eurozone dem Problem des solidarischen Ausgleichs zwischen den auseinanderstrebenden Überschuss- und Defizitländern stellen. Dies kann ohne Demokratisierung der Euro-Institutionen nicht gelingen. Vor diesem Hintergrund hat der Nobelpreisträger Thomas Piketty zusammen mit anderen Experten die Hinwendung zu einem anderen Europa vorgeschlagen.

Der Kreis um Piketty plädiert für die Etablierung einer neuen, „Parlamentarischen Versammlung", die speziell die Steuerung der Eurozone zur Aufgabe hat. Das EU-Parlament kommt dafür nicht in Frage, da es im Hinblick auf die Gestaltung der Eurozone keine Zuständigkeit besitzt. Die Europäische Union mit ihrem Kernanliegen der Stärkung des Binnenmarktes und der Durchsetzung des europäischen Gemeinschaftsrechts existiert rechtlich neben den Institutionen der Eurozone. Nach Auffassung des Europäischen Gerichtshofs behindert der Vertrag zur Herstellung der Eurozone (Fiskalpakt) nicht die im EU-Vertrag eingegangenen Rechte und Verpflichtungen der EU-Mitgliedstaaten. Es bestehe eine rechtlich unproblematische Koexistenz beider Vertragswerke.[212] Daraus lässt sich nach Meinung der Wissenschaftler folgern, dass das institutionelle Gleichgewicht der Europäischen Union durch die Demokratisierung der Eurozone nicht gestört werde. Im Gegenteil. Der tote Winkel der Demokratie werde mit diesem Schritt reduziert.

Der von den Wissenschaftlern in die Diskussion gebrachte Vertragsentwurf enthält einen Vorschlag zum Wahlverfahren und zu den Kompetenzen der „Parlamentarischen Versammlung“ der Eurozone. Der Vorrang der nationalen Parlamente der Eurostaaten wird anerkannt, indem 80% der Mitglieder der Versammlung von den nationalen Parlamenten und der Rest vom Europäischen Parlament bestimmt werden sollen.[213] Die Versammlung der Eurozone soll zudem über echte Kompetenzen verfügen. Der Vorschlag läuft auf die Vertiefung der Eurozone hinaus, wie insbesondere die folgenden Punkte deutlich machen. Die Parlamentarische Versammlung wird im Vertragsentwurf einbezogen in die Verhandlungen und Abstimmungen über

- die Gewährung einer Finanzhilfe (Finanzhilfefazilität) und die Festlegung der Konditionen (Memorandum) für einen Mitgliedstaat. Bislang legt die Eurogruppe allein die Bedingungen fest (Finanzhilfe im Tausch gegen eine harte Sparpolitik);

---

[212] Der Europäische Fiskalpakt (Vertrag über Stabilität, Koordinierung und Steuerung in der Wirtschafts- und Währungsunion) beinhaltet eine mangelnde Kontrolle der Euro-Institutionen. Die Organe der Europäischen Union, so auch das Europäische Parlament, besitzen hier keine direkte Zuständigkeit. Der EuGH hat in der Entscheidung „Konstantinos Mallis gegen Kommission und EZB“ v. 20.09.2016 (C-105/15 und C-109/15) festgestellt, dass der „Europäische Stabilitätsmechanismus“ (ESM) keine Institution der Europäischen Union sei. Der ESM behindere auch nicht die Zuständigkeiten der EU. Zwar ist die gemeinsame Zuständigkeit für die Währungspolitik im EU-Vertrag verankert, doch sie bezieht sich lediglich auf die Gewährleistung der Preisstabilität im Binnenmarkt (vgl. Hennette, Piketty, Sacriste, Vauchez 2017: 17–21).

[213] Vgl. dazu Art. 4 des Entwurfs zum „Vertrag zur Demokratisierung der Steuerung der Eurozone“ (ebenda: 52). Die jeweiligen Parlamente sollen bei der Auswahl der Mitglieder den politischen Pluralismus wahren.

- die Maßnahmen zur Förderung der Wirtschaftsentwicklung, zur Stärkung des sozialen Zusammenhalts und zur Harmonisierung der Wirtschafts- und Fiskalpolitik innerhalb der Eurozone. Dafür wird ein eigener Haushalt[214] eingerichtet, der sich aus eigenen Einnahmequellen speist;
- die Vergemeinschaftung der öffentlichen Schulden der Eurostaaten, soweit sie 60% des BIP des betreffenden Staats übersteigen. Alle Gesetzgebungsinitiativen können nur gemeinsam mit der Eurogruppe ausgeübt werden.

Der Vorschlag zur Schuldenübernahme erinnert an die Empfehlung des deutschen Sachverständigenrats[215] zur Auslagerung der Schulden der Euroländer, welche die 60%-Grenze übersteigen, in einen Schuldentilgungsfonds mit gemeinsamer Haftung. Dieser Schritt soll dem Ziel dienen, die Refinanzierungskosten in der Eurozone anzugleichen. Denn je stärker die Zinssätze in den Mitgliedsländern auseinanderstreben, desto mehr ist der Bestand der Währungsunion gefährdet. Hintergrund ist die Reaktion der Finanzmärkte auf das hohe Schuldenniveau in einzelnen Euroländern, die zu einem Vertrauensverlust und einem massiven Zinsanstieg führen könnten. Wie bei einer Spiralbewegung nach unten würden in diesem Fall potentielle Investoren die Tragfähigkeit der öffentlichen Schulden des jeweiligen Staates in Frage stellen. Die Einrichtung des Schuldentilgungsfonds ist allerdings mit der Zustimmung der teilnehmenden Euroländer zur Konsolidierung des Haushalts verbunden. Der Fonds soll eigene Anleihen emittieren, um den Finanzierungsbedarf der beteiligten Länder zu decken.

Im gegenwärtigen Stadium der europäischen Einigungsbewegung erscheint der Schuldentilgungsfonds als illusorisch. Solange die fiskalische Souveränität fest mit dem Konstrukt des Nationalstaates verknüpft ist, wird sich eine gemeinsame europäische Schuldenhaftung kaum verwirklichen lassen. Dieses fiskalische Recht wird bislang von Verfassungsrichtern als Kernbestandteil der demokratischen Selbstgestaltung angesehen. Deutschland hat längst seine Ablehnung signalisiert. Realistischer könnte ein anderer Weg sein. Die Euroländer sollten beim Europäischen Stabilitätsmechanismus (ESM) eine Versicherung gegen einen Ausfall ihrer Staatsanleihen kaufen können.[216] Die Absicherung könnte auf einen

---

[214] Die Entscheidung über den jährlichen Haushalt obliegt nach Art. 14 des Vertragsentwurfs der Versammlung und der Eurogruppe. Der Haushalt soll nach Art. 16 vollständig aus eigenen Einnahmequellen finanziert werden. Dafür ist nach Art. 12 eine spezielle Steuer vorgesehen.

[215] Vgl. Sachverständigenrat zur Begutachtung der gesamtwirtschaftlichen Entwicklung (2012).

[216] Die Versicherungslösung wird vom Chefvolkswirt der Allianz, Michael Heise,

bestimmten Verlustanteil begrenzt sein. Die vom einzelnen Staat zu leistende Versicherungsprämie an den ESM würde dann auch einen Risikozuschlag in Abhängigkeit von der Höhe der jeweiligen Staatsverschuldung umfassen. Dies wäre immerhin ein Schritt hin zu einem einheitlichen Markt für Staatsanleihen mit angeglichenen Zinssätzen und zu einem gemeinsamen Absicherungskonzept in der Eurozone, ohne den Gedanken der Schuldendisziplin aufzugeben.

Piketty und seine Mitstreiter verstehen ihren Vertrag zur Demokratisierung der Eurozone als Beitrag zur Eindämmung antieuropäischer Stimmungen. Ob der Euro im Zentrum der Auseinandersetzungen um die Europäische Union steht, ist allerdings fraglich. So sehr die Wissenschaftler die autokratische Wunde der gemeinsamen Währung offenlegen, so sehr verweisen sie auf die Fragilität des zugrundeliegenden supranationalen Gebildes selbst. Auf diesen Aspekt hat Wolfgang Streeck, ehemaliger Direktor des Max-Planck-Instituts für Gesellschaftsforschung, hingewiesen. „Wären die Konflikte, die heute dabei sind, das Euroland zu zerreißen, durch dessen Demokratisierung pazifizierbar?" (Streeck 2013: 240). Aus dessen Sicht befinden sich die zentrifugalen Kräfte im Vormarsch, da sich die europäischen Länder in die Zwangsjacke eines gemeinsamen Marktes und eines einheitlichen Währungsregimes begeben haben. Vor dem Hintergrund der Heterogenität der Wirtschafts- und Lebensbedingungen im real existierenden Europa glaubt er nicht daran, dass durch die Demokratisierung nationale Konfliktlinien neutralisiert werden könnten. Der Glaube an die Vollendung des europäischen Binnenmarkts mittels einer gemeinsamen Währung habe sich in das Gespenst einer politischen Ökonomie verwandelt, als deren Souverän nicht das Volk, sondern die Europäische Zentralbank und die Eurogruppe in Erscheinung trete. Ohne Zurückweisung des Neoliberalismus sei die Demokratiefrage nicht zu lösen.

Der entscheidende Punkt für Streeck ist die Rückgewinnung der Handlungsfähigkeit der Staaten gegenüber den durch die einheitliche Währung forcierten Marktzwängen. Als Alternative zur „Selbstkommodifizie-

---

empfohlen. Er plädiert für eine Teilabsicherung auf 25% der Verluste. Die Versicherungsprämie der Länder würde sich zusammensetzen aus den Refinanzierungskosten des ESM zuzüglich des länderbezogenen Risikozuschlags. Dies würde die Schuldendisziplin wahren (vgl. FAZ v. 26.06.2018). Eine andere Lösung wäre die Einführung der von Markus Brunnermeier vorgeschlagenen „Esbies" (Sovereign Bond-Backed Securities). Es handelt sich um die Bündelung von europäischen Staatsanleihen. 70% der Staatsanleihen würden als sichere Anleihen und 30% als Junioranleihen verbrieft. Die Junioranleihen würden als Puffer für Zahlungsausfälle dienen. Anders als bei Eurobonds würden die Risiken nicht vergemeinschaftet.

rung“ betrachtet er das Recht auf Abwertung der nationalen Währungen. In dieser Sicht ermöglicht erst die Abwertung den notwendigen Ausgleich in einem System asymmetrischer Verteilung. Wirtschaftlich schwächere Länder können durch Währungsabwertungen eigene Exportchancen verbessern und und die der ausländischen Unternehmen mindern. Dadurch wächst der Umfang der Beschäftigung im Inland. Auf die gleichzeitige Verteuerung der Importe geht Streeck vereinfachend nur im Hinblick auf das steigende Preisniveau für ausländische Luxusgüter ein. Er vergleicht die Abwertung mit der Wirkung eines progressiven Steuersystems.[217] Um die Polarität von Dauergewinnern und -verlierern aufzubrechen und weniger Wettbewerbsfähige im Wettbewerb zu halten, sollten die stärkeren Länder einen Beitrag zur Erhaltung der Leistungsfähigkeit in der Eurozone leisten. Streeck plädiert daher für ein flexibles Währungsregime im gemeinsamen Währungsraum.

Der Argumentation von Streeck lässt sich insoweit folgen, als die gemeinsame Währung nicht als das zentrale, identitätsstiftende Element der europäischen Einigung angesehen werden kann. Das Zusammenwachsen in Europa kann nicht marktkapitalistisch erzwungen werden. Die Vor- und Nachteile des Euro sind unter den Ländern ungleich verteilt. Solange allein der Markt das politische Handeln bestimmt, entfalten sich in der Eurozone auch die Kräfte, welche die Heterogenität der wirtschaftlichen, politischen, sozialen Bedingungen in den Mitgliedsländern verstärken. Es bedarf weiterer Handlungsebenen, um dem Projekt der Vertiefung der Europäischen Union frischen Atem einzuhauchen. Die europäischen Institutionen müssen auf einem festen Fundament gemeinsam geteilter Werte aufgebaut und weiterentwickelt werden. Der Weg dahin ist steinig und langwierig. Ausgehend von der Anerkennung der politischen und kulturellen Besonderheiten der EU-Mitgliedstaaten kommt es darauf an, verbindende Identitäten jenseits der Grenzen von Nationen hervorzuheben. Diesen Aspekt hat Jürgen Habermas angesprochen. Er betont die Ausrichtung auf europäische Verfassungswerte. Unter dem Konzept des „Verfassungspatriotismus“[218] wird die Orientierung auf die grundlegenden Werte der Union verstanden: Achtung der Menschenwürde, Freiheit, Demokratie, Gleichheit, Rechtsstaatlichkeit, Wahrung der Menschenrechte und Schutz von Minderheiten. Da diese Werte

[217] Vgl. Streeck (2013: 248). Der im Jahr 2017 auf Streeck folgende Direktor des Max-Planck-Instituts, Lucio Baccaro, scheint der Kritik am Euro zu folgen. Er betrachtet die Mitgliedschaft Italiens im Euroclub als Fehler und empfiehlt den Ausstieg. Er begründet dies mit strukturellen Problemen der italienischen Wirtschaft (vgl. FAZ v. 26.02.2018).

[218] Der Begriff des Verfassungspatriotismus, der von Jürgen Habermas in die Europa-Diskussion eingebracht worden ist, stammt von Dolf Sternberger.

keineswegs überall auf der Welt gelebt werden, betrachten viele Bürger in Europa ihre Gültigkeit als ethischen Standortvorteil.

Der europäische Verfassungspatriotismus kann die nationalen Bindungen der in den Mitgliedstaaten lebenden Bürger aber nicht ersetzen. Bislang gleicht die Europäische Union einem hybriden Giganten, der staatliche Funktionen ausübt, aber selbst kein Staat ist. Die besonderen kulturellen Erfahrungen, die Sprache und die jeweiligen Institutionen bilden den Ausgangspunkt für den kollektiven Zusammenhalt in jedem einzelnen EU-Mitgliedstaat. Auf dieser Ebene erfährt die Herrschaft des Parlaments als gesetzgebende Instanz seine volle Bedeutung. Gleichzeitig unterliegen die kulturellen Erfahrungen aber einem steten Wandel. Die jeweiligen nationalen Kulturen werden durch die wirtschaftlichen und rechtlichen Bezüge im europäischen Binnenmarkt und darüber hinaus durch die Globalisierung herausgefordert und Schritt für Schritt verändert. Die internationalen Bewegungen wirken sich für die Bürger unterschiedlich aus. Der kollektive Identitätsbezug über die Nationalstaaten hinaus wird sich nur in dem Maße entwickeln, wie Bevölkerungsschichten die transnationale Kooperation in ihren konkreten Lebenszusammenhängen als positives Element erfahren. Im umgekehrten Fall werden sich emotionale Bindungen zu Europa nicht herstellen oder verstärken lassen.

Abgesehen von simplifizierenden oder falschen Mythenbildungen ist der Nationalismus häufig eine Reaktion auf politische und wirtschaftliche Eliten, die im Hinblick auf Beschäftigung und Konsum zu den Gewinnern der Globalisierung zählen. Die Angst vor sozialem Abstieg ist ein Phänomen, das sich bis in Teile der Mittelschicht verbreitet hat. Gerade diese Schicht der Selbständigen und Angestellten gilt bislang als Stütze der Demokratie und der europäischen Einigungsbewegung. Aber der gesellschaftliche Kitt ist keineswegs stabil und bedarf immer wieder einer Bestätigung. Der Stärkung sozialer Rechte kommt dabei eine wichtige Aufgabe zu. Die Interessen der europäischen Unionsstaaten sind auch auf diesem Feld nicht einheitlich. Für die auf großen wirtschaftlichen Differenzen basierenden sozialen Probleme in den südlichen und östlichen Mitgliedstaaten wie z.B. hohe Jugendarbeitslosigkeit, mangelnde Bildungschancen und Pflegeleistungen müssen Lösungswege eingegrenzt werden, soll sich die Euroskepsis in diesen Ländern nicht verstärken. In den wohlhabenderen nördlichen Staaten orientieren die Gewerkschaften hingegen auf Abwehrgesetze gegen Lohndumping osteuropäischer Firmen. Während der Kapitalmarkt und der Arbeitsmarkt dereguliert worden sind, sind die erst im Jahr 2017 beschlossenen Prinzipien der „Europäischen Säule sozialer Rechte“ ein unverbindlicher Katalog geblieben. Weder handelt es sich um einklagbare Rechte der Bürger, noch lassen sich daraus Kompetenzen für die Europäische Kommission ableiten.

Der Binnenmarkt bedarf aber ergänzender sozialer Standards zum Schutz der Beschäftigten und Hilfsbedürftigen in allen Mitgliedstaaten, um allen Bürgern eine menschenwürdige Lebensgestaltung zu ermöglichen. Diesem Ziel käme zum Beispiel die Einrichtung einer gemeinsamen Arbeitslosenversicherung entgegen. Dies wäre auch ein Schritt zur wirtschaftlichen Stabilisierung der Eurozone.

Je mehr die Wirtschaft einer nachhaltigen Entwicklungslogik im sozialen und ökologischen Sinne folgt, desto mehr besteht dann auch die Chance zur Herausbildung einer „europäischen Gesellschaft", die durch gemeinsame Werte zusammengehalten wird. Claus Leggewie hat kürzlich die Parole „Europa zuerst" ausgegeben. Er versteht darunter gerade nicht die Abschottung und Feindschaft gegenüber anderen Ländern, sondern die Verteidigung der europäischen Werte der Aufklärung, der Demokratie und der Bürgergesellschaft. „Geläutert durch die Verarbeitung seiner mörderischen Vergangenheit, muss Europa der Hafen von Freiheit und Demokratie in einem Meer imperialer Piraten sein ..." (Leggewie 2017: 8). Zur Erreichung dieses Ziels müsse die Union auf den Prüfstand gestellt werden. Er erkennt in der Vielzahl zivilgesellschaftlicher Bewegungen wie Bürgerinitiativen, Demonstrationen und Parteigründungen für ein besseres Europa wichtige Träger der Reform europäischer Institutionen.

Die EU ist in ihrem jetzigen Zustand unbeweglich und zerstritten. Sie wirkt wie ein Tanker, der schwergängig zwischen den großen Machtblöcken USA und China treibt.

Auf der einen Seite tummeln sich noch die Geister der Vergangenheit, indem sie die Dramaturgie der Handlungen mitschreiben. Während die meisten Deutschen nach dem Krieg die Montan-Union und die Europäische Gemeinschaft als Chance erkannten, eigene Geschichtslasten zu bewältigen, kam es für die europäischen Siegermächte und die südeuropäischen Staaten darauf an, die deutsche Dominanz mittels Einbindung der Wirtschaft zu unterbinden. Wie stark die kulturellen Orientierungen der EU-Mitgliedstaaten immer noch divergieren, zeigt sich insbesondere im Verhältnis der Gründungs- zu den osteuropäischen Beitrittsstaaten. Bei Polen und Ungarn stehen die Verteidigung des nationalen Selbstbestimmungsrechts und die wirtschaftliche und militärische Bindung an den Westen eindeutig im Vordergrund. Zurzeit sieht es so aus, dass die Stärkung gemeinsamer Verfassungswerte dort nicht hoch im Kurs steht.

Auf der anderen Seite besteht immer noch ein grundlegender Konstruktionsmangel der europäischen Institutionen, der zu Konflikten führt. Während die Marktkräfte mit der Etablierung der vier Grundverkehrsfreiheiten im Binnenmarkt beflügelt worden sind (Freiheit des Waren-, des Personen-, des Kapital- und des Zahlungsverkehrs), wurden den Organen der Union nur geringe hoheitliche Regulierungskompetenzen zugeordnet. Soweit Regulierungsinstanzen vorhanden sind, mangelt es zudem an ihrer demokratischen Kontrolle. Beide Machtfelder der Integration haben sich ungleichmäßig entwickelt. Der Marktmacht steht keine gleichrangige Regulierungsmacht gegenüber. Die im EU-Vertrag verankerten Grundverkehrsfreiheiten schützen den Wirtschaftsverkehr im Binnenmarkt gegen einzelstaatliche Beschränkungen. Insbesondere die Kodifizierung der Kapitalverkehrsfreiheit hat zur Liberalisierung des Handels mit Unternehmensbeteiligungen, Immobilien und Wertpapieren im Binnenmarkt geführt. Die Freiheit des Kapitalverkehrs gilt auch gegenüber EU-Ausländern. Die Eindämmung des Handels mit Derivaten und mit anderen riskanten Finanzprodukten ist auf dieser Basis schwierig.

Sie ist aber nicht unmöglich, wie die Bemühungen des Europäischen Parlaments und der Kommission seit dem Jahr 2011 im Hinblick auf die Einrichtung einer europäischen Finanzaufsicht zeigen.[219] Inwieweit die Regulierungsstandards tatsächlich eingehalten werden, wird allerdings weiterhin von den EU-Mitgliedstaaten kontrolliert. Unter den Staaten umstritten ist darüber hinaus der Vorschlag des geschäftsführenden Direktors des Eurokrisenfonds ESM. Er plädiert dafür, den ESM-Fonds in einen Europäischen Währungsfonds umzubauen. Die Einrichtung eines gemeinsamen Budgets zur Bekämpfung wirtschaftlicher Schocks in einzelnen Mitgliedsländern könne aus seiner Sicht zur Stabilisierung beitragen, indem sich die Länder im Sinne einer Versicherung auf Gegenseitigkeit unterstützen. Die Geldpolitik allein sei nicht in der Lage unterschiedliche Wachstumszyklen auszugleichen. Es überrascht nicht, dass der Vorschlag von den Ländern abgewehrt wird, die einer Fiskalunion kritisch gegenüberstehen.[220] Die Debatte zeigt immerhin, dass das Rin-

---

[219] Seit dem 01.01.2011 wird die Finanzaufsicht in der EU vom „European System of Financial Supervision“ ausgeübt. Ihr sind Behörden für das Bank-, das Versicherungs- und das Wertpapierwesen zugeordnet. Zusätzlich ist im November 2014 die Aufsicht über Großbanken (Single Supervisory Mechanism) etabliert worden. Die Chefin des europäischen Single Resolution Board, die für den Bankenabwicklungsfonds zuständig ist, setzt sich zusätzlich für die gemeinsame Einlagensicherung ein (vgl. FAZ v. 11.06.2018). Die Einlagensicherung in der Eurozone wäre nach dem Abbau von Altlasten in den Bankbilanzen ein wichtiger Schritt zur Stärkung der Währungsunion.

[220] Gemäß dem im Sommer 2017 eingebrachten Vorschlag von Klaus Regling stellt die Konstruktion eines Europäischen Währungsfonds einen Beitrag zur Bekämpfung „asymmetrischer Schocks“ in der Eurozone dar (vgl. FAZ v. 11.08.2017). Wissenschaftliche Berater des deutschen Wirtschaftsministeriums haben sich im Januar 2018 gegen solch einen Fonds ausgesprochen. Daraus erwachse für Länder ein falscher Anreiz, sich weiter zu verschulden, statt für mehr fiskalische Disziplin zu sorgen (vgl. FAZ v. 10.01.2018). Dies ist das Standardargument der deutschen Regierungspolitik vor allem gegenüber

gen um die Stärkung der Finanzintegration und um gemeinsame Finanzierungsquellen zur Abwehr von Krisen im vollen Gange ist.

Die Regulierung des Steuerwettbewerbs bleibt demgegenüber eine Nuss, die gegenwärtig schwer zu knacken ist. Der Steuerpolitik sind insofern Fussfesseln auferlegt, als die Harmonisierung der Steuern auf das Einkommen im EU-Vertrag nicht als Pflicht verankert ist. Das geltende Erfordernis der Einstimmigkeit der Mitgliedstaaten engt die steuerliche Regulierungskompetenz der EU-Instanzen auf ein Minimum ein. Multinationale Unternehmen können sich weiter am Spiel des Rosinenpickens erfreuen und die besten Standortbedingungen für sich nutzen. Die Einrichtung eines EU-Finanzministeriums würde daran nichts ändern, wäre aber immerhin ein Zwischenschritt auf dem Weg hin zu einer koordinierten Finanzpolitik und zur Abwehr von Missbräuchen. In dieser Perspektive ist die Europäische Union auf lange Sicht die einzige mit einem Bürgerwahlrecht ausgestattete supranationale Instanz, die eine gewisse globale Regulierungsmacht besitzt. Dies ist durchaus ein Hoffnungsschimmer, der weitergehende Visionen erzeugt. So wäre die Aufwertung des Europäischen Parlaments zu einer europäischen Kammer, die gleichrangig neben den nationalen Parlamenten[221] agiert, ein erstrebenswertes Fernziel. In der gegenwärtigen politischen Lage mag dies utopisch erscheinen. Es wäre aber ein Schritt zur Eindämmung nationaler Alleingänge und zur Beförderung gemeinsamer politischer Projekte in Europa.

Trotz aller institutionellen Mängel der Europäischen Einigung muss am Schluss dieses Abschnitts auf die Bedeutung der gemeinsamen Krisenabwehr hingewiesen werden. In den EU-Mitgliedstaaten haben Bürger Schutzbedürfnisse entwickelt, die durch eine nationale Steuerung allein nicht befriedigt werden können. Das betrifft nicht nur die Friedenssicherung und die Bewältigung der globalen Umweltprobleme, sondern auch die Reaktion auf globale Finanzschocks. Die Auswirkungen der Globalisierung weisen darauf hin, dass politische Maßnahmen der Staaten einer wirksamen transnationalen Koordinierung bedürfen. Die Renationalisierung der Politik, wie von Streeck in seinem Buch nahegelegt, wäre dem-

---

Ländern wie Italien und Griechenland. Prominente Kritiker eines Europäischen Währungsfonds sind in Deutschland außerdem der ehemalige Chefvolkswirt der EZB, Jürgen Stark, und der ehemalige Chef des Ifo-Instituts, Hans-Werner Sinn.

221 Im Fall eines Patts zwischen nationalem und EU-Parlament müssten dann Kompromisslösungen gefunden werden. Claus Leggewie plädiert dafür, dass alle Europäer bei der Wahl des Europäischen Parlaments zwei Stimmen haben. Eine Stimme soll für ihre nationale Partei, die andere für eine europaweite transnationale Liste abgegeben werden. Zudem tritt er einerseits ein für eine gemeinsame Wirtschafts-, Finanz- und Sozialpolitik und andererseits für mehr Bürgerbeteiligung (2017: 271–273).

gegenüber ein rückwärts gewandtes Projekt, das die Staaten weiter voneinander entfernen und die Krisenanfälligkeit verstärken würde. Letzteres gilt insbesondere für die von ihm erörterte Währungspolitik. Nationale Regierungen und Zentralbanken können von der Wucht globaler Kapitalströme und spekulativer Angriffe eher überrollt werden als große Währungszonen. Denn die Macht der großen Finanzakteure hat die Spielräume für eine rein nationale Geld- und Währungspolitik auf ein Minimum reduziert. Die kommenden Jahre werden zeigen, ob die Flieh- oder Bindungskräfte in der Eurozone und darüber hinaus in der Union überwiegen. Um die europäische Einigungsbewegung voranzubringen, sollte Deutschland vor allem auf Frankreich zugehen. Beide gemeinsam haben das Potenzial, die EU umzugestalten und nationale Egoismen zu überwinden. Europa darf nicht scheitern.

Fragmentierung der Gesellschaft und Handlungsmacht der Subjekte

Der Trend hin zu offenen Formen der internationalen Kooperation auf Regierungsebene ist zweischneidig. Lockere Verbindungen versprechen zwar, die Souveränität der Staaten bewahren zu können. Aber dies ist nur scheinbar der Fall. Denn je mehr sich die Chancen für multilaterale Vereinbarungen und Institutionen verflüchtigen, desto weniger sind die Staaten in der Lage, die globalen Kapitalströme zu kontrollieren und soziale Sicherheit zu garantieren. Die Schwäche der Staaten, globale Herausforderungen zu bewältigen, ist in diesem Sinne Ausdruck der Begrenztheit ihrer Macht. Obwohl uns die Wissenschaft und Technologie beständig die länderübergreifenden Interdependenzen der Wirtschafts- und Umweltprozesse vor Augen führen, ist die häufig zu beobachtende Neigung der Staaten ihren eigenen Herrschaftsbereich eifersüchtig abzuschotten, eine kontraproduktive Strategie der Krisenbewältigung. Der Rückzug auf den Nationalstaat schwächt die Fähigkeit der Regierungen, Krisen und Zerstörungsprozesse zu vermeiden. Der nach den Erfahrungen des zweiten Weltkrieges entstandene Multilateralismus droht im wachsenden Interessenkonflikt der Staaten in ein wirkungsloses Debattenforum zu mutieren. Und wie in einer Spiralbewegung verleiht die Ohnmacht der Staaten dem Kampf der individuellen Interessen der Gesellschaftsmitglieder neue Nahrung. Die Betonung nationaler Egoismen spiegelt die Konfliktfelder und Fragmentierungen im Innenleben der Staaten wider. In der Vergangenheit ist die staatliche Souveränität von politischen Eliten häufig mit dem Motiv verteidigt worden, eigene Privilegien zu bewahren (Castells 2003: 284). Diese Front ist von den Interessenvertretern der auf den Weltmärkten agierenden Konzerne aufgeweicht worden. In den letzten Jahren sind weitere Konflikte aufgebrochen.

Auf der einen Seite prägen die unterschiedlichen Auswirkungen der Globalisierung und Digitalisierung die politischen Auseinandersetzungen. Die von Schelsky proklamierte „nivellierte Mittelstandsgesellschaft", die in der bundesrepublikanischen Phase des Wirtschaftswunders leitende Angestellte, qualifizierte Industriearbeiter, Freiberufler und Kleinunternehmer kulturell zusammengehalten hat, ist im Begriff, sich in ihre Bestandteile aufzulösen. Die stark gewachsene Gruppe der Hochqualifizierten, die vom internationalen Wirtschafts- und Kulturaustausch am meisten profitiert, hebt sich immer stärker von den schlecht bezahlten und befristet Beschäftigten im Dienstleistungssektor ab. Dazwischen befinden sich die Restbestände des alten Mittelstands und der Lohnabhängigen in einer unbequemen Lage. Denn sie müssen befürchten, dass der wirtschaftliche und technische Wandel auch zu ihrer Deklassierung führen könnte. Im Gefolge dieser international übergreifenden Entwicklungen driften nicht nur die Arbeits- und Einkommensverhältnisse, sondern auch die Chancen, Lebensstile und kulturellen Bedürfnisse auseinander. Dies gefährdet den sozialen Zusammenhalt. Studien von Dani Rodrik (2018) bestätigen, dass die Liberalisierung des globalen Handels bei den immobilen, eher gering qualifizierten Beschäftigten in den USA zu Einkommensverlusten geführt hat. Nach seinen Beobachtungen ist die Entwicklung der Löhne in den vom NAFTA-Handelsabkommen betroffenen Industriebereichen im Zeitraum 1990 bis 2000 um 17% gegenüber den nicht vom Abkommen betroffenen Industrien zurückgeblieben. Er sieht den europäischen Wohlfahrtsstaat im Vorteil, da er zum notwendigen sozialen Ausgleich beiträgt. Im Zeitalter der Globalisierung und Digitalisierung werde vom demokratischen Sozialstaat zu recht erwartet, dass er seine soziale Kompensationsrolle ausfüllt.

Auf der anderen Seite haben die Kampagnen und humanitären Anliegen der Zivilgesellschaft eine Aufmerksamkeit im öffentlichen Leben erlangt, die zur politischen Mobilisierung in der Gesellschaft beigetragen hat. Ihr Einfluss ist in der Öffentlichkeit und in den praktischen Auseinandersetzungen gewachsen, unabhängig von der verwirrenden Flut an Mitteilungen, News und Fake-News sowie dem Wirken von Meinungsrobotern und Datenfiltern im Internet. Castells (2003) hebt das Engagement der vielen zivilgesellschaftlichen Organisationen bei der Aufdeckung und Lösung von Problemen in einer immer komplexer werdenden Welt hervor. Eine wachsende Zahl an Nicht-Regierungsorganisationen, die zum Teil nur national agieren und zum Teil global vernetzt sind, misstraut den Kompetenzen der staatlichen und wirtschaftlichen Machtzentren und nimmt die Verantwortung stattdessen in die eigenen Hände. Die weltweiten Netzwerke von Greenpeace, Amnesty International, Ärzte ohne Grenzen, Tax Justice Network, Oxfam und anderer Organisationen bestätigen die Entwicklung hin zur Privatisierung globaler humanitärer

Aktionen. Zudem weisen sie auf Widersprüche der gesellschaftlichen Reproduktion unserer Arbeits- und Lebensbedingungen hin, die dringend einer Lösung bedürfen. Die wachsende Bedeutung der Bürgergesellschaft (Civil Society) lenkt den Blick auf die Differenz zwischen Gesellschaft und Staat, die für das demokratisch verfasste Gemeinwesen konstitutiv ist. Die Civil Society wird wesentlich vom Bürgersinn des Citoyens und dessen Eintreten für Partizipation und Transparenz getragen. Die kulturell verbindende Rolle der zivilgesellschaftlichen Initiativen in der Demokratie ist vor einigen Jahren vor allem in den USA von liberalen Denkern wie Amitai Etzioni und Charles Taylor hervorgehoben worden. Die Kommunitarismus-Debatte war eine Reaktion auf Zerfallserscheinungen der liberalen Gesellschaften, deren Institutionen auf dem Menschenbild freier und autonomer Individuen basieren.

Die Tendenz zur Fragmentierung der gesellschaftlichen Kräfte ist nicht neu. Sie ist bereits angelegt in der Struktur des kapitalistischen Marktes. In den Wirtschafts- und Sozialwissenschaften ist schon früh auf die sozialen und moralischen Grundlagen marktwirtschaftlich verfasster Gesellschaften hingewiesen worden. Das Marktmodell fußt auf einer liberalen Freiheitsidee, welche die Handlungsfreiheit des Individuums in das Zentrum rückt. Die gegen die feudalen Herrschaftsverhältnisse gerichtete Französische Revolution hat Ende des achtzehnten Jahrhunderts die Verbreitung der bürgerlichen Moralvorstellungen in Europa wie ein Katalysator beschleunigt. Mit der Parole „Freiheit, Gleichheit, Eigentum“[222] hat sie den Boden für die Entfaltung der nur den eigenen Zwecken verpflichteten Wirtschaftssubjekte bereitet. Im liberalen Freiheitsverständnis erkennen sich die Mitglieder der bürgerlichen Gesellschaft gegenseitig als individuelle Nutznießer an (Honneth 2015: 42). Der Anerkennung der Individuen untereinander entspricht die reziproke Abhängigkeit[223] voneinander. Die Bedingung der Anerkennung ist lediglich, dass durch die Verfolgung eigener Absichten nicht die Handlungsfreiheit anderer beschränkt wird. Die Selbstbeschränkung der eigenen Willkür gegenüber anderen vorausgesetzt, ist die weitgehend ungehinderte individuelle Zweckverfolgung der Akteure die zentrale Verhaltensnorm.

Demgegenüber ist die Erfüllung von formaler Gleichheit in dem Sinne von Bedeutung, dass sich die Marktakteure wechselseitig als Rechtsper-

---

[222] Dies waren die in der französischen Verfassung von 1793 proklamierten Werte. Während der französischen Revolution 1789 lautete die Parole noch „Freiheit, Gleichheit, Brüderlichkeit“.

[223] Reziprozität ist ein Begriff aus der Ethnologie. Es handelt sich um eine Form der Interaktion, die durch gleichwertiges Geben und Nehmen gekennzeichnet ist. Das äquivalente Handeln ist reflexiv, indem das eigene Verhalten im Blick des anderen gespiegelt wird und umgekehrt das fremde Verhalten im eigenen antizipiert wird. Zur Literatur vgl. David Graeber (2012: 326).

sonen akzeptieren. In dieser Sicht verhalten sich die Waren- und Geldbesitzer auf dem Markt als juristisch gleiche Personen, die Waren ihrer Wahl nach dem Prinzip der Nutzenäquivalenz tauschen. Gegenüber den persönlichen Abhängigkeiten während der Sklaverei und der feudalen Leibeigenschaft stellt dieses bürgerliche Rechtsverständnis eine historische Errungenschaft dar. Mit der Entwicklung der Arbeitskraft als Ware und der Entstehung eines freien Arbeitsmarktes wurden aber zugleich moralische Grenzen des Freiheitsversprechens offenbar, wie die Geschichte der Kämpfe um den Acht-Stunden-Tag, den „gerechten“ Lohn und die Bannung der Kinderarbeit zeigt. Die Aussage von Hobbes im „Leviathan“, wonach die Arbeitskraft eines Mannes so viel wert sei, „... wie für den Gebrauch seiner Kraft gezahlt wird“[224] (Hobbes), führt den Interessengegensatz jedenfalls klar vor Augen. Im Kontext der Eigentumsgarantie[225] bestätigt die formale Rechtsgleichheit letztlich die wirtschaftliche Ungleichheit der Bürger.

In der Geschichte der Sozialwissenschaften werden moderne Gesellschaften seit dem Ende des 19. Jahrhunderts als zweckrational orientierte Organismen beschrieben, die den Gesellschaftsmitgliedern mehr persönliche Autonomie und Eigenverantwortung verschaffen (Weber, Durkheim, Simmel). Die Emanzipation des einzelnen Bürgers von traditionellen Bindungen hat im wachsenden Maße die Chance zur Pluralisierung von individuellen Lebensstilen und zur eigenverantwortlichen Lebensplanung eröffnet. Diese Entwicklung, die gewöhnlich als „Individualisierung“ bezeichnet wird, hat vielfältige Ausprägungen hervorgebracht. Größere kulturelle Umwälzungen sind insbesondere in der westlichen Nachkriegsgesellschaft des vorigen Jahrhunderts eingetreten. Mit der Steigerung der Einkommen sowie der Zunahme der Konsum- und Bildungsmöglichkeiten nach dem zweiten Weltkrieg sind die Spielräume für die autonome Identitätsfindung Schritt für Schritt ausgedehnt worden. Auf dem Boden der alten Gesellschaft wuchsen neue Bedürfnisse und Ansprüche, die schließlich einen kulturellen Bruch mit traditionellen Werten bewirkten. Dieser Prozess begann Ende der 1960er Jahre und erhielt weiteren Antrieb einige Jahre später, als in den Produktions- und Dienstleistungssektoren die ehemals streng hierarchische (tayloristische)

---

[224] Thomas Hobbes, zitiert nach Marx im ersten Band des „Kapital“ (1962: 184). Marx merkt an anderer Stelle an, dass sich die Rechtsauffassungen des Käufers und des Verkäufers von Arbeit gegenüberstehen. „Recht wider Recht ... Zwischen gleichen Rechten herrscht die Gewalt“ (249).

[225] Die Eigentumsgarantie war eine Forderung der Bauern gegenüber dem Adel. In der ersten französischen Verfassung von 1793 wurde unter der Parole „Eigentum“ verstanden, dass jeder seine Güter und seine Einkünfte, den Ertrag seiner Arbeit und seines Fleißes nach freiem Belieben besitzen und darüber verfügen kann.

Arbeitsorganisation hinterfragt wurde. Das Interesse der Arbeitsgestaltung richtete sich nun auf die Bildung flexibler Arbeitsteams und auf die Stärkung von Eigeninitiative. Der fordistische Kapitalismus hatte sich überholt. Ein neuer Geist bemächtigte sich der alten repressiven Ordnung und verbreitet seitdem eine Rhetorik, die auf der einen Seite antihierarchisch, ichzentriert sowie konsum- und erlebnisfreudig, auf der anderen Seite aber auch sozialkritisch und umweltbewusst gestimmt ist. Er bereitete zudem den Boden für neue kulturelle Freiräume und für das Heranwachsen einer Kreativwirtschaft, die es im Hochgeschwindigkeitstempo zu neuen ästhetischen Erfahrungen und zur technischen „Vervollkommnung" der Welt drängt.

Das neue Verhaltensideal wurde als Thema in den Wirtschaftsseminaren aufgegriffen. Der Trend ließ sich bestens mit den neuen Anforderungen der Wirtschaft an die Arbeitswelt vereinbaren. Elemente wie Selbstkontrolle und Steuerung des Selbst werden mittlerweile als Produktionsfaktoren angesehen, die wesentlich zur Dynamisierung der Wirtschaft beitragen. Und ihre Verinnerlichung gilt im Gesellschaftsleben als erstrebenswerte Persönlichkeitsnorm. Diese Entwicklung hat Axel Honneth, den Direktor des Frankfurter Instituts für Sozialforschung, veranlasst, auf die Ambivalenz des Anspruchs auf Selbstverwirklichung aufmerksam zu machen. Aus seiner Sicht hat sich das Ideal der Eigenverantwortung im Verlauf der Instrumentalisierung und Standardisierung der Verhaltensmuster in ein kühles Anspruchssystem verkehrt, das auf die Subjekte nicht nur befreiend wirkt (2002: 154). Es handelt sich um eine merkwürdige Ambivalenz der Rollenfindung zwischen autonomer Steuerung des Selbst und Anpassung an wirtschaftliche Erwartungen sowie vorgelebte Konsummuster. Im Streben nach Besonderheit und Singularität der Lebensführung vollzieht sich offenbar eine wundersame Verkehrung, in der individuelle, scheinbar einzigartige Bedürfnisse und Erwartungen in gesellschaftlich durchschnittliches Verhalten und Konformität umschlagen. Es lassen sich vielfältige Bemühungen beobachten, diese Ambivalenz aufzulösen. Die Nuancierungen sind vom sozialen Status und Einkommen abhängig. Die Spanne erstreckt sich von der individuellen Entfaltung künstlerischer Schaffenskraft sowie der Entdeckung neuer ästhetischer Erfahrungen bis hin zu Scheinhandlungen, die nur die Illusion der Exklusivität im Konsum befriedigen. Darauf verweist der vom US-Blogger Venkatesh Rao eingeführte Begriff "Premium Mediocre"[226]. Ge-

---

[226] Der US-Blogger Venkatesh Rao hat den Begriff „Premium Mediocre" erschaffen, der seitdem durch Internetforen und Kongresse geistert. Die Einführung der „Premium Economy-Class" ist das Angebot an die Mittelschicht, für einen Aufpreis näher an die Eliten zu rücken. Besonders sichtbar ist der Trend im Flugverkehr, er existiert aber auch bei anderen Diensten und Produkten. Man erwirbt einen scheinbaren Zugang zur Exklusivität, obwohl die eigenen

meint ist das Angebot von Premium-Diensten, die gegen einen Aufpreis das Gefühl der Hervorhebung vom Mittelmaß vermitteln. Daneben ermöglicht der Markt für Luxusgüter die Erzeugung von Aufmerksamkeit im allgemeinen Konsumgetriebe. Dies wird durch den digitalen Transfer von Bildern in den sozialen Netzwerken noch potenziert.

Georg Simmel hat in seiner im Jahr 1900 veröffentlichten „Philosophie des Geldes" die Brüchigkeit des Freiheitsversprechens bereits erahnt. Gewonnen wurde „nur Freiheit von etwas, nicht Freiheit zu etwas; allerdings scheinbar Freiheit zu allem – weil sie eben bloß negativ war –, tatsächlich aber eben deshalb ohne jede Direktive, ohne jeden bestimmten und bestimmenden Inhalt und deshalb zu jener Leerheit und Haltlosigkeit disponierend ..." (Simmel 1989: 552). Simmel erweist sich hier als Kritiker des negativen Freiheitsbegriffs, der Freiheit lediglich als Unabhängigkeit des Individuums von der Willkür anderer definiert. Da die Ziele und Motive des Handelns in dieser Sichtweise ausgeblendet werden, kann sich das Paradox ergeben, dass die Voraussetzungen der Freiheit durch die freiwillige Unterwerfung unter äußere oder innere Zwänge unterlaufen werden. Außerdem wird der Primat der individuellen Freiheit dann zum Problem für die Mitmenschen und Nachfahren, wenn Einzelne ohne Einschränkungen auf ihrem Recht gegenüber der Gesellschaft und der Natur bestehen. Der Philosoph Charles Taylor hat den Gedanken, alles tun zu können, was wir wollen, als Irrtum der negativen Freiheit bezeichnet.[227]

Was folgt daraus für den Zusammenhalt des sozialen Gefüges? Die Erklärungsmuster haben sich im Verlauf der vergangenen Jahrzehnte radikal verändert. So taucht zum Beispiel der Begriff des „Sozialen" in der postmarxistischen Diskursanalyse der 1990er Jahre in einer neuen Variante auf. Die Essex-School setzt sich von der alten linken These ab, wonach die Ökonomie „in letzter Instanz" (Althusser) die Widersprüche der kapitalistischen Gesellschaft determiniert. In diesem Ansatz gibt es keinen Primat der Ökonomie und keinen letzten Grund für das Soziale. Gesellschaftlicher Sinn wird immer im Diskurs ausgehandelt und in der

---

wirtschaftlichen Verhältnisse der Zugehörigkeit zur Elite entgegenstehen. Rao hält dies für die letzte wirksame Waffe gegen die Aufspaltung der Gesellschaft in ein Mega-Prekariat und eine von der Automatisierung profitierende Oberschicht (vgl. Niklas Maak in der FAZ v. 29.12.2017).

227 „Das Subjekt selbst kann in der Frage, ob es selbst frei ist, nicht die letzte Autorität sein, denn es kann nicht die oberste Autorität sein in der Frage, ob seine Bedürfnisse authentisch sind oder nicht, ob sie seine Zwecke zunichtemachen oder nicht" (Taylor 1988: 125). Taylor ist ein Kritiker des negativen Begriffs von Freiheit, der seit den 1960er Jahren eine wachsende Bedeutung erlangt hat. So ist die positive Freiheitskonzeption im Essay von Isaiah Berlin „Two Concepts of Liberty" (1958) zurückgewiesen worden.

Praxis aufs Neue erprobt. Soziale Kämpfe können an verschiedenen inhaltlichen Knotenpunkten aufbrechen. Ernesto Laclau und Chantal Mouffe interpretieren das Verhältnis der Individuen zueinander zwar auch als antagonistisch, doch erklären sie die sozialen Konflikte ganz anders als Marx auf einer rein sprachsymbolischen Ebene. Nicht nur wird der sprachliche Diskurs zum zentralen Medium, in dem Bedeutungen und soziale Beziehungen austariert werden. Darüber hinaus wird das verbindende Gemeinsame über die Artikulation von „Äquivalenzketten" hergestellt, wobei Differenzen bzw. unterschiedliche Forderungen stets über negative Abgrenzungen nach Außen überbrückt werden. „Nur der Bezug auf etwas, was sie selbst nicht sind, von dem sie sich aber negiert fühlen, kann ihre Zugehörigkeit zu ein- und demselben System garantieren. Auf diese Weise, nämlich qua einer von allen geteilten Negationserfahrung, werden die Differenzen zu einer ... Äquivalenzkette gebunden" (Mouffe 2008: 99). Politische Gemeinsamkeiten können demzufolge nie positiv sein. Die Bindungen entstehen immer in Opposition zu anderen. Die Besonderheit dieses Ansatzes gipfelt in der Behauptung, dass „Gesellschaft" nicht existiere.[228] Der Begriff der „Gesellschaft" im Sinne eines einheitlich strukturierten und objektiv gegebenen Systems hat hier keinen Platz mehr.

Wie ist in dieser Vorstellungswelt radikale Politik möglich? In Opposition zu Marxschen Ansätzen sind die Kämpfe der Subjekte für Laclau und Mouffe nicht in erster Linie durch ihre widersprüchliche Stellung im Produktionsprozess determiniert. In diesem Denkansatz existieren nur noch fragile, mehr oder weniger stabile Formen der Vergemeinschaftung, die sich in wechselnden sozialen Formierungen und Auseinandersetzungen äußern. Dennoch heben die beiden Autoren die Bedeutung der Kollektivität des politischen Handelns hervor. Denn Interessen können nur auf dem Weg der Bildung von Allianzen gebündelt und im Rahmen hegemonialer Projekte durchgesetzt werden. Die Verknüpfung der einzelnen und zersplitterten Forderungen und Kämpfe zu breiten Äquivalenzketten kennzeichnet das Verfahren der pluralen Demokratie. Demokratische Äquivalenzen eröffnen aus ihrer Sicht durchaus die Möglichkeiten zu radikaler Politik, insoweit „... egalitäre Verhältnisse auf immer weitere Arenen des sozialen Lebens"[229] ausgeweitet werden.

Gegenüber der ökonomistischen, auf Hegel zurückweisenden Argumentationslinie von Marx stellt der diskurstheoretische Ansatz von Laclau und Mouffe einen radikalen Bruch dar. Dass die Geschichte nicht quasinaturgesetzlich verläuft und soziale Kämpfe nicht auf objektive Gesetze reduziert werden können, gehört mittlerweile zum Gemeingut der spät-

---

[228] Vgl. dazu Oliver Marchart (2014: 503).

[229] Vgl. Laclau, Mouffe (1991: 220).

und postmarxistischen Diskussion. Dem ist nichts hinzuzufügen. Soziale Konflikte werden im Diskurs der Subjekte verhandelt.

Die Suche nach Lösungen beinhaltet an sich ebenso viele Möglichkeiten des Scheiterns wie Gelingens. Die fortschreitende Individualisierung ist aber ein Einflussfaktor, der die Gefahr der Zersplitterung von Bewegungen verstärkt. Die gerade nicht linear verlaufende Entwicklung gleicht einem dynamischen sozialen Geflecht, das durch Offenheit und Ungewissheit gekennzeichnet ist. Darin kann sich die persönliche Lebensführung der Personen an frei gewählten Rollenmustern orientieren, sie verwirklicht sich aber niemals unabhängig von bereits etablierten sozialen Hierarchien. Der Diskurs der Subjekte findet weder im leeren sozialen Raum, noch unter selbstgewählten Umständen statt. Insofern ist der Kampf um Einfluss und Macht ein vorherrschendes Merkmal gesellschaftlicher Entwicklung. Letztlich ist das Handeln der Subjekte der Motor sozialer Erneuerungen. Diese von Hegel abweichende Sicht der Geschichte lässt sich auch im Werk des jungen Marx aufspüren. In den Frühschriften betont Marx die aktive Seite der Menschheitsgeschichte. Die Menschen machen ihre Geschichte selbst. Diese gedankliche Spur lässt sich bis zu seinem Lebensende verfolgen. Denn auch wenige Jahre vor seinem Tod soll Marx in einem Interview mit einem Journalisten der New Yorker Zeitschrift „The Sun“ die Frage nach dem letzten Grund des Seins mit dem Wort „Kampf“ beantwortet haben[230]. Dieser Argumentationslinie entspricht seine Hervorhebung von sozialen Widersprüchen und Kämpfen als Antriebskräfte der Geschichte.

So bedeutsam die Abwendung vom deterministischen Blick auf die Geschichte ist, so muss doch hervorgehoben werden, dass dieser Schritt nicht zwangsläufig mit der Vernachlässigung der Ökonomie verbunden ist. Die Diskursanalyse greift zu kurz, wenn sie die wirtschaftlichen Prägungen der Gesellschaft in ihrer Bedeutung herabmindert und „Äquivalenzketten“ eher im Einflussfeld von Affekten[231] zu schmieden sucht. Der kapitalistische Markt bildet mit seinen gesetzlich fest verankerten Spielregeln und Verhaltensnormen einen sich beständig reproduzierenden und wachsenden Organismus, der auf alle anderen gesellschaftlichen Bereiche ausstrahlt. Er trägt nicht nur zur Generierung der materiellen

---

[230] Vgl. Oliver Marchart (2014: 486 ff.)

[231] Chantal Mouffe appelliert in ihrem neuen Buch „Für einen linken Populismus“ vor allem an die im „Volk“ vorhandenen Stimmungen und Emotionen. Zudem soll die Konstruktion gemeinsamer Feindbilder den Kitt bilden. Die Argumentation zeigt, dass die ursprünglich von Laclau und Chantal vorgetragene Diskursanalyse nur die Oberfläche der gesellschaftlichen Widersprüche aufgreift. Der darauf basierende Ansatz reicht nicht aus, um Perspektiven für eine emanzipatorische Politik aufzeigen zu können. Vergleiche hierzu die Leitlinien im 5. Kapitel.

Ressourcen der gesamten Gesellschaft bei. Mit seiner Ethik der Nutzenmaximierung und ungleichen Vermögensverteilung greift er tief in die Verhaltensweisen und Schicksale der Menschen ein. Auch die Politik ist dem wachsenden Druck geballter Marktmacht und mächtiger Konzerninteressen ausgesetzt. Insofern ist der Primat der Ökonomie Ausdruck der lebensnotwendigen Reproduktion und der bestehenden Machtverhältnisse. Erst die stärkere Wahrnehmung und Ausfüllung der Gestaltungsfunktion des Staates könnte im Ergebnis dazu beitragen, das Gewicht der Politik gegenüber der Ökonomie zu stärken. Um dies zu erreichen, bedarf es des Drucks von unten. Das Bedürfnis nach gesellschaftlichen Veränderungen muss von der Civil Society und ihren diversen Organisationen in der Öffentlichkeit offensiv zum Ausdruck gebracht werden. Es sind letztlich die Bürger selbst, die das Freiheitsversprechen der demokratischen Gesellschaft gegen ihre Beschränkungen verteidigen.

Mystifizierungen des Geldkapitals und die Idee der unendlichen Verwertung im Faust-Drama

Die moderne kapitalistische Wirtschaft hat ihre eigenen Geschichten und Mystifikationen erzeugt. Zurückgeblieben sind Bilder und Fiktionen, die sich wie ein Schleier über den Marktorganismus und die Reichtumserzeugung gelegt haben. Ein Erzählstrang geht zurück auf den einfachen Warentausch. Gleichheit, Freiheit und Eigentum sind nicht nur die auf dem Markt anerkannten ethischen Werte, sondern der Austausch von realen Werten ist ihr produktives Fundament. Die wechselseitige Aneignung der Waren auf dem Markt unterstellt die Freiheit und Gleichheit der Handelnden. Das ist der wahre rechtliche Kern des Austauschs. In der Vorstellungswelt des reinen Tausches ist die Vorgeschichte des Warenbesitzes nicht von Bedeutung. Die Spur, die zur Erlangung des Eigentums der Ware führte, ist im Moment des Austauschs erloschen. Ob die Tauschgegenstände unter gesellschaftlich akzeptierten Standards hergestellt, ererbt oder mit Gewalt erworben wurden, muss in der Sphäre der Warenzirkulation niemanden interessieren. Berichte über das Verhalten von Bankinstituten, die mit Geldwäsche und Steuerhinterziehung im Zusammenhang stehen, bestätigen im Grunde noch heute die Gleichgültigkeit gegenüber der Herkunft des Geldes.[232]

---

[232] Die größte europäische Bank, die britische HSBC, hat in den USA im großen Stil Geld für mexikanische Drogenbarone gewaschen. Der Fall warf 2012 einen dunklen Schatten auf die Geschäftspolitik der Bank, die als Strafe 1,9 Mrd. Dollar an den US-Fiskus zahlen musste. Außerdem wurde eine mehrjährige Bewährungsfrist verhängt, die erst vor Kurzem ausgelaufen ist. Die Geschäfte der HSBC sind bereits zur Gründungszeit in Shanghai und später in Hongkong mit Geldwäsche in Zusammenhang gebracht worden.

In der Warenwelt ist der gesellschaftliche Kontakt der Individuen vor allem Ergebnis der Zirkulation ihrer Waren auf dem Markt. Dies erzeugt ein Trugbild. Da hier nur die Besitzer der Waren als Handelnde auftreten, erscheint auch der vorangehende Entstehungsprozess der Waren als ihre eigene Tat. In der Perspektive des Tauschhandelns stellen sich der Reichtumserwerb und daher auch das Eigentum als Ergebnis einer bloß individuellen Aneignung der Natur dar. Es liegt auf der Hand, dass diese Sichtweise nicht der Wirklichkeit der industriellen und global vernetzten Produktionsweise entspricht. Die Mär vom Einzelnen und seinem Eigentum wurde daher projiziert auf die „early stages of society“. Kein geringerer als Adam Smith hat zur Verbreitung der Legende vom vereinzelten Einzelnen beigetragen. Im Geistesleben des 18. Jahrhunderts hatten die Robinsonaden Hochkonjunktur. Die 1719 von Daniel Defoe veröffentlichte Erzählung vom isolierten Überleben Robinsons auf einer einsamen Insel bildete die ideale Vorlage für die Verklärung der ursprünglichen Aneignung. Im Mittelpunkt der Robinsonade steht das isoliert handelnde Individuum, das sich der Natur bemächtigt. Die Erzählung produziert ein Bild über die Vorperiode des Kapitals, das bis jetzt das Denken beeinflusst. Der Markt wird in den Anfangskapiteln der wirtschaftlichen Lehrbücher meist als Gesellschaft kleiner Warenproduzenten beschrieben, die sich die natürlichen Ressourcen privat angeeignet haben.

Solch eine idyllische Phase hat es niemals gegeben. Es gibt zwei Einwände. Zum einen können die natürlichen Lebens- und Arbeitsgrundlagen (Grund und Boden, Rohstoffe, Umwelt) niemals Produkt der Arbeit gewesen sein. Marx verweist in seinen „Grundrissen der Kritik der politischen Ökonomie“ auf einen langen historischen und schmerzhaften Entwicklungsweg, der zur Trennung des Privateigentums am Grund und Boden vom Gemeindeeigentum geführt hat. Für ihn ist klar, dass in den geschichtlichen Vorphasen der Marktwirtschaft das Eigentum des Einzelnen immer durch seine Zugehörigkeit zu einem Gemeinwesen vermittelt war.[233] Das Gemeindeeigentum am Grund und Boden bildete zunächst die Basis, die je nach der Übereinkunft und Kultur des Gemeinwesens einen mehr oder weniger weiten Spielraum für private Nutzungen und Parzellierungen der Landflächen eröffnete. Koloniale Eroberungen und die Ausnutzung der Sklaverei haben gewaltsam neue Tatsachen geschaffen und den Verlauf des europäischen und amerikanischen Kapitalismus beflügelt. Gestützt wurde dies Verhalten durch das Eigentumsverständnis des Bürgertums im Sinne des Herrschaftsanspruchs

233 „Wenn die objektiven Bedingungen seiner Arbeit vorausgesetzt sind als ihm gehörig, so ist es selbst subjektiv vorausgesetzt als Glied einer Gemeinde, durch welche sein Verhältnis zum Grund und Boden vermittelt ist“ (Marx 1953: 385).

gegenüber der Natur, wie es im Code Napoléon fixiert worden ist: „Das Eigentum ist das unbeschränkte Recht zur Nutzung und Verfügung über die Dinge (Art. 544)[234].

Zum anderen lassen sich keine Gesellschaften nachweisen, die dem Bild der reinen Tauschgesellschaft entsprechen. Auch aus ethnologischer Sicht stellt sich die Erzählung von Adam Smith als Fiktion dar.[235] „No example of a barter economy, pure and simple, has ever been described ... all available ethnography suggests that there never has been such a thing." (Graeber 2011: 29). Der einfache Tausch von Ware gegen Ware sowie der durch Geld vermittelte Tausch hat in den vorkapitalistischen Zeiten nur am Rande der Gesellschaften stattgefunden. Die Menschen lebten in persönlichen Abhängigkeitsverhältnissen, die schon früh durch Geldbeziehungen vermittelt waren. Im Laufe der Geschichte wurden nicht nur die als Fron oder Zehnt zu leistenden Dienste oder Abgaben der leibeigenen Bauern durch Geldzahlungen abgelöst. Sogar Kreditbeziehungen verbreiteten sich im Rahmen der feudalen Hierarchie und verschärften die Abhängigkeiten weiter. Denn mit dem Kredit ergaben sich zusätzlich Zinsforderungen und Schuldverhältnisse. Die Einhaltung von Zahlungsverpflichtungen wurde mittels eines eisernen Insolvenzrechts durchgesetzt. So gehörte die Zahlungsunfähigkeit neben dem Diebstahl und der Landstreicherei während der Regentschaft der Stuarts in England zu den Verbrechen, die aufs Härteste bestraft wurden. Graeber geht davon aus, dass Kreditbeziehungen sogar weit in die Frühgeschichte hinreichten.[236]

Der Beginn des modernen Finanzsystems lässt sich im 12. Jahrhundert verorten, als in Venedig Anleihen zur Finanzierung der Kriegskasse ausgegeben wurden. Da die Papiere als handelbar galten, führte der Vorgang sofort zum schwunghaften Handel mit Wertpapieren, aber auch zu heftig schwankenden Marktpreisen. Anfang des 17. Jahrhunderts entstanden in Amsterdam und London Aktiengesellschaften zur Entwicklung des Kolonialhandels in Asien, Afrika und Nordamerika, deren Anteile auf dem Markt frei zirkulierten. Der Seehandel der „Vereinigten Ostindischen Kompagnie" begründete das „Goldene Zeitalter" in den Niederlanden. Der Erfolg dieser Kapitalgesellschaft wurde dann noch überholt von der

---

234 Zitiert nach Binswanger (2009: 49).

235 „In the years after Columbus, as Spanish and Potuguese adventurers were scouring the world for new sources of gold and silver, these vague stories disappear. Certainly no one reported discovering a land of barter." (Graeber 2011: 24).

236 Graeber zeigt allerdings auch auf, dass der Schuldenerlass im Laufe der Geschichte immer wieder ein Mittel war, soziale Verhältnisse zu beruhigen bzw. zu stabilisieren (Graeber 2011: 82).

britischen „East India Company". Sie war mit königlichen Privilegien ausgestattet und wesentlicher Akteur der Verwandlung Indiens in eine Kronkolonie. Marx hat die dunkle, gewaltsame Seite der Eroberung des Weltmarkts herausgestellt.

„Die Entdeckung der Gold- und Silberländer in Amerika, die Ausrottung, Versklavung und Vergrabung der eingebornen Bevölkerung in die Bergwerke, die beginnende Eroberung und Ausplünderung von Ostindien, die Verwandlung von Afrika in ein Gehege zur Handelsjagd auf Schwarzhäute, bezeichnen die Morgenröte der kapitalistischen Produktionsära. Diese idyllischen Prozesse sind Hauptmomente der ursprünglichen Akkumulation" (Marx 1962: 779).

Ein Meilenstein in der Geschichte des Papiergeldes ist dann die Gründung der Bank von England im Jahr 1694. Ein Konsortium gebildet von vierzig Kaufleuten aus London und Edinburgh gewährte König William III. ein Darlehen in Höhe von 1,2 Millionen Pfund zur Finanzierung des Krieges gegen Frankreich. Da sie nicht mit der Tilgung der Schuld rechnen konnten, verlangten sie als Gegenleistung das Monopol auf die Ausgabe von Banknoten. Dies war ein weitsichtiger Schritt, der seine Spuren im Geldwesen bis heute hinterlassen hat. Die Ausgabe von Papiergeld ermöglichte nicht nur die Monetarisierung der mit königlichem Siegel ausgestatteten Schuldtitel, sondern sie leitete auch die Entstehung der ersten unabhängigen Zentralbank ein. Die Bank von England wurde zum Vorbild für die Gründung von Zentralbanken in anderen Ländern.

Die Ausgabe von Papiergeld, das nicht vollständig durch den Bestand an Gold gedeckt war, hat den Wirkungsbereich des Geldes enorm ausgeweitet. Gegenüber der vorherrschenden Phase des Umlaufs von Münzen führte dies zu einer Beschleunigung der wirtschaftlichen Entwicklung. In einer Zeit des expandierenden Welthandels begünstigte dieser Schritt die Finanzierung neuer Investitionsprojekte innerhalb und außerhalb Europas. Die neue Dynamik beflügelte auch das Geistesleben. Bereits Adam Smith war bemüht, sich einen Reim auf die Wirkungen der Banknoten zu machen. Obwohl er in seinem Werk die Arbeit zur alleinigen Quelle des Reichtums bestimmt hatte, sinniert er über die umlaufende Qualität des Papiergeldes. „Indem nun kluge Bankgeschäfte Papier an die Stelle eines großen Teils dieses Goldes und Silbers setzen, machen sie es dem Lande möglich, einen großen Teil jenes toten Kapitals in ein tätiges und produktives zu verwandeln ..." (Smith 2004: 328). Ihm ist aber klar, dass dieser wundersame Stoff nicht ungefährlich ist. Um dies zu erläutern, greift Smith auf einen griechischen Mythos zurück. Es wird erzählt, dass sich Dädalus und sein Sohn Ikarus einst in Gefangenschaft auf Kreta befanden. In der Absicht zu fliehen sammelte Dädalus Federn von Vögeln und verklebte sie mit Wachs. Daraufhin schwebten beide wie Vögel über das Meer und entkamen der Insel. Doch als Ikarus der Sonne zu nahekam, schmolz das Wachs und Ikarus stürzte ins Meer. Ganz im Sinne des Mythos, den heroischen Charakter der Tat zu entzaubern, schaut Smith hinter den produktiven Schein. „Doch man muss erkennen, dass der Handel und die Gewerbe ..., so lange, als sie ... auf den Dädalischen Schwingen des Papiergeldes schweben, gar nicht so sicher sein können, als wenn sie auf dem festen Grunde des Goldes und Silbers wandeln" (329). Er weist auf die Verwirrungen hin, die mit der übermäßigen Vermehrung der Noten und der Entwertung der Zahlungsmittel einhergehen können. Die Risiken einer allgemeinen Entwertung hatte Frankreich bereits im Jahr 1720, also 56 Jahre vor dem Erscheinen des Hauptwerks von Smith, erschüttert. Solch eine Katastrophe hatte seinerzeit John Law, der Finanzjongleur und zeitweilige Günstling des französischen Hofs, im Rahmen seiner Politik der Überflutung der Wirtschaft mit Banknoten in Gang gesetzt.

All diese Ereignisse waren Goethe, dem Schöpfer des „Faust", bekannt. Als Geheimer Legationsrat und Mitglied des Geheimen Consiliums am Hofe von Weimar seit 1776, später auch als Finanzminister, war er mit wirtschaftlichen Fragen vertraut. Goethe kannte die wirtschaftliche Literatur seiner Zeit. Zudem hatte er an der Rezension des aus dem Englischen übersetzten Buchs „The Paper Credit of Great Britain" von Henry Thornton mitgewirkt. Durch die Beschäftigung mit Saint-Simon bekam er zusätzlich einen Einblick in die französische Diskussion. Bei beiden Autoren überwog eine wohlwollende Haltung gegenüber dem Umlauf von Papiergeld, wobei die Gefahren herabgewürdigt wurden.[237] Goethe hat sich nie dezidiert mit dem Umschlag der Münz- in die Papierwährung befasst, doch legt seine Dichtung nahe, dass er den ambivalenten Charakter des papiernen Geldes durchaus erkannt hat. In seiner Faust-Dichtung setzt er sich klar von dem Gedanken ab, dem Geld eine nur untergeordnete Rolle im Wirtschaftsleben zuzubilligen. Die Mummenschanz-Szene am Kaiserhof liest sich wie eine Allegorie des Marktgeschehens. Im Angesicht der leeren Hofkasse hat der Kaiser Mephistopheles zugerufen: „Es fehlt an Geld, nun gut, so schaff es denn". Der Auftrag wird mit Verweis auf die im Boden begrabenen Schätze im großen Hokuspokus erledigt. Unter Anrufung der Gestirne Sonne, Merkur, Venus, Mars und Saturn sowie unter Beschwörung der Kräfte der „Chymisterei" wird der im Boden schlummernde Reichtum gehoben. Der Arbeit mit Hacke und Spaten kommt dabei die geringere Rolle zu. Die Magie hat die Entfesselung der Schätze bewirkt und das Geld zum Hüpfen gebracht. Man muss sich nur bücken und zugreifen. Die wundersame Tat ist der Kreation des Papiergeldes geschuldet. Der Kanzler verkündet die frohe Botschaft:

---

[237] Hans Christoph Binswanger hat Goethes Diskussionstand hinsichtlich der Frage des Papiergeldes skizziert (2009: 151–154).

„Zu wissen sei es jedem, der´s begehrt:
Der Zettel hier ist tausend Kronen wert.
Ihm liegt gesichert, als gewisses Pfand,
Unzahl vergrabnen Guts im Kaiserland.
Nun ist gesorgt, damit der reiche Schatz,
Sogleich gehoben, diene zum Ersatz.“

Der zweifelnde Kaiser kann nicht glauben, dass die von ihm gezeichneten Noten versprechen, die Warenzirkulation beflügeln zu können. „Und meinen Leuten gilt,s für gutes Geld?“ Faust und Mephistopheles leisten Überzeugungsarbeit, in dem sie auf das im Boden schlummernde, tote Kapital verweisen:

„Das Übermaß der Schätze, das, erstarrt,
In deinen Landen tief im Boden harrt,
Liegt ungenutzt. Der weiteste Gedanken
Ist solchen Reichtums kümmerlichste Schranke;
Die Phantasie, in ihrem höchsten Flug,
Sie strengt sich an und tut sich nie genug.
Doch fassen Geister, würdig, tief zu schauen,
Zum Grenzenlosen grenzenlos Vertrauen.“
(Goethe, Faust – Zweiter Teil, Zeile 6057–6062 und 6111–6118)

Faust hat in diesen Worten die Kernelemente der „Zauberblätter“ bereits umrissen. Sie sind einer Gedankenwelt entsprungen, in der die Naturschätze immer schon als Mittel der künftigen Verwertung gedacht werden. Der Zweck des Handelns ist die Nutzbarmachung aller Kräfte. Denn die Welt ist ein einziges Gold-Bergwerk. Dafür bedarf es einer grenzlosen Phantasie, aber ebenso eines grenzenlosen Vertrauens in die Umsetzbarkeit der kühnsten Pläne. Der Zauber des Papiergelds entspringt damit folgender Imagination:

- Die schlummernden Naturkräfte sind das tote Kapital, das es mittels des Einsatzes von Geldkapital zu verflüssigen gilt. Die Banknoten sind durch die noch schlummernden und verborgenen Schätze gedeckt. Sie repräsentieren den Anspruch auf private Ausbeutung der Natur.
- Das Vertrauen in den Kreislauf der Noten basiert auf ihrer Legitimierung durch die höchsten Instanzen des Staates und der Zentralbank. Am Kaiserhof des Faust-Dramas stützt die auf dem Papiergeld für alle erkennbare Unterschrift des Kaisers den Schein der jederzeitigen Zirkulierbarkeit auf dem Markt.

Zuletzt ist es allein der Narr am Hof, der dies Versprechen bezweifelt und Geldanlagen im Grundbesitz bevorzugt. Er weiß, dass der Geldwert verpuffen kann. Die Wirtschaftsgeschichte ist voller Beispiele. Eine Periode massiver Inflation entwickelte sich nicht nur zwischen 1500 und 1650 im Gefolge des gewaltigen Zuflusses an Gold und Silber aus der eroberten Neuen Welt Amerika (Graeber 2011: 309), auch danach folgten immer wieder vorübergehende Phasen der Geldentwertung. Goethe hatte auf seinen Badereisen nach Böhmen den Verfall des österreichischen Papiergeldes hautnah erlebt. In der jüngeren deutschen Geschichte hat die Hyperinflation 1922/23 wirtschaftliche und politische Erschütterungen ausgelöst. Gegenwärtige historische Studien zeigen, dass Finanzkrisen in der Regel ein kräftiges Kreditwachstum vorausgeht.

Die Wirklichkeit des modernen Geldmarkts hat sich der faustischen Geldschöpfung Schritt für Schritt angenähert. Das Geld ist nicht nur Tauschmittel. Geld ist vor allem Kredit und jeder Kredit vermehrt die Geldmenge. Das Kreditieren auf Basis von gespartem Geld ist heute die Ausnahme, das Kreditieren mittels der Schöpfungskraft der Banken ist zur Regel geworden. Nach Schumpeter ist das nichts anderes als Kaufkraftschaffung aus dem Nichts. Das Geld für den Kredit gewährt die Geschäftsbank. Sie erhält es gegen einen Kredit von der Zentralbank, wofür die Geschäftsbank lediglich gewisse Geldreserven vorhalten muss. Schließlich wird das Kreditgeld dem Wirtschaftskreislauf zugeführt, indem je nach persönlicher Entscheidung produktiv investiert, spekuliert oder konsumiert wird. Das Geldsystem basiert auf dem Vertrauen der Marktakteure in die Werthaltigkeit des Geldes und den produktiven Gang der Geschäfte. Die Noten sind längst nicht mehr durch Gold und Silber gedeckt, wie dies zu Goethes Zeiten noch der Fall war. Die Goldbindung wurde endgültig 1971 aufgehoben. Geld ist weitgehend körperlos geworden. In einem System, in dem Zahlungen per Mausklick veranlasst werden können, wird der innere Zusammenhang von Einkommen und Schulden immer mehr vernebelt. Zuletzt ist der Glaube an die produktive Schöpferkraft des Geldes die imaginäre Bedingung seiner Existenz.

Goethe verweist in seiner Metapher der magischen Geldschöpfung auf einen weiteren Gedanken. Er sieht, dass die Reproduktion des Kapitals weitere Phasen durchlaufen muss. Die Kreditgewährung setzt den Geldkreislauf in Gang, aber das Geld muss in seiner Funktion als Kapital produktiv reinvestiert werden. Nur dann können neue Werte erzeugt werden. Die Dramatik der Handlung hat ihr Ende mit dem Geldzauber noch nicht erreicht. Faust strebt nach Höherem. Er ist nicht am bloßen Geldbesitz interessiert. Das Geldkapital muss zur vollen Entfaltung gebracht werden, indem sein alchemistischer Kerngehalt offengelegt wird. Das bedeutet, den Wirtschaftskreislauf selbst in einen kontinuierlichen Schöpfungsprozess zu verwandeln. Im vierten Akt des Faust-Dramas richtet Mephisto die Frage an Faust: „Errät man wohl, wornach du strebtest? Es war gewiß erhaben kühn. Der du dem Mond um so viel näher schwebtest, Dich zog wohl deine Sucht dahin?“ Darauf erwidert Faust:

> *„Mit nichten! dieser Erdenkreis*
> *Gewährt noch Raum zu großen Taten.*

Erstaunenswürdiges soll geraten,
Ich fühle Kraft zu kühnem Fleiß."
„Herrschaft gewinn' ich, Eigentum!
Die Tat ist alles, nichts der Ruhm."

(Zeile 10181–11188)

Er will dem Meer neues Land abringen, fruchtbare Flächen schaffen und die unbändigen Elemente besiegen. Dies ist ihm wichtiger als die Erfahrung der Liebe.

Nachdem Faust sein Leben „durchgestürmt" und alle Leidenschaften ausgelebt hat, besinnt er sich auf die Verwirklichung seines großen Plans:

„Laßt glücklich schauen, was ich kühn ersann.
Ergreift das Werkzeug, Schaufel rührt und Spaten!
Das Abgesteckte muß sogleich geraten.
Auf strenges Ordnen, raschen Fleiß
Erfolgt der allerschönste Preis;
Daß sich das größte Werk vollende,
Genügt ein Geist für tausend Hände"
(Zeile 11504–11510)

Die Tat soll etwas hervorbringen, „was der Mensch bedarf". Faust hatte nach dem Mummenschanz am Kaiserhof seinen phantastischen Plan bereits weit umrissen. Es gilt, die ungenutzten, verborgenen Schätze der Welt zu heben und die natürlichen Stoffe durch wirtschaftlich geschicktes Handeln zu verwerten. Das Geld soll produktiv investiert und in den reproduktiven Wirtschaftskreislauf eingespeist werden. In dieser Perspektive erscheint die Produktion als notwendige, kreative Etappe hin zur Vermehrung des ursprünglichen Geldvorschusses. Für Faust gilt die Tat in dem Moment als vollendet, in dem die Verwertung als kontinuierlich funktionierender Mechanismus verwirklicht worden ist. Dann erst präsentiert sich die moderne Wirtschaft als dauerhafter Schöpfungsprozess auf höherer Stufenleiter. Hans Christoph Binswanger weist in seiner Deutung des Faust-Dramas auf die Faszination der unendlichen Verwertung hin. „Die Wirtschaft gewinnt damit den transzendenten, das heißt Grenzen überschreitenden Charakter, den die Menschen früher in der Religion gesucht haben. Nicht der Glaube an ein Jenseits, sondern das wirtschaftliche Handeln im Diesseits öffnet dem modernen Menschen den Blick auf die Unendlichkeit" (Binswanger 2009: 55). Faust hat das überwältigende Erlebnis seiner wirtschaftlichen Tat Mephisto, dem Meister der Alchemie, zu verdanken. Dies war von Anfang an Teil der teuflischen Wette. Mephisto erscheint als Sieger, da Faust sein höchstes Glück erlangt und die Zeit überwunden hat. Den Moment will er festhalten: „Verweile doch, du bist so schön!" Doch Goethe hat das Urdrama auf seine Weise interpretiert. In seiner Deutung wird der Teufel schließlich überlistet. Denn im Prolog im Himmel ist Mephisto verkündet worden, dass Faust nur von ihm verführt werden könne, „solang´er auf der Erde lebt“. Fausts Seele ist damit an seinem Lebensende gerettet. Und Goethes humanistische Botschaft lautet lapidar: „Es irrt der Mensch, solang´ er strebt“. Der Gedanke beinhaltet die Erkenntnis, dass es keinen linearen Fortschritt, sondern nur unendliche Verkettungen von Vor- und Rückschritten gibt.

Der moderne Finanzkapitalismus ist im Begriff, die im Faust-Drama geschilderte Schöpfung von Kapital mittels produktiver Arbeit um eine weitere Wendung zu übertreffen. Der Stein des Weisen ist das um sich selbst kreisende Geldkapital. Es ist in der Lage, neues Geld aus altem Geld zu erzeugen. Diese Mystifikation des Kapitals geht noch über die Schaffung eines automatischen Systems der Reichtumserzeugung hinaus, indem sich die Arbeit im Kreislauf der Verwertung scheinbar verflüchtigt. Wozu noch reale Werte produzieren, wenn sich das Geld in seiner Eigenschaft als Geldkapital direkt im Finanzüberbau oder im Immobilienbesitz verwirklichen kann. Der Spekulant setzt auf die Wertsteigerung des Vermögens und auf den Bezug passiver Renditen (Dividenden, Zinsen, Mieten, Pachten). Das Kapital ist in dieser Funktion befreit von den Mühen der Arbeit und erzeugt sich selbst. Der spekulative Zirkel beschreibt die höchste Stufe der Mystifikation. Die Alchemie hat es im Schein des Geldkapitals geschafft zu überleben. Die digitale Technologie kommt den Interessen der Finanzindustrie voll entgegen. Leistungsfähige Großcomputer steuern längst den Großteil des Börsengeschehens. Auf Basis programmierter Algorithmen werden die Bewegungen der Finanzmärkte im Bruchteil von Sekunden erfasst, im Kontext von Konjunktur- sowie Unternehmensdaten ausgewertet und schließlich in automatische Kauf- bzw. Verkaufsentscheidungen transformiert. Die blitzschnelle Datenanalyse und Platzierung von Börsenorders ermöglicht bequeme Gewinne. Es gilt, die Algorithmen so zu programmieren, dass Bewegungsmuster aufgespürt, kleinste Kursdifferenzen ausgenutzt und Konkurrenten durch Scheinkäufe bzw. -verkäufe getäuscht werden. Das Geld ist im Casino der Geldmaschinen gelandet, wo am digitalen Spieltisch Wetten auf die Zukunft eingegangen werden. Der Wettbewerb der Marktakteure und Investoren verwandelt sich so in das Duell pfiffiger Roboter, die der Nutzung künstlicher Intelligenz eine Spielwiese bieten.

Die aktive Rolle des Staates in der Marktwirtschaft

Die Reproduktion des Kapitals folgt ihren eigenen inneren Gesetzen. Sie scheint unserem Willen entzogen zu sein, denn sie vollzieht sich in einem komplexen gesamtwirtschaftlichen Prozess quasi hinter dem Rücken der einzelnen Akteure. Die Dynamik des großen Kreislaufs ist das

Ergebnis massenhaft vernetzter Handlungen, die von eigennützig orientierten Wirtschaftssubjekten in Gang gesetzt werden. Der Ablauf ist gekennzeichnet durch eine endlose Geschichte von Auf- und Abschwüngen. Das von Adam Smith in die Welt gesetzte Bild vom Wirken der unsichtbaren Hand vermittelt ein harmonisches Verständnis vom kapitalistischen Wettbewerb. Wo die Ethik des Homo Oeconomicus vorherrscht, scheint es neben dem Markt keiner anderen Steuerungsinstanz zu bedürfen. Der Staat hat sich in der Perspektive des Liberalismus auf seine Kernfunktion zu beschränken: die Gewährleistung der öffentlichen Sicherheit und den Schutz des Eigentums. In der Tradition der neuzeitlichen Vertragstheorien ist der Staat die Instanz, welche die gewaltsame Natur des Menschen zügeln und Übergriffe anderer verhindern soll. Für Thomas Hobbes war der Krieg aller gegen alle der Ausgangspunkt für die Begründung des Gewaltmonopols und des allmächtigen Leviathans. Es sei „klar, dass die Menschen während der Zeit, in der sie ohne eine allgemeine, sie alle im Zaum haltende Macht leben, sich in einem Zustand befinden, der Krieg genannt wird, und zwar in einem Krieg eines jeden gegen jeden“ (2017: 96). Während Hobbes 1682 noch für jede de facto souveräne Regierungsmacht eintrat, verteidigte wenige Jahre später John Locke die Freiheits- und Eigentumsrechte des Bürgertums gegen die Übergriffe der absolutistischen Staatsgewalt. Als Philosoph des sich emanzipierenden Bürgertums ging Locke von vornherein von freien und gleichen Bürgern im Naturzustand aus, die über den Gesellschaftsvertrag ein Anrecht auf die Unversehrtheit der Person und auf das Eigentum an den Früchten ihrer Arbeit erlangen.[238] Vor dem Hintergrund der erkämpften Bill of Rights im Rahmen der unblutigen Revolution 1688 in England (Glorious Revolution) hatte sich die Idee einer gesetzlich kodifizierten Legislative gegenüber der exekutiven Machtinstanz durchgesetzt. Die Freiheitsrechte waren nun nicht nur wechselseitig von allen Gesellschaftsmitgliedern zu beachten, sondern die Durchsetzung und Vollstreckung der Rechte wurden dem Staat und unparteiischen Richtern als Aufgabe auferlegt. Dies wurde zum Vorbild für die späteren Befreiungsbewegungen in Nordamerika und Europa.

Die modernen Vertreter einer liberalen und libertären Staatskonzeption berufen sich nach wie vor auf das Freiheitsverständnis von John Locke.

---

[238] „Wenn der Mensch im Naturzustand ... frei ist ..., wenn er der absolute Herr seiner eigenen Person und seiner Besitztümer ist, dem Größten gleich und niemandem untertan, warum soll er auf seine Freiheit verzichten“ (Locke 2017: 278)? Jean-Jaques Rousseau hat gegenüber John Locke eine andere Idee vom Naturzustand des Menschen entwickelt. Der Vertrag, der die bürgerliche Gesellschaft hervorbringt, begründet in seiner Sicht die Ungleichheit der Menschen. Die vorgesellschaftliche Besitzverteilung sei durch die Staatsgründung zementiert worden.

Denn sein Fokus liegt auf dem Schutz des Einzelnen vor Übergriffen anderer und des Staates. Die Freiheit von äußeren Zwängen ist der Kerngedanke, der keinen Raum für eine aktive Rolle des Staates eröffnet. Soziale Umverteilungen oder wirtschaftslenkende Eingriffe liegen außerhalb dieses Verständnisses. Zwar ist Locke vom Zusammenhang von Arbeit und Eigentum ausgegangen, doch führte dies nicht zur Hinterfragung der Vermögensverteilung in der Gesellschaft. Die soziale Frage kristallisierte sich erst in der Phase der Industrialisierung als das große Konfliktthema heraus. Es verwundert nicht, dass die Sozialdemokratie des 19. Jahrhunderts die reduzierte Rolle des Staates in ihrem Kampf für soziale Rechte kritisiert und gegenüber der Exekutive den Vorwurf des passiven „Nachtwächterstaats“ erhoben hat.

Am konsequentesten wird die Kritik am Staat von Denkern vertreten, die sich der libertären Tradition zuordnen. Neuere Versionen der letzten Jahrzehnte stammen von Ayn Rand, Murray Rothbard und Robert Nozick. Die in Russland geborene und später in den USA lebende Erfolgsautorin Ayn Rand hat zwischen 1930 und 1960 maßgeblich zur Verbreitung der Idee des „rationalen Egoismus“ beigetragen. Demzufolge sei die Gewährung des Freiraums für das eigennützige Handeln der Individuen, unter Wahrung des für alle geltenden Schutzes vor Gewalt, der beste Garant für die freie Lebensgestaltung aller Menschen. Ihr 1957 veröffentlichter Roman „Atlas shrugged“ ist in den USA ein Kultbuch der libertären Gesinnungsgemeinde geworden, auf das sich noch heute die Freunde der „Tea Party“ berufen. Rothbard geht nicht nur von einem natürlichen Recht an sich selbst, sondern auch vom Recht auf Eigentum aus, da die Gegenstände erst durch die Arbeit des Menschen ihren Nutzen erhalten. Nozick hat sich 1974 in seinem Buch „Anarchy, State and Utopia“ für ein anarcho-kapitalistisches Entwicklungsmodell eingesetzt, in dem der Staat kaum noch wahrnehmbar ist. Der Staat ist im Blickwinkel der Libertären die Störinstanz schlechthin, die den Freiraum des rational handelnden Individuums gewaltsam einschränkt.

Dieser radikale Liberalismus ist nicht unbeantwortet geblieben. Charles Taylor ist nur ein gewichtiger Denker in einer Reihe vieler anderer, die das libertäre Gedankengut zurückgewiesen haben. Taylor kritisiert bereits die Vertragstheorie von Hobbes und Locke, da sie von einem atomistischen Menschenbild ausgehe. Der einzelne Mensch existiere nicht isoliert von sozialen Bindungen und könne seine egoistischen Ziele auch nicht außerhalb einer Gemeinschaft verwirklichen. Erst im gemeinschaftlichen Kontext bilde sich eine Sprache und eine Idee des moralischen Verhaltens heraus. Taylor sieht, dass sich die Identität des autonomen Individuums historisch nur in einem bestimmten kulturellen Rahmen herausbilden konnte. Es bedurfte der Etablierung rechtlicher und kultureller Institutionen, um die Reproduktion der Arbeits- und

Lebensbedingungen unter Marktstandards zu stabilisieren. In diesem Sinn ist der Wert der Freiheit verknüpft mit einer Zivilisation, in der dieser Wert von allen anerkannt wird. „Der entscheidende Punkt ist: Da das freie Individuum seine Identität allein in einer Gesellschaft und Kultur einer bestimmten Art aufrechterhalten kann, muss es sich kümmern um die Gestalt dieser Gesellschaft und Kultur als Ganzes" (Taylor 1988: 207). Erst in der liberalen Marktgesellschaft werde das freie Individuum als Träger von Rechten begründet. Für Taylor steht das Selbstbestimmungsrecht gleichrangig neben den Verpflichtungen gegenüber der Gemeinschaft. Ein freiheitliches Gemeinwesen ist aus dieser Sicht gebunden an die Existenz demokratischer Institutionen sowie an die Entfaltungsmöglichkeit einer Zivilgesellschaft, die an Partizipation und Transparenz von Entscheidungen interessiert ist. Der partizipative Ansatz legt auch die Gestaltung der Wirtschaftsordnung mit dem Ziel nahe, Machtungleichgewichte der Marktakteure und die Verselbständigung des Finanzüberbaus gegenüber der Realwirtschaft zu verhindern.

Es ist eine Illusion, dass die kapitalistische Marktgesellschaft ohne den Staat funktionieren kann. Weder lässt sich der Freiraum für die Entfaltung des Einzelnen außerhalb der dafür notwendigen sozialen und rechtlichen Institutionen aufrechterhalten, noch kann im Chaos der eigennützigen Entscheidungen die Machtbalance garantiert werden, die für den fairen Interessenausgleich der Marktakteure wichtig ist. Zwar wird im liberalen Gedankengut gerne auf das Wunder der unsichtbaren Hand verwiesen, die das Marktgetriebe zum Wohle aller zusammenfügt, doch verschwimmen die Konturen dieses Bildes bei genauer Betrachtung. Dies hängt bereits damit zusammen, dass der Schöpfer dieser idealisierten Darstellung ambivalente Einschätzungen der Rolle des Eigennutzes in der Ökonomie hinterlassen hat. Seit Adam Smiths Tod haben sich viele Ökonomen bemüht, den gedanklichen Kern seiner schriftlichen Hinterlassenschaft zu interpretieren. Behauptet wurde ein Gesinnungswandel und sogar ein Widerspruch zwischen den beiden Hauptwerken.[239]

Die 1776 erschienene und oft erwähnte Schrift „Reichtum der Nationen" wurde vor allem als Begründung des Egoismus in der Ökonomie wahrgenommen. Smith hat in diesem Text die Gesetze der Nationalökonomie analysiert und die Motive des Handelns auf einen zentralen Punkt verdichtet. In dieser Fiktion hat jeder Mensch nur seinen eigenen Vorteil im Auge. „Es ist weder sein Streben, das allgemeine Wohl zu fördern, noch weiß er auch wie sehr er dasselbe befördert ... (er) beabsichtigt lediglich seinen eigenen Gewinn ..." (Smith 2004: 458). In der ökonomischen Theorie wird dies seitdem als Grundmotiv des wirtschaftlichen Handelns

---

[239] Vgl. Walther Eckstein in der Einleitung zur „Theorie der ethischen Gefühle" von Adam Smith (2010: XLII).

herausgestellt. Smith hatte allerdings ein darüber hinaus weisendes Verständnis von den menschlichen Handlungsmotiven. Sein Themenspektrum umfasste nicht nur die Ökonomie im engeren Sinn, sondern auch die Moralsysteme seiner Zeit. Sein erstes großes Werk veröffentlichte er bereits 1759 als Professor für Moralphilosophie in Glasgow. In seiner „Theorie der ethischen Gefühle" zeichnet er ein differenziertes Bild der sozialen Grundlagen des Handelns, indem er das Spannungsfeld zwischen dem egoistischen Streben der Individuen und ihrem „Wohlwollen" gegenüber dem Gemeinwesen darstellt. Die Disposition zur „Sympathie" im Sinne der Fähigkeit Mitgefühl mit anderen entwickeln zu können sowie das Interesse an der Wohlfahrt der Gesellschaft erscheinen hier als Korrektiv gegen den „unsozialen" Handlungsaffekt. Dies bedeute nicht, „dass die Rücksicht auf die Wohlfahrt der Gesellschaft der einzige tugendhafte Beweggrund sein sollte, sondern nur, dass diese, wenn sie mit anderen Triebfedern gleichsam im Wettbewerb tritt, gegenüber allen anderen den Ausschlag geben soll" (Smith 2010: 498).

In seinem Bemühen, die Balance zwischen den unterschiedlichen Handlungsmotiven zu begründen, erkennt Smith durchaus die ausgleichende Rolle des Rechtsstaats an. „Die Gesetze ... sollten ... als der einzige letzte Maßstab angesehen werden für das, was gerecht und ungerecht ist, oder was recht und unrecht ist" (2010: 521). Smith sieht darüber hinaus, dass die individuellen Absichten den gesellschaftlich akzeptierten oder rechtlich geforderten Rahmen überschreiten und den „harmonischen" Verlauf stören können. Der Staat müsse daher seine Autorität geltend machen, um diejenigen davon abzuhalten, die „Glückseligkeit der anderen" zu verletzen oder zu stören (353). Die Ethik Smiths kann damit weder auf das eigennützige Streben der Einzelnen, noch auf den durch die unsichtbare Hand bewirkten harmonischen Ausgleich aller Interessen reduziert werden. Auf der einen Seite distanziert er sich von Hobbes, der noch vom mangelnden Rechtsempfinden im Naturzustand der Menschen ausgegangen war. Er beschreibt stattdessen eine ganze Welt menschlicher Gefühle, die in der Regel ein Verständnis für moralisches Verhalten umfasst. Auf der anderen Seite ist ihm der Gedanke keineswegs fremd, dass das Streben nach Erlangung eigener Vorteile die Wohlfahrt der Gesellschaft behindern kann, weshalb er verschiedentlich die Rücksicht auf gesetzliche Regeln anmahnt. Smith hat die „Theorie der ethischen Gefühle" zwar bereits vor dem anderen Hauptwerk „Reichtum der Nationen" veröffentlicht, aber bis zu seinem Lebensende mehrfach überarbeitet. Die letzte, stark erweiterte Auflage hat er ein Jahr vor seinem Tod vorgelegt. Durch sie erhalten wir ein umfassendes Bild seiner Sicht der Motive des menschlichen Handelns.

Die Erzählung von der „unsichtbaren Hand" ist bis heute ein zentraler Bezugspunkt politischer Auseinandersetzungen geblieben. Die Wirtschaftsgeschichte zeigt aber, dass die behauptete Selbstregulierung des Marktes nie existiert hat. Karl Polanyi hat in seinem 1944 erschienenen, von der Rockefeller-Stiftung geförderten Buch „The Great Transformation" eine andere Sicht der Geschichte der Marktwirtschaft niedergeschrieben. Sie unterscheidet sich sowohl von der wirtschaftsliberalen Vorstellung der Robinsonade und des Tauschhandels, als auch vom ökonomischen Determinismus des späten Marx. Für Polanyi ist die Herausbildung des Marktes mit der Auflösung ursprünglich vorhandener gesellschaftlicher Bezüge verknüpft. Die Praxis des wirtschaftlichen Laissez-faire ist demzufolge nicht von selbst entstanden, sondern die Weichen für die Entstehung freier Märkte wurden auf Ebene der politischen und rechtlichen Institutionen gestellt. So wie der Arbeitsmarkt in Europa einst durch die Beseitigung des im Armenrecht verankerten Unterstützungssystems begünstigt wurde, verbreitete sich der Freihandel mit Hilfe von Exportprämien und Lohnsubventionen im internationalen Maßstab. Entgegen der verdrehten Vorstellung von der spontanen Emanzipation der Marktakteure von staatlichen Kontrollen, ist der Markt „das Resultat einer bewussten und oft gewaltsamen Intervention von Seiten der Regierung, die der Gesellschaft die Marktorganisation aus nichtökonomischen Gründen aufzwang" (Polanyi 1978: 330). In dieser Perspektive ist die wirtschaftliche Transformation aufs Engste in den Kontext machtpolitischer Entscheidungen eingebunden.

Die Sichtweise von Polanyi kann erhellend auf die Analyse des modernen Wirtschaftsstaats angewendet werden. Aus der Betrachtung der jüngeren Wirtschaftsgeschichte geht eine noch stärkere Verknüpfung der wirtschaftlichen und politischen Ebene hervor, als dies von Polanyi aufgezeigt worden ist. Im Gefolge technischer Umwälzungen und sozialer Konflikte ist nicht nur der Wohlfahrtsstaat als ausgleichende Kompensationsinstanz entstanden, sondern der Staat greift im wachsenden Maße in den Verlauf technologischer Innovationen ein und beeinflusst so die Weichenstellungen für die künftige Reproduktion des Kapitals. Der Staat übernimmt im Grunde Entscheidungen, die von privaten Investoren nicht getroffen werden. In seiner Schrift „Das Ende des Laissez-Faire" hat Keynes die staatlichen Funktionen, die sonst von niemandem ausgeübt werden, als die „wichtigsten Agenden des Staates" bezeichnet (2011: 47). Indem der Staat über direkte und indirekte Förderungen den Entwicklungs- und Forschungsprozess maßgeblich lenkt, erweist sich seine wirtschaftliche Gestaltungsmacht. Sie kommt insofern den Kapitalinteressen entgegen, als die privaten Unternehmen die Risiken technischer Innovationen oft scheuen. Das gilt insbesondere dann, wenn mit der Einführung neuer Technologien hohe Marktrisiken und eine hohe Kapitalintensität verbunden sind. Vom Staat wird dann erwartet, dass er die Rolle des Wagniskapitalgebers bzw. Finanziers ausübt.

Der Einfluss des Staates auf den Verlauf des Wachstums geht sogar noch weit darüber hinaus. Denn grundlegende technische Revolutionen basieren auf Visionen, die im Staatssektor ausgeheckt und praktisch erprobt worden sind. Der Staat leistet mehr, als das Marktversagen zu beheben. Er hat sich in der jüngeren Wirtschaftsgeschichte als Forschungs- und Entwicklungsinstanz per excellence erwiesen. So findet die Grundlagenforschung im viel stärkerem Ausmaß im staatlichen Sektor als im privaten Unternehmenssektor statt. Wo Unternehmen die Unsicherheit scheuen, die in der Anfangsphase technologischer Neuerungen den Investitionsprozess kennzeichnet, tritt der Staat mit der Kraft seiner Finanzmittel fördernd und richtungsweisend in Aktion. Er sichert das Risiko des langen Investitionshorizontes ab und bestimmt damit zugleich, welche Technologie einen künftigen Nutzen für die Allgemeinheit verspricht. Die in England lehrende Mariana Mazzucato hat sich im Detail mit der Geschichte von Innovationen befasst und die zentrale Rolle des Staates für das Wachstum dargestellt. Sie erwähnt eine Debatte im Silicon Valley Mitte der 1980er Jahre, in der der Nobelpreisträger Paul Berg das Verhalten der privaten Wagniskapitalgeber kritisch hinterfragt hat. Während von Fonds die Innovations- und Risikofreude der Investoren hervorgehoben wurde, widersprach er und wendete ein, dass die privaten Geldgeber in den ersten Jahrzehnten der Nachkriegsära zur Finanzierung der Grundlagenforschung nicht bereit standen.[240] Der Mythos vom produktiven Unternehmertum, das sich in der Perspektive von Schumpeter ganz dem Ziel der kreativen Zerstörung widmet, hat sich in dieser Phase als brüchig erwiesen. Es war dies die Zeit, in der sich große Entdeckungen ereigneten und sich bedeutende technologische Neuerungen ankündigten.

Die Technikgeschichte kennt viele Beispiele, die den Einfluss des Staates auf Innovationen belegen. Bereits im 19. Jahrhundert wurden in den USA der Bau von Eisenbahnen und die Forschung im Bereich der Landwirtschaft staatlich gefördert. Und im letzten Jahrhundert unterstützte der Staat aktiv die Luft- und Raumfahrt, die Nanotechnologie und viele andere Entwicklungsprojekte. Die Militärhaushalte in vielen Ländern erweisen sich mittlerweile als zentrale Finanzquellen der Technikentwicklung. Im Interesse der Militärs sind nach dem zweiten Weltkrieg Forschungscluster wie im spektakulären Fall der Hightech-Region im Süden der San Francisco Bay Area entstanden, die durch eine enge Verflechtung von Hochschulen und Industrie gekennzeichnet sind. Diese Cluster

240 „Wo wart ihr Jungs in den 50er und 60er Jahren, als die ganze Grundlagenforschung finanziert werden musste? Damals wurden die meisten Entdeckungen gemacht, die (die Branche) vorangetrieben haben“ (zitiert nach Mazzucato 2014: 79).

haben die Voraussetzungen für den Austausch und die Weiterentwicklung von Wissen im Kreis vieler Experten geschaffen. Mazzucato hebt den im Jahr 1999 vorgelegten Bericht des National Research Council hervor, in dem der zentrale Einfluss der US-Regierung auf die Ingangsetzung der Computer-Revolution gewürdigt wird (2014: 86). Darüber hinaus sollen 88% der wichtigsten Innovationen in den USA zwischen 1971 und 2006 im Kontext staatlicher Finanzierung entstanden sein. Dies widerspricht zwar dem regierungsfeindlichen Selbstverständnis konservativer Kreise in den USA, doch lässt sich eine dazu querstehende aktive Einflussnahme des Staates auf die Geschicke der amerikanischen Wirtschaft von Anfang an aufzeigen (2014: 97).

Eine herausragende Rolle im Bereich der Innovationspolitk hat in den USA die „Defence Advanced Research Projects Agency (DARPA)“ gespielt. Sie wurde 1958 gegründet, als die westliche Welt auf den Sputnik-Schock reagierte. Die Sowjetunion schien für einen Moment fähig, den Wettlauf um die beste Raketentechnologie und die Eroberung des Weltraums zu gewinnen. Das Verteidigungsministerium der USA legte daraufhin verschiedene Programme zur Intensivierung der Forschung auf. Dies führte nicht nur zum Aufbau der NASA, sondern in den Folgejahren auch zur Entwicklung des Internets. Während das Militär bis dahin in Eigenregie Mittel direkt an ausgewählte Forscherteams verteilt hatte, wurden nun Institutionen breiter und auf längere Sicht gefördert. Wissenschaftler traten selbst in einen Wettbewerb innovativer Ideen ein und rangen um die Gunst der Förderung. Die Strategie der DARPA war auf die Förderung verschiedener zukunftsweisender Technologien ausgerichtet. Sie finanzierte Institute für Informatik an mehreren Hochschulen, unterstützte aber auch junge vielversprechende Firmen, die sich aus größeren organisatorischen Institutionen abgespalten hatten, und sie förderte massiv die Halbleiterforschung[241]. Die Entwicklung elektronischer Bauelemente wie integrierte Schaltkreise und Mikroprozessoren ist eng mit dem Aufstieg der als Silicon Valley bezeichneten Region verbunden, nachdem sich Silizium als ideales Halbleitermaterial erwiesen hatte. Die Forschungsförderung ebnete schließlich den Weg für das Aufkommen der Computerindustrie in den folgenden Jahrzehnten. Die DARPA finanzierte die Produktion von Mikrochips an der University of Southern California. Die Voraussetzungen für die Erfindung des Personal Computers wurden somit im Rahmen des staatlich unterstützten Forschungskomplexes geschaffen.

---

[241] Die Halbleiterforschung und -entwicklung wurde vor und insbesondere nach dem Krieg auch in anderen Ländern intensiviert. Dies ist auch für Deutschland aufgezeigt worden (vgl. https://www.nonstopsystems.com/radio/pdf-hell/article-semiconductors-hist-D.pdf). Letzter Zugriff 13.01.2018.

Dies soll die Leistung von Apple nicht schmälern. Die IT-Firma, die mittlerweile zum wertvollsten Unternehmen der Welt aufgestiegen ist, hat 1976 ihren ersten Computer auf den Markt gebracht. Apple war es gelungen, die bis dahin entwickelten technischen Bausteine in einem anwendungsfreundlichen und optisch ansprechenden Produkt zu integrieren und mit einer leistungsfähigen Software auszustatten. Diese unternehmerische Leistung kann durchaus als Meilenstein in der Entwicklung der Konsumelektronik gewürdigt werden. Apple hat in den Folgejahren weitere Erfolgsprodukte wie den iPod ab 2001, diverse iPhone-Versionen ab 2007 und die mit einem berührungsempfindlichen Bildschirm (Touchscreen) ausgestattete Tablet-Computer ab 2010 hervorgebracht. Der IT-Gigant hat sich das Image eines unerschöpflichen Innovationsknotens erworben. Doch der Schein trügt. Denn es lässt sich nachweisen, dass die Forschungsleistung von Apple im Zeitraum 2005 bis 2011 in Relation zum Umsatz rückläufig und im Vergleich zu anderen führenden Smartphone-Anbietern auffallend mager war. Entscheidend für den Erfolg der Firma waren weniger eigene Entwicklungsleistungen als die Fähigkeit, das technische Konstrukt mit einem innovativen Produktdesign zu versehen und genial zu vermarkten. Die verwendeten Technologien hingegen verdankt Apple strategischen Entscheidungen und finanziellen Mitteln des Staates. Das Unternehmen erhielt außerdem Zugang zu den neuen Technologien, die im Rahmen der staatlich geförderten Institutionen und Forschungsprogramme entstanden waren. „Der Staat handelte angesichts hoher Unsicherheit und oft im Namen der nationalen Sicherheit oder zumindest der nationalen Konkurrenzfähigkeit" (Mazzucato 2014: 144).

Zentral war unter anderem die Entwicklung der Mikrochips und Prozessoren zur Verarbeitung und Speicherung von Informationen. Die US Air Force setzte sich von Anfang an für den Ausbau der dafür nötigen Industrie ein und stärkte in der Zeit zwischen 1983 und 1993 mit Hilfe eines massiven Geldsegens von mehr als 1 Mrd. Dollar amerikanische gegenüber konkurrierenden japanischen Firmen. Die Halbleiterproduzenten wurden im Kontext der „Semiconductor Manufacturing Technology" zu Partnerschaften und Kooperationen mit Universitäten gedrängt. Das Nutzungspotential der Computer und insbesondere der smarten mobilen Geräte wurde zusätzlich beflügelt durch die Entstehung des Internets. Diese Basistechnologie ermöglicht die jederzeitige Kommunikation zwischen den entlegensten Punkten der Erde und der sie umhüllenden Atmosphäre. Wie andere Schlüsseltechnologien verdankt das World Wide Web seine Existenz der massiven Förderung des Staates. Die US Army hatte bereits kurz nach dem Zweiten Weltkrieg begonnen, Forschungen zur Dezentralisierung des Kommunikationssystems zu unterstützen. Vor dem Hintergrund des Kalten Krieges und der drohenden Gefahr eines Atomkriegs zwischen den Supermächten erschien die Abkehr von einem zentral gesteuerten Informationsnetz hin zum Nebeneinander vielfach verknüpfter Informationsknoten als effektive technische Lösung. Solche Gedankenexperimente fanden zunächst im Rahmen des Expertenkreises der RAND-Corporation[242] statt, die für die Beratung des US-Militärs eine wichtige Rolle gespielt hatte. Die Entwicklung eines dezentral verzweigten Netzes gelang dann einige Jahre später im Rahmen des DARPA-Innovationsverbundes. Gemäß der Darstellung von Mazzucato hatte die DARPA seit den 1970er Jahren das Kommunikationsprotokoll TC/IP, das Betriebssystem UNIX und die E-Mail-Programme für das Netz finanziert. Parallel dazu wurden die maschinenlesbare Sprache „Hypertext Markup Language" (HTML) zur Strukturierung digitaler Dokumente sowie das „Hypertext Transfer Protocol" (HTTP) zur Übertragung von Daten entwickelt. HTTP wurde vom britischen Physiker und Informatiker Tim Berners-Lee[243] erstmalig im Jahr 1990 auf den Rechnern des internationalen Forschungsverbundes CERN installiert. Die erste Website diente zunächst nur der physikalischen Community des CERN, bevor wenige Jahre später das World Wide Web für die Öffentlichkeit zur freien Verfügung gestellt wurde.

Wesentliche Komponenten der Computertechnologie sind im Kontext des staatlichen Finanzierungssystems entwickelt worden.[244] Die Liste ließe sich Schritt für Schritt ergänzen. Der Hinweis auf die Entstehung des Global Positioning System (GPS) und von SIRI sollen an dieser Stelle ausreichen, um die Verflechtung der Forschung und Entwicklung mit staatlichen Interessen bzw. mit den Strategien des Pentagon zu skizzieren. GPS war ursprünglich ein rein militärisch bestimmtes System zur Navigation von Waffen mit Hilfe von Satelliten, das erst in den 1990er Jahren für die zivile Nutzung geöffnet wurde. Ähnlich verlief die Entwicklung der Software SIRI, die als lernendes System und damit als künstliche Intelligenz ausgestaltet ist. SIRI ist nicht nur in der Lage, die natürlich gesprochene Sprache zu erkennen und zu verarbeiten, sondern sie verfügt ergänzend über einen Algorithmus zur Websuche und Datenanalyse. Auch hier hatte der Staat seine Hand im Spiel. Die DARPA veranlasste im Jahr 2000 das Stanford Research Institute und weitere amerikanische Universitäten zur Entwicklung eines Büroassistenten für militä-

---

[242] Die „Research and Development Corporation (RAND)" ist ein Think-Tank, der von staatlichen und privaten Geldern lebt. RAND wurde im Jahr 1948 von der Douglas Aircraft Company gegründet und war während des Kalten Kriegs für die US-Army beratend tätig. Die Organisation widmet sich seitdem auch zivilen Themen.

[243] Die Wissenschaftler Berners-Lee und Cailliau hatten 1989 in einem gemeinsamen Manifest den Standard für die digitale Vernetzung beschrieben.

[244] Vgl. die Ausführungen von Mazzucato (2014: 135–144).

rische Zwecke. Daraus ergab sich im Jahr 2007 die Gründung des Unternehmens Siri Inc., das schließlich 2010 von Apple gekauft wurde. Im Rahmen der Präsentation des iPhone 4s wurde die Software SIRI dann erstmals präsentiert und vermarktet.

All dies verdeutlicht den großen Einfluss des Staates auf den Verlauf von Innovationen. Der von Schumpeter gezeichnete Unternehmertyp, der im Sinne einer schöpferischen Zerstörung Geschäftsmodelle und Produkte rastlos umwälzt, tritt in der realen Geschichte eher gedämpft und risikoscheu in Aktion. Der Markt erfüllt nur bedingt seine Funktion als Motor des technischen Wandels. Investitionen in Humankapital und Technologien versprechen zwar wachsende Skalenerträge, doch sind Innovationen hochgradig unsicher. Die Unternehmen erwarten daher, dass der Staat die Forschung in den frühen Phasen der Entwicklung finanziell absichert oder ganz übernimmt. Für den Bereich der amerikanischen Pharmaindustrie und Biotech-Branche ist sogar gezeigt worden, dass sich der Anteil der privaten Unternehmen an der Finanzierung der Forschung und Entwicklung gegenüber den Aufwendungen der National Institutes of Health im Zeitraum 2002 bis 2012 reduziert hat.[245] Die staatlichen Institute verteilen gigantische Summen an Zuschüssen an die Wirtschaft, an Universitäten und außeruniversitäre Forschungseinrichtungen in den USA[246] und sogar weltweit. Die Rolle des Risikoträgers wird so im erheblichen Maße vom Unternehmer auf den Staat verlagert. Der Staat ist von den Unternehmen in die Rolle des Garanten für eine ergebnisoffene Forschung gedrängt worden.

Das wirft die Frage nach den Leitzielen der Innnovationspolitik auf. Wenn der Staat als Wagniskapitalgeber agiert, muss im demokratischen Gemeinwesen wenigstens eine breite Debatte über den Nutzen techni-

245 Mazzucato verweist auf eine Studie von Lazonick und Tulum (2014: 108).

246 Im internationalen Vergleich ist der öffentliche Sektor in den USA überdurchschnittlich hoch an den gesamten Aufwendungen für Forschung und Entwicklung (F&E) des Landes beteiligt (Schasse 2016: 52). Im Jahr 2013 stammten 34,7 % der gesamten Bruttoinlandsaufwendungen für F&E vom US-Staat. In Deutschland beträgt der staatliche Anteil an der Finanzierung der gesamten F&E-Aufwendungen 29,4 %. Die Wirtschaft finanziert in den USA 60,9 % und in Deutschland 65,4 % der gesamten Aufwendungen für F&E. Ein marginaler Anteil wird jeweils vom Ausland finanziert. Im Verhältnis zum jeweiligen BIP unterscheiden sich die Quoten der staatlichen Ausgaben für F&E sowie für die Hochschulen und außeruniversitäre Forschungseinrichtungen allerdings nicht. Die Forschungsintensität liegt in beiden Ländern bei ungefähr 2,8 %. Der Firmengigant Amazon hat zurzeit das höchste Forschungsbudget in Höhe von 22,6 Mrd. Dollar. Danach folgen in den USA Alphabet mit 16,2 Mrd. Dollar, Microsoft mit 12,3 Mrd. Dollar und Apple mit 11,6 Mrd. Dollar.

scher Neuerungen und über die Verteilung der Forschungsgelder stattfinden. Die Auseinandersetzung um die Zukunft der Lebensbedingungen darf nicht der militärischen Logik untergeordnet werden. Genauso wenig wie sich die sozialen Umwälzungen in das Schema eines eindimensionalen Prozesses pressen lassen, gilt dies für die Technikgeschichte. Der technische Wandel erweist sich als breiter Pfad mit alternativen Verläufen im Detail. Er erhält Spielräume und Wahlmöglichkeiten, die schon immer ein Feld für soziale Konflikte und Kämpfe waren (v. Wuntsch 1986). Dass sich die Vorstellung der Neutralität technischer Innovationen, die deterministisch, also unabhängig von sozialen Einflüssen abläuft, als falsche Ideologie erweist, hat vor einigen Jahren auch der amerikanische Techniksoziologe David F. Noble aufgezeigt. Am Beispiel der Entwicklung numerisch gesteuerter Werkzeugmaschinen nach 1945 hat er nicht nur die Anforderungen der US Air Force im Hinblick auf die Montage hochleistungsfähiger Jets erläutert, sondern auch den Einfluss der Militärs auf die Auswahl eines speziellen Steuerungssystems offengelegt. In der Konkurrenz verschiedener technischer Lösungen setzte sich damals eine programmierbare numerische Steuerung durch, die dem Management ein Maximum an Kontrolle gegenüber der ausführenden Arbeit garantierte.[247] Dies entsprach ganz dem alten tayloristischen Konzept der Arbeitsgestaltung.

Gegenwärtig ist die Künstliche Intelligenz (KI) ein Knotenpunkt der Forschung geworden. Die Visionen sind offenbar grenzenlos in Bezug auf neuronale Netze und lernende Maschinen. China hat verkündet, bis 2030 auf diesem Gebiet eine führende Rolle spielen zu wollen. Der Präsident der Max-Planck-Gesellschaft, Martin Stratmann, hat kürzlich seine Besorgnis über das Hinterherhinken der europäischen Forschung geäußert. Denn China und Amerika würden über die Forschung massiv Industriepolitik betreiben. Zudem seien auch die großen Player wie Facebook, Google und Amazon in der KI-Forschung engagiert, da sich für sie weitere Geschäftsfelder eröffneten. In einem öffentlichen Schreiben regen Stratmann und andere führende KI-Forscher die Gründung mehrerer Spitzenlabore in Europa an.[248] Dass die Interessenvertreter der Militärs

---

[247] Es ging um die Konkurrenz zweier unterschiedlicher Steuerungssysteme zwischen 1949 und 1959. Während das „Record-Playback" Verfahren die Kontrolle auf der Werkstatt-Ebene beließ, erlaubte die numerische Steuerung die Kontrolle in der Unternehmensspitze (Noble 1979)

[248] Vgl. FAZ v. 24.04.2018. Außerdem will die EU-Kommission bis Ende 2020 mindestens 20 Mrd. Euro an privaten und öffentlichen Mitteln in die Big-Data-Technik und die KI-Entwicklung lenken. Nach Analysen des Kieler Instituts für Weltwirtschaft betrugen die Finanzhilfen des Bundes an Unternehmen in Deutschland 32,3 Mrd. Euro im Jahr 2016. Dazu kommen die nicht leicht zu ermittelnden Fördermittel der Länder, die sich auf viele Töpfe

nach wie vor großen Einfluss auf die Mittelzuweisung für die Forschung ausüben, ist offensichtlich. Die KI-Forschung wird im erheblichen Umfang über die Militärhaushalte versorgt. So verkündet Eric Schmidt, der ehemalige Google-Chef und jetzige Berater des Pentagon, ganz offen, dass die Kooperation der Tech-Konzerne mit dem Verteidigungsministerium wichtig sei. „Wir profitieren von der Grundlagenforschung, die das Militär finanziert".[249] Es wäre naiv zu glauben, dass die Vergabe von Mitteln keine Auswirkung auf den speziellen Verlauf und die Ausgestaltung von Innovationen hätte. Das Militär fördert keine ergebnisoffenen Technologien und mit der angekündigten Aufstockung der Rüstungshaushalte und der Verstärkung des Rüstungswettlaufs[250] ist vorerst keine Wende zu erwarten. Das US-Verteidigungsministerium finanziert zurzeit KI-Experten von Google im Rahmen des neuen Projekts „Maven". Das Interesse der Militärs richtet sich auf die Optimierung der Video-Auswertung für die Steuerung von Drohnen. Nicht alle Mitarbeiter von Google sehen dies im positiven Licht, wie aus einem Brief von mehr als 3000 Angestellten an den Vorstandsvorsitzenden Sundar Pichai hervorgeht.

Der moderne Staat übt mit dem Instrumentarium der Forschungs- und Strukturpolitik Einfluss auf die Allokation des Kapitals aus. Dies provoziert zwar die bekannten Einwände der Wirtschaftsliberalen, wonach der Markt den technischen Wandel steuern sollte. Doch verstummt die Kritik, sobald der Staat seine Finanzspritze großzügig für die Wirtschaft in Gang setzt. Aus der Sicht der Wirtschaftspraxis hat der Staat seine Aufgabe als Förderer technischer Neuerungen und als Wagniskapitalgeber zu erfüllen. Denn mit der Globalisierung wächst die internationale Konkurrenz um Kapital und Arbeitsplätze. Die Forschungspolitik ist daher zum Instrument im Wettbewerb der Wirtschaftsstandorte geworden. Dies gilt nicht nur für die Großmächte. Kurz vor der deutschen Bundestagswahl im Jahr 2017 hat sich der Verband der Chemischen Industrie nicht gescheut, vom Staat ein Gremium einzufordern, das die Folgen von Gesetzen auf die Innovationsfähigkeit der Wirtschaft und Wissenschaft überprüfen soll. Die Beratungsgesellschaft Kienbaum hatte ergänzend

---

verteilen. Die Förderliste der Bundesregierung für 2017 zeigt, dass der Bund vor allem die Dax-Unternehmen fördert. Die meisten Mittel wurden bewilligt für Siemens (25,8 Mill. Euro) und Infineon (21,2 Mill. Euro). Insgesamt enthält die Liste 15 weitere Dax-Konzerne. Die staatliche Förderung ergänzt den eigenen Forschungsetat der Konzerne. Bei Siemens beträgt das Verhältnis der Aufwendungen für F&E am Umsatz ungefähr 7 Prozent und der weltweite F&E-Etat 5,6 Mrd. Euro. Die Konzernforschung ist dezentral organisiert.

[249] Vgl. FAZ v. 19.04.2018.

[250] Vgl. die Analysen des Stockholmer Friedensforschungsinstituts Sipri.

vorgeschlagen, dafür in den Ministerien ein „Helpdesk" einzurichten.[251] Wenn es um die Förderung von Innovationen für die Wirtschaft geht, ist auch der Ruf nach der Steuerpolitik nicht zu überhören. So hat der Verband der Chemischen Industrie zusätzlich Schritte hin zur steuerlichen Förderung der Forschung und Entwicklung vorgeschlagen. Es wird empfohlen, den Unternehmen zehn Prozent ihrer Aufwendungen für Forschung und Entwicklung zu erstatten. Mit solchen oder ähnlichen steuerlichen Anreizen wird in vielen Ländern versucht, das global floatende Kapital anzulocken.

[251] Der Verband der Chemischen Industrie fordert zusätzlich Schritte hin zur steuerlichen Förderung der Forschung und Entwicklung. Dies wird auch von der SPD und den Grünen unterstützt, wobei die Grünen das Instrument speziell für kleine und mittlere Unternehmen nutzen wollen (vgl. FAZ v. 24.08.2017).

5. Kapitel: Leitlinien einer anderen Wirtschaftspolitik

Kritik am Kapitalismus als Lebensform

Die Funktionalisierung des Staates im Interesse der Wirtschaft ist ein Phänomen, das sich im globalen Wettbewerb verstärkt. Sie ist heute Ausdruck einer Machtkonstellation, in der das Schwergewicht auf Seiten des Finanzkapitals liegt. In den westeuropäischen Staaten und anderen wirtschaftlich entwickelten Ländern reichen die Kompensationen des Sozialstaats und die Entfaltungsmöglichkeiten in der realen und virtuellen Welt des Massenkonsums bislang aus, den Interessensausgleich in der Gesellschaft auf einem relativ ruhigen Niveau auszutragen. Die Geschichte verläuft aber nicht eindimensional. Diesen Aspekt hat bereits Karl Polanyi in seiner wirtschaftshistorischen Studie „The Great Transformation“ herausgestellt. Er beschreibt die Wirtschafts- und Sozialgeschichte als ineinander verschachtelten Prozess von Bewegung und Gegenbewegung. In der Sprache des 19. Jahrhunderts fanden die Auseinandersetzungen in Form von Klassenkämpfen statt, die vom Widerspruch zwischen dem Streben nach wirtschaftlichem Laissez-faire und dem Kampf für soziale Sicherheit gezeichnet waren. Für Polanyi gleicht die Durchsetzung des Kapitalismus in der Gesellschaft von Anfang an einer Doppelbewegung (1978: 185). Auf der einen Seite erweiterte sich die Sphäre des Marktes. Dies führte dazu, dass sich das Bürgertum als Träger der Idee des Freihandels veranlasst sah, die Selbstregulierung des Marktes einzufordern. Auf der anderen Seite entstand eine Gegenbewegung, die sich gegen die totale Einbindung von Arbeit und Natur in den Kreislauf des Kapitals wehrte. Beide Entwicklungslinien zusammen haben die Organisation der kapitalistischen Marktwirtschaft und die Gestalt der Gesellschaft als Ganzes geprägt. Gemäß der dialektischen Formel stehen sich beide Bewegungen zwar vom Grundsatz her unvereinbar gegenüber, sie bedingen sich aber und streben nach immer neuen Lösungsformen.[252]

Dass die Geschichte nicht linear verläuft, ist in der westlichen Marx-Rezeption ein wichtiges Thema gewesen. Denker wie Karl Korsch, Cornelius Castoriadis, Agnes Heller und Jürgen Habermas haben die Ambi-

---

[252] Polanyi umreißt zwei widersprüchliche Bewegungen der modernen Gesellschaft. Demgegenüber unterliegt bei Marx in seiner funktionalistischen Analyse des Kapitals der Versuch, die inneren Widersprüche des Kapitals selbst zu erfassen. Bei ihm stehen sich das Funktionieren des Kapitals und sein Nichtfunktionieren als zwei Seiten derselben Medaille gegenüber. Daraus leitet er soziale Kämpfe in der Gesellschaft ab.

valenz im Marxschen Werk herausgestellt. Unterschiedliche Ansätze zur Erklärung sozialer Prozesse wurden einerseits zwischen den frühen und späten Schriften und andererseits im reifen Marxschen Spätwerk selbst entdeckt.[253] Während die Individuen im „Kapital“ als Charaktermasken erscheinen, die als Kollektivsubjekte der Naturgesetzlichkeit der wirtschaftlichen Entwicklung folgen, werden sie in den historisch-politischen Schriften als Handelnde dargestellt, die auf politische Ereignisse aktiv Einfluss nehmen und die Chance haben, den künftigen Verlauf gemäß ihren Zielen zu ändern. Die Individuen haben in der Perspektive der von ihren Bedürfnissen und Interessen geleiteten Handlungen die Chance zur Neuorientierung der institutionellen Wirklichkeit. In Abkehr vom deterministischen Denkansatz tritt Axel Honneth daher für die Soziologisierung der ökonomischen Begriffe ein. Er hebt hervor, dass die Marktakteure „ihre eigenen Interessen nur im Lichte von Normen formulieren können“ (2014: 360). Denn die Menschen sind nicht zu einer einheitlichen Formation im Sinne einer Klasse zusammengeschweißt, sondern sie folgen ihren individuellen Wertvorstellungen. Nur insoweit die moralischen Orientierungen als Element der zweckrationalen Abstimmung von Interessen gesehen werden, lässt sich daher die Kritik an der Legitimität gesellschaftlicher Verhältnisse vervollständigen.

Die Erkenntnis der ökonomischen Rationalität des Kapitals und die normativ ausgerichtete Interessenabwägung der Subjekte bilden zusammen den Kontext zum Verständnis sozialer Entwicklungen und der Pluralität ihrer Akteure. Die in Berlin lehrende Philosophin Rahel Jaeggi schlägt in diesem Sinne einen Ansatz vor, den sie als „Kritik am Kapitalismus als Lebensform“ (2014: 348) bezeichnet. In ihrer Gedankenskizze will sie die funktionalistische, auf die Kapitalakkumulation bezogene Kritik in Beziehung setzen zur moralisch motivierten Kritik an der Lebensweise im Kapitalismus als Ganzes. Dies betrifft nicht nur die Produktionsweise, sondern auch die Verteilung des Reichtums, die Naturzerstörung und die sich ausweitende Kommerzialisierung und Versachlichung aller Lebensbereiche. Dass Menschen anders leben wollen, ist dann die Reaktion auf Mängel auf all diesen Ebenen. „Es ist das Ineinandergreifen von Funktionsstörungen im Sinne von praktischen Krisen und Verwerfungen und

[253] Nach Louis Althusser besteht der Bruch im Werk von Marx zwischen den anthropologischen Frühschriften und den ökonomiekritischen Spätschriften (vgl. dazu Honneth 2014: 350). Agnes Heller bezieht sich eher auf das reife Werk von Marx und zeigt den Gegensatz auf zwischen dem auf Hegel zurückgehenden Ansatz der Naturgesetzlichkeit gesellschaftlicher Entwicklung einerseits und dem auf Fichte basierenden aktiven Handlungskonzept andererseits. Heller geht handlungstheoretisch von der Radikalisierung der Bedürfnisse als Voraussetzung und Motiv für soziale Umwälzungen aus (Heller 1980: 88–104).

normativen Defiziten, das als Hinweis für die Irrationalität und Falschheit des Kapitalismus als Lebensform gelten kann“ (2014: 348). Eine gelingende Lebensform wäre in ihrer Sicht einer Gesellschaft zuzuordnen, in der Konflikte und Krisen kollektive Lernprozesse auslösen. Vor dem Hintergrund eines jeweils geltenden kulturellen Selbstverständnisses müsste dann gesellschaftliche Entwicklung als Experiment bzw. als Ringen um den besten Weg begriffen werden. Gesellschaftskritik hätte dann die Perspektive, die Einbindung der Lebensbedingungen in die Reproduktion des Kapitals als Bruch des Versprechens auf Freiheit, Selbstbestimmung und den respektvollen Umgang mit der Natur zu erkennen. Damit soll die Bedeutung der Funktionskritik am Kapitalismus als Wirtschaftssystem nicht gemindert werden, aber die sozialkritische Analyse muss noch einen Schritt darüber hinaus gehen, indem sie die Bedingungen für eine rationale oder gute Lebensform im jeweiligen kulturellen Kontext erkundet.

Um der kulturpessimistischen Neigung zu entkommen, vorangehende Entwicklungsphasen zu romantisieren, macht es Sinn, die Kritik am Kapitalismus im Bewusstsein seiner Ambivalenz zu entwerfen. Das hat im Grunde auch Marx in seiner Analyse des Kapitalbegriffs getan, als er die zivilisatorischen Leistungen den repressiven Zwängen und Scheinnotwendigkeiten gegenübergestellt hat. In seiner Kritik der Politischen Ökonomie reifen die Bedingungen einer gesellschaftlichen Alternative bereits innerhalb der Widersprüchlichkeit der kapitalistischen Produktionsweise, so dass die Bildungselemente des Neuen im Antagonismus der Kräfte immer schon angelegt sind.[254] So lässt sich der Markt geschichtlich auch als Raum begreifen, in dem das feudale, persönliche Herrschaftsverhältnis zugunsten der durch Geld vermittelten Bindungslosigkeit abgelöst worden ist. Im Austauschprozess erkennen sich die Warenbesitzer wechselseitig als Eigentümer ihrer Ware an. „Dies Rechtsverhältnis, dessen Form der Vertrag ist, ob nun legal entwickelt oder nicht, ist ein Willensverhältnis, worin sich das ökonomische Verhältnis widerspiegelt“ (Marx 1962: 99). Der Vertrag bildet in der modernen Gesellschaft die rechtliche Grundlage für die Unabhängigkeit der Marktakteure. Die gewonnene Freiheit wird zwar auf der einen Seite konterkariert durch die Ungleichheit der Einkommensverteilung und die Unterordnung unter die Vorgaben der Kapitalakkumulation, doch bietet sie auf der anderen Seite die Perspektive für eine selbstbestimmte, von persönlichen Zwängen unabhängige Lebensführung der Individuen. Nicht die Marktwirtschaft als solche, sondern die Funktionalisierung des Marktes im Sinne eines bloßen Durchgangsstadiums im Kreislauf des Kapitals ist daher zu hinterfragen.

---

[254] Vgl. „Das Kapital“, Band 1 (Marx 1962: 526).

In der arbeitsteilig organisierten Wirtschaft ist der Markt die zentrale Koordinationsinstanz bei der Wahl von Produkten und Dienstleistungen. Diese Steuerung kann in effektiver Weise weder von einer Zentralverwaltungswirtschaft, noch von der Haushaltökonomie kleiner Lebensgemeinschaften ersetzt werden. Der Markt ist aber zugleich das Regulationszentrum, das über den wechselseitigen Konkurrenzdruck der Kapitale aufeinander nach außen zur Verteilung der Wirtschaftseinheiten und nach innen zum Zwang beständiger Kostensenkung führt.

Die kapitalorientierte Regulation führt oft nicht zu Ergebnissen, die im Einklang mit den ethisch-politischen Grundansichten und Spielregeln der demokratischen Gesellschaft stehen. Zurzeit werden in der Öffentlichkeit vor allem folgende Defizite hervorgehoben:

- Der Wettbewerb wird durch Machtungleichgewichte zwischen den Marktakteuren behindert und dadurch die Preisbildung verzerrt. So agieren die IT-Giganten Google, Amazon und Co. faktisch als Monopolisten. Erfolgreiche soziale Netzwerke tendieren zum Monopol. Sie wirken wie ein Magnet zum Mitmachen. Auch die Werbung konzentriert ihre Mittel dort immer mehr. Die Beschränkung des Wettbewerbs hatte schon Adam Smith als Gefahr für die Marktwirtschaft betont.
- Aufgrund der Dominanz der gegenwärtigen Finanz- gegenüber dem Realkapital werden Kapitalströme verstärkt in den Finanzüberbau und den Immobiliensektor gelenkt, die höhere Renditen versprechen und für die Bildung von Preisblasen anfällig sind. Die Kehrseite hoher Kapitalerträge und Immobiliengewinne ist die wachsende Vermögenskonzentration, welche wiederum die Ausweitung des Luxuskonsums begünstigt. Der gesellschaftliche Zusammenhalt ist bedroht.
- Die Allokation des Marktes ist zudem bei öffentlichen Gütern fragwürdig. Dies lässt sich am Beispiel der natürlichen Umwelt illustrieren. Insoweit sie allen unentgeltlich zur Verfügung steht, muss der Staat für die Kosten von Umweltschädigungen geradestehen. Diese Logik ist nicht länger haltbar. Der Klimawandel verdeutlicht, dass die Parameter des Erdsystems keineswegs stabil sind. Insoweit unsere Lebensweise zur Erderwärmung beiträgt, müssen Konsequenzen gezogen werden.

Es ist daher die ordnungspolitische Aufgabe des Staates, faire Spielregeln zu garantieren und gesellschaftlich unerwünschte Effekte zu diskriminieren. Neben Ge- und Verboten stehen dem Staat hierfür die traditionellen Steuern auf das Einkommen und den Umsatz, aber auch die Ökosteuern als Instrumente zur Verfügung. Zum Schutz der natürlichen Umwelt kann er zusätzlich die Bedingungen für die Bildung eines Marktes für Emissionsrechte schaffen, wie dies im Kyoto-Protokoll zur Minderung der Kohlendioxid-Emissionen vereinbart worden ist.

Der Primat der Politik vor der Logik des Marktes weist über die reine Ordnungspolitik hinaus. Im Leitbild der Ordoliberalen kommt nämlich eine Ambivalenz zum Vorschein, die letztlich der politischen Einflussnahme nur wenig Raum lässt. Auf der einen Seite stellen Ökonomen wie Wilhelm Röpke, Walter Eucken, Franz Böhm und Alexander Rüstow die dienende Funktion des Marktes[255] heraus. Er sei lediglich Mittel zum Zweck und kein Selbstzweck. Röpke formuliert sogar, dass „ein alles durchdringender Wettbewerb die beunruhigende Tendenz hat, Wirkungen hervorzurufen, die uns vor allem unter moralischem Gesichtspunkt nicht gleichgültig lassen können" (Röpke 1958: 172). Moralische Bedenken wollen die Ordoliberalen im Rahmen der Wettbewerbspolitik lösen und so die privatwirtschaftliche Machtbildung verhindern. „Die Politik des Staates sollte darauf gerichtet sein, wirtschaftliche Machtgruppen aufzulösen oder ihre Funktionen zu begrenzen." (Eucken 1990: 234). Auf der anderen Seite ordnen die auf das Leitbild des Ordoliberalismus bezogenen Ökonomen die dienende Rolle des Marktes den vermeintlich bestehenden Sachzwängen der Ökonomie unter, indem sie die neoliberale Sichtweise vom Vorrang der Ordnung anerkennen (Eucken 1990: 369). In diesem Sinne wollen die Vordenker der Sozialen Marktwirtschaft soziale Gerechtigkeit dadurch herstellen, dass „man die Einkommensbildung den strengen Regeln des Wettbewerbs, des Risikos und der Haftung unterwirft" (Eucken 1990: 317). Eingriffe des Staates dürfen die Selbstorganisation des Marktes nur verbessern, aber nicht stören.[256] Die wirtschaftspolitische Lenkungsfunktion wird in diesem Konzept vernachlässigt. Die sozialpolitische Ordnungspolitik ist eine Errungenschaft, die einen klaren Kontrapunkt gegen die marktradikale Position eines Milton Friedman setzt, wonach ein Unternehmen allein die soziale Verantwortung habe, den Gewinn zu maximieren[257]. Sie wäre auch auf internationaler Ebene wichtig, um durch Lohn-, Sozial- und Umweltdumping verursachte Arbitragegewinne der Global Player zu verhindern und eine faire, global gültige Wettbewerbsordnung zu etablieren. Ordnungspolitik bleibt aber letztlich verhaftet im Denken zweier getrennter Welten: der ökonomischen Rationalität einerseits und der ethischen Vernunft andererseits.

Eine weitergehende Perspektive eröffnet sich im Rahmen der Wirtschaftsethik. Zunächst spiegelt auch hier die Haltung zum Markt die Unterschiedlichkeit der Ansätze wider. Peter Ulrich setzt sich in seiner

---

255 „Der Markt selber hat lediglich eine dienende Funktion ..." (Rüstow 1961: 68).

256 In diesem Sinne hebt Alfred Müller-Arnack hervor, dass staatliche Interventionen „dem Grundsatz der Marktkonformität unterworfen werden" müssen (1974: 120 f.).

257 „There is one and only one social responsibility of business ... to increase its profits so long as it stays within the rules of the game ..." (Friedman 1962: 133).

„integrativen Wirtschaftsethik" für den Primat der Ethik ein. Er kritisiert den gängigen ökonomistischen Rahmendeterminismus, wonach die Marktordnung bereits der „systematische Ort der Moral" sei. Diese Gegenposition, die von der Moralbegründung aus den individuellen Interessen der Marktakteure ausgeht, spricht Markt und Wettbewerb die „moralische Qualität ausschließlich deswegen zu (...), weil sie ‚effizient' sind" (Homann 1990: 41). Der Markt erweist sich in dieser Sicht als Spielort mit neutralen Spielregeln, auf dem die Individuen ihre interessengeleiteten Spielzüge ausführen. Demgegenüber hinterfragt Ulrich von vornherein die Spielregeln des Marktes und das Gewinnprinzip. Er hält nicht allein die Art, wie Gewinn produziert wird, sondern bereits das Gewinnziel für unternehmensethisch begründungsbedürftig. Unternehmerisches Handeln ist in seiner Sicht mit konfligierenden Wertorientierungen vereinbar. Das wirtschaftliche Formalziel lasse sich im Rahmen des Wettbewerbs auch mit Selbstbegrenzungen und Gewinneinbußen[258] durchsetzen. „Eine statische und monokausale, mechanistische Vorstellung von der unternehmerischen Selbstbehauptung im Wettbewerb ... verfehlt die reale Komplexität und Elastizität des unternehmerischen Leistungsprozesses ebenso wie die der Wettbewerbsdynamik" (Ulrich 2001: 409). Gerade das seit den 1980er Jahren vorherrschende Leitbild des Shareholder-Value zeigt die gewachsene Spannweite der Gewinnorientierung auf. Die Maximierung der Unternehmenswerte und der einzelnen Anteile markiert die Radikalisierung von Gewinnerwartungen zugunsten einer einzelnen Anspruchsgruppe in der Gesellschaft. Mit der Machtverschiebung hin zur Fraktion der Kapitalbesitzer hat sich im Finanzüberbau der Druck zur Erzielung von Übergewinnen verschärft. Sie überschreiten bei weitem die Erwirtschaftung von Überschüssen in Höhe der Risikoprämie. Diese einseitige Logik hat sich in den großen Kapitalgesellschaften im Bereich der Realwirtschaft verbreitet und es ist nicht auszuschließen, dass sie den Spielraum für die Entfaltung des kreativen, an der Herstellung neuer Produkte und Verfahren interessierten Unternehmertums einengt.

Ulrich will das gewerbliche Gewinnstreben der „normativen Bedingung der Legitimität" (428) unterordnen. Er kritisiert daher alle Varianten der Unternehmensethik, die ethische Ansprüche lediglich auf einer die Marktlogik ergänzenden Ebene verorten. Dazu zählen einige Ansätze, die sich den in der angelsächsischen Diskussion bekannten „Business Ethics" zuordnen lassen. Während instrumentalistische Ansätze die Bedeutung von „soft strategies" hervorheben, die das Überleben des Unternehmens

---

[258] Sogar der Altmeister der Ökonomie, Erich Gutenberg, hat die Bedeutung der Gewinnmaximierung relativiert: „Niemand wird heute mehr unvoreingenommen genug sein, in Zeiten großer ökonomischer und sozialer Spannungen die Rendite als einziges Mittel zur Beseitigung dieser Spannungen anzusehen" (Gutenberg 1976: 468).

langfristig sichern sollen, wird der Selbstbegrenzung des Gewinnstrebens oder der moralischen Selbstbindung der Unternehmensführung lediglich die Rolle des Korrektivs zum Gewinnprinzip zugesprochen.[259] Diese Ansätze kreisen alle um ein Zentrum, das die Rahmenordnung des Marktes als ethisch-politisches Neutrum definiert.[260] Um das Zwei-Welten-Denken zu überwinden, sucht Ulrich eine neue sinngebende Legitimitätsprämisse für wirtschaftliches Handeln. Er hebt die gesellschaftliche Funktion der Unternehmung und die damit verbundene Vision der „Lebensdienlichkeit" der Wertschöpfung als konstitutive ethische Grundlage der Wirtschaftsordnung hervor. Geschäftsstrategien seien von vornherein in eine ethische Wertorientierung einzubinden, die den ganzen Lebenszyklus der Produkte von den Rohstoffen, über den Transport, die Herstellungs- und Verwendungsweise, bis zum Recycling und der Entsorgung des Abfalls umfasst. Es geht ihm um die Qualität der Wertschöpfung und damit um die Beantwortung grundlegender Fragen: Welche Werte sollen im Unternehmen geschaffen werden? Für wen und in welcher Weise sind sie zu schaffen? Wie ist die Wertschöpfung gerecht zu verteilen? Und wer soll die sozialen und ökologischen Kosten der Wertschöpfung tragen?

Darüber hinaus will Ulrich den Stakeholder-Dialog vertiefen. Er plädiert für den angemessenen Umgang mit den Interessen der verschiedenen Anspruchsgruppen (Stakeholder), die mit dem Unternehmen vernetzt sind. Denn die Stakeholder sind mehr oder weniger in die Organisation des Unternehmens eingebunden oder von den Folgen ihrer Handlungen betroffen. Dies betrifft nicht nur das konfliktreiche Verhältnis von Kapitalgebern und Mitarbeitern, sondern auch die Auswirkungen auf die Allgemeinheit und vor allem die Rolle des Staates. Denn bislang ist es der Staat, der die negativen externen Effekte wirtschaftlicher Handlungen aufzufangen hat. Und er allein hat die notwendige Infrastruktur durch Erhebung von Steuern zu finanzieren. Das Unternehmen muss im Grunde als „pluralistische Wertschöpfungsveranstaltung" gesehen werden. „Unter diesen Umständen erweist sich die Privatautonomie ... als juristische Fiktion; faktisch sind vor allem grössere Unternehmen längst zu quasi-öffentlichen Institutionen geworden: Ihre Eigentumsbasis ist zwar privat, aber ihre Wirkungszusammenhänge sind weitestgehend öffentlich relevant" (Ulrich 2001: 438).

Die Umsetzung dieser Vision erfordert institutionelle Veränderungen. Im Hinblick auf den Ausgleich der Stakeholder-Interessen werden zwei

---

259 Vgl. Ulrich (2001: 416–427).

260 In der Betriebswirtschaftslehre wird unterschieden zwischen dem Formalziel, das sich deterministisch am Gewinnprinzip orientiert, und dem Sachziel, das dem Unternehmen verschiedene Handlungsoptionen lässt).

Maßnahmen vorgeschlagen, die in die Richtung eines Ausgleichs der Machtgewichte in der Gesellschaft verweisen. Zum einen soll ein „Stakeholder Board of Directors“ eingerichtet werden, dessen Mitglieder von der jeweiligen Stakeholdergruppe gewählt werden. Im Verständnis von Ulrich wären dann die Repräsentanten der Kapitalseite, der Beschäftigten, der Kunden und Lieferanten sowie der Standortgemeinde in diesem Gremium vertreten. Für ihn steht dieses Modell für eine „interessenpluralistische Unternehmensverfassung“ (452 f.). Zum anderen wird eine „Bill of Rights“ für die Stakeholder empfohlen. Dieser Gesetzesrahmen soll unter anderem die freie Meinungsäußerung, das Beschwerderecht innerhalb der Firma, das Klagerecht vor Gerichten und das Recht auf zivilen Ungehorsam garantieren. Bausteine solch eines Programms wären dann die Schaffung geeigneter Anreizstrukturen, die Festlegung ethischer Standards und die Erweiterung der Erfolgsrechnung des Unternehmens in Richtung einer Sozial- und Ökobilanzierung. Insgesamt soll das Gewinnprinzip nicht aufgehoben, sondern relativiert und situativ angepasst werden. Es geht darum, die sinngebende Leitlinie des Wirtschaftens der ethisch begründeten Vision einer lebensdienlichen Wertschöpfung unterzuordnen.

In den vorangehenden Kapiteln sind zentrale Merkmale der kapitalistischen Lebensweise umrissen worden. Es wurde gezeigt, dass sie einem historisch-spezifischen Menschenbild entspricht. Die grenzenlose Nutzenmaximierung im Dienst der Kapitalverwertung kennzeichnet die wirtschaftlichen Handlungen seit der Zeit des Industriekapitalismus und sie hat im Stadium des digital gesteuerten Finanzkapitalismus ihren vorläufigen Höhepunkt erreicht. Die Lebensweise steht für eine beschränkte und versachlichte Rationalität, die es zu überwinden gilt. Welche Ansatzpunkte für ein Umsteuern bieten sich? Und welche Richtung des Handelns ist anzustreben? In der Perspektive, die Kapitalakkumulation zu zügeln und die Selbstbestimmung der Handelnden im Sinne einer demokratischen Lebensform zu entfalten, werden im Folgenden Leitlinien für eine Umorientierung der Wirtschaft und Politik entworfen. Im Dschungel des alltäglichen politischen Kleinkriegs sollen sie helfen, den Überblick zu bewahren. Die Maßnahmen konzentrieren sich auf drei Kritikebenen:

- den unfairen Welthandel,
- die Macht des Finanzkapitals und
- den Klimawandel.

Die WTO-Politik und Ungleichgewichte in den globalen Wirtschaftsbeziehungen

Es ist deutlich geworden, dass es an einer „Global Governance“ mangelt. Fehlende Institutionen auf globaler Ebene eröffnen den Konzernen ideale

Spielbedingungen für die Wertsteigerung des Kapitals. Das Rosinenpicken der besten Verwertungsbedingungen an verschiedenen Standorten nimmt vorerst kein Ende. Demgegenüber ist der bestehende Handelsrahmen zahnlos und unausgewogen. Die Welthandelsorganisation WTO ist bewusst außerhalb der Struktur der Vereinten Nationen gegründet worden. Die Mitgliedstaaten und die Europäische Union erkennen zwar ihre Regeln an, doch sie sind dort nicht unmittelbar anwendbar. Im Anschluss an die politische Neugestaltung der Beziehungen zwischen ehemaligen Kolonialländern und ihren Kolonien nach dem zweiten Weltkrieg wäre die Einbindung des Handelsregimes in den Verantwortungsbereich der United Nations Conference on Trade and Development (UNCTAD) sinnvoll gewesen. Doch der Aufbau einer zentralen internationalen Organisation für die Handelspolitik hatte sich im Interesse der Industriestaaten bereits innerhalb eines eigenständigen institutionellen Rahmens vollzogen, der sich ehemals aus dem Allgemeinen Zoll- und Handelsabkommen GATT entwickelt hatte. Zwar sind im Ministerrat der WTO die Wirtschaftsminister der Mitgliedsländer vertreten, doch geben die Vertreter der transnationalen Unternehmen, gestützt durch die Vorherrschaft der Freihandelsidee, den Takt vor. Der internationale Handel innerhalb der Unternehmen desselben Konzerns und der zwischen verschiedenen Konzernen dominiert heute die Weltwirtschaft. Die „Global Player“ sind vor allem an der Beseitigung von Handelsbarrieren, am Schutz des geistigen Eigentums und an ihrem Klagerecht gegenüber Staaten interessiert. Der Schutz der Menschenrechte und der Umwelt sind hier nicht vorrangig.

Dazu kommt die Unausgewogenheit des Handels zwischen den Industrie- und Entwicklungsländern. In ideologischer Verdrehung des Begriffs der „Nichtdiskriminierung“ der Handelsbeziehungen ist es den Industrieländern gelungen, den Grundsatz des reziproken Handels durchzusetzen. Das läuft auf die Prämisse hinaus, dass wirtschaftlich schwach entwickelte Länder genauso behandelt werden sollen wie die wirtschaftsmächtigen Industriestaaten. Die Entwicklungsländer, die sich im Wettbewerb von vornherein in der schwächeren Position befinden, werden dadurch weiter zurückgeworfen. Da sie den Nachteil des geringen technischen Standards und des fehlenden Know-hows gegenüber den großen industriellen Firmen nicht ausgleichen können, verstetigt sich die einseitige Ausrichtung auf Rohstoffexporte. Zusätzlich wird die Diversifizierung der verarbeitenden und landwirtschaftlichen Sektoren in den armen Ländern dadurch gehemmt, dass auf ihre Produkte Zölle in den Industriestaaten erhoben werden. Es sind aber die Firmen in den industrialisierten Staaten, die wiederum von staatlichen Förderungen und Exportsubventionen – sogar für die Landwirtschaft – profitieren. Die WTO-Regeln entsprechen den Wirtschaftsinteressen der reichen Länder. Der Schwerpunkt ihrer international orientierten Wirtschaftspolitik verlagert sich in Anbetracht des Stellenwerts der immateriellen Wirtschaftsgüter in den Großunternehmen immer stärker auf den Schutz des geistigen Eigentums und den Schutz von Investitionen im Ausland. Diese Entwicklung muss über die Einflussnahme der nationalen Regierungen auf WTO-Entscheidungen gebremst werden.

Da das Machtpotenzial der „Global Player" die Entwicklung hin zu einem fairen Handel unter wirtschaftlich und rechtlich Gleichen behindert, liegt es zudem nahe, den Vorschlag von Joseph Stieglitz zur Gründung einer globalen Kartell- und Steuerbehörde aufzugreifen. Doch auch dafür ist kein Land in Sicht. Die Hinwendung zu globalen Regulierungsinstanzen und zu demokratischen Entscheidungsstrukturen im Hinblick auf die Gestaltung des Welthandels sind nicht im entferntesten erkennbar. Was ist zu tun? Macht es Sinn, die Zerschlagung der WTO anzustreben, solange keine anderen globalen Institutionen erkennbar sind? Die Alternative zu einem ungezügelten globalen Handelsregime ist dagegen die Rückbindung der Handelsregeln an die Entscheidungskompetenzen der nationalen Parlamente und Regierungen. Über den Druck der Öffentlichkeit müssen sie gezwungen werden, die Standards auf nationaler und internationaler Ebene zu verändern. Denn die Demokratie als Wertesystem und Entscheidungsverfahren steht im Rang über dem WTO-Regime. Die demokratische Option eröffnet neue Entwicklungsdimensionen für den Handel.

Die Mängel des bestehenden Wirtschaftssystems kommen auf verschiedenen Ebenen zum Ausdruck, die miteinander verflochten sind. Je nach dem auf welcher Ebene Gegenmaßnahmen ansetzen, stehen jeweils spezielle Dimensionen der Kritik und der Veränderung im Vordergrund. So kann die Globalisierung unter dem Aspekt der Ungleichgewichtigkeit des Handels und der Dominanz des Finanzkapitals betrachtet werden. In dieser Perspektive steht die Herstellung ausgewogener und fairer Handelsbeziehungen im Fokus. Wird der Blick zusätzlich auf die Umweltbelastungen und den Verbrauch an natürlichen Ressourcen gerichtet, ist ergänzend danach zu fragen, inwieweit das bestehende Wirtschafts- und Konsummodel überhaupt mit den Erfordernissen der ökologischen Nachhaltigkeit vereinbar ist. Mit der Ausweitung des Blickfeldes der Kritik erweist sich die Entfesselung der Wachstumsspirale im Interesse der Maximierung der Kapitalwerte als zentrales Problemfeld. Auch wenn Gedanken zur Ausgestaltung einer Postwachstumsgesellschaft als sehr weit weg von den vorherrschenden Themen der Tagespolitik erscheinen, darf sich eine vorwärtsdenkende, an Leitbildern ausgerichtete Politik nicht scheuen, über Handlungsalternativen nachzudenken und Veränderungen in die Wege zu leiten. Dies ist die einzige Chance, auf uns zu kommende Probleme zu lösen. Die Struktur der folgenden Problemskizze und Vorschläge folgen der Gliederung der angedeuteten Kritikebenen.

Im ersten Schritt steht die Globalisierung mit ihren Ungleichgewichten im Handel und der einseitigen Struktur der internationalen Direktinvestitionen im Vordergrund.

In jüngster Zeit haben die Handelskonflikte exportstarker Länder mit den USA für Aufmerksamkeit gesorgt. Die amerikanischen Handelsdefizite sind in der Tat Ausdruck einer unausgewogenen Beziehung von Exporten und Importen. In den USA werden seit langem mehr Waren konsumiert, als im eigenen Land produziert werden. So hat die Europäische Union im Jahr 2017 einen Handelsüberschuss von 153 Mrd. Dollar erzielt. Einen gewaltigen Überschuss erzielt auch China im Verhältnis zu den USA.

Der Welthandel scheint sich im Sinne des berühmten Theorems von David Ricardo entwickelt zu haben, wonach sich die Länder auf die Herstellung solcher Güter spezialisieren, die für sie jeweils am vorteilhaftesten sind. Ricardo war der Meinung, dass die länderspezifischen Vorteile sich auch dann durchsetzen, wenn sie im Vergleich zweier Länder nur relativ gelten. Seine Theorie der komparativen Kostenvorteile geht davon aus, dass sich die Länder im Wettbewerb zweier Produktarten jeweils auf die Güter spezialisieren, die sie am besten herstellen können. Hinter dieser Formel verbirgt sich die Erwartung, dass sich im Vergleich zweier verschiedener Produktsorten die Arbeitsteilung zwischen den Ländern A und B auch dann zum Wohle aller entfaltet, wenn das Land A beide Produktsorten günstiger herstellen kann. Das andere Land geht dann nicht leer aus. Der Wettbewerb führt in dieser Vorstellungswelt immer zum Ausgleich der Interessen. Denn das wirtschaftlich benachteiligte Land B konzentriert sich dann einfach auf die Produktsorte, die relativ gesehen im eigenen Land am besten erzeugt werden kann. Das Prinzip der komparativen Vorteile ist zum Credo der WTO-Politik erhoben worden. Die Zölle sind im Interesse des Freihandels zu senken, denn in dieser Perspektive gibt es keine Verlierer. Doch der globale Handel funktioniert nicht vorrangig nach dem Muster der komparativen Vorteile. Denn der Welthandel konzentriert sich auf den Austausch zwischen wirtschaftlich entwickelten Ländern, die jeweils die ganze Palette an Produkten und Dienstleistungen anbieten. Die Struktur der Exportgüter ähnelt sich, so dass vielfach Waren gleicher Art exportiert und importiert werden. So werden beispielsweise Autos verschiedener Marken von Europa nach Amerika und Asien verkauft, während die importierenden Länder gleichzeitig ihre Autos nach Deutschland transportieren und dort verkaufen. Das lässt wenig Entwicklungsraum für die Länder, die nur geringe industrielle Kapazitäten besitzen. Sie verharren in der undankbaren

Rolle des Rohstofflieferanten. Der Welthandel entwickelt sich weitgehend an ihnen vorbei.

Der Charakter des globalen Handels entspricht auch deshalb immer weniger der Gedankenwelt von Ricardo, als das Kapital selbst zum mobilen Produktionsfaktor per se geworden ist. Es ist längst nicht mehr an die ursprünglichen, historisch gewachsenen Standorte gebunden. Ricardo ging noch von der natürlichen Abneigung der Menschen aus, in einem fremden Land zu investieren.[261] Die digitalen Technologien haben die weltweite Kommunikation und den Kapitalfluss derart beschleunigt, dass die Verlagerung von Produktionskapazitäten in ferne Länder keine Hindernisse darstellen. Das Ergebnis der grenzüberschreitenden Unternehmensaktivitäten kommt im Transfer von Diensten und Einkommen aus Unternehmensinvestitionen zum Ausdruck. Er wird ergänzend zum Güterhandel in der Leistungsbilanz eines Landes erfasst. Auch auf dieser Ebene bestehen erhebliche wirtschaftliche Ungleichgewichte. Dies gilt vor allem zwischen den USA und China. Das hohe Leistungsbilanzdefizit der USA betrug 466 Mrd. Dollar im Jahr 2017, wovon 358 Mrd. Dollar aus den Wirtschaftsbeziehungen mit China stammten. Dieser Anteil von 76% verweist auf die große Abhängigkeit beider Wirtschaftsblöcke voneinander, wobei die Verflechtung auch mit erheblichen Risiken verbunden ist. Es kann keineswegs als gesichert gelten, dass die amerikanischen Importüberschüsse dauerhaft aus dem Ausland finanziert werden. Auf der Ebene der Leistungsbilanz besteht im Verhältnis der USA zur Europäischen Union ein nahezu ausgewogenes Verhältnis. Gegenüber Deutschland besteht allerdings ein US-Leistungsbilanzdefizit von 64 Mrd. Dollar.

Nimmt man die US-Leistungsbilanz unter die Lupe, fällt im Verhältnis zu Europa das hohe Niveau an Dienstleistungen und Einkommen amerikanischer Unternehmen im Ausland (Primäreinkommen) auf.[262] Im Verhältnis zur EU 28 überkompensieren diese Einkommen das US-Defizit im Güterhandel. Die in Europa tätigen US-Unternehmen sind offenbar hochaktiv und produktiv. Zweierlei tritt hervor. Erstens besitzen die Vereinigten Staaten Vorteile im Dienstleistungshandel, wohinter sich unter anderem Aktivitäten im Bereich von IT-Dienstleistungen, Finanzdienstleistungen und der Unternehmensberatung verbergen. Zweitens produzieren amerikanische Unternehmen verstärkt in Europa. Nicht der Export von Gütern steht im Vordergrund, sondern die Tätigkeit in der Nähe der Märkte. Auf diesem Weg sind sie in der Lage, Zölle zu umgehen und die steuerlichen Vorteile des europäischen Wirtschaftsraums auszuschöpfen. Es bestätigt sich, was im Rahmen der kritischen Steuerdiskussion hervorgehoben worden ist. Im Vergleich zu europäischen

---

261 Vgl. David Ricardo (2006).

262 Vgl. Gabriel Felbermayr (2018).

Konzernen in den USA verdienen amerikanische Tochtergesellschaften in Europa höhere Gewinne. Dies entspricht der zunehmenden Bedeutung immaterieller Wirtschaftsgüter wie Patente und Markenrechte in den Geschäftsbeziehungen. Mittlerweile hat es sich in der Öffentlichkeit herumgesprochen, dass amerikanische IT-Giganten und andere Global Player Patente auf ihre amerikanischen Töchter in Europa übertragen und dort Lizenzgebühren im Austausch gegen IT-Dienstleistungen erzielen. Die Steuerpolitik Irlands, der Niederlande, Luxemburgs und Großbritanniens hat es zudem ermöglicht, dass die Erträge aus immateriellem Vermögensbesitz extrem begünstigt worden sind. Nicht nur das Angebot von Patent-Boxes, sondern auch die Ermöglichung der Steuervermeidung mittels Nutzung von Steueroasen haben hierbei den Konzernen nützliche Dienste erwiesen. Wichtige Schritte gegen die steuerlichen Strategien der transnationalen Konzerne sind im 3. Kapitel bereits eingegrenzt worden.

Welche Folgerungen ergeben sich aus der obigen Problemskizze zum ungleichgewichtigen Handel?

- Die Regeln des internationalen Handels lassen sich im Sinne eines fairen und ausgewogenen Handels zwischen allen Ländern ausgestalten, insoweit der politische Wille dafür vorhanden ist. Die Stärkung des lebensdienlichen Charakters des Wirtschaftens erfordert die Berücksichtigung anerkannter Sozial-, Ethik- und Umweltstandards. Das bedeutet, die Dimensionen der Wohlstandserfassung so zu erweitern, dass nicht allein die Bereitstellung materieller Güter, sondern auch die soziale Absicherung, die Teilhabe am kulturellen Leben sowie die Ökologie berücksichtigt werden. Der ethische Mindeststandard des Wirtschaftens sollte die Respektierung der Menschenrechte und die Anerkennung der 2015 verabschiedeten „Agenda für nachhaltige Entwicklung“ der UN umfassen. Die 17 Leitziele erstrecken sich unter anderem von der Beseitigung von Hunger und Armut, über die Gewährleistung eines gesunden Lebens, der Erlangung der Bildungs- und Geschlechtergerechtigkeit, der Verringerung der Ungleichheit zwischen den Staaten, der Verwirklichung nachhaltiger Konsum- und Produktionsmuster, der Bekämpfung des Klimawandels, dem Schutz der Meere bis hin zur Förderung friedlicher Gesellschaften. Das Prinzip des reziproken Handels sollte sich allein auf den Kreis der wirtschaftlich entwickelten Länder beziehen.
- Je mehr Staaten diese Option wählen, desto größer ist die Chance für die Abschaffung der Handelsregeln im Rahmen der WTO. Die Regierungen haben die Machtmittel zur Änderung der Wirtschaftspolitik in den internationalen Gremien. Dass dies bislang nicht geschieht, ist Ausdruck bestehender gesellschaftlicher Machtkonstellationen. Sie sind aber nicht als sakrosankt anzusehen. Eine wirksame Methode zur

Durchsetzung der Leitziele könnten Anti-Dumping-Regeln neuer Art sein. Während die WTO bislang vor allem Dumping-Preise bekämpft, die durch einseitige staatliche Subventionen zustande kommen, fehlen Maßnahmen gegen Arbitrage-Gewinne, die aus der Nichtbeachtung von Menschenrechten oder der Verletzung von Sozial-, Steuer- und Umweltgesetzen resultieren. Im internationalen Handel sollten in diesen Fällen ebenso Zölle erhoben werden, die den Gewinnvorteil neutralisieren und die Akteure bestrafen.[263] Im Rahmen der UN haben sich Bestrebungen bislang nicht durchsetzen können, verbindliche Regeln für transnationale Unternehmen zu schaffen und das Völkerrecht nicht nur auf Staaten, sondern auch auf nichtstaatliche Akteure anzuwenden. Dennoch muss das Ziel weiterverfolgt werden, die Konzerne zur Anerkennung der UN-Nachhaltigkeitsziele zu drängen. In diesem Sinne ist Joseph Stieglitz zuzustimmen, wenn er einen internationalen Gerichtshof zur Feststellung und Bekämpfung unfairer Handelspraktiken fordert.

- Der gleichgewichtige Handel zwischen den Staaten ist vorzuziehen. Denn langfristige Handelsüberschüsse einzelner Staaten gefährden die Stabilität des globalen Wirtschaftssystems. Wenn die Exporte der Güter und Dienstleistungen eines Landes über viele Jahre die Importe übersteigen, hat dies Auswirkungen auf den Verlauf der Finanzströme. Kapital fließt dann als Kredit vermehrt ins Ausland und ermöglicht dort den Absatz der Exportüberschüsse. Gleichen sich Exporte und Importe eines Landes auf lange Sicht nicht aus, begünstigt dies die Verschuldung im Ausland. Die Ungleichgewichtigkeit wird verstärkt durch den Mangel an Investitionen im Überschussland selbst und durch eine zu billige Währung. So gilt gerade für Deutschland, dass Exporte durch die Mitgliedschaft im Euro begünstigt werden. Eine rein nationale Währung würde aufgrund der wirtschaftlichen Stärke aufwerten und so die Verteuerung der Exporte bewirken. Auch der IWF kritisiert die andauernden hohen Handelsbilanzüberschüsse.

Die Macht der Börsen und die wachsende Vermögenskonzentration

Die global agierenden Konzerne sind juristisch selbständige Einheiten mit einer international ausgerichteten Aktionärsstruktur. Die Unternehmensanteile werden an den großen Finanzplätzen der Welt gehandelt und unterliegen damit den Gesetzmäßigkeiten der global tätigen Finanzindustrie. Alle Anlagemöglichkeiten werden nicht nur nach den gleichen Maßstäben beurteilt, sondern diese Maßstäbe haben sich seit den 1980er Jahren auch verlagert. Es ist egal, ob es sich um komplex-verschachtelte Finanzprodukte, um Immobilien oder um Anteile an Unternehmen im

---

[263] Ein ethisches Zollschutzsystem fordert auch Christian Felber (2017: 96–142).

Bereich der Realwirtschaft handelt. Hauptsache die Rendite stimmt. Und je mehr sich institutionelle Anleger wie Banken, Investment- und Hedgefonds an den Börsenplätzen tummeln, desto größer sind die Renditeerwartungen der Investoren. Nicht die bloße Erzielung von Gewinn, sondern die Maximierung des Shareholder-Value ist zum Credo erhoben worden. Es kommt in dieser Logik darauf an, den Wert des Unternehmens bzw. der einzelnen Anteile beständig zu erhöhen. Trotz der Kritik an diesem Managementkonzept nach der Finanzkrise 2007/08 und dem Plädoyer für die Berücksichtigung von „Business Ethics" und „CSR" (Corporate Social Responsibility) ist die Wertmaximierung das zentrale Leitbild der börsenabhängigen Konzerne geblieben.

Obwohl sich diese Management-Philosophie mittlerweile weltweit verbreitet hat, ist sie in den USA und in Großbritannien am stärksten ausgeprägt. Dies schlägt sich nieder in der Entwicklung der Profitabilität und der Kurse an den Börsen. Den amerikanischen Konzernen kommt entgegen, dass sie von einem großen und einheitlichen Heimatmarkt aus agieren können. Dies gilt auch für China, allerdings auf einem viel geringeren technologischen Niveau. Demgegenüber ist der europäische Markt aufgrund der unterschiedlichen Rechts- und Steuersysteme fragmentierter, was für internationale Anleger einen Nachteil darstellt. Aus der 2018 veröffentlichten Analyse der tausend umsatzstärksten Konzerne der Welt[264] ergibt sich folgendes Bild:

- Die europäischen Konzerne sind Weltmeister bei der Steigerung der Umsätze. Das Umsatzwachstum betrug 10% und übertraf damit das Wachstum nordamerikanischer (Zunahme von 8%) und asiatischer Unternehmen (Zunahme von 6%). Die großen Unternehmen in Europa mischen beim Wachstum also heftig mit.
- Auffällig ist, dass sich die im Ranking vertretenen deutschen Unternehmen auf die klassischen Industriezweige konzentrieren. Dies gilt auch für Europa insgesamt. Die „New Economy" wird hingegen von US-Firmen dominiert. Sie sind in der Internet-, Technologie- und Biotech-Branche führend. Vergoldete Zukunftsvisionen beflügeln die Erwartungen der Anleger und treiben die Kurse in diesem Segment nach oben.
- Die US-Unternehmen schaffen es gegenüber der internationalen Konkurrenz, mit geringeren Umsätzen höhere Gewinnmargen zu erzielen. In den letzten Jahren übertrafen sie damit die in Europa und Asien tätigen Konzerne um ein Viertel bis einem Drittel. Ihre durchschnittliche Gewinnmarge betrug mehr als 13%. Europäische Konzerne erzielten rund 10% und asiatische 8%. Neun von zehn Unternehmen mit dem höchsten operativen Gewinn haben ihren Sitz in den USA. Den absolut höchsten Gewinn in Höhe von rund 54 Mrd. Euro erzielte Apple.

---

[264] Vgl. die Studie von Ernst & Young vom Mai 2018.

Die Analyse vermittelt auch Einblicke in das Niveau an Überschüssen für einzelne Konzerne, wenn die Aufwendungen für Zinsen und Steuern aus der Ergebnisermittlung ausgeklammert werden. Diese Größe wird als „Earnings before Interest and Tax“ (EBIT) bezeichnet. Auf sie kommt es in der Finanzanalyse vor allem an. Denn im EBIT werden die Erträge ausgewiesen, die im Kerngeschäft erzielt worden sind. So hat zum Beispiel der Google-Mutterkonzern „Alphabet“ im Jahr 2016 einen EBIT-Zuwachs von 23% erzielt. Auch einzelne europäische Unternehmen erwirtschaften EBIT-Wachstumsraten von über 20%. Für die Deutsche Telekom wird in diesem Zeitraum sogar ein Zuwachs von 30% ausgewiesen. Am amerikanischen Aktienmarkt üben die Technologieaktien einen herausragenden Einfluss auf den Verlauf der Kurse aus. Amazon ist im März 2018 mit einem Kurs-Gewinn-Verhältnis (KGV) von 161 gehandelt worden. Das KGV von Netflix beträgt 106. Im Vergleich dazu liegt das KGV für den Aktienindex S&P 500 insgesamt bei 17. Die großen Tech-Werte bestimmen den Verlauf des Index. Heftige Kursgewinne waren zuletzt für den Grafikprozessor Nvidia (+29%), Adobe-Systems (+25%), Cisco Systems (+ 18%), Microsoft (+10%), Alphabet (+9%) und Apple (+6%) zu verzeichnen. Wie lange können dieser Technologie-Hype und die Hausse an den Börsen noch weitergehen? Die in den 1990er Jahren von Technologieaktien angetriebene Börsenblase hatte 1987 begonnen und ist dann im Jahr 2000 jäh geplatzt.

Weit weg von den Märkten des Realkapitals sind die Kredit- und Finanzgeschäfte, die sich weitgehend von der klassischen Bankenwelt abgelöst haben. Die Schattenbanken sind nicht in das allgemeine Bankwesen integriert. Obwohl sie bankähnliche Geschäfte ausführen, agieren sie außerhalb der staatlichen Aufsicht. Dazu zählen unter anderem Investment- und Geldmarktfonds, Hedgefonds sowie Verbriefungsgesellschaften und Briefkastenbanken. Im 2018 vorgelegten Bericht des Financial Stability Board (FSB) wird ein weiteres Anwachsen dieses Finanzsektors gegenüber den Vorjahren festgestellt. Das gesamte verwaltete Vermögen[265] ist im Zeitraum von 2005 bis 2015 von rund 53 Billionen Dollar auf rund 76 Billionen Dollar angestiegen. Dieses Volumen steht für 40% des globalen Finanzvermögens. Der Sektor ist anteilsmäßig am größten in den USA und er wächst auch in China. Der wesentliche Grund für das Ausweichen der Investoren auf unregulierte Geschäfte dürfte auf die schärferen Eigenkapitalvorschriften für traditionelle Banken und auf die niedrigen Zinsen zurückzuführen sein. Ein weiterer Grund wird im Anwachsen der immateriellen Vermögenswerte in den Bilanzen vermutet.

---

[265] Das von Managern verwaltete Vermögen wird als „Assets under Management“ bezeichnet.

Denn Patenten und Markenrechten stehen nicht wie bei Maschinen und Gebäuden Kreditsicherheiten gegenüber.

Der FSB hat auf die Ausweitung des Schattenbankwesens relativ gelassen reagiert. Er erkennt zwar die erhöhten Risiken für die Weltwirtschaft, doch wird deren Funktion zur Bereitstellung alternativer Anlageprodukte im Prinzip anerkannt. Empfohlen werden die Herstellung von mehr Datentransparenz und ein verbessertes Risikomanagement. Denn die Fondsmanager handeln als Finanzintermediäre im Auftrag und im Risiko der Kunden. Diese Vorschläge reichen keineswegs aus. Es darf nicht vergessen werden, dass die Finanzkrise 2007/08 auch auf das Ausmaß der Verbriefung von Krediten zurückzuführen ist. Es hat sich damals gezeigt, dass Schattenbanken aufgrund ihrer Verknüpfung mit systemrelevanten Banken ihre Risiken übertragen. Die pure Existenz der Finanzintermediäre lässt sich auch interpretieren als Ausdruck eines unvollkommenen Marktes, da sich ihre Gewinnchancen auf einem vollkommenen Markt aufheben müssten. Die systemischen Risiken und die Tendenz zur Verlagerung von Geschäften in Länder mit geringem Regulierungsstandard sind vom FSB bereits im Bericht 2011 angesprochen worden, nachdem auf dem G20-Gipfel in Seoul der Auftrag zur Einschätzung des Gefahrenpotentials ergangen war. Mit der Problematik haben sich auch die EU-Kommission und das Europäische Parlament im Jahr 2012 befasst. Die Kommission listete die speziellen Risiken des unregulierten Sektors auf und legte schließlich einen Vorschlag zur Registrierungspflicht für den Verleih von Wertpapieren vor. Damit können die Finanzintermediäre bestens leben. Weitere Maßnahmen zur Angleichung der Bedingungen an den traditionellen Banksektor müssten erfolgen. Denn der Schattenbanksektor bedroht nicht nur die Stabilität des Finanzüberbaus, sondern auch die darunter fungierende Realwirtschaft. Trotz aller Hinweise auf die Gefahren hat sich die Dominanz der Finanzakteure bislang Schritt für Schritt ausgeweitet. Hatte die Realwirtschaft gegenüber der Finanzwirtschaft Anfang der 1980er Jahre noch ein Übergewicht im Verhältnis 2:1, hat sich das Machtverhältnis im Jahr 2016 auf 1:3,5 zugunsten des Finanzwesens verkehrt.

Geldkapital ist weltweit reichlich vorhanden. Zum großen Teil versammelt es sich in der Hand von Fondsmanagern, die es neuen Verwertungsgelegenheiten zuführen. Und sie sind beständig auf der Suche nach der ultimativen Anlagestrategie. Während Privatanlegern passiv verwaltete Indexfonds (exchange traded funds) empfohlen werden, suchen die aktiven Fonds die goldene Formel für die Kombination von hoher Rendite und geringem Risiko. Ein Schlüssel zum Erfolg besteht für sie darin, doppelschichtig vorzugehen. Der Finanzinvestor ist dann „long" und „short" zugleich. Das bedeutet, dass er nicht nur Aktien kauft, sondern zur Absicherung auch Aktien leer verkauft, also „short" geht. Es kommt auf die Gewichtung an. Der für die „Aquila Capital“ tätige Manager erklärt das auf seine Art: „Man kauft doppelt so viele Allianz- wie Deutsche Bank-Aktien. Dann fällt der Kurs der Allianz um 3% und der der Deutschen Bank um 10%. Unter dem Strich steht dann ein Verlust von 5,5% statt 6,5% bei einer ausgewogenen Mischung. Kauft man dagegen genauso viel Allianz-Aktien wie man Aktien der Deutschen Bank verkauft, so kommt ein Plus von 3,5% heraus“[266] Er prahlt damit, sogar bessere Ergebnisse erzielen zu können, denn „Aquila Capital“ investiere auch über Derivate auf Kursdifferenzen. Und er ergänzt, dass es „schade sei, dass private Anleger nicht shorten dürfen“. Das klingt phantastisch, aber es darf nicht übersehen werden, dass mit Leerverkäufen hohe Verlustrisiken verbunden sind. Das leer verkaufte Wertpapier muss schließlich danach erst noch gekauft werden. Die Zeitachsen sind hier verdreht. Das mindert das Risiko keineswegs. Denn der Kurs kann zum Kaufzeitpunkt – also nach dem vorangegangenen Verkaufstermin – in die Höhe geschossen sein.

Soweit die Gewinne im Kreislauf des Finanzüberbaus generiert werden, handelt es sich um abgeleitete Gewinne. Sie sind allenfalls über diverse finanzielle Vermittlungsstufen hinweg mit Werten der realen Wirtschaft verknüpft. Es handelt sich um passive Kapitaleinkünfte, die nicht unmittelbar aus der gewerblichen Unternehmenstätigkeit, sondern aus bloßem Kapitalbesitz resultieren. Sie fließen in Form von Mieten, Zinsen, Dividenden oder anderen Kapitalerträgen zu. Der französische Nobelpreisträger Thomas Piketty hat in seiner Studie „Das Kapital im 21. Jahrhundert“ nachgewiesen, dass die Kapitalerträge „r“ im Laufe der Geschichte fast immer das allgemeine Wirtschaftswachstum „g“ übertrafen.[267] Während die Kapitalrendite durchschnittlich 4–5% pro Jahr betrug, lag die Wachstumsrate im Durchschnitt zwischen null und 2% und nur im Ausnahmefall bei 3% jährlich. In Frankreich und Großbritannien existierten exorbitant hohe Kapitalrenditen Mitte des 19. Jahrhunderts, die bedingt durch Erbschaften zu einer starken Konzentration der Vermögen führten. Erst die katastrophalen Ereignisse zwischen 1914 und 1945 sowie die Einführung progressiver Steuern haben den Trend umgekehrt und für einige Jahrzehnte das Absinken der Kapitalrenditen unter das Niveau des Wachstums bewirkt. Piketty geht davon aus, dass sich diese Sonderphase ihrem Ende nähert. Er prognostiziert eine Zuspitzung des Steuerwettbewerbs und der Vermögenskonzentration. Die Ungleichung $r > g$ werde ihr dynamisches Potenzial wieder entfalten und das Niveau des 19. Jahrhunderts erreichen.

Obwohl Piketty die Perspektive der das Wachstum übersteigenden Kapitalrendite als bedrohliches historisches Szenario beschreibt, hebt er die

[266] Vgl. FAZ v. 02.05.2018.

[267] Vgl. Piketty (2014: 466–478).

Möglichkeit für alternative Verläufe hervor. „Aber es handelt sich um eine soziale und politische Realität, die nicht nur in weitem Umfang davon abhängt, welche Schocks die Vermögen heimsuchen, sondern auch davon, welche Politik der öffentlichen Hand und welche Einrichtungen aufgeboten werden, um das Verhältnis Kapital/Arbeit zu regulieren" (Piketty 2014: 474). Aus seiner Sicht hat die Art und Höhe der Besteuerung entscheidenden Einfluss auf die Entwicklung der Vermögen ausgeübt. Bis zum Ersten Weltkrieg war die Höhe der Kapitalsteuern und Erbschaftsteuern sehr gering. Die Kapitalsteuer erreichte erst danach im Durchschnitt der Jahre 1913 bis 2012 das Niveau von 30%. Dazu kommt der Einfluss progressiver Steuertarife. Progressive Steuersätze gab es in Preußen seit 1893 und die Idee der Steuerprogression gestaffelt nach der Höhe der Einkommen hat sich seit Beginn des 20. Jahrhunderts auch in anderen Ländern verbreitet. Nach einer Anfangsphase mit Tarifen meist unterhalb von 5%, in Frankreich bis 10%, explodierten die Spitzensteuersätze auf das Einkommen nach dem Ersten Weltkrieg. Während der Spitzensatz in Deutschland und Großbritannien auf 40% kletterte, stieg er in den USA sogar auf das Niveau von 77%. Die Situation einer hohen Besteuerung blieb lange relativ stabil. Im Durchschnitt der Jahre 1932 bis 1980 existierte in den USA sogar ein Spitzensatz für die Einkommensteuer des Bundes von 81%.[268] Doch seit den 1980er Jahren hat sich die steuerpolitische Landschaft völlig verändert, insofern ein Trend zur Absenkung der Steuersätze eingesetzt hat. Wenn hier nicht gegengesteuert wird, beschleunigt sich der Zuwachs der größten Vermögen Schritt für Schritt. Dies gefährdet den sozialen Zusammenhalt in der Gesellschaft und die Demokratie.

Welche Gegenmaßnahmen drängen sich auf?

- Die Finanzkrise 2008 hat gezeigt, dass es für die Banken zur Gewohnheit geworden ist, auf der Jagd nach Rendite hohe Risiken einzugehen. Die Akteure haben mit riskanten Geschäften viel Geld in Form von Kapitalerträgen, Boni und Gehältern verdient. Ratingagenturen waren sich nicht zu schade, komplexe Finanzprodukte abzusegnen. Für sie bestand kein Grund das Spiel abzubremsen, denn auch sie profitierten vom Geldsegen. Als die Blase platzte, erwiesen sich die meisten großen Finanzinstitute als systemrelevant und damit als „too big to fail". Um die Krise einzudämmen, haben die Staaten Milliardenbeträge in Rettungsaktionen gesteckt, die wiederum das Ausmaß der öffentlichen Verschuldung nach oben getrieben haben. Die Verluste wurden auf diesem Weg sozialisiert und der Geldkreislauf zwischen den Banken am Leben gehalten. Vielfältige Maßnahmen bis hin zur Geldpolitik

268 Der britische Spitzensteuersatz auf „unverdientes Einkommen" erreichte in den Jahren 1941–1952 und 1974–1978 den Rekordsatz von 98% (Piketty 2014: 661–695).

sind denkbar, um die Verselbständigung der Finanzgeschäfte und die Entstehung von Finanzblasen zu verhindern. Auch das billige Geld der letzten Jahre hat einen Anteil an der Preisexplosion auf den weltweiten Kapital- und Immobilienmärkten. Aber die Geldpolitik hat vielfältige Aufgaben zu erfüllen und eignet sich nur bedingt zur Eindämmung der Finanzgeschäfte. Als wirkungsvoller dürften sich steuer- und haftungspolitische Maßnahmen erweisen. Piketty hat den Einfluss der Steuern auf den Verlauf der Vermögen aufgezeigt. Während die Einführung progressiver Steuern im Laufe des 20. Jahrhunderts dazu beigetragen hat, die Vermögenskonzentration des 18. und 19. Jahrhundert abzuschwächen, hat sich der Wind innerhalb der letzten vier Jahrzehnte in die entgegengesetzte Richtung gedreht. Steuersätze wurden überall gesenkt und der Höhenflug der Spitzeneinkommen bewerkstelligt. In Anbetracht der Explosion der Gehälter[269] und Kapitalerträge plädiert Piketty für die Erhöhung der Grenzsteuersätze. Er empfiehlt einen Spitzensatz von 80% auf Einkommen über 500.000 oder 1 Million Dollar und verweist auf das historische Beispiel der USA und Großbritanniens. Dies sei der einzige Weg, die Abkopplung der obersten Einkommensschichten in Schranken zu weisen. Dem amerikanischen Wachstum könnte dies „Auftrieb geben und zu einer spürbaren Eindämmung ökonomisch unfruchtbaren (ja schädlichen) ökonomischen Verhaltens führen ..." (692). Er geht pragmatisch davon aus, dass der genaue Steuersatz in der Praxis erprobt werden sollte.

- Piketty sieht aber auch, dass die Erhöhung der Steuersätze nicht ausreichen würde, um den „Patrimonialkapitalismus" weltweit einzuhegen. Als weitere Maßnahme schlägt er die Einführung einer jährlich zu erhebenden „globalen Kapitalsteuer" vor (697). Sie würde die finanziellen und nicht-finanziellen Vermögen der Personen erfassen und progressiv besteuern. Der von Piketty vorgeschlagene Steuersatz von 1% setzt ein ab einem Vermögen von einer Millionen Euro und erreicht den Spitzenwert von 5% oder 10% ab einem Vermögen über 1 Milliarde Euro. Solch eine Steuer könnte nur funktionieren auf der Basis des automatischen Austauschs der Bankdaten und der automatischen Auslösung abschreckender Sanktionen[270] im Fall der Verweigerung der Datenübermittlung. Piketty bezeichnet die globale Kapital-

---

[269] Der neue Finanzvorstand der Deutschen Bank, James von Moltke, hob kürzlich hervor, dass 4000 Stellen bis Ende 2018 wegfallen sollen, und dass die Boni für die verbleibenden Investmentbanker nicht gekürzt werden. „Wir wollen weiter wettbewerbsfähig entlohnen, wo es die Leistung rechtfertigt" (FAZ v. 08.06.2018).

[270] Für harte Sanktionen gegenüber Steueroasen und andere nicht kooperierende Staaten tritt auch der Piketty-Schüler Gabriel Zucman in seinem Buch „The Hidden Wealth of Nations" ein (Zucman 2013).

steuer selbst als Utopie. Denn sie wäre nur wirksam, wenn sie in allen Staaten eingeführt würde. Da dies auf lange Sicht nicht realisierbar erscheint, kann der Vorschlag nur im Sinne einer „nützliche Utopie" wirken, die in der Praxis eine Lösungsperspektive aufzeigt. Aber auch in Europa ist die Chance für die Einführung solch einer Steuer zurzeit nicht groß. Die Kombination von progressiver Einkommensteuer und Kapitalsteuer ist für Piketty die einzige Möglichkeit, dem Wachstum der großen Vermögen Herr zu werden. Den Forbes-Ranglisten der reichsten Personen weltweit kann ein jährliches Wachstum ihrer Vermögen von 6–7% entnommen werden, das zu einem Großteil in steuerbegünstigten Stiftungen oder Trust Funds verwaltet wird. Das tatsächliche Einkommen taucht nur zu einem Bruchteil in den Steuererklärungen auf. Im historischen Rückblick zeigt sich, dass die Vermögen der Superreichen und ihre Dynamik von der klassischen Vermögensteuer nur unzureichend erfasst werden. Dementsprechend gering waren die Steuereinnahmen des Staates aus dieser Steuerart (weniger als 2% des gesamten Steueraufkommens in Deutschland). Steuerliche Alternativen könnten sich als praktikabler erweisen. Bedenkenswert sind hybride Modelle[271], in denen Vermögenswerte zur Besteuerung der daraus erwachsenden Erträge im Rahmen der Einkommensteuer herangezogen werden. Kreative Ansätze sind gefragt. Es bedarf einer ergänzenden Besteuerung der Vermögen von Mehrfachmillionären und Milliardären, um die explosive Vermögenskonzentration zu schwächen und die Akkumulation passiver Einkünfte zurückzudrängen.

- Die im Anschluss an die Finanzkrise 2008 umgesetzten Regulierungen der Finanzinstitutionen reichen nicht aus. Der sich beständig ausweitende Schattenbanksektor, der weitgehend frei von Vorgaben funktio-

---

[271] In den Niederlanden (NL) gilt das System der Sollertragsteuer. Unterstellt wird ein 4 %-iger Sollertrag auf das Nettovermögen (Vermögen abzüglich Schulden) einer Person, das pauschal in Höhe von 30 % besteuert wird. Dies entspricht einer Steuer auf das Vermögen in Höhe von 1,2 %. Problematisch ist der Umstand, dass in den NL die tatsächlichen Vermögenserträge im Rahmen der Einkommensteuer nicht weiter erfasst werden. Sinnvoll wäre stattdessen die Anrechnung der Sollertragsteuer auf die zu erhebende Einkommensteuer, die sich bezogen auf alle Einkommensquellen ergäbe (Bach 2017). Dies entspräche einer Mindeststeuer auf das Vermögen. In Deutschland wurde die Vermögensteuer bis 1996 erhoben. Ein Kernproblem ist, dass die Vermögensteuer gleichermaßen Erträge aus dem Finanz- und Immobilienvermögen sowie aus dem Realkapital trifft. Durch die Erhebung einer Kapitalsteuer können Unternehmen im Fall von Verlusten unter Druck geraten. Piketty spricht dies nur am Rande an (715). Eine Besteuerung der gewerblichen Substanz ließe sich aber durch hohe Freibeträge mindern. Zusätzlich könnten Unternehmen im Umfeld der „green economy" geschützt werden.

niert, ist mit erheblichen Risiken für das Weltfinanzsystem verbunden. Die bisherigen Empfehlungen des Financial Stability Board (FSB) sind zu defensiv. Gefordert werden sollte die Angleichung der Bedingungen an den traditionellen Banksektor. Zudem wird von Experten wie Anat Admati und Martin Hellwig die Verschärfung der Eigenkapitalvorschriften für Banken angemahnt.[272] Sie fordern zu Recht die Erhöhung des Eigenkapitals auf 20–30%. Die Finanzkrise 2007/08 hat gezeigt, dass die Banken mit mehr Haftungskapital ausgestattet sein müssen. Riskante Geschäfte wurden damals von einigen Banken zu fast 100 % mit Schulden finanziert. Bislang tummeln sich im Schattenbanksektor die Fondsgesellschaften. Vor der Tür stehen aber auch die Technologiefirmen wie Amazon, Alibaba, Googl und Apple. Sie ermöglichen bereits jetzt die Abwicklung klassischer Bankgeschäfte. Denn sie besitzen nicht nur das Vertrauen ihrer Kunden, sondern verfügen auch über Unmengen an Informationen über sie. Mit Hilfe von Algorithmen ist es im nächsten Schritt leicht die Kreditwürdigkeit der Kunden zu bewerten oder die Vermögensverwaltung zu automatisieren. Fintechs und Robo-Advisor arbeiten bereits auf dieser Grundlage. Dass die IT-Giganten noch nicht offiziell als Banken agieren, könnte mit den Regulierungen im Zusammenhang stehen, denen Banken bislang ausgesetzt sind. Dies spricht eher für die Einbindung des Finanzsektors in ein transparentes System von Regularien.

- Die Finanztransaktionssteuer sollte primär mit der Perspektive der Entschleunigung der Spekulationsgeschäfte eingeführt werden. Betreffende Vorschläge zur Besteuerung von Finanztransaktionen gehen bereits auf John Maynard Keynes (1936)[273] und auf James Tobin[274] zurück. Seitdem hat sich die Spekulation ausgeweitet und beschleunigt. Es lässt sich nachweisen, dass der Hochfrequenzhandel (HFH) nur zum geringen Teil auf fundamentale Daten (Gewinn, Risiko) reagiert.[275] Die eingesetzten Algorithmen versuchen Konkurrenten mit

---

272 Eigenkapitalvorschriften sollten auch auf Staatsanleihen ausgeweitet werden. Bislang gelten Staatsanleihen als risikolos.

273 „The introduction of a substantial government transfer tax on all transactions, (which) might prove the most serviceable reform available, with a view of mitigating the predominance of speculation over enterprises ..." (Keynes 1936: 160).

274 Der Nobelpreisträger James Tobin hatte ein ähnliches Konzept Anfang der 1970er Jahre vorgeschlagen. Die nach ihm benannte „Tobin Tax" hatte das Ziel, die Spekulation mit Währungen zu begrenzen. Jede Devisentransaktion am Kassa- oder Terminmarkt sollte der Besteuerung unterliegen. Der Vorschlag wurde lange ignoriert.

275 „A market that is mainly dominated by HFT is also a market where most orders have lost all connection to fundamental factors. And this correlation

den Mitteln der Geschwindigkeit und der Vortäuschung von Handlungen zu überlisten, indem große Wertpapier-Volumen innerhalb von Mikrosekunden verkauft und zurückgeordert werden. Mittels der Erhebung der Steuer soll die blitzschnelle Verkettung von Derivaten aus einem finanziellen Standardprodukt gedämpft werden. Nach Angaben der Chicago Federal Reserve Bank wurden im Jahr 2009 bereits 70% des US-Aktienhandels von hochleistungsfähigen Computern dirigiert. Für Europa ist der Anteil auf 30% bis 40% geschätzt worden (Schäfer 2012: 6). Dem Hochfrequenzhandel kann allerdings nur der Boden entzogen werden, wenn nicht nur Aktien, sondern auch andere Wertpapier- und Derivatetypen in die Bemessungsgrundlage der Steuer einbezogen werden. Und in Anbetracht der hohen Kapitalmobilität und möglicher Ausweichstrategien, hätte nur ein einheitliches Vorgehen in Europa Aussicht auf Erfolg. Am wirkungsvollsten wäre die Einführung der Steuer im Block der G20-Staaten. Dem steht allerdings die Konkurrenz der großen Börsenplätze entgegen. Ein Sekundäreffekt der Einführung der Steuer wäre die Generierung von Steuereinnahmen. Frühere Studien zeigen für die EU-Länder (EU 27 inklusive Norwegen und der Schweiz), dass im Fall einer weiten Bemessungsgrundlage Einnahmen zwischen 0,6% und 2% des BIP generiert werden könnten. Das entspräche einem Umfang von bis zu 300 Mrd. Euro. Die Spanne ist abhängig vom Steuersatz (zwischen 0,01% und 0,05%) und dem Umfang der einbezogenen Wertpapiere und Derivate (Schulmeister 2008: 56). Im Rahmen einer Schätzung hat die Europäische Kommission für die EU 27-Staaten ein mögliches Steueraufkommen von 57 Mrd. Euro[276] ermittelt (Schäfer 2012: 9). Die Mittel könnten Projekten in Entwicklungsländern und der Transformation zur Nachhaltigkeit zugute kommen.

Transformation zur Nachhaltigkeit und Kampf gegen den Klimawandel

Die natürliche Umwelt wird durch unsere Lebensweise belastet, wie noch nie zuvor. Das Wachstum der industriellen und automatisierten Produktion, der Massenkonsum, die Urbanisierung, aber auch das Bevölkerungswachstum haben den Verbrauch von Energie, Rohstoffen, Wasser und Land steil nach oben getrieben. Die Konsequenzen sind nicht zu übersehen. Auf schädliche Emissionen, den Klimawandel, die abnehmende Biodiversität, die Belastung der natürlichen Ressourcen sowie anschwellende

---

between price and fundamental value is what should, in the main, determine the quality of a market.“ (Lattemann 2012: 101).

276 Die Schätzung geht von einem Steuersatz auf Wertpapiere (Aktien, Anleihen) in Höhe von 0,1% und auf Derivate in Höhe von 0,01% aus. Die Daten beruhen auf den Transaktionen des Jahres 2010.

Berge an Müll, Plastik und Elektroschrott weisen Umweltexperten seit Jahren hin. Das „Global Footprint Network“[277] hat errechnet, dass bereits jetzt der für unsere Lebensweise notwendige Flächenverbrauch die vorhandene biologische Kapazität der Erde um durchschnittlich 68% übersteigt. Der ökologische Fussabdruck – gemessen in globalen Hektarflächen pro Person – ist überdurchschnittlich hoch in Nordamerika, Australien, Neuseeland und Europa. Allein in den USA wird die im Land vorhandene Biokapazität um das 4,8fache überschritten.

Die Perspektive der Gesellschaftskritik wird mit der Einbeziehung des Ressourcenverbrauchs und der Klimaerwärmung um wichtige Dimensionen erweitert. Es geht um mehr als die Beseitigung der Ungleichgewichtigkeit im internationalen Handel und die Herstellung der Verteilungsgerechtigkeit. Denn die Natur ist keine stabile Grundlage des menschlichen Handelns. Die Parameter unseres Lebens verändern sich und der Klimawandel bedroht unsere gewohnten Freiräume. Es muss gehandelt werden. Die Herausforderungen im Hinblick auf die notwendige Dekarbonisierung der Weltwirtschaft sprengen aber den Rahmen der nationalen Politik. Die Weltgemeinschaft selbst muss angemessene Lösungen für die menschengemachten globalen Bedrohungen finden. So mühsam der Verständigungsprozess zwischen den Staaten bislang auch verlaufen ist, so wichtig sind die Ergebnisse, die im Jahr 2015 auf zwei Weltkonferenzen unter dem Dach der Vereinten Nationen erzielt werden konnten. Während die in New York vereinbarte „Agenda 2030“ einen Katalog von universalen Nachhaltigkeitszielen umreisst, wurden auf der UN-Klimarahmenkonvention (UNFCCC) in Paris erstmals völkerrechtlich verbindliche Ziele zur Begrenzung der Erderwärmung auf deutlich weniger als 2 Grad Celsius festgelegt.

Der „Wissenschaftliche Beirat der Bundesregierung Globale Umweltveränderungen (WBGU)“ hat daraufhin 2016 in einem Sondergutachten konkrete Maßnahmen zur Umsetzung der beiden Vereinbarungen vorgeschlagen, die unter dem Titel „Entwicklung und Gerechtigkeit durch Transformation“ in der Öffentlichkeit bekannt geworden sind. Im Zent-

---

[277] Der Nachhaltigkeitsindex erfasst Boden- und Wasserflächen, die für die Gewährleistung des Lebensstandards inklusive der Absorption der Abfälle benötigt werden. Anthropogene CO_2-Emissionen werden in Waldflächen umgerechnet, die für die CO_2-Bindung erforderlich wären. So vorteilhaft der Index im Hinblick auf die Veranschaulichung der Umweltbelastung der Menschen ist, so sehr reduziert er die Komplexität der Einflussfaktoren. So werden z.B. weder der Wasserverbrauch und die Biodiversität, noch toxische bzw. radioaktive Substanzen oder nichterneuerbare Ressourcen erfasst. Ebenso bleiben potenzielle technische Verbesserungen außer Betracht. Daneben haben Experten den „Sustainable Process Index“ konstruiert, der außer dem Stoff- und Energieverbrauch auch alle Emissionen erfasst.

rum stehen Maßnahmen zum Wandel der Energiesysteme und der emissionsintensiven Konsum- und Produktionsweise. Nach Einschätzung der Experten ist das globale CO_2-Budget, das für die Begrenzung der Klimaerwärmung auf 2 Grad Celsius zur Verfügung steht, bei unverändert hohen Emissionen bereits in etwa 20 Jahren aufgezehrt. Die Einhaltung der 2 Grad-Schranke erfordere die Erreichung von Null-Emissionen spätestens im Jahr 2070.[278] Der Handlungskatalog des WBGU beinhaltet Schritte, die sich von der Erhebung von Umweltsteuern, dem Stopp der Subventionierung fossiler Energieträger bis hin zur vollständigen Dekarbonisierung der G20-Ökonomien erstrecken. Die G20-Staaten werden aufgefordert, die Führungsrolle zu übernehmen, da sie für 82% der CO_2-Emissionen aus fossilen Energieträgern verantwortlich sind.

Die Umsetzung der Transformation zur Nachhaltigkeit ist verknüpft mit wirtschafts- und steuerpolitischen Schritten. Hervorzuheben ist der Vorschlag zur Gründung „transformativer Staatsfonds" für nachhaltige Zukunftsinvestitionen in den G20-Staaten. Sie sollen die notwendigen Strukturveränderungen in Gang setzen. Die Finanzierung der Staatsfonds soll über die Erhebung von Nachhaltigkeitsabgaben gesichert werden. Der WBGU schlägt die Einführung einer progressiven CO_2-Steuer und einer Nachlasssteuer vor, außerdem sollen die Erlöse aus dem Emissionshandel genutzt werden. Die in den jeweiligen Ländern staatlich verwalteten Fonds investieren die Mittel in Schlüsselindustrien der Transformation und üben damit eine Lenkungsfunktion auf internationale Kapitalströme aus. Die Einnahmen aus der CO_2-Steuer und dem Emissionshandel sollen aber nicht nur klimafreundlichen Investitionen zugutekommen, sondern auch dazu dienen, die Entwicklungsländer auf dem Weg der Transformation zur Nachhaltigkeit zu unterstützen. Der WBGU versteht dies als Maßnahme zur Berücksichtigung von „Klimagerechtigkeit" im Verhältnis der reichen und armen Länder.

Das Sondergutachten ist fokussiert auf die Senkung des globalen CO_2-Budgets und auf pragmatische Schritte hin zur Einhaltung der 2 Grad-Schranke. Auf den internationalen Umweltkonferenzen wird die Frage nach den Grenzen des Wachstums aufgrund der Komplexität des Zusammenwirkens der Einflussfaktoren mittlerweile eher umschifft. Die im Auftrag des Club of Rome veröffentlichte Computersimulation und die anschließenden Updates (Meadows 2004), die ein Überschreiten der Wachstumsgrenzen bis zum Jahr 2100 vorhersagen, scheinen die Kräfte eher gelähmt zu haben.[279] Es darf dabei nicht übersehen werden, dass die

[278] Bei einer Begrenzung auf 1,5 Grad Celsius müssten Null-Emissionen bereits bis 2050 erfolgen (vgl. WBGU 2016).

[279] Gegen die Studie von Meadows wurde vor allem vorgebracht, dass der Beitrag des technischen Wandels zur Optimierung der Ressourcennutzung

negative Prognose nur für den Fall des „business as usual" gilt. Meadows hat darauf hingewiesen, dass ein alternativer Entwicklungspfad immer noch verbleibt, insoweit die schädlichen Emissionen und der Konsum reduziert werden.[280]

Das Potsdamer Institut für Klimafolgenforschung (PIK), das zurzeit als weltweit führende Denkfabrik zum Thema Klimawandel gilt, widmet sich wie der WBGU vor allem der Begrenzung der Erderwärmung auf 2 Grad. In einer gemeinsam mit der Weltbank veröffentlichten Studie[281] zeigen die PIK-Experten die Folgen auf, die sich im Fall einer weitergehenden Klimaerhöhung auf 4 Grad ergeben würden. Das Katastrophen-Szenario beschreibt ein Nebeneinander von Trockenheit und Überflutungen, den Anstieg des Meeresspiegels[282] sowie vermehrte Starkstürme und Waldbrände. Dazu ergäbe sich eine auf 140 Millionen ansteigende Zahl an Klimaflüchtlingen bis zum Jahr 2050. Der Prozess ist mit vielen Unwägbarkeiten verbunden. Denn aufgrund des dynamischen Zusammenwirkens diverser Klimafolgen kann nicht ausgeschlossen werden, dass ab einem bestimmten Zeitpunkt der Erwärmung ein sich wechselseitig beschleunigender Dominoeffekt ausgelöst wird (tipping points and cascading impacts).

In einer weiteren Studie weist das PIK auf das Ausmaß möglicher Hurrikanschäden in den USA hin. Die Aussage lautet, dass eine wachsende Wirtschaft nicht in der Lage sei, die klimabedingten Schäden zu kompensieren. Der Wettlauf mit dem Klimawandel sei wirtschaftlich nicht zu gewinnen (Geiger 2016). Das PIK bleibt bislang offen, was die Wahl der zu ergreifenden Gegenmaßnahmen betrifft. So wird in anderen Beiträgen von PIK-Mitarbeitern erläutert, dass die Zunahme des globalen Handels eine bessere Verteilung von Klimarisiken zwischen den Ländern bewirken könne. Umweltbedingte Produktionsausfälle könnten durch die Errichtung wetterfester Lieferbeziehungen zum Beispiel zwischen Asien und Europa ausgeglichen werden (Levermann 2014). Der Gründungsdirektor des PIK, Hans Joachim Schellnhuber, setzt sich im Grunde für

---

und zur Verringerung von Umweltbelastungen nicht genügend gewürdigt würde. Außerdem seien einige Knappheiten fälschlicherweise bereits bis zum Ende des 20. Jahrhunderts prognostiziert worden.

280 Meadows geht zusätzlich davon aus, dass die Verhinderung einer Katastrophe der Kontrolle des Bevölkerungswachstums bedarf.

281 Potsdam Institute for Climate Impact Research an Climate Analytics for the World Bank: Turn Down the Heat – Climate Extremes, Regional Impacts and the Case for Resilience, June 2013.

282 Bei einer Begrenzung der Erwärmung um 2 Grad Celsius sei mit einem Anstieg des Meeresspiegels um 70 cm bis 2100, bei einer Erwärmung um 4 Grad mit einem Anstieg um 100 cm zu rechnen (mit einem weiteren Anstieg danach).

ein mehrdimensionales Konzept von Gegenmaßnahmen ein. „Ich dachte früher immer, es sei unpolitisch, den Einzelnen in die Pflicht zu nehmen. Aber jeder sollte verdammt nochmal tatsächlich etwas beitragen. Wir haben uns alle viel zu lange aus der Verantwortung gestohlen. Ja, wir müssen alle Kohlekraftwerke schließen, ja, Deutschland muss auf 100 Prozent erneuerbare Energien gehen, aber Sie und ich können von heute auf morgen beschließen, kein Fleisch mehr zu essen und keine Langstreckenflüge mehr zu machen".[283]

Die Vertreter der „Postwachstumsökonomie" rücken das auf Entgrenzung beruhende Wohlstandsmodell in den Mittelpunkt ihrer Kritik (Paech 2013). Sie betrachten den aktuellen Ressourcenverbrauch als ökologische Plünderung und kritisieren den „Mythos vom Effizienzfortschritt". Die arbeitsteilige Wertschöpfung sei ökologisch nicht neutral zu haben und effizientere sowie umweltfreundliche Technologien seien mit einem Zuwachs an Kapazitäten und mit neuen Risiken verbunden. So erzeuge die regenerative Energieversorgung einen zusätzlichen Flächenbedarf, der die Biodiversität bedrohe. Neue Knappheiten bezogen auf IT-Materialien wie z.B. Seltene Erden würden erzeugt und Photovoltaikpaneele, IT-Schrott, Batterien und Materialien zur Wärmedämmung müssten später entsorgt werden. Die Auffassung, wonach mit wachsender Effizienz der ökologische Schaden pro Leistungseinheit sinke, sei zurückzuweisen.[284] Denn mit der Verringerung von Energiekosten erweitere sich die Kaufkraft für andere Güter. Dies wird als Rebound-Effekt bezeichnet. Zusätzliche Investitionen in den Umweltschutz würden die volkswirtschaftliche Nachfrage weiter steigern. Es ergebe sich immer ein zusätzlicher Schaden, der durch nachhaltige Konsumsymbolik (Greenwashing) nur kaschiert werde. Die Vertreter des Postwachstums appellieren daher an die konsumierenden Subjekte, ihre Lebensstile im Sinne der Nachhaltigkeit zu gestalten. Paech benennt zentrale Ansatzpunkte für eine Milderung struktureller Wachstumszwänge (2013: 108):

- Verkürzung der Wertschöpfungsketten im Sinne einer Reduzierung der Globalisierung und Entwicklung der Regionalwirtschaft,
- Einschränkung der Kreditgeldschöpfung durch Geschäftsbanken und Ausschöpfung des Förderbanksystems.

---

283 Vgl. das Interview mit Schellnhuber in der Süddeutschen Zeitung (SZ v. 14.05.2018).

284 Niko Peach verwässert den Marxschen Begriff der Ausbeutung, indem er den Konsum als Ausbeutung im Sinne der ökologischen Plünderung bezeichnet (61). Näher ist ihm der englische Ökonom William Stanley Jevons, der 1866 herausgefunden hat, dass der Verbrauch einer Ressource nicht immer sinkt, wenn dessen Effizienz steigt. Damit verbundene Preissenkungen könnten durch Nachfragesteigerungen überkompensiert werden (84). Paech übersieht, dass durch die Erhebung von Ökosteuern Preissenkungen und Nachfragesteigerungen neutralisiert werden können.

Paech wirbt für ein neues Verständnis von Suffizienz im Sinne von Entschleunigung, Entkommerzialisierung und Entflechtung. Er glaubt, dass dies jenseits des Verzichts realisierbar sei (126). Denn die Neuorientierung gehe mit einem Gewinn an Zeit und einem Zuwachs an Glück[285] einher.

Die Postwachstumskritik bezieht sich in erster Linie auf das subjektive Verhalten in der Marktgesellschaft. Sie hält nichts von der Förderung neuer Technologien zur Eindämmung der Umweltschäden. In dieser Perspektive ist es vornehmlich die Aufgabe der Konsumenten, ihre Lebensstile im Sinne der Nachhaltigkeit auszugestalten. Nach Paech sei von der Politik keine Vorreiterrolle zu erwarten. Das Signal für Veränderungen müsse von der Gesellschaft ausgehen. So bedeutsam einerseits die Kritik am Konsumverhalten der Individuen auch ist, so geht sie andererseits mit einer Vernachlässigung der Anreize und Regeln einher, die durch die institutionellen Rahmenbedingungen vorgegeben sind. Es muss betont werden, dass die von der Politik festgelegten Spielregeln des Wirtschaftens eine wichtige Lenkungsfunktion erfüllen. Beide Ebenen sind wichtig. Denn mit Appellen ist bislang nicht viel erreicht worden.

Im Konzept der WBGU kommt die institutionelle Ebene in den Governance-Strukturen der zu gründenden Staatsfonds zum Ausdruck. Für sie soll der Beitrag zum Allgemeinwohl verpflichtend sein. Zusätzlich soll das Parlament das Mitbestimmungsrecht im Hinblick auf die Anlageentscheidungen der Fonds besitzen. Obwohl im Sondergutachten der WBGU die „Demokratisierung von Finanz- und Wirtschaftsmacht“ (26) nur beiläufig erwähnt wird, verweist der Punkt doch auf einen weitergehenden Aspekt der Transformation zur Nachhaltigkeit. Dies knüpft an die bereits dargestellten Gedanken des Wirtschaftsethikers Peter Ulrich an. In Anbetracht der drohenden Konflikte, die sich aus der globalen Klimaerwärmung und der Ressourcenknappheit ergeben können, erscheint die Privatautonomie der Konzerne als unangemessene juristische Konstruktion. So wie die Betriebe im erheblichen Maß auf Vorleistungen der Gesellschaft angewiesen sind, erstrecken sich auch die Folgen der wirtschaftlichen Betätigung weit über die regionalen Standorte hinaus. Die ökologi-

---

285 Vertreter der Postwachstumsökonomie weisen gerne auf den Umstand hin, dass das Glück nicht vom Zuwachs des Pro-Kopf-Einkommens abhängig ist. Der britische Ökonom Fred Hirsch hob hervor, dass das Wachstum tendenziell seine gesellschaftlichen Fundamente untergrabe und mit Enttäuschungen verbunden sei (Hirsch 1980). Niko Paech geht davon aus, dass sich „aufgeklärtes Glück“ nur „innerhalb eines verantwortbaren, also nicht entgrenzten Handlungsrahmens“ (148) verwirklichen lasse. In Bhutan wird seit einigen Jahren versucht, das Glück der eigenen Bevölkerung über verschiedene Indikatoren zu erfassen. Ob die bislang vorgeschlagenen Indikatoren allerdings geeignet sind, den Wohlstand der Menschen und ihre ihre individuelle Lebensqualität zu erfassen, ist umstritten.

schen Wirkungen und Kosten überschreiten in dieser Sicht den Rahmen des Privateigentums im erheblichen Maße. Insoweit ist der Vorschlag von Ulrich zu begrüßen, die Machtkonstellation in den Konzernen zu erweitern. Er schlägt die Bildung einer Entscheidungsinstanz (Stakeholder-Board) vor, in dem neben Kapitalgebern, Mitarbeitern und Lieferanten auch Vertreter der regionalen Öffentlichkeit ihre Ansprüche und Interessen gleichberechtigt geltend machen können. Die Umsetzung solch eines Verständnisses der Unternehmung als „pluralistische Wertschöpfungsveranstaltung“ wäre die organisatorische Voraussetzung für die Festlegung veränderter wirtschaftlicher Ziele, die das Gemeinwohl[286] in den Mittelpunkt rücken.

Welche Schritte sind zu empfehlen?

- In der Marktwirtschaft ist der Preis die zentrale Steuerungsgröße für die Marktakteure. Das Problem ist aber, dass die einzelbetriebliche Logik die ökologischen Kosten vernachlässigt und auf die Allgemeinheit abwälzt. Die betriebliche Kalkulation addiert nur die in der Produktion, im Vertrieb und in der Verwaltung entstandenen Kosten auf. Die mit der Wirtschaftstätigkeit im Zusammenhang stehenden Folgekosten werden im Preis nicht abgebildet. Ebenso bilden die auf spätere Zeiten verlagerten Kosten des umweltschädlichen Konsums keinen Bestandteil des Preises. Dies setzt falsche Signale. Umweltschädliches und im Endeffekt kostentreibendes Verhalten muss negativ sanktioniert werden. Das bereits im Rahmen der „Welfare Economics“ (Pigou 1920) aufgezeigte Konzept der Internalisierung externer Kosten wurde vor ungefähr vierzig Jahren von der Umweltbewegung aufgegriffen. Die Diskussion erweiterte sich in Richtung auf die Besteuerung von Ressourcen und Emissionen. Die Marktteilnehmer sollen über die Erhebung von Umweltabgaben und Umweltsteuern veranlasst werden, auf weniger umweltbelastende Produkte und Technologien auszuweichen. Die seitdem unter dem Begriff „Ökosteuern“ bekannt gewordenen Verbrauchsteuern zielen vor allem auf die Senkung der CO_2-Emissionen. In den 1990er Jahren tauchten verschiedene Varianten auf. Die Europäische Kommission hatte 1992 eine Steuer auf Rohöl,

[286] Der im Kontext der Gesellschaftskritik häufig verwendete Begriff ist unpräzise. Auch in der Präambel der U.S.-Verfassung ist von der Förderung des allgemeinen Wohls (general welfare) die Rede. Die Verteidiger und Kritiker des kapitalistischen Marktes beanspruchen den Leitbegriff gleichermaßen. Im Kontext dieses Buches lehnt sich der Begriff eher an einige zentrale Bestimmungen der Gemeinnützigkeit an und betont die Förderung der Allgemeinheit im Sinne der von den Vereinten Nationen definierten Nachhaltigkeitsziele (vgl. Agenda 2030 der UN). Die Verfolgung eigenwirtschaftlicher Interessen steht dann nicht im Vordergrund, sondern ist nur ein Nebenziel.

Kohle, Erdöl und Erdgas vorgeschlagen. Es setzte sich aber die Auffassung durch, dass die Steuer erst dann eingeführt werden könne, wenn dies auch in den anderen OECD-Staaten geschehe. In den Folgejahren hatte das Deutsche Institut für Wirtschaftsforschung (DIW) eine Energiesteuer empfohlen. Um die Abgabenlast insgesamt zu deckeln, sollte die Steuer parallel mit einer Entlastung der Beiträge zur Sozialversicherung verknüpft werden. Der Ansatz favorisierte letztlich eine zukunftsorientierte strukturelle Verschiebung der Abgaben weg von der Belastung der Arbeit und hin zur Besteuerung des Energieverbrauchs sowie der CO_2-Emissionen. An diesen Leitgedanken der Steuerpolitik sollte jetzt angeknüpft werden. Realisiert wurde in Deutschland bislang aber nur eine verflachte Form der Ökosteuer. Im Jahr 1999 wurde eine Stromsteuer eingeführt, die mit vielen Ausnahmeregelungen insbesondere für Industriekonzerne versehen wurde. Daneben wurde die Kraftfahrzeugsteuer nach ökologischen Kriterien gestaffelt. Nicht nachvollziehbar ist die Befreiung des umweltbelastenden Flugverkehrs. Der auf etwa 1 Mrd. Euro begrenzten Luftverkehrsabgabe stehen immer noch Subventionen in Höhe von mehr als 11 Mrd. Euro gegenüber.

- Der „Wissenschaftliche Beirat der Bundesregierung Globale Umweltveränderungen (WBGU)“ hat zusätzlich zur Einführung einer progressiven CO_2-Steuer die Erhebung einer progressiven Nachlasssteuer vorgeschlagen. Er versteht dies als Erfassung einer „Generationenkomponente“. Im Hinblick auf die ökologische Verantwortung der historischen Vermögensnutzung soll nicht der anteilige Nachlass beim jeweiligen Erben besteuert werden, sondern der Gesamtnachlass. Dadurch kann verhindert werden, dass das Gesamtvermögen in gering besteuerte oder steuerfreie Anteile bei den Erben aufgeteilt wird. So beträgt das Einkommen aus der Erbschaftssteuer in Deutschland gegenwärtig nur rund 5 Mrd. Euro bezogen auf ein geschätztes Erbschafts- und Schenkungsvolumen von ungefähr 200–300 Mrd. Euro pro Jahr. Dem WBGU schwebt vor, dass 10–20% der Steuereinnahmen der Finanzierung des transformativen Zukunftsfonds dienen, der wiederum gemeinwohl-orientierte Erträge generiert.
- Die Transformation zur Nachhaltigkeit ist ein Modernisierungsprojekt, das mit einem tiefgreifenden wirtschaftlichen, sozialen und technologischen Wandel einhergeht. Die vollständige Dekarbonisierung der Weltwirtschaft bis spätestens 2070 erfordert die Anreicherung von Investitionen in Schlüsselindustrien der Nachhaltigkeit und des Klimaschutzes. Im Hinblick auf den beschleunigten Ausstieg aus der Nutzung fossiler Energieträger, dem Ausbau erneuerbarer Energien, der Senkung des Energieverbrauchs, der Optimierung der Energieeffizienz, des verstärkten Recyclings von Abfallstoffen, der Verlängerung

der Nutzungsdauer von Investitions- und Konsumgütern sowie der Reduzierung des Ressourcenverbrauchs sind Verhaltensänderungen in allen Bereichen von Wirtschaft und Gesellschaft gefordert. Um ökologische Investitionen und Suffizienzmaßnahmen zu unterstützen, bedarf es der Etablierung entsprechender Anreize. In dieser Perspektive hat der WBGU die Bereitstellung von Mitteln zur Stärkung solidarischer Lebensstile empfohlen. Die „Pioniere des Wandels“[287] können einen wichtigen Beitrag zur Verbreitung sozialer und ökologischer Innovationen leisten. Das wird aber nicht ausreichen.

- Darüber hinaus stellt sich die Frage, wie die Wachstumsspirale abgebremst werden kann. Das Wachstum ist strukturell begründet. Der 2018 verstorbene Ökonom Binswanger hat darauf hingewiesen, wie sich bereits aus der zeitlichen Verschiebung von Angebot und Nachfrage in der kapitalistischen Marktwirtschaft ein Wachstumszwang ergibt. Er wird durch Kreditgeschäfte verschärft, insofern der heutige Kauf der gestern erzeugten Güter die Erwirtschaftung des neuen Gewinns und des Zinses ermöglichen muss. Das dafür notwendige zusätzliche Einkommen muss durch immer neue Investitionen generiert werden. Das System ist auf den Zuwachs des Kapitals durch Kreditgewährung und beständige Reinvestition angewiesen. Um den Umschlag in einen sich selbst verstärkenden Schrumpfungsprozess zu vermeiden, darf ein bestimmtes Mindestwachstum nicht unterschritten werden. Im Rahmen einer Modellrechnung ist für die Weltwirtschaft eine reale minimale Wachstumsrate von 1,8% als Durchschnittswert ermittelt worden.[288] In dieser Sicht verträgt sich ein niedriges Wachstum in den Industrieländern durchaus mit einem höheren Wachstum in Entwicklungs- und Schwellenländern. Das Wachstum geht einher mit der Aufblähung des Geldkapitals. Das Problem erwächst aus der überproportionalen Ausweitung der Finanz- gegenüber der Realwirtschaft, wobei sich die Knotenpunkte des globalen Finanzwesens primär in den reichen Ländern befinden. Je mehr die Kapitalbewegungen durch die Finanzmärkte dominiert werden, desto stärker wachsen die Gewinnerwartungen der Geldgeber im Kontext einer explodierenden Kredit- und Geldschöpfung. Der Prozess tendiert zur Erzeugung von Spekulationsblasen. Denn die Masse an fluktuierendem Geld „muss notgedrungen zu einer beschleunigten Wiederholung und Ausweitung solcher Blasen führen“ (Binswanger 2013: 373). Es müssen Schritte unterstützt werden, die den Spirallauf der Wirt-

---

287 Gedacht ist an öko-affine Milieus, wie z.B. Akteure der Collaborative Economy, Ökodörfer und Transition Towns (WBGU 2016).

288 Der Schätzung liegen vereinfachende Annahmen über die langfristigen Zinsen, das Verhältnis von Fremd- und Eigenkapital, die Höhe der Risikoprämie und den Währungsraum zugrunde (Binswanger 2013: 370).

schaft allmählich in einen Kreislauf zurückführen. Das kann nur gelingen, wenn wirtschaftliche, ökologische und soziale Ansprüche miteinander versöhnt werden.

Erstens lässt sich über die bereits angesprochene Besteuerung der Einkommen, der Vermögen, der Finanztransaktionen und der klimaschädlichen Schadstoffe die Aufblähung des Geldkapitals abbremsen. Unabhängig von der Einnahmeerzielung wird dabei ein Lenkungseffekt erzielt. Darüber hinaus sollte die Fremdfinanzierung gegenüber der Eigenfinanzierung steuerlich nicht weiter begünstigt werden. Die steuerliche Gleichbehandlung von Eigen- und Fremdkapital könnte mit dazu beitragen, die Geldschöpfung über den Kredit zurückzufahren. Sinnvoll wäre die Einführung einer Cash-Flow-Steuer, da die Finanzierung im Cash-Flow neutralisiert ist. In der Bemessung des Cash-Flow sollten ebenso Lizenzzahlungen und Beteiligungserträge erfasst werden. Die Steuer wäre dann dort zu zahlen, wo der Gewinn generiert würde.[289]

Zweitens sollten staatliche Fördermaßnahmen so ausgestaltet werden, dass sie die Transformation zur Nachhaltigkeit beschleunigen. Da die Konzerne wie „quasi-öffentliche Institutionen“ agieren, sollte der Strukturwandel idealerweise von einer Demokratisierung von Wirtschaftsmacht begleitet werden. Ergänzend könnten transformative Staatsfonds ihre Anlageziele direkt auf die Verwirklichung des Klimaschutzfahrplans und des Gemeinwohls ausrichten. Dies würde darauf hinauslaufen, Gewinnerwartungen zu relativieren und nicht-monetäre Unternehmensziele aufzuwerten. Der Drang zur Erwirtschaftung von Übergewinnen hat sich innerhalb der letzten Jahrzehnte verstärkt. Er ist Ausdruck der zugespitzten Vermögenskonzentration[290] und der Dominanz des Finanzkapitals. Die Vorgabe, den Unternehmenswert bzw. den Wert der Aktien beständig zu maximieren, hat die Dynamik auf die Spitze getrieben. In dieser Perspektive übersteigen die Renditeerwartungen der Kapitalgeber bei weitem die Gewinne, die als Ausgleich für das Unternehmerrisiko gerechtfertigt erscheinen.

Drittens spricht viel dafür, die „Hyperglobalisierung“ auf ein vernünftiges Maß zurückzuführen (Rodrik 2011). Denn eine globale Demokratie mit einer globalen Regulierungsinstanz ist nicht in Aussicht. Die Wertschöpfungsketten der weltweit agierenden Konzerne sind extrem ausge-

[289] Im letzten Abschnitt des 3. Kapitels ist für die Reform der Konzernbesteuerung und für die Einführung der GKKB plädiert worden. Als Schlüssel für die Verteilung des Konzerngewinns auf die betroffenen Länder sollte vor allem der Umsatz zugrunde gelegt werden.

[290] Der „Global Wealth Report der Boston Consulting Group sagt aus, dass gerade die „sehr vermögenden Individuen ... in Kapitalanlagen mit höheren Ertragsaussichten investieren“ (FAZ v. 15.06.2018).

dehnt worden. Und die international gegliederten Tochtergesellschaften im Konzern beanspruchen alle einen maximalen Anteil an den global erwirtschafteten Überschüssen. Die Verkürzung der Lieferketten wäre ein Schritt zur Entfaltung der regionalen Wirtschaft und zur Senkung der CO_2-Emissionen, die mit den Transportleistungen im Zusammenhang stehen. Dass die Globalisierung für die kapitalistische Wirtschaft keine Einbahnstraße ist, hat sogar die Beraterbranche erkannt. Die sich abzeichnende Tendenz zum Protektionismus hat nämlich zur Folge, dass die Lieferbeziehungen neu geordnet werden. In Anbetracht des neuen Zollregimes in den USA könnte sich die Investitionsstrategie verlagern in die Richtung „local for local". Insoweit sich aus dem Bezug von Vorleistungen in der Nähe der Märkte Vorteile ergeben, wird es einen Schub zur vermehrten Wertschöpfung im eigenen Land geben. Der Geschäftsführer von Inverto, einer Tochtergesellschaft der Boston Consulting Group geht davon aus, dass die Konzerne zwar weiter an globalen Lieferketten festhalten, aber den Mix neu justieren. Mit einer Ent-Globalisierung sei zu rechnen.[291] Aus ökologischer Sicht richtet sich solch eine Entwicklung nicht gegen andere Staaten. Es handelt sich stattdessen um einen sinnvollen Beitrag zur Dekarbonisierung der Weltwirtschaft.

Ringen um Hegemonie und Rolle der Technik

Die sozialen und ökologischen Herausforderungen der Gegenwart sind gravierend. So zersplittert die Gesellschaft auch sein mag, sie muss Lösungen finden. Es war Gramsci, der bereits vor Jahrzehnten auf die Bedeutung der Überwindung der eigenen Partikularinteressen zugunsten eines verallgemeinerbaren politischen Projekts aufmerksam gemacht hat. Er glaubte weder an den Determinismus der Ökonomie, noch an die Zwänge des Klassenhandelns. Seiner Auffassung nach lässt sich der enge korporative Umkreis auf dem mühsamen Weg der politischen Auseinandersetzung mit verschiedenen Rechtfertigungsmodellen überschreiten und solidarisches Handeln erzeugen. „Die Außenwelt, die allgemeinen Verhältnisse zu verändern, heißt, sich selbst zu potenzieren, sich selbst zu entwickeln" (Gramsci 1991–2002: 1341). Da sich die Vorherrschaft einer gesellschaftlichen Machtkonstellation immer auch auf der intellektuellen, moralischen und politischen Ebene äußert, kommt es entscheidend auf die Erlangung der Hegemonie im öffentlichen Meinungsbildungsprozess an.[292] Und das bedeutet heute, sich im Rauschen der digitalen Informationsflut Gehör zu verschaffen, indem mittels provokanter

---

291 Vgl. FAZ v. 28.04.2018

292 „... die eigentlich politische Phase ... ist die Phase, in der die zuvor aufgekeimten Ideologien in ... Kontrast treten, bis eine einzige Kombination derselben ... dazu tendiert, das Übergewicht zu erlangen ... auf einer universellen Ebene der Hegemonie ..." (Gramsci 1991–2002: 495 f.).

Kampagnen und bunter Aktionen alternative Visionen und Lebensmodelle verbreitet und zur Diskussion gestellt werden.

In demokratischen Gesellschaften werden die Antagonismen in vielen verschiedenen Szenarien und Foren ausgetragen. Die Beteiligten agieren unabhängig voneinander oder sind nur lose miteinander verknüpft. Eine emanzipatorische Politik, die darauf aus ist, eine hegemoniale Position zu erringen, muss über die unterschiedlichen Gruppenziele hinweg gemeinsame Identitäten artikulieren. Die Konstruktion eines Feindbildes reicht nicht aus. Dies kann nur funktionieren, wenn Differenzen anerkannt, aber politische und moralische Äquivalenzen betont und offensiv verteidigt werden. Und sie beruht auf dem demokratisch motivierten „common sense", insofern die Hierarchie der Lebensbedingungen hinterfragt und die Autonomie der Person verteidigt werden. Im Prozess der Herstellung der Hegemonie gegen das neoliberale Politikverständnis werden nicht nur gesellschaftliche Widersprüche aufgedeckt, sondern es wird auch zum Denken in Alternativen ermuntert. Die Kritik am kapitalistischen Wachstumszwang ist verknüpft mit dem Bedürfnis nach neuen Lebens- und Wirtschaftsformen.

Die Verwirklichung von Alternativen stößt allerdings an die Grenzen der politischen Macht. Gesellschaftliche Neuerungen bedürfen der Änderung gesetzlicher Rahmenbedingungen durch die Politik. Um den Einfluss der Finanzinvestoren und ihren paranoiden Drang zur grenzenlosen Verwertung zu überwinden, müssen die Spielregeln des wirtschaftlichen Handelns in transparenter Weise umgestaltet werden. Dafür muss die Demokratie vertieft und als Ort eines dauerhaften Ringens um den besten Weg ausgestaltet werden. Denn nach den fehlgeleiteten Gesellschaftsexperimenten stehen fertige Alternativen nicht zur Verfügung. Kontraproduktiv sind lähmende Katastrophenszenarien und Heilserwartungen in Gestalt autoritärer Lösungen.

Wichtige Instanzen der Umgestaltung sind nicht nur das Parlament und die Regierung, sondern auch zivilgesellschaftliche Organisationen mit ihrer Fülle an Erfahrungswissen. Soziale Bewegungen, die vom Engagement der Betroffenen ausgehen, zielen auf die Erweiterung von Entscheidungskompetenzen auf der lokalen und regionalen Ebene. Der Prozess der Lösungsfindung lässt sich nur im Rahmen einer demokratischen Struktur sinnvoll gestalten. Dieser Punkt ist zu betonen, da die Verteidigung der Demokratie in der Zukunft keineswegs als gesichert gelten kann. Es mangelt nicht an Horrorvisionen. Während einerseits die um sich greifende Vermarktung aller Lebensbereiche den „eindimensionalen Menschen" (Marcuse 1998) erzeugen könnte, der sich gleichgültig gegenüber der demokratischen Herrschaftsform verhält, könnte andererseits der Freiheitsraum der Bürger durch die wachsende ökonomische Macht der Konzerne ausgehöhlt werden. Die These, wonach sich die westlichen Gesellschaften auf dem Weg in die Postdemokratie befinden, ist bereits vorgetragen worden (Crouch 2015). Um dies zu verhindern, bleibt nur der Weg, den politischen Entscheidungsraum weiter zu öffnen. Der politische Gestaltungswille wird sich nur dann entfalten, wenn die Möglichkeiten der aktiven Mitgestaltung und Mitverantwortung der Bürger erweitert werden. Allgemeine Parlamentswahlen im Turnus von 4–5 Jahren reichen nicht aus. Darüber hinaus besteht das Bedürfnis, Einfluss zu nehmen und auf Gemeinde-, Landes- und Bundesebene Abstimmungen über Sachfragen herbeizuführen. Nach Art. 20 des Grundgesetzes sind Abstimmungen – neben Wahlen – zwar vorgesehen, doch hat sich die „Direkte Demokratie" als ergänzende demokratische Säule in Deutschland nur im geringen Umfang entfalten können. Die gesetzlichen Hürden für Bürgerentscheide und Bürgerbegehren sind zu hoch. Sie sollten mit dem Ziel gesenkt werden, relevante gesellschaftliche Fragen im Kontext einer transparenten Streitkultur zu erörtern.

Allerdings schützt die Demokratie nicht automatisch vor der destruktiven Herrschaft alter und neuer Machthaber. Die nivellierende Kraft des Marktes drängt zu standardisierten Formen des Verhaltens innerhalb und außerhalb der Konsumsphäre. Dies könnte das Interesse an politischen Auseinandersetzungen und an der Demokratie schwächen. Der Philosoph Slavoj Žižek verweist auf „die Illusionen, auf denen die kapitalistische Wirtschaft ebenso wie ihre falschen Übertretungen beruhen" (2016: 35).[293] In seiner Unterscheidung mehrerer Interpretationen der Philosophie Hegels[294] merkt er an, dass in der „demokratischen oder habermasianischen" Version von Hegel die wechselseitige Anerkennung der Personen als Voraussetzung der Subjektivität und als Basis für die Entstehung von Selbstbewusstsein (2016: 1347) angesehen werde. Die Subjekte seien nur frei, insofern sie von anderen als frei anerkannt würden. Diese Deutung der Demokratie als politische Herrschaftsform, die Intersubjektivität ermöglicht und geschichtlich zur „Freiheit im Vernunftstaat" tendiert, mag idealistisch und brüchig sein, doch sie ist autoritären Formen klar

---

293 Žižek, der sich auf Lacan und Hegel bezieht, erwartet nicht viel von der Wahldemokratie: „Freie Wahlen ... dienen als Kontrolle der Parteibewegungen ... Ein positiver Schritt zu einer neuen Ordnung liegt außerhalb ihrer Möglichkeiten" (2016: 1357).

294 Žižek spricht vom marxistischen, vom faschistischen und vom demokratischen Hegel (1347). Er ist skeptisch gegenüber den Versprechungen der Vernunft. „Die Schnittmenge zwischen Vernunft und Trieb zeigt sich am ehesten daran, dass Freud für beide dieselbe Formulierung benutzt: Die Stimme der Vernunft ist ebenso wie die des Triebes, oft stumm und langsam, aber sie bleibt für immer bestehen. Diese Schnittmenge ist unsere einzige Hoffnung" (1373).

überlegen. Es bedarf wacher Bürger, um den Missbrauch von Macht zu verhindern.

Welche Rolle kann die Entwicklung von Wissenschaft und Technik bei der Lösung der vielen Probleme spielen? Die Antwort ist seit jeher umstritten. Nach einer Diskussion über den Kulturwert der Technik und der Naturwissenschaften in den 1920er und 1930er Jahren (Spanger, Jünger, Dessauer) hatte sich nach dem Zweiten Weltkrieg eine akademische Kontroverse zwischen Jürgen Habermas und Herbert Marcuse entwickelt. Marcuse kritisierte das Gerede von der Neutralität der Technik und machte den instrumentalistischen Charakter der naturwissenschaftlichen Methode verantwortlich nicht nur für die Herrschaft vermittels der Technologie, sondern als Technologie. Die wissenschaftliche Methode führe „zur stets wirksamer werdenden Naturbeherrschung" (Marcuse 1998: 173). Er betrachtete Herrschaft als Abhängigkeit von der objektiven Ordnung der Dinge. In seiner Sichtweise determiniert die technologische Rationalität im weiteren auch die politische Rationalität. Den Einfluss dieses Sachzwangsystems mit seinen autoritären Merkmalen erkannte er gleichermaßen in den westlichen Demokratien wie im untergegangenen Staatssozialismus sowjetischer Prägung. Demgegenüber verteidigte Habermas die neuzeitliche Wissenschaft und Technik. Sie sei auf ein „Projekt der Menschengattung insgesamt und nicht auf ein historisch überholbares" zurückzuführen (Habermas 1969: 55). Einerseits stellte er die Verknüpfung des zweckrationalen, instrumentell orientierten Handelns mit der Technik heraus. Andererseits wird der Schein des quasiautonomen wissenschaftlich-technischen Fortschritts von ihm als Ideologie charakterisiert, die den gesellschaftlich-kulturellen Bezug verdrängt hat. „Die immanente Gesetzlichkeit dieses Fortschritts scheint die Sachzwänge zu produzieren, denen eine funktionalen Bedürfnissen gehorchende Politik folgen muss" (81).

In den Folgejahren hatte sich die Diskussion auf eine weniger abstrakte Ebene verlagert. Stattdessen wurden nun der konkret-stoffliche Charakter der Technik und die Deformation der industriellen Arbeit hinterfragt. Die vor Jahrzehnten vorherrschende Phase der Fortschrittsgläubigkeit hinsichtlich des technischen Wandels und seiner sozialen und ökologischen Auswirkungen verflüchtigte sich im Maße, wie sich zum einen Gegenbewegungen gegen die fortgesetzte Taylorisierung der Arbeit verbreiteten und zum anderen die Gefahren der Atomtechnologie offensichtlich wurden. Der Taylorismus als lange vorherrschendes Modell der extremen Zergliederung sowie hierarchischen Bündelung der verbleibenden Arbeitsfunktionen und Kontrolle hatte sich als prägendes Moment der Technik selbst erwiesen (v. Wuntsch 1986). Im Anschluss an viele Studien und Debatten zur Humanisierung der Arbeit verstärkte sich die Erkenntnis, dass der technische Wandel keineswegs eine unbeeinflussbare, autonome Entwicklung darstellt, an die sich die sozialen Bedingungen nur noch anzupassen haben. Die Objektivität der Technik wurde als perfekteste aller Ideologien bezeichnet. Der technische Wandel erweist sich bei genauer Betrachtung als breiter Pfad mit alternativen Verläufen und Spielräumen, die schon immer ein Feld für soziale Auseinandersetzungen darstellten.

Zu fragen ist daher nach den gesellschaftlichen Bedingungen, die spezielle Formen von Technik hervorbringen.

Es ist nicht die Wissenschaft an sich, sondern der institutionalisierte Wissenschaftsbetrieb, der verschiedenartige technische Anwendungen wie zum Beispiel Atomkraftwerke oder alternative Technologien für die Energiegewinnung entstehen lässt. Auf diesen Aspekt haben die früheren Kritiker der Atomenergie, Johano Strasser und Klaus Traube, hingewiesen (Strasser 1981). Die Selektierung förderwürdiger Technologien vollzieht sich bislang im Wertesystem eines hinter Scheinnotwendigkeiten versteckten Kapitalismus. Die These von der Neutralität des technischen Wandels ist durch die Technikerkritik längst widerlegt worden. „It is vital that we understand technology to be a social variable, as something that can be changed ...“ (Nobel 1984: 351). Neue Technologien können die Abhängigkeiten von der Industrie behindern oder begünstigen. So ist die Kernenergie in einem Komplex quasi-monopolistischer Konzerne der Energiewirtschaft und der industrienahen Forschung entstanden. Ihre Entwicklung wurde von den Ministerialbürokratien im Rahmen ihrer Forschungs- und Technologiepolitik großzügig unterstützt, wohingegen die Förderung alternativer Technologien zur rationellen Energiegewinnung nur wenige Promille der für die Kernenergie aufgewendeten Mittel betrug. In dieser Rechnung sind die riesigen Folgekosten noch gar nicht enthalten, die auf lange Frist aus der Zwischen- und Endlagerung des Atommülls resultieren. In den meisten Industrieländern ist die Kernenergie immer noch ein wichtiges Element im Getriebe des auf ständiges Wachstum gepolten Wirtschaftssystems. Die vom bürokratisch-industriellen Technologiekomplex propagierten harten Technologien spiegeln die Machtposition einer nach wie vor zentralistisch organisierten Energiewirtschaft. Wir brauchen neue Technologien, die uns auf dem Weg unterstützen, das Lebens- und Wirtschaftsmodell auf soziale Fairness und die Einschränkung des Klimawandels auszurichten. Dies Ergebnis stellt sich nicht von selbst ein. Um die Verwirklichung dieses Leitgedankens muss in der Öffentlichkeit gerungen werden. Entscheidend wird der Druck sein, der von der Civil Society als Ganzes ausgeübt wird. Es bedarf der mühsamen Aufklärungsarbeit und breit verankerter, öffentlichkeitswirksamer Aktionen der zivilgesellschaftlichen Initiativen, um Veränderungen in Gang zu setzen. Dieser Kampf hat nur dann Aussicht auf Erfolg, wenn er vom Versprechen der demokratischen Lebenskultur[295] nach subjektiver Freiheit, Partizipation und kooperativer Problembewältigung getragen wird.

Die Ökonomin Mariana Mazzucato fordert, das staatliche Fördersystem transparenter zu machen. Das Wissensmanagement sollte auf einen Ausgleich staatlicher und privater Interessen hinwirken. Insoweit Patente aus öffentlicher Forschungsförderung hervorgegangen sind, sollte der Staat an den Ergebnissen und Tantiemen teilhaben. Sie plädiert für eine goldene Aktie, die dem Staat bestimmte Rechte und Erträge sichert. Die „Einnahmen sollten in einen nationalen Innovationsfonds fließen, aus dem der Staat weitere Innovationen finanzieren kann“ (2014: 240). Der Staat könne außerdem Kredite und Bürgschaften für die Förderung von Forschung und Entwicklung im Unternehmenssektor vergeben, die mit der Auflage zu verbinden seien, einen Teil der daraus hervorgehenden Gewinne zurückzuzahlen. Verschiedene Modelle sind denkbar, um die Rolle des Staates als Risikoträger im Rahmen der Finanzierung technischer Neuerungen zu würdigen. Im Silicon Valley und anderen Gründerzentren träumen die IT-Pioniere heute von neuen Verfahren und Technologien, die bestehende Denkweisen, Standards und Produkte hinwegfegen. Selbstverklärend verstehen sie sich als Erneuerer im Geiste der Disruption. Das Vorhandene soll zerschlagen und durch Neues ersetzt werden. Dies soll anknüpfen an Schumpeters Idee vom innovativen Unternehmer, der den schöpferischen Zerstörungsprozess vorantreibt. Demgegenüber hat Mazzucato nachgewiesen, dass die großen Innovationen der unternehmerischen Initiative des Staats bedurften. Sie plädiert dafür, den „kollektiven Charakter von Innovationen“ anzuerkennen. Die Selbstregulierung des Marktes sei gerade im Hinblick auf die staatliche Wagnisfinanzierung und Gestaltung des technischen Wandels ein Mythos.

Seit einigen Jahren haben die durch die Digitalisierung erzeugten Umwälzungen aller Lebensbereiche die Aufmerksamkeit erregt. Mit dem Begriff „Künstliche Intelligenz (KI)“ sind zurzeit höchste Erwartungen verknüpft. Ist es denkbar, dass revolutionäre Veränderungen diesmal von lernenden Maschinen ausgehen? Experten geben zwar zu, dass die allgemeine Intelligenz des Menschen noch Jahrzehnte der KI überlegen sein wird.[296] Doch demoralisiert das die KI-Forscher keineswegs. Die Visionen

[295] Demokratie ist nicht nur als politische Regierungsform, sondern als Lebensform zu verstehen. Sie zielt auf die Entfaltung partizipativer Erfahrungen (vgl. Honneth 2015: 144 f.).

[296] Lynne Parker auf der Digitalkonferenz SXSW: „Wir wären froh, wenn wir künstliche Intelligenz auf den Stand eines Dreijährigen entwickelt hätten“ (FAZ v. 12.03.2018). Und Gary Marcus, Prof. in New York, glaubt, dass die KI den gesunden Menschenverstand nicht simulieren kann (FAZ v. 29.03.2018).

sind offenbar grenzenlos. Schnelle Prozessoren durchforsten riesige Datenmengen mit dem Ziel, Korrelationen zu entdecken und auf Entscheidungsprozesse anzuwenden. Kommerzielle Algorithmen werden genutzt, um menschliche Handlungen zu bewerten und in einer Bonitätsskala (Scoring) abzubilden. Auf diesem Weg lassen sich zum Beispiel die Kreditwürdigkeit und das Gesundheitsrisiko von Geschäftskunden ermitteln. Mit Hilfe von Algorithmen wird aber auch die Wahrscheinlichkeit von Börsenkursen oder künftiger Handlungen eingeschätzt. Bislang mangelt es häufig an der Nachvollziehbarkeit von KI-Entscheidungen. Denn die Modelle sind immer schwerer zu überblicken. Die KI-Forschung ist bislang rätselhaft. Im amerikanischen Science Magazin ist vor kurzem der Verdacht geäußert worden, es handle sich dabei um nichts anderes als moderne Alchemie.[297] Das Zusammenwirken Hunderter unterschiedlicher Variablen bleibt im Endeffekt oft unverstanden. Die künstliche Intelligenz kann uns womöglich helfen, im Umfeld ausufernder Komplexität den Überblick zu behalten, aber es muss dafür gesorgt werden, dass die menschliche Intelligenz bei Entscheidungen die Oberhoheit behält.

Der renommierte Informatiker, Joseph Weizenbaum, hat den sozialen Kontext der Technik in seiner Beschreibung zum „Einfluss des Computers auf den Menschen und seine Gesellschaft" bereits vor einigen Jahren aufgezeigt.[298] Seitdem haben sich die digitalen Technologien immer weiter ausgebreitet und es bleibt kaum Zeit, sich auf die Konsequenzen des Wandels zu besinnen. Die Träume der digitalen Piraten vom freien Netz haben sich innerhalb eines Jahrzehnt in Luft aufgelöst. Selbst Stephen Hawking hat hervorgehoben: „Dies wird das größte Ereignis in der Geschichte der Menschheit werden – und möglicherweise auch das letzte"[299]. Wie der gesamte „technische Fortschritt" hat die Digitalisierung verschiedene Gesichter. Sie hat das Potenzial, eine technische Revolution in Gang zu setzen, die mit der Erfindung des Buchdrucks vergleichbar ist. Die digitale Vision ist grenzenlos. Erwartet werden Umwälzungen in allen Lebensbereichen. Die Welt soll smart vernetzt werden und innovative Lösungen versprechen, das Leben komfortabler, effektiver und gesünder auszugestalten. Die Chancen sind offensichtlich. Aber es wäre naiv zu übersehen, dass den Vorteilen auch Gefahren gegenüberstehen. Einerseits kann der digitale Wandel dazu beitragen, dass körperlich harte und monotone Arbeit verdrängt, Krankheiten besser erkannt und behandelt, die Verwaltung effektiviert, die Kommunikation über kulturelle Grenzen hinweg erweitert sowie die Kenntnisse über ferne außerirdische

[297] Diese These hat der Google-Forscher, Ali Rahimi, kürzlich im Science Magazin 5/2018 vorgetragen (vgl. FAZ v. 20.06.2018).

[298] Vgl. Weizenbaum (1977: 25).

[299] Vgl. FAZ v. 12.03.2018

Welten vertieft werden. Andererseits engt die zunehmende Erfassung, Auswertung und Nutzung persönlicher Daten den autonomen Lebensraum ein.

Facebook präsentiert die Profile der User als Selbstporträts, welche die authentischen Identitäten der Personen zum Ausdruck bringen. Mit dieser Aussicht werden Menschen in allen Ländern ermuntert, immer mehr Daten hochzuladen und für jedermann einsehbar zu machen. Sheryl Sandberg, Vorstandsmitglied von Facebook, hat den Gedanken der Authentizität als Vision des Unternehmens hervorgehoben. In ihrer Sicht offenbaren die Selbstporträts, wer wir wirklich sind. Der Theoretiker des Internets Mozorov hält dies für einen Trugschluss, den er mit der Angst vor der Uniformität begründet. „Es ist ein Teufelskreis, denn auf Facebook gelangt niemand je zu wahrer Authentizität. Sandbergs Traum von einer authentischen Identität ist einfach nur ein cleverer Werbeslogan" (2013: 522).

Das Problem ist, dass Daten entweder von den IT-Giganten zur Beeinflussung wirtschaftlicher und politischer Entscheidungen oder von Staaten zur Kontrolle der Bürger genutzt werden können. Über die digitalen Kommunikationsplattformen werden die gesamten Online-Aktivitäten der Nutzer und ihrer Freunde gesammelt. Die Daten umfassen private Vorlieben, Wünsche, politische Ansichten, den Bildungsstand, woraus sich schließlich ein Profil bzw. Psychogramm erstellen lässt. Diese Profile ermöglichen die gezielte Verteilung von wirtschaftlichen und politischen Werbebotschaften. Das Targeting ist das ideale Mittel zur Bewerbung bzw. Beeinflussung der Plattform-Nutzer. Google und Facebook sammeln Daten nicht nur auf den eigenen Websites, sondern auf allen verfügbaren im Netz. Und für die IT-Giganten ist Big-Data ein unschätzbares Kapital. Je mehr sie über uns wissen, desto mehr sind wir ihren Manipulationen ausgesetzt. Google ist faktisch ein Monopolist. Über sein Betriebssystem Android, das als Open-Source angeboten wird, werden vorinstallierte Anwendungen unentgeltlich mit dem Ziel verbreitet, immer mehr Daten zu generieren. Der Marktmacht folgen wiederum die Werbekunden, die bereits jetzt den Großteil ihres Budgets bei Google & Co. verausgaben. Selbst Apple-Chef Tim Cook hat kürzlich im Europaparlament Facebook und Google kritisiert. Er charakterisierte deren Strategie des Datensammelns für Werbezwecke als Bereicherung: „Das ist Überwachung, und diese Datenberge dienen nur dazu, die Unternehmen zu bereichern, die sie sammeln".[300]

300 Vgl. FAZ v. 25.10.2018. Tim Cook setzte sich vor dem Europäischen Parlament auch für die neue europäische Datenschutz-Verordnung ein. Seine Kritik am Datensammeln der großen IT-Konkurrenten hängt auch damit zusammen, dass Apple nicht auf das Geschäft mit Daten angewiesen ist und

Wissen ist Macht und sie liegt einerseits in den Händen riesiger IT-Konzerne und andererseits beim Staat. Beunruhigend sind Entwicklungen, die sich in China abzeichnen. Ab 2020 werden alle Bürger, Ämter und Firmen im Rahmen eines „Sozialkreditsystems“ erfasst. Anhand eines digital verwalteten Punktekontos soll die finanzielle, soziale und politische „Vertrauenswürdigkeit“ bewertet werden. Wer sich einen hohen Punktestand erarbeitet, wird als stabilitätsfördernd eingestuft. Die künstliche Intelligenz degeneriert hier zum Vehikel einer totalen Kontrolle der Bürger im Interesse eines autoritären Regimes. Solche Entwicklungen mögen in den demokratischen Gesellschaften eher unwahrscheinlich sein, doch schärfen sie das Bewusstsein für die Verteidigung des privaten Lebensraums und die Herstellung der persönlichen Datenhoheit. Um dies zu erreichen, ist es notwendig, dass sich auch die IT-Nutzer rühren. Der freie Diskurs ist gebunden an die offene Auseinandersetzung der Meinungen im öffentlichen Raum. Demokratie bedeutet, dass im Gegenüber verschiedener Standpunkte um die beste Lösung gerungen wird. Der Trend zur Segmentierung der demokratischen Öffentlichkeit kommt dem gerade nicht entgegen. Sie könnte die Neigung verstärken, Informationen nur noch dem Maßstab der eigenen Meinung in der Filterblase unterzuordnen. Es käme dann weniger darauf an, ob Daten wahr oder falsch sind. Hauptsache sie bestärkten das eigene tradierte Meinungsbild oder erregten die Aufmerksamkeit innerhalb der Kommunikationsplattform.

Die von Adam Smith erdachte „unsichtbare Hand“, die den Ausgleich der Interessen harmonisch herbeiführt, erhält im digitalen Zeitalter eine neue, beängstigende Dimension. Die Entwicklung verweist auf einen kritischen Punkt. Es besteht ein wachsendes Bedürfnis, die staatlichen Leitziele der Förderung von Wissenschaft und Technologie im öffentlichen Diskurs auszuhandeln. Es widerspricht dem Selbstverständnis demokratischer Gesellschaften, wenn wichtige Weichenstellungen der Alleinverantwortung technisch-ökonomischer Eliten überlassen werden. In der Demokratie haben die Bürger Anspruch auf ein Höchstmaß an Transparenz. Nur so kann die Kontrolle über Politik und Wirtschaft ausgeübt werden. Die Digitalisierung droht aber die Transparenz zu verkehren, indem die Subjekte in den gläsernen Bürger verwandelt werden und die Kontrolle von unten nach oben verlagert wird. Der europäische Datenschutz ist ein Schritt in die richtige Richtung, doch ist er auf den Rechtsraum innerhalb der Europäischen Union fokussiert. Die Offenlegung der Funktionsweise von Algorithmen, die Zerschlagung der Marktmacht der IT-Konzerne und die demokratisch organisierte Kontrol-

---

mehr Geld mit dem Verkauf von Geräten verdient. Allein das iPhone soll für 60% der gesamten Umsätze verantwortlich sein.

le der Verwendung von Massendaten im Kontext von Big Data Analytics sind nur einige der weiterhin zu klärenden Probleme. Die Big-Data-Expertin Yvonne Hofstetter setzt sich für eine humane digitale Zukunft ein. „Die Marktmacht der Internetgiganten und der Raum des Internets müssen entkoppelt werden" (2016: 414). Sie plädiert für ein „öffentliches Internet", dessen Rahmenbedingungen durch hoheitlich gesetztes Recht und durch Programmcodes (code is law) garantiert wird. Demokratische Werte seien in die Softwarearchitektur zu implementieren (429–450).

Eine noch größere Herausforderung könnte der Einsatz von KI und Robotern in der Arbeitswelt werden. Die Diskussion über die Folgen der Entwicklung hin zur Industrie 4.0 hat in den letzten Jahren Fahrt aufgenommen. Dass größere Umwälzungen zu erwarten sind, wird nicht bestritten. Disruption ist der Mythos der Technik-Freaks. Sie träumen von Technologien, die Verfahren in der Arbeits- und Konsumwelt radikal umstülpen und Altes hinwegfegen. Alte Arbeit werde durch neue ersetzt. Das Neue bringt in ihrer Perspektive vor allem Effizienzsteigerungen und Arbeitserleichterungen mit sich. Doch diese Sicht wird nicht von allen geteilt. Die Einschätzungen der scientific community sind hinsichtlich der Einschätzung der Technikfolgen uneinheitlich. In einigen Studien wird darauf hingewiesen, dass in den OECD-Ländern jeder zweite Arbeitsplatz bedroht sein könnte.[301] Waren früher von der Automatisierung vor allem Fließbandarbeiter betroffen, werde der Einsatz von KI künftig auch qualifizierte Tätigkeiten (Banker, Buchhalter, Steuerberater, Wirtschaftsprüfer, Rechtsanwälte und Ärzte) erreichen. Dieser Prozess wird nicht einseitig verlaufen. Er wird begleitet werden von der Entstehung neuer Arbeitsplätze, die speziell die Bedürfnisse der digitalen Wirtschaft befriedigen. Es bleibt aber die Frage, wie viele neue Stellen welcher Qualität geschaffen werden? Kann die Vernichtung von Arbeit wie früher durch die Schöpfung neuer Arbeitsgelegenheiten kompensiert werden? In der Vergangenheit ist die Vernichtung industrieller Arbeitsplätze durch die Entstehung neuer Dienstleistungen im privaten und öffentlichen Sektor aufgefangen worden. Aber die Absorption von Arbeitskräften im öffentlichen Dienst hat ihr Maximum längst erreicht. Und wie weit lassen sich private Dienste in einer Gesellschaft ausdehnen?

---

[301] Bekannt geworden ist die Oxford-Studie von Frey und Osborne (2013). Sie geht davon aus, dass 700 Berufe automatisiert werden und in den USA jeder zweite Arbeitsplatz verloren geht. Gemäß der Studie des ZEW-Mannheim sind in Deutschland 42% der Stellen gefährdet (Bonin, Gregory, Zierahn (2015). Maßnahmen zur Qualifizierung und Umschulung werden daher immer wichtiger. Und in Anbetracht potenzieller Arbeitsplatzverluste ist es nicht verwunderlich, dass in der Politik über die Einführung des bedingungslosen Grundeinkommens nachgedacht wird.

ANHANG

Teil A

Die Kapitalkosten[302]

(Ergänzung zum 2. Kapitel, Abschnitt „Die Kunstfigur des Homo Oeconomicus auf effizient ineffizienten Finanzmärkten")

Die Entdeckung der Opportunitätskosten des Eigenkapitals markiert den zentralen Schrittt hin zur finanzorientierten Wertermittlung. Es waren die Kapitalmarkttheoretiker William Sharpe[303], John Lintner und Jan Mossin, die zwischen 1964 und 1966 ein Gleichgewichtsmodell des Kapitalmarkts entwickelt haben, das die Renditeerwartungen der Eigenkapitalgeber in linearer Abhängigkeit vom finanzwirtschaftlichen Risiko definiert. Dieses Modell steht ganz in der Traditionslinie der Vertreter rationaler Märkte. Es ist unter dem Namen "Capital Asset Pricing Theory (CAPM)" in die Diskussion eingegangen.

Die vom Investor erwartete Rendite für die Hingabe von Kapital wird im CAPM ermittelt als Summe

- des Zinssatzes für eine risikolose Kapitalmarktanlage (festgemacht am Zins langlaufender Staatsanleihen[304] mit höchster Bonität) und
- dem Produkt aus der Marktrisikoprämie und dem Betafaktor.

Der Betafaktor ist ein Maß für das systematische Risiko[305] des Eigenkapitals, das aus dem historischen Vergleich der Rendite einer ausgewählten

---

302 Die Ausführungen zu den Kapitalkosten sind dem Buch „Wertorientierte Steuerplanung und Unternehmensführung in der globalen Wirtschaft" entnommen (v. Wuntsch, Bach 2012).

303 William Sharpe hat 1990 zusammen mit Markowitz und Miller den „Nobelpreis" für Wirtschaftswissenschaften erhalten.

304 Dass Staatsanleihen als risikofrei gelten wird seit der Finanzkrise kritisiert. Sowohl der Basler Ausschuss für Bankenaufsicht als auch die EU-Gesetze sehen dafür bislang keine Risikogewichtung in den Bankbilanzen vor. Ein Grund mag darin bestehen, dass die Beendigung der Nullgewichtung die Finanzierungskosten auch für die Staaten nach oben treiben würde.

305 Vom systematischen Risiko ist eine andere Risikokategorie zu unterscheiden. Das unsystematische Risiko bringt die nicht-marktbezogenen Einflüsse wie

Vermögensanlage mit den Renditen aller am Markt gehandelten Wertpapiere (Marktportfolio) hergeleitet wird. Drei Grundvarianten des Risikos einer einzelnen Anlage sind denkbar. Die Entwicklung der Rendite der Vermögensanlage entspricht genau der Renditeschwankung des gesamten Markts (Beta = 1). Das individuelle Risiko des eigenfinanzierten Vermögens ist größer als das allgemeine Marktrisiko (Beta > 1) oder es ist geringer (Beta < 1)[306].

Die Marktrisikoprämie gilt als der Marktpreis des Risikos. Sie entschädigt für das allgemeine unternehmerische Risiko. Die Prämie wird durch die Differenz der vergangenen Renditen des Marktportfolios und der risikolosen Kapitalmarktanlage ermittelt. Die historischen Renditen der im Portfolio gehaltenen Wertpapiere werden näherungsweise über den im jeweiligen Land repräsentativen Aktienindex bestimmt. Die Marktrisikoprämie ist im Rahmen verschiedener statistischer Studien über lange Zeiträume hinweg ermittelt worden. Im Ergebnis sind für nordamerikanische und kontinentaleuropäische Unternehmen häufig Marktrisikoprämien zwischen 4 und 5,5% festgestellt worden. Nach früheren Berechnungen des New Yorker Finanztheoretikers Aswath Damodaran kann für den nordamerikanischen Markt eine Prämie von 5,5% und für den deutschen Markt von knapp 5% zugrunde gelegt werden.

Aus diesen Komponenten lassen sich die Kapitalkosten berechnen. Dieser Schritt muss spezifisch für jedes Unternehmen bzw. für jede Vermögensanlage erfolgen. In der Regel weisen die Eigenkapitalkosten auf den Finanzmärkten ein höheres Niveau auf als die Zinsen für die Inanspruchnahme von Fremdkapital. Geht man von einer Vermögensanlage mit vergleichbarem Marktrisiko aus (Beta = 1), haben sich häufig Kapitalkosten (vor Steuern) von 9–10% für die meisten traditionellen Industriezweige ergeben. Auch Martin Winterkorn, der frühere Chef von Volkswagen teilte 2007 der Öffentlichkeit[307] mit, dass der Konzern im betreffenden Jahr in der Lage sei, ungefähr seine Kapitalkosten von 9% zu verdienen.

Welchen Einfluss haben die Kapitalkosten auf das Verhalten der Anteilseigner und Fondsmanager? Das Niveau der gewichteten Kapitalkosten hat sich zum zentralen Maßstab für die Vorteilhaftigkeit von Investitionen entwickelt. Der Kapitalmarkt hat mit der Vorgabe dieser erwarteten

---

Managementfehler und Wettbewerbsnachteile des Unternehmens zum Ausdruck. Im Sinne der Portfoliotheorie wird davon ausgegangen, dass sich mit wachsender Zahl von Wertpapieren im Bestand eines Investors das unsystematische Risiko wegdiversifizieren lässt.

306 Als risikobehaftet gelten z.B. Investitionen in der IT-Branche, als relativ sicher galten bis zur letzten Finanzkrise Immobilieninvestitionen.

307 Vgl. das Interview mit Winterkorn in der FAZ v. 13.09.2007.

Verzinsung ein Steuerungsinstrument für Investitionsprojekte gefunden, das die Unternehmensführung börsennotierter Unternehmen in allen Segmenten und darüber hinaus umgewälzt hat. Die Konsequenzen für die Realwirtschaft sind bedenklich:

Zum einen hat der Kapitalmarkt die Messlatte für Investitionen hochgehängt. Trotz des seit einigen Jahren beobachtbaren Zinsverfalls verharren die Kapitalkosten auf einem hohen Niveau. Im Zeitraum 2000–2015 ist der Zinssatz 30-jähriger Bundesanleihen von 6% auf 1,5% gesunken. Wertet man aber die Geschäftsberichte von DAX-Unternehmen aus[308], zeigt sich, dass die Marktrisikoprämie in dieser Phase konstant zwischen knapp 5 und 6% gelegen hat. Unter Einbeziehung der risikofreien Verzinsung und der Fremdkapitalzinsen führte dies im Ergebnis zu Kapitalkosten (vor Steuern) in Höhe von ungefähr 9%. Bei Einbeziehung von Steuern[309] senkte sich diese Marge auf schließlich 6,3% im Jahr 2014 ab. Die seit der Jahrtausendwende nachlassende Investitionsaktivität der Dax 30-Unternehmen hat offenbar auch mit den hohen Forderungen der Eigenkapitalgeber zu tun.

Zum anderen ist die finanzielle Erwartungshaltung der Eigenkapitalgeber in die Höhe geschraubt worden. Die erwartete Rendite des Eigenkapitals umfasst in allen Zeiträumen nicht nur die risikofreie Rendite von Staatsanleihen sondern immer auch die Marktrisikoprämie in der Größenordnung von 5–6%. Die Eigenkapitalgeber werden damit auf hohem Niveau für das Unternehmerrisiko entschädigt. Vor diesem Hintergrund kann im Sinne der Kritik von Aglietta und Rebérioux durchaus formuliert werden, dass die Position der Anteilseigner und Investmentfonds der von gesicherten Kapitalgebern entspricht. Das Risiko hat sich verlagert auf andere Stakeholder (transfer of risk).

Zu den amerikanischen Wirtschaftswissenschaftlern und Unternehmensberatern, die als erste die neuen Leitlinien der Unternehmensführung verbreiteten, gehörte Alfred Rappaport. Sein im Jahr 1986 veröffentliches Buch fand weite Verbreitung und traf die Stimmung der neuen Eigentümergruppen. Er verkündete den Gedanken, dass die Orientierung auf den Shareholder-Value Kern der Verantwortung des Managements sei. Die Idee der Generierung von Wert sah er global wachsen.

---

308 In der Analyse des Flossbach von Storch Research Institute sind die Kapitalkosten der Dax 30-Unternehmen untersucht worden. Dazu wurden die Geschäftsberichte ausgewertet und eigene Berechnungen eingefügt (Lehmann 2015).

309 Die Differenz der Kapitalkosten vor und nach Steuern ergibt sich aus Steuerersparnis, die mit der Fremdfinanzierung einhergeht.

> The idea that management's primary responsibility is to increase value has gained widespread acceptance in the United States since the publication of *Creating Shareholder Value* in 1986. With the globalization of competition and capital markets and a tidal wave of privatizations, shareholder value rapidly is capturing the attention of executives in the United Kingdom, continental Europe, Australia, and even Japan. Over the next ten years shareholder value will more likely become *the* global standard for measuring business performance.
>
> *Alfred Rappaport, 1998*

Auch die McKinsey-Berater Copeland/Koller/Murrin haben nach der Jahrtausendwende zur Verbreitung dieses Ansatzes[310] beigetragen (2002: 80). Im Anschluss an Rappaport lautete ihre zentrale „Botschaft": Eine Investition ist nur dann vorteilhaft und wertschaffend, wenn die Kapitalrendite die Kapitalkosten übersteigt. In ihrer Ausdrucksweise sprechen sie im Unterschied zum bilanziellen Gewinn vom wirtschaftlichen Gewinn (Economic Profit). Nur auf diesen Economic Profit komme es an. Demgegenüber seinen die Buchwerte in den Bilanzen und die darauf basierenden Kennzahlen wie das Kurs-Gewinn Verhältnis (KGV) für ein wertorientiertes Controlling nicht geeignet. Zu erfassen sei der effektive Zuwachs an verfügbarer Liquidität im Unternehmen (Cash Flow). Der handelsrechtliche Gewinn müsse daher bereinigt und der Zeitwert des Geldes berücksichtigt werden. Der Verbreitung des „Discounted-Cash-Flow"-Konzepts auch in Deutschland sind die Erstellung der Jahresabschlüsse nach internationalen Standards sowie die Ausweitung der Transparenz gegenüber dem Kapitalmarkt entgegengekommen.

Der Begriff „Economic Profit" lässt sich anhand dieser Formel[311] einfache erläutern:

---

[310] Hervorzuheben sind auch die „Value Added"-Konzepte der Unternehmensberater Stern Stewart & Company und der Boston Consulting Group („Cash Return on Capital Invested"). Außerdem hat die Deutschen Bank für Finanzanalysten und Wertpapierhändler die Berechnungsmethode „Cash Return on Capital Invested – CROCI" entwickelt, die den „Economic Profit"-Ansatz mit dem „Relative Valuation"-Verfahren verknüpft (v. Wuntsch, Bach 2012: 29 f.).

[311] Der „Economic Profit" lässt sich auch ermitteln, indem die Kapitalkosten direkt vom operativen Ergebnis nach Steuern (und vor Zinsen) abgezogen werden.

Economic Profit = Investiertes Kapital x (ROIC – WACC)
ROIC = Return on invested capital (= Kapitalrendite) WACC = Weighted Average Cost of Capital (= gewichtete Kapitalkosten)

Das folgende Beispiel verweist auf die zentrale Schwelle der Schaffung von Wert: die Überschreitung der gewichteten Kapitalkosten.

ROIC	WACC	Differenz	Kapitaleinsatz	Economic Profit
20 %	10 %	10 %	10.000 €	1.000 €

Wird aus Unternehmenssicht mehr als die geforderte Mindestverzinsung erwirtschaftet, führt dies zur Steigerung des Unternehmenswertes. Im umgekehrten Fall ergibt sich eine Wertvernichtung. Die wertorientierte Unternehmensführung bewirkt in diesem Denkansatz die weltweite Allokation von Kapital, die sich streng am Ertragswertmodell orientiert. Der Verbindung des Finanzüberbaus mit der IT Industrie scheinen goldene Perspektiven anzuhaften. Die finanzielle Globalisierung hat sich innerhalb der vergangenen drei bis vier Jahrzehnte beschleunigt und die gewaltigen Potenziale der digitalen Technologien verheißen weitere Rationalisierungen. So ist jetzt bereits absehbar, dass die Wertermittlung und das darauf aufbauende Controlling mittels der Nutzung von Big Data und künstlicher Intelligenz immer stärker automatisiert werden.

Teil B

Daten aus verschiedenen Studien zur Gewinnverlagerung von U.S.-Multis

(Ergänzung zum 3. Kapitel, Abschnitt „Die Rolle der Steueroasen im Intrakonzernhandel der Multis")

Gewinnverlagerungen von U.S.-Multis in andere Länder – Angaben auf Basis der Studie von Cobham und Jansky (2013: 22). Angaben für das Jahr 2012 in Mrd. U.S.-Dollar	
Niederlande	- 151,8
Irland	- 93,6
Luxemburg	- 93,6
Bermuda	- 76,1
Schweiz	- 38,5
Singapur	- 13,7
Gewinnverlagerungen von U.S.-Multis in andere Länder – Angaben auf Basis der Studie von Guvenen, Mataloni Jr., Rassier, Ruhl (2017: 17). Angaben für das Jahr 2012 in Mrd. U.S.-Dollar	
Niederlande	- 73,0
Bermuda	- 32,4
Irland	- 29,5
Luxemburg	- 23,5
U.K. Islands Caribean	- 22,0
Singapur	- 19,0
Großbritannien	- 14,7
Kanada	- 13,7
Schweiz	- 12,7

Die Methodik der Analyse ist in den Studien nicht deckungsgleich. Zum einen werden in der Studie von Cobham und Jansky (2013) Daten des U.S.-Bureaus of Economic Analysis (BEA) verwendet, die sich auf internationale Direktinvestitionen beziehen. Zum anderen werden Jahresabschlüsse von Konzernen ausgewertet. In der Studie von Guvenen, Mataloni Jr., Rassier, Ruhl (2017) werden ausschließlich Daten des Bureau of Economic Analysis (BEA) verwendet. Das Minuszeichen drückt aus, dass die Gewinnverlagerungen in die jeweiligen Länder aus der Sicht der USA Verluste repräsentieren.

NACHWORTE

The case of Apple in Ireland

Bernadette Andreosso-O'Callaghan (Professor at the University of Limerick)

A main idea in this book is that multinational firms are taking advantage of the lack of global governance. The result is that these firms are able to pick the best economic and legal jurisdiction worldwide. This has increased competition among countries, particularly in small and open economies where favourable tax regimes are an important part of this game. My colleague Michael von Wuntsch and I have focused on the investigation of internalization strategies of multinational corporations in several research papers.

In chapter 3 of this book Michael draws on the tax strategies of the IT-giants and the role of tax havens. The case of Apple in Ireland is just one of the remarkable narratives of our times. The ensuing section will delve into the analysis of this case from an Irish point of view. This case study provides some background information on Apple Sales International and Apple Operations Europe.

The case of Apple (Apple Sales International and Apple Operations Europe)

Apple first established a manufacturing operation in Ireland in 1980 with 60 employees. Based in Cork, the company currently employs close to 6,000 people, primarily as a result of a 25 per cent increase in the workforce in 2015 and with another – very much low-key – expansion in 2018 (The Irish Times, 2018). The Cork-based plant houses functions such as customer service, finance, localisation, logistics, manufacturing, sales support, transport management and, more recently, iTunes after this particular business-line relocated from Luxembourg. The Cork plant organizes the supply of products to more than 147 countries. In the Apple case that was heavily scrutinized by the European Commission since 2014, the corporate structure of the company in Ireland and therefore in Europe was key to its ruling.

As reminded by the European Commission (2016), Apple Sales International and Apple Operations Europe were two Irish incorporated companies that were fully-owned and controlled by the US parent Company, Apple Inc. The two Irish companies held the rights to use Apple's IP to sell and manufacture the company's products outside America along the line with a ‚cost-sharing agreement' with Apple Inc. This implied that the two Irish incorporated companies made yearly payments to the parent company in the USA in order to fund R&D and these payments amounted to about US$ 2 billion in 2011 with significant increases in 2014. These payments were deducted from the profits recorded by the two companies in Ireland each year and the taxable profits of the two Irish companies were subject to a very favourable tax regime granted by Ireland in 1991 (re-conducted in 2007) and terminated in 2015, when Apple Sales International and Apple Operations Europe changed their structures in that year. The first Irish company, Apple Sales International, was responsible for buying Apple products from equipment manufacturers around the world and selling these products in Europe and in other markets further afield, such as Africa and India. Since the customers were contractually buying products from Apple Sales International in Ireland rather than from shops elsewhere, Apple recorded all sales and the accruing profits, directly in Ireland. The main issue is the *internal* allocation of these profits within Apple Sales International (in Ireland). A very large share of the profits were *internally* allocated away from Ireland to a given "head office" within Apple Sales International, which was not based in any country and which did not have any employees or own premises. The activities of this „head office“ consisted only of occasional board meetings. These profits ended up being un-taxed. Consequently, only a fraction of the profits of this first Irish company were allocated to its Irish operation and were therefore subject to the rather low corporate tax prevailing in Ireland (12.5 per cent). According to figures provided at US Senate public hearings, Apple Sales International recorded profits of US$ 22 billion (or about. €16 billion) in 2011; yet only some €50 million were taxed in Ireland. As a result, Apple Sales International paid less than €10 million of corporate tax in Ireland in 2011 which corresponds to an effective tax rate of about 0.05 per cent of its overall annual profits. In subsequent years, the effective tax rate decreased further to only 0.005 per cent in 2014 (European Commission, 2016). The other company, Apple Operations Europe, which was manufacturing certain types of computer products, benefitted from the same tax regime during the same period of time.

The EU Commission ruling

The European Commission launched its investigation against tax avoidance practices by Apple in June 2014. This follows by several months the lengthy inquiry carried out by the US Senate investigative subcommittee who released, through a 142-page report, the fact that the company had avoided tens of billions of dollars in taxes by shifting profits into Irish subsidiaries that were called „ghost companies“ (The New York Times, 2017). The Commission argued that almost all the profits accruing from the sales of the two Irish companies, namely Apple Sales International and Apple Operations Europe, were *internally* attributed to a „head office“. The Commission's assessment showed that the two "head offices" existed only on paper, that they could not have generated such profits, and that the corporate structure of the company did not correspond to economic reality. The profits allocated to the „head offices“ were not subject to tax in any country, and Ireland tax rulings have substantially and artificially lowered the tax paid by Apple in Ireland since 1991. Apple was found to have paid only an effective corporate tax rate that declined from 1% in 2003 to 0.005% in 2014 on the profits of Apple Sales International. This selective tax treatment of Apple in Ireland is illegal under EU state aid rules, given that it gives Apple a significant unfair advantage over other firms in the same market. The EU Commission ruled that Ireland must recover Apple's unpaid taxes in Ireland (the value of Apple's undue competitive advantage) for the years 2003 to 2014 which have been estimated to amount to €13 billion, plus interest.

An important element in the Commission assessment is that, in the case of companies belonging to the same corporate group, and of different parts of the same company, the profits must be allocated in a way that reflects economic reality. In the Apple case, the Commission has argued that the Irish tax regime endorsed an artificial internal allocation of profits within Apple Sales International and Apple Operations Europe, with no economic justification. The „head office“ – with no employees and premises – was deemed to handle no substantive business and only the Irish branch of Apple Sales International had the capacity to generate any income from trading. Therefore, the sales profits of Apple Sales International should have been recorded with the Irish branch and taxed there. According to EU rules, the recovery of the illegal state aid can stretch to a period of 10 years preceding the Commission's first request for information, which dates back to 2013 in this case. As a result, Ireland must therefore recover from Apple the unpaid tax for the period since 2003. The recovery period stops in 2014, given that Apple changed its structure in Ireland in 2015.

The EU Commission ruling has been disputed by both Apple who argued that its effective tax on foreign earnings was 21 per cent (Fortune Magazine, 2017) and by the Government of Ireland, whose favourable tax regime is the essence of its competitiveness and economic success. Since all European Commission decisions are subject to the scrutiny of EU courts, and given that Ireland appealed the decision, the illegal state aid was placed in an escrow account pending the outcome of the EU court procedures.

Epilogue

The case of Apple invites several questions, the first being whether companies such as Apple can show a good deal of resilience or adaptability to new rules, and another being whether the law allows to successfully restore a level playing field for all companies and an optimal allocation of resources.

With regard to the first question, it is clear that tax avoidance is the essence of some businesses, and that for these businesses the new laws exist only for the purpose of finding loopholes to them. The tax shelter of many MNCs is built by Appleby, a firm specialised in devising creative offshore structures for MNCs and defending them in front of tax regulators (The New York Times, 2017). The clients of Appleby have transferred trademarks, patent rights and other valuable assets into offshore tax-free „shell" companies.

After its tax saga, Apple opted for a new offshore tax structure that would use Appleby's office in Jersey; this jurisdiction does not tax corporate income and it has strong links with the British banking system (The New York Times, 2017). According to the company, the move to Jersey was to preserve tax payments owed to the USA rather than to reduce its taxes (Fortune Magazine, 2017). As of November 2017, Apple had accumulated more than $128 billion in profits offshore, with 70 percent of its worldwide profits earned offshore. For the year 2017, Apple earned $44.7 billion outside the United States, while paying $1.65 billion in foreign taxes, a rate of less than 4 per cent (Fortune Magazine, 2017). It should be noted that the US federal government permits taxes on any income generated by foreign units to be deferred indefinitely, as long as the company says those profits stay offshore (The New York Times, 2017).

Whether the EU ruling is effective in restoring a level playing field for all companies and in guaranteeing an optimal allocation of resources is another interesting question. It was clear that in the Apple saga, the Irish Government side-lined with the MNC rather than with the strict obedience of EU rules. As the Apple controversy spread and the EU was adamant to investigate the practices of other US MNCs such as Google and Starbucks, Ireland felt under pressure to react. With growing international pressure in the midst of a financial crisis that was still engulfing Ireland in 2013, the then Irish Finance Minister (Mr. Noonan) announced that Irish companies would have to declare tax residency somewhere in the world. The end of the "double Irish" was therefore announced in October 2014, with a transition period until the end of 2020 for existing companies. Since the end of this attractive tax regime would undermine Ireland's attractiveness for putative MNCs, new measures have been announced and are being fined tuned so as to expand tax deductions for companies that move their rights to intellectual property (such as patents and trademarks) into Ireland. For example, further tax deduction will be available for companies spending a critical amount on property rights (The New York Times, 2017).

Finally, or relevance is also the way the tax regime moves in source countries, in this instance in the USA. By putting the interest of the MNC first, proposals are being explored for cutting the federal corporate income tax rate to 20 percent from 35 percent. Using a more holistic approach, Congressional Republicans are looking at imposing a 10 percent tax on some of the profits that US MNCs say are earned offshore – which is half the rate they are proposing for profits in the United States.

References

The Irish Times (2018) ‚Apple's secretive Cork facility opens up – to an extent'. (By Charlie Taylor, Thursday January 11th).

The New York Times (2017) „After a Tax Crackdown, Apple Found a New Shelter for Its Profits – The tech giant has found a tax haven in the island of Jersey, leaving billions of dollars untouched by the United States, leaked documents reveal" (By Jesse Drucker and Simon Bowers, November 6th).

Fortune Magazine (2017) „How Apple Uses the Channel Island of Jersey In Tax Strategy". (By Aaron Pressman, November 6).

European Commission (2016) „State Aid: Ireland gave illegal tax benefits to Apple worth up to €13 billion", Press release, Brussels, 30 August.

OECD (2015) Explanatory Statement, Base Erosion and Profit Shifting Project, October, Paris (Final Report, OECD/G20).

China´s market model

Xiaojun Wei (Professor at MacEwan University, Edmonton/Canada)

When I was in high school in 1989, I started to wonder what made China so different comparing with the West. After I finished my MBA in Berlin I went back to China for a few months in 2002, before I started my PhD in Limerick. The first question from my parents, and from most of my Chinese friends was, how would I describe the differences between the societies in Germany and China. And, how could China catch up to the West and minimize these differences?

Already then, I believed that the political system in China would sustain and find its own way of development. After all those years, I find that tremendous economic reforms and changes have taken place. China has become a pure capitalist market. However, the political system seems to be immutable. This peculiar contradiction is remarkable and speaks for the strong influence of the cultural factor. The classification of China´s capitalism is a challenge to the research work on varieties of capitalism, because fundamental institutions opposed to the pressure of change.

In 2009, Professor von Wuntsch and I adopted the approach on the varieties of capitalism in our joint research. In contrast to the liberal market economies such as North America and the UK, Germany, Japan and South-Korea had been viewed as coordinated market economies based on their institutional framework. The question was, how to include China in the assessment of comparative institutional advantages among countries. The remaining structure of regulation in China indicated the case of a special, state controlled market model.

„China´s increasing economic clout is evident in the valuation of Chinese companies. Already out of eighteen of the highest valuable companies in the world, based on market capitalization, six are Chinese. The expansion of the stock markets in China will inevitably further financial based value management with the primary assessment of cash flows and risk … Whether China can be categorized as more liberal or more group-oriented requires further investigation. China´s remaining elements of state regulation seem to suggest that China´s development represents a unique variety of a coordinated market economy model.“ (von Wuntsch, Wei 2009).

The Chinese emphasis on economic success as manifested since the late 1970s represents a shift towards an efficiency approach. Recently, the Americans criticized China as an authoritarian model of capitalism, a capitalism without democracy, and, started a trade war against China. China, however, relies on its policy and introduced the Belt and Road Initiative. In the present context of anti-globalization policy led by the Trump Administration, the Chinese Belt and Road Initiative is aimed to promote the connectivity and cooperation among different countries by forming a cohesive economic area that will lead to infrastructure building, cultural exchange and increased trade. China will also set an example for different paths of development for the countries along the Silk Road.

Reference:

Von Wuntsch, Michael, Xiaojun Wei (2009): Transnational Companies, Shareholder Value and the Chinese Innovation Policy. In Andreosso-O'Callaghan and Zolin: Current Issues in Economic Integration. Ashgate. Surrey, England.

Quellenverzeichnis

Ackermann, Bruce, Anne Alstott (2001): Die Stakeholder-Gesellschaft. Ein Modell für mehr Chancengleichheit. Frankfurt a.M./New York.

Admati, Anat, Martin Hellwig (2013), The Banker's New Clothes, What´s Wrong with Banking and What to Do About it. Woodstock.

Aglietta, Michel, Antoine Rebérioux (2005): Corporate Governance Adrift – A Critique of Shareholder Value. Cheltenham, UK.

Aichele, Rahel, Gabriel Felbermayr, Inga Heiland (2013): Der Wertschöpfungsgehalt des Außenhandels: Neue Daten, neue Perspektiven. In: ifo Schnelldienst 5/2013, S. 29–41. München.

Alstadsaeter, Annette, Niels Johannesen, Gabriel Zucman (2017): Who Owns the Wealth in Tax Havens? Macro Evidence and Implications for Global Inequality. December 27, 2017. This paper is supplemented by an Online Appendix available at http://gabriel-zucman.eu/offshore (Zugriff 05.03.2018).

Anan, Kofi (2001): Letter dated 25 June 2001 from the Secretary-General to the President of the General Assembly. United Nations, General Assembly A/55/1000. Fifty-fifth session, Agenda item 101, High-level international intergovernmental consideration of financing for development.

Andreosso-O´Callaghan, Bernadette, Xiaojun Wei, Michael v. Wuntsch (2007): German Investment in Ireland and in the Central and East European Countries. In: Intereconomics – Review of European Economic Policy. German National Library of Economics, ZBW Leibniz Information Centre for Economics, Volume 42, No. 3/2007.

Andretta, Massimiliano, Donatella della Porta, Lorenzo Mosca, Herbert Reiter (2003): No Global – New Global. Identität und Strategien der Antiglobalisierungsbewegung. Frankfurt a.M./New York.

Avdjiev, Stefan, Robert N. McCauley, Hyun Song Shin (2015): Breaking free of the triple coincidence in international finance. In: Bank for International Settlements, BIS Working Papers No 524. October 2015.

Bach, Stefan (2013): Unternehmensbesteuerung: Hohe Gewinne – mäßige Steuereinnahmen. In: Deutsches Institut für Wirtschaftsforschung Berlin. DIW Wochenbericht, 80. Jg., Nr. 22/23, S. 3–12.

Bach, Stefan (2017): Die hohe Kunst der Vermögensbesteuerung. In: Makronom vom 26. September 2017. https://makronom.de/stefan-bach-vermoegensteuer-die-hohe-kunst-der-vermoegensbesteuerung-23022 (Zugriff am 24.10.2018).

Bartlett, Christopher A., Sumanatra Goshall (1990): Internationale Unternehmensführung, Innovation, globale Effizienz, differenziertes Marketing. Frankfurt a.M./New York.

BDI Bundesverband der Deutschen Industrie (2008): Systemkopf Deutschland Plus. Die Zukunft der Wertschöpfung am Standort Deutschland. Hrg.: BDI, Institut der Deutschen Wirtschaft Köln, Roland Berger Strategy Consultants, Vereinigung der Bayerischen Wirtschaft. BDI-Drucksache Nr. 405. Berlin.

Bernard, Andrew B., J. Bradford Jensen, Stephen J. Redding, Peter K. Schott (2010), Intra-Firm Trade and Product Contractibility (Long Version), National Bureau of Economic Research, Cambridge MA, Working Paper 15881.

Binswanger, Hans Christoph (2009): Geld und Magie. Eine ökonomische Deutung von Goethes Faust. 4. Auflage. Hamburg.

Binswanger, Hans Christoph (2013): Die Wachstumsspirale. Geld, Energie und Imagination in der Dynamik des Marktprozesses. 4. Auflage. Marburg.

Bonin, Holger, Terry Gregory, Ulrich Zierahn (2015): Übertragung der Studie von Fray/Osborne auf Deutschland. Zentrum für Europäische Forschung ZEW. Endbericht, Kurzexpertise Nr. 57. Mannheim 14. April 2015.

Brealy, Richard A., Stewart C. Myers, Franklin Allen (2006): Corporate Finance, 8th edition. Boston.

Bundesministerium für wirtschaftliche Zusammenarbeit und Entwicklung (2010): Entwicklungsspezifisches Strategiepapier. Extraktive Rohstoffe. In: BMZ Strategiepaier 4/2010. http://www.carpus.org/content/media/546.pdf (Zugriff am 15.08.2017).

Büttner, Ties, Carolin Holzmann (2013): Entwicklung und Determinanten des Engagements deutscher Konzerne in Steueroasen. In: Wirtschaftsdienst – Zeitschrift für Wirtschaftspolitik, Intereconomics, 93. Jahrgang 2013, Heft Nr. 6: Steuerflucht und Steueroasen, S. 19–25.

BVI (2018): Deutscher Fondsverband. Jahrbuch 2018. Frankfurt a.M.

Castells, Manuel (2003): Die Macht der Identität. Das Informationszeitalter II. Opladen.

Castells, Manuel (2004): Der Aufstieg der Netzwerkgesellschaft. Das Informationszeitalter I. Opladen.

CFTC/SEC Advisory Board (2010), Recommendations regarding regulator responses to the market events of May 6, 2010, https://www.sec.gov/spotlight/sec-cftcjointcommittee/021811-report.pdf (Zugriff am 03.02. 2015).

Chang, Ha-Joon (2014): Economics: The User´s Guide. London.

Chetty, Ray, D. Grusky, M. Hell, N. Hendren, R. Manduca, J. Narang (2016): The Fading American Dream: Trends in Absolute Income Mobility Since 1940. National Bureau of Economic Research, Working Paper 22910, Cambridge MA.

Christensen, Martin Brehm, Emma Clancy (2018): Exposed: Apple´s Golden Delicious Tax Deals. Is Ireland Helping Apple Pay Less than 1% Tax in The EU? European United Left and Nordic Green Left. European Parliamentary Group GUE/NGL. Published 21 June 2018, Brussels. http://www.guengl.eu/uploads/news-documents/Apple_report_final_1.pdf (Zugriff am 30.07.2018).

Clausing, Kimberly A. (2016), The Effect of Profit Shifting on the Corporate Tax Base in the United States and Beyond. Reed College. Department of Economics. Available at SSRN: https://ssrn.com/abstract=2685442 or http://dx.doi.org/10.2139/ssrn.2685442 (Zugriff am 08.03.2017).

Cobham, Alex, Petr Jansky (2015): Measuring misalignment. The location of US multinationals´ economic activity versus the location of their profits. International Centre for Tax and Development ICTD, Working Paper 42, November 2015.

Cobham, Alex, Petr Jansky (2017): Global distribution of revenue loss from tax avoidance. Re-estimation and country results. In: United Nations University World Institute for Development Economics Research. WIDER Working Paper 2017/55. March 2017. Helsinki.

Colander, Dave (2017), Economists Should Stop Doing it with Models (and start doing it with Heuristics); Contribution to the American Economic Association, Annual Meeting 2017.

Copeland, Tom, Tim Koller, Jack Murrin (2002): Unternehmenswert. Methoden und Strategien für eine wertorientierte Unternehmensführung. Frankfurt a.M.

Crivelli, Ernesto, Ruud De Mooij, Michael Keen (2015): Base Erosion, Profit Shifting and Developing Countries. International Monetary Fund, IMF Working Paper WP/15/118. May 2015.

Crouch, Colin (2015): Die bezifferte Welt. Wie die Logik der Finanzmärkte das Wissen bedroht. Berlin.

Desai, Mihir A., James R. Hines Jr. (2002): Expectations and Expatriations: Tracing the Causes and Consequences of Corporate Inversions. National Tax Journal Vol. FV, No. 3. September 2002.

Deutsche Bundesbank (2014): Niedrige Zinsen – Risiken für Finanzstabilität. Finanzstabilitätsbericht 2014.

Dharmapala, D., N. Riedel (2013): Earnings Shocks and Tax-Motivated Income Shifting: Evidence from European Multinationals. In: Journal of Public Economics, 97. Jg., H. 1. S. 95–1007.

Ernst & Young (2015): Top 300 Europa - USA, Die jeweils 300 umsatzstärksten Unternehmen Europas und der USA im Vergleich, Oktober 2015.

Ernst & Young (2018): Die 1000 umsatzstärksten Konzerne der Welt. Mai 2018.

Eucken, Walter (1990): Grundsätze der Wirtschaftspolitik. Herausgegeben von W. Eucken und K.P. Hensel, Tübingen.

EU Kommission (2016): Transfer Pricing and Developing Countries. Europe Aid – Implementing the Tax and Development Policy Agenda. https://ec.europa.eu/taxation_customs/sites/taxation/files/docs/body/transfer_pricing_dev_countries.pdf (Zugriff am 12.01.2017)

Felber, Christian (2017): Ethischer Welthandel. Alternativen zu TTIP, WTO und Co. Wien.

Felbermayr, Gabriel (2018): Beobachtungen zur US-Leistungsbilanz. In: ifo Schnelldienst 9/2018, S. 31–33, München.

Fernandes, Ilda Duarte (2014): Intrafirm Trade: Ansätze zu einer Analyse mit Hilfe des EuroGroups-Registers. Statistisches Bundesamt – Wirtschaft und Statistik. November 2014.

Figge, Frank, Ralf Barkemeyer, Tobias Hahn, Andrea Liesen (2007): Der Sustainable Value Ansatz. NeW-Projekt 2007. Studie erstellt vom Institut für Zukunftsstudien und Technologiebewertung Berlin und vom Sustainable Development Research Centre und University St. Andrews, UK. Gefördert vom Bildungsministerium für Bildung und Forschung (www.izt.de).

Frey, Carl Benedikt, Michael A. Osborne (2013). The Future of Employment: How Susceptible are Jobs to Computerization? University of Oxford. https://www.oxfordmartin.ox.ac.uk/downloads/academic/The_Future_of_Employment.pdf (Zugriff 08.06.2018)

Friedman, Milton (1962): Capitalism and Freedom. Chicago.

Ganßmann, Heiner (1983): Marx ohne Arbeitswerttheorie? In: Leviathan – Zeitschrift für Sozialwissenschaft, herausgegeben an der FU Berlin, Jahrgang 11, Heft 3/1983.

Gomez, Peter, Timo Meynhardt (2014): Public Value – Gesellschaftliche Wertschöpfung als unternehmerische Pflicht. In: von Müller, C., C.-P. Zinth (Hrg.): Managementperspektiven für die Zivilgesellschaft des 21. Jahrhunderts. Aufsatz basierend auf der Abschiedsvorlesung von Peter Gomez an der Universität St. Gallen am 23.10.2012. Wiesbaden.

Graeber, David (2011): Debt – The First 5,000 Years. New York

Graeber, David (2012): Die falsche Münze unserer Träume. Wert, Tausch und menschliches Handeln. Zürich.

Graeber, David (2016): Bürokratie. Die Utopie der Regeln. Stuttgart.

Gramsci, Antonio (1991–2002): Gefängnishefte, kritische Gesamtausgabe, Bd. 1–10. Berlin/Hamburg: Argument.

Guvenen, Fatih, Raymond J. Mataloni Jr., Dylan G. Rassier, Kim J. Ruhl (2017): Offshore Profit Shifting and Domestic Productivity Measurement.

Habermas, Jürgen (1969): Technik und Herrschaft als Ideologie. 2. Auflage. Frankfurt a.M.

Hall, Peter A., David Soskice (2001): An Introduction to Varieties of Capitalism. In: Hall, Peter A. u.a. (Hrg.): Varieties of Capitalism. The Institutional Foundations of Comparitive Advantage. Oxford.

Hammer, Markus (2018): Leiter Asset & Wealth Management bei PwC Deutschland. Der Artikel erschien am 13.03.2018 unter folgendem Link: http://www.dasinvestment.com/asset-management-im-jahr-2025 - verwaltetes-vermoegen-wird-sich-fast-verdoppeln/(Zugriff 12.05.2018).

Haq, Mahbub ul, Inge Kaul, Isabelle Grunberg (1996): The Tobin Tax. Coping with Financial Volatility. New York/Oxford.

Hardt, Michael, Antonio Negri (2003): Empire. Die neue Weltordnung. Frankfurt a.M.

Harvey, John T. (2016): Contending Perspectives in Economics. A Guide to Contemporary Schools of Thought. Camberley Surrey.

Hayek, Friedrich August (1981/2003): Recht, Gesetzgebung und Freiheit. Eine neue Darstellung der liberalen Prinzipien der Gerechtigkeit und der politischen Ökonomie. Band 2: Die Illusion der sozialen Gerechtigkeit. Landsberg am Lech.

Heine, Michael, Hansjörg Herr (1999): Volkswirtschaftslehre. Paradigmenorientierte Einführung in die Mikro- und Makroökonomie. München/Wien.

Heinrich, Michael (1988): Die Wert-Preis-Transformation als begrifflicher Übergang zwischen verschiedenen Stufen der Darstellung. In: Prokla – Zeitschrift für kritische Sozialwissenschaft. Berlin.

Heller, Agnes (1980): Theorie der Bedürfnisse. 2. Auflage. Hamburg.

Helpman, Elhanan (1984): A Simple Theory of International Trade with Multinational Corporations, in: Journal of Political Economy, Vol. 92, S. 451–471.

Henette, Stéphanie, Thomas Piketty, Guillaume Sacriste, Antoine Vauchez (2017): Für ein anderes Europa. Vertrag zur Demokratisierung der Eurozone. München.

Henry, James S. (2012): The Price of Offshore Revisited, London.

Hertz, Noreena (2001): The Silent Takeover. Global Capitalism and the Death of Democracy. London.

Hinterhuber, Hans H. (2015): Strategische Unternehmensführung. Das Gesamtmodell für nachhaltige Wertsteigerung. 9. Auflage. Berlin.

Hirsch, Fred (1980): Die sozialen Grenzen des Wachstums. Reinbek.

Hobbes, Thomas (2017): Leviathan oder Stoff, Form und Gewalt eines kirchlichen und bürgerlichen Staates. Herausgegeben und eingeleitet von Iring Fetscher. 16. Auflage. Neuwied und Berlin.

Hofstetter, Yvonne (2016): Das Ende der Demokratie. Wie die künstliche Intelligenz die Politik übernimmt und uns entmündigt. München.

Homann, Karl (1990): Wettbewerb und Moral. In: Jahrbuch für christliche Sozialwissenschaften 31.

Honneth, Axel (2002): Organisierte Selbstverwirklichung. Paradoxien der Individualisierung. In: Axel Honneth (Hrg.), Befreiung aus der Mündigkeit. Paradoxien des gegenwärtigen Kapitalismus. Frankfurt a.M.

Honneth, Axel (2014): Die Moral im „Kapital". Versuch einer Korrektur der Marxschen Ökonomiekritik. In: Rahel Jaeggi und Daniel Loick (Hrg.), Nach Marx. Philosophie, Kritik, Praxis. Berlin.

Honneth, Axel (2015): Die Idee des Sozialismus. Versuch einer Aktualisierung. Berlin.

Huizinga, H., L. Laeven (2007): International Profit Shifting within European Multinationals. CEPR Discussion Paper, Nr. 6048.

IMF International Monetary Funds (2015): Imbalances. 2015 External Sector Report. July 27, 2015. http://www.imf.org/external/pp/ppindex.aspx (Zugriff 20.2.2016)

Ipreo (2014): Investoren der Deutschland AG. Die Aktionärsstruktur des deutschen Leitindex DAX. Eine Studie der Aktionärsbasis des DAX 30 Index mit Fokus auf institutionelle Investoren. Gemeinschaftsstudie der Ipreo Ltd. Und des DIRK e.V., Juni 2014. https://www.dirk.org/dirk_webseite/static/uploads/Investoren_der_Deutschland_AG_5-0_DAX-Studie-2018_Ipreo_DIRK.pdf (Zugriff 13.07.2017).

Jaeggi, Rahel (2014): Was (wenn überhaupt etwas) ist falsch am Kapitalismus? Drei Wege der Kapitalismuskritik. In: Rahel Jaeggi und Daniel Loick (Hrg.), Nach Marx. Philosophie, Kritik, Praxis. Berlin.

Jensen, Michael C. (2000): A Theory of the Firm. Governance, Residual Claims, and Organizational Forms. Cambridge, London.

Jordà, Òskar, Kathariona Knoll, Dmitry Kusvshinow, Moritz Schularick, Alan M. Taylor (2017): The Rate of Return on Everything, 1870-2015, Federal Reserve Bank of San Fransisco, Working Paper Series, Working Paper 2017-25. December 2017.

Jordà, Òskar, Moritz Schularick, Alan M. Taylor (2013): Sovereigns versus Banks: Credit, Crises, and Consequences, National Bureau of Economic Research, Working Paper No. 19506, Issued in October 2013

Kashkari, Neel (2016): Fed´s Neel Kashkari: Break up the big banks, The Wall Street Journal vom 16.02.2016, http://www.wsj.com/articles/minneapolis-fed-chief-says-dodd-frank-act-didnt-go-far-enough-1455636718 (Zugriff 02.10.2016)

Keynes, John Maynard (1936): Allgemeine Theorie der Beschäftigung, des Zinses und des Geldes. Nachdruck der 1936 erschienenen ersten Auflage. 5. Auflage 1974. Darmstadt.

Keynes, John Maynard (2011): Das Ende des Laissez-Faire. Berlin.

Knight, Frank H. (1921): Risk, Uncertainty and Profit. Boston, New York.

KPMG (2007): Wachstum und Internationalisierung mittelständischer Unternehmen – Deutschland im europäischen Vergleich – eine Studie. Berlin.

Kühnemund, Burkhard (2012): Von der Tugend der Gerechtigkeit zur Gerechtigkeit des Marktes. Der Widerspruch von religiöser Hoffnung und politischer Analyse in Adam Smith, Theorie des freien Marktes. In: Tabula Rasa – Jenenser Zeitschrift für kritisches Denken, Ausgabe 45, November 2012.

Laclau, Ernesto, Chantal Mouffe (1991): Hegemonie und radikale Demokratie. Zur Dekonstruktion des Marxismus. Wien: Passagen.

Lakatos, Csilla, Franziska Ohnsorge (2017): Arm´s-Length Trade: A Source of Post-Crisis Trade Weakness, Global Economic Prospects I, Special Focus 2.

Lattemann, Christoph (2012): High Frequency Trading – Costs and Benefits in Securities Trading and its Necessities of Regulations, Business & Information Systems Engineering, Discussion 2/2012, http://aisel.aisnet.org/cgi/viewcontent.cgi?article=1179&context=bise (Zugriff 28.10.2016).

Lattemann, Christoph, Peter Loos, Johannes Gomolka u.a. (2012): High Frequency Trading. Costs and Benefits in Securities Trading and its Necessity of Regulations. Business & Information Systems Engineering, BISE Discussion 2/2012. Published online 2012-03-06: http://www.wirtschaftsinformatik.de (Zugriff am 24.06.2015).

Leggewie, Claus (2017): Europa zuerst. Eine Unabhängigkeitserklärung. Berlin.

Lehmann, Kai (2015): Investitionsschwäche trotz Niedrigzinsen – Kalkulatorische Kapitalkosten als Hemmschuh? Flossbach von Storch Research Institut. Unternehmensanalyse 20/11/2015. Köln

Levermann, Anders (2014): Make Supply Chains Climate-Smart. In: Comment. 6 February 2014, Vol. 506, Nature.

Levin, Carl (2012): Closing Ten Offshore Loopholes. U.S. Senate Committee on Homeland Security and Governmental Affairs. October 5, 2012. Washington DC.

Levin, Carl (2013): Offshore Profit Shifting and the U.S. Tax Code – Part 2 (Apple Corp.). U.S. Senate Permanent Subcommittee on Investigations. May 21, 2013. Washington DC.

Lobo, Klaus-Werner, Hans Weiss (2014): Schwarzbuch Markenfirmen: Die Welt im Griff der Konzerne. http://markenfirmen.com/links/firmenname (Zugriff: 21.04.2015).

Locke, John (2017): Zwei Abhandlungen über die Regierung. Herausgegeben und eingeleitet von Walter Euchner. 15. Auflage. Frankfurt a.M.

Loretz, Simon, Margit Schratzenstaller (2018): Die Auswirkungen der gemeinsamen konsolidierten Körperschaftsteuer-Bemessungsgrundlage auf Österreich. WIFO Österreichisches Institut für Wirtschaftsforschung. Oktober 2018. Wien

Marchart, Oliver (2014): Mit Marx am Strand. Die negative Ontologie des Marxismus. In: In: Rahel Jaeggi und Daniel Loick (Hrg.), Nach Marx. Philosophie, Kritik, Praxis. Berlin.

Marcuse, Herbert (1998): Der eindimensionale Mensch. Studien zur Ideologie der fortgeschrittenen Industriegesellschaft. München.

Marx, Karl (1857–1858): Grundrisse der Kritik der Politischen Ökonomie. Rohentwurf. Nachdruck der Moskauer Ausgabe von 1939 und 1941 im Jahr 1953. Frankfurt a.M., Wien.

Marx, Karl (1962): Das Kapital, Kritik der Politischen Ökonomie. Erster Band, Buch I: Der Produktionsprozeß des Kapitals. Berlin.

Marx, Karl (1969): Das Kapital, Kritik der Politischen Ökonomie. Dritter Band. Buch III: Der Gesamtprozeß der kapitalistischen Produktion. Herausgegeben von Friedrich Engels. Berlin.

Mayntz, Renate (2015): International Institutions in the Process of Financial Market Regulatory Reform. In: Mayntz, Renate (Hrg.): Negotiated Reform. The Multilevel Governance of Financial Regulation. Max-Planck-Institut für Gesellschaftsforschung. Frankfurt a.M., New York.

Mazzucato, Mariana (2014): Das Kapital des Staates. Eine andere Geschichte von Innovation und Wachstum. München.

Meadows, Donella, Dennis Meadows, Jørgen Randers: Limits to Growth: The 30-Year Update. Chelsea Green, 2004.

Meinzer, Markus (2016): Steueroase Deutschland: Warum bei uns viele Reiche keine Steuern zahlen. München.

Menkhoff, Lukas, Jakob Miethe (2018): Internationale Abkommen dämmen globale Steuerhinterziehung nur unzureichend ein. In: Deutsches Institut für Wirtschaftsforschung Berlin, DIW Wochenbericht, Heft 41/2018.

Millar, William (2010): Getting the process right. In: tmagazine 02/2010, Ernst & Young EMEIA Tax, Assurance, Tax, Transactions, Advisory. Zürich.

Minsky, Hyman P. (1982): Can „it" happen again? Essays on Instability and Finance. New York.

Montes, Manuel F. (2016): Five Points on the Addis Ababa Action Agenda. South Center. Policy Brief No. 24, March 2016. https://www.southcentre.int/wp-content/uploads/2016/03/PB24_Five-points-on-Addis-Ababa-Action-Agenda_EN.pdf (Zugriff 10.12.2017).

Morozov, Evgeny (2013): Smarte Neue Welt. Digitale Technik und die Freiheit des Menschen. München.

Mouffe, Chantal (2008): Das demokratische Paradox. Wien: Turia + Kant.

Müller-Armack, Alfred (1974): Genealogie der Sozialen Marktwirtschaft. Frühschriften und weiterführende Konzepte. Bern/Stuttgart.

Nobel, David F. (1984): Forces of Production. A Social History of Industrial Automation. New York.

Obenland, Wolfgang (2016): Options for Strengthening Global Tax Governance. Draft for Discussion. 18. April 2016. Global Policy Forum. Bonn. https://www.globalpolicywatch.org/wp-content/uploads/2016/04/Draft-for-Discussion-Options-for-strengthening-global-tax-governance-1.pdf (Zugriff 09.12.2017).

OECD (1998): Harmful Tax Competition, An Emerging Global Issue. Paris.

Overesch, Michael, Hubertus Wolff (2018): Does Country-by-Country-Reporting Alleviate Corporate Tax Avoidance? Evidence from the European Banking Sector. University of Cologne, July 2018. https://papers.ssrn.com/sol3/papers.cfm?abstract_id=3075784 (Zugriff: 20.09.2018).

Paech, Niko (2013): Befreiung vom Überfluss. Auf dem Weg in die Postwachstumsökonomie. München.

Palan, Ronen, Richard Murphy, Christian Chavagneux (2010): Tax Havens. How Globalization Really Works. Ithaca and New York.

Piketty, Thomas (2014): Das Kapital im 21. Jahrhundert. München.

Piketty, Thomas, Emmanuel Saez, Gabriel Zucman (2013): Rethinking capital and wealth taxation. London School of Economics. September 17 2013. London.

Plumpe, Werner (2002): Rationalität und Risiko: zum historischen Charakter der modernen Wirtschaft. In: Honneth, *Axel* (Hrg.): Befreiung aus der Mündigkeit. Paradoxien des gegenwärtigen Kapitalismus. Institut für Sozialforschung. Frankfurt a.M./New York.

Potsdamer Institut für Klimafolgenforschung PIK (2013): 4° – Turn Down the Heat. A Report for the World Bank by the Potsdam Institute for Climate Impact Research and Climate Analytics. June 2013. Washington DC.

Poulantzas, Nicos (1978): Staatstheorie. Politischer Überbau, Ideologie, Sozialistische Demokratie. Hamburg.

Ramondo, Natalia, Veronica Rappoport, Kim J. Ruhl (2015): Intrafirm Trade and vertical fragmentation in U.S. multinational corporations. NBER Working Paper No. 21472, Issued in August 2015. NBER Program; International Trade and Investment. https://www.nber.org/papers/w21472.pdf (Zugriff 29.04.2016).

Rappaport, Alfred (1998): Creating Shareholder Value, A Guide for Managers and Investors. New York.

Raschen, Martin (2014): Die Problematik außenwirtschaftlicher Ungleichgewichte. KFW Economic Research Nr. 44 v. 05.02.2014. https://www.kfw.de/PDF/Download-Center/Konzernthemen/Research/PDF-Dokumente-Fokus-Volkswirtschaft/Fokus-Nr.-44-Februar-2014.pdf (Zugriff am 28.06.2018.

Reich, Robert B. (1993): Die neue Weltwirtschaft. Frankfurt a.M./New York.

Reinhart, Carmen, Kenneth Rogoff (2009), This time is different. Eight centuries of financial folly, Princeton (Princeton University Press).

Ricardo, David (2006): Über die Grundsätze der Politischen Ökonomie und der Besteuerung. 2. Auflage, Marburg. Metropolis Verlag

Riese, Hajo (1986), Theorie der Inflation. Tübingen.

Rixen, Thomas (2016): Institutional Reform of Global Tax Governance: A Proposal. In: Dietsch, Peter/Rixen, Thomas: Global Tax Governance – What is wrong with it and how to fix it. Colchester. Pp. 325–349.

Rodrik, Dani (2011): Das Globalisierungs-Paradox. Die Demokratie und die Zukunft der Weltwirtschaft, Berlin.

Rodrik, Dani (2018): The Great Globalization Lie. Published in January 2018, Issue of Prospect Magazine. https://www.prospectmagazine.co.uk/magazine/the-great-globalisation-lie-economics-finance-trump-brexit (Zugriff 26.03.2018).

Röpke, Wilhelm (1958): Jenseits von Angebot und Nachfrage. Erlenbach-Zürich/Stuttgart.

Roubini, Nouriel, Stephen Mihm (2010): Das Ende der Weltwirtschaft und ihre Zukunft, Frankfurt a.M./New York.

Rüstow, Alexander (1961): Paläoliberalismus, Kommunismus und Neoliberalismus. In: Greiss, F./Meyer, F.W. (Hrsg.), Wirtschaft, Gesellschaft und Kultur, Festgabe für Alfred Müller-Armack, Berlin.

Ruhl, Kim J. (2013), An Overview of U.S. Intrafirm-trade Data Sources. New York University Stern School of Business, May 2013. https://static1.squarespace.com/static/562636cfe4b043d43a7492bf/t/56746f8ca2bab87a743cd858/1450471308822/bea_census_latest.pdf (Zugriff 18.11.2016).

Sachverständigenrat zur Begutachtung der gesamtwirtschaftlichen Entwicklung (2012): Der Europäische Schuldentilgungspakt – Fragen und Antworten. Arbeitspapier 01/2012 vom 25.01.2012.

Samuelson, Paul A. (1966), A Summing Up, in: The Quarterly Journal of Economics, Vol. 80.

Schäfer, Dorothea, Marlene Karl (2012): Finanztransaktionssteuer. Ökonomische und fiskalische Effekte der Einführung einer Finanztransaktionssteuer für Deutschland. Deutsches Institut für Wirtschaftsforschung, Politikberatung kompakt.

Schasse, Ulrich, Heike Belitz, Andreas Kladroba, Gero Stenke, Mark Leidmann (2016): Forschung und Entwicklung in Wirtschaft und Staat. In: Expertenkommission Forschung und Innovation (Hrg.), Studien zum deutschen Innovationssystem Nr. 2-2016. Die Studie wurde durchgeführt vom Niedersächsischen Institut für Wirtschaftsforschung, dem Deutschen Institut für Wirtschaftsforschung und der Wirtschaftstatistik GmbH im Stifterverband für die Deutsche Wissenschaft.

Scheuplein, Christoph, Florian Teetz (2017): Private-Equity-Aktivitäten in Deutschland 2014/15. Eine Analyse von Buyouts, Exists und Private-Equity-Gesellschaften. Hans Böckler Stiftung, Study Nr. 367, März

2017. https://www.boeckler.de/pdf/p_study_hbs_367.pdf (Zugriff 05. 08.2017).

Schlaudt, Oliver (2016): Wirtschaft im Kontext. Eine Einführung in die Philosophie der Wirtschaftswissenschaften im Zeichen des Umbruchs. Klostermann Rote Reihe.

Schularick, Moritz, Alan M. Taylor (2010): Credit booms gone bust. Monetary Policy, Leverage Cycles and Financial Crisis. 1870–2008. NBER Working Paper No. 15512, JEL No. E44,E51,E58,G01,G20,N10,N20.

Schulmeister, Stephan, Margit Schratzenstaller, Oliver Picek (2008): A General Financial Transaction Tax. Motives, Revenues, Feasibility and Effects. Research Study by the Austrian Institute of Economic Research, commissioned by Ecosocial Forum Europe. March 2008. Wien.

Shklar, Judith (2017): Der Liberalismus der Rechte. Aus dem Englischen übersetzt von Hannes Bajohr und Dirk Höfer, Berlin.

Simmel, Georg (1989): Philosophie des Geldes. Georg Simmel Gesamtausgabe, Band 6. Frankfurt a.M.

Smith, Adam (1999): Untersuchung über Wesen und Ursachen des Reichtums der Völker, 2 Bände. Düsseldorf.

Smith, Adam (2004): Reichtum der Nationen. Nachdruck der Ausgabe von 1910. Paderborn.

Smith, Adam (2010): Theorie der ethischen Gefühle. Philosophische Bibliothek Band 605. Hamburg.

Spengel, Christoph, Friedrich Heinemann, Marcel Olbert, Thomas Schwab, Kathrin Stutzenberger (2017): Analysis of US Corporate Tax Reform – Proposals and their Effects for Europe and Germany. Final Report. Zentrum für Europäische Wirtschaftsforschung ZEW, 11. Dec. 2017. Mannheim.

Sraffa, Piero (1960): Production of Commodities by Means of Commodities. Prelude to a critique of economic theory. Cambridge. Herausgegeben in deutscher Sprache von Dr. Behr und Prof. Dr. Kohlmey (1968): Warenproduktion mittels Waren. Berlin.

Stern, Richard (2018): International Monetary Fund and World Bank launch a new program offering their potential alternative to the arm´s-length principle. An excerpt from EY´s global tax policy and controversy briefing. Ernst & Young. Global tax policy and controversy briefing. Issue 22. Page 29-32. August 2018. https://www.ey.com/Publication/vwLUAssets/ey-global-tax-policy-and-controversy-briefing-august-2018/$FILE/ey-global-tax-policy-and-controversy-briefing.pdf. Zugriff 04.09.2018.

Stiglitz, Joseph (2002): Die Schatten der Globalisierung. Berlin.

Stiglitz, Joseph (2006): Die Chancen der Globalisierung. München.

Strasser, Johano, Klaus Traube (1981): Die Zukunft des Fortschritts. Der Sozialismus und die Krise des Industrialismus. Bonn.

Sutor Bank (2017): DAX-Prognosen: „Kurzfristig sinnlos, langfristig realistisch". Anlage-Wissen.de. Powered by Sutor Bank. 16. Januar 2017. https://www.anlage-wissen.de/auswertung-der-dax-prognosen/. Zugriff am 23.07.2018

Tanzi, Vito (2000): Globalization, Technical Developments, and the Work of Fiscal Termites. IMF Working Paper November 2000, WP00/181, Fiscal Affairs Department.

Taylor, Charles (1988): Negative Freiheit? Zur Kritik des neuzeitlichen Individualismus, Frankfurt a.M.

Theobald, Thomas, Silke Tober, Emanuel List (2015): Finanzmarktstabilität in Zeiten unkonventioneller Geldpolitik. Institut für Makroökonomie und Konjunkturforschung IMK in der Hans-Böckler-Stiftung. Oktober 2015. IMK Report 107. Düsseldorf.

Thomasberger, Claus (2012): Das neoliberale Credo. Ursprünge, Entwicklung, Kritik. Marburg.

Todd, Emmanuell (2018): Traurige Moderne. Eine Geschichte der Menschheit von der Steinzeit bis zum „Homo Americanus". München.

Torslov, Thomas, Ludvig Wier, Gabriel Zucman (2018): The Missing Profits of Nations. http://gabriel-zucman.eu/missingprofits (Zugriff 25.10. 2018).

Ulrich, Peter (2001): Integrative Wirtschaftsethik. Grundlagen einer lebensdienlichen Ökonomie. 3. Auflage. Bern/Stuttgart/Wien.

UNCTAD (2013 und 2014): World Investment Report.

Viola, Lora Anne (2015): The Governance Shift: From Multilateral IGOs to Orchestrated Networks. In: Mayntz, Renate (Hrg.): Negotiated Reform. The Multilevel Governance of Financial Regulation. Max-Planck-Institut für Gesellschaftsforschung. Frankfurt a.M./New York.

Vogl, Joseph (2010/2011): Das Gespenst des Kapitals. 3. Auflage. Zürich.

Volkart, Rudolf (2008): Corporate Finance. Grundlagen von Finanzierung und Investition. 4. Auflage. Zürich.

WBGU Wissenschaftlicher Beirat der Bundesregierung Globale Umweltveränderungen (2016): Entwicklung und Gerechtigkeit durch Transformation: Die vier großen I. Sondergutachten. Berlin.

Weber, Max (2000): Die protestantische Ethik und der „Geist" des Kapitalismus. 3. Auflage. Weinheim.

Weichenrieder, Alfons J., Helen Windischbauer (2008): Thin-Capitalization Rules and Company Responses – Experience from German Legislation, CESIFO Working Paper No. 2456, Category 1: Public Finance, November 2008.

Weizenbaum, Joseph (1977): Die Macht der Computer und die Ohnmacht der Vernunft. Frankfurt a.M.

Whitebook, Joel (2009): Der gefesselte Odysseus. Studien zur Kritischen Theorie und Psychoanalyse. Frankfurter Beiträge zur Soziologie und Sozialphilosophie, herausgegeben von Axel Honneth im Auftrag des Instituts für Sozialforschung an der Johann Wolfgang Goethe-Universität, Band 11. Frankfurt a.M./New York.

Wolf, Martin (2014), The Shifts and the Shocks. What we´ve learned – and still have to learn – from the financial crisis, New York *(Pinguin Books).*

von Wuntsch, Michael (1986): Determinanten der Industriearbeit. Die industriesoziologische Diskussion des Verhältnisses von Technik, Arbeit und Arbeitsorganisation seit 1945, Frankfurt a.M./New York.

von Wuntsch (2009): Value Managment and Transfer Pricing in an Integrating World – a Trend towards Convergence and Diversity. In: Andreosso-O´Callaghan, Bernadette, M. Bruna Zolin (ed.): Asia and Europe: Connections and Contrasts. The book has been supported by the Department of Economics, Center for Economic Policy Analysis, University of Ca´Foscari. Libreria Edittrice Cafoscarina Venezia.

von Wuntsch, Michael, Stefan Bach, Harald Trabold (2006): Wertmanagement und Steuerplanung in der globalen Wirtschaft – mit Fallsammlung zum internationalen Steuerrecht und zur Unternehmensbewertung. München.

von Wuntsch, Michael, Stefan Bach (2012): Wertorientierte Steuerplanung und Unternehmensführung in der globalen Wirtschaft. 2. Auflage. München.

von Wuntsch, Michael, Xiaojun Wei (2010): Transnational Companies, Shareholder Value and the Chinese Innovation Policy. In: Andreosso-O´Callaghan, Bernadette, M. Bruna Zolin (ed.): Current Issues in Economic Integration. Can Asia Inspire the „West"? Surrey.

Žižek, Slavoj (2016): Weniger als nichts. Hegel und der Schatten des dialektischen Materialismus. Berlin.

Zucman, Gabriel (2015): The Hidden Wealth of Nations. The Scourge of Tax Havens. Chicago und London.